Moderne Aufklärung

Johannes Rohbeck

Moderne Aufklärung

Erkenntnisse für die Krisen der Gegenwart

 J.B. METZLER

Johannes Rohbeck
Institut für Philosophie
TU Dresden
Dresden, Deutschland

ISBN 978-3-662-66654-8   ISBN 978-3-662-66655-5 (eBook)
https://doi.org/10.1007/978-3-662-66655-5

Die Deutsche Nationalbibliothek verzeichnet diese Publikation in der Deutschen Nationalbibliografie; detaillierte bibliografische Daten sind im Internet über http://dnb.d-nb.de abrufbar.

© Der/die Herausgeber bzw. der/die Autor(en), exklusiv lizenziert an Springer-Verlag GmbH, DE, ein Teil von Springer Nature 2023
Das Werk einschließlich aller seiner Teile ist urheberrechtlich geschützt. Jede Verwertung, die nicht ausdrücklich vom Urheberrechtsgesetz zugelassen ist, bedarf der vorherigen Zustimmung des Verlags. Das gilt insbesondere für Vervielfältigungen, Bearbeitungen, Übersetzungen, Mikroverfilmungen und die Einspeicherung und Verarbeitung in elektronischen Systemen.
Die Wiedergabe von allgemein beschreibenden Bezeichnungen, Marken, Unternehmensnamen etc. in diesem Werk bedeutet nicht, dass diese frei durch jedermann benutzt werden dürfen. Die Berechtigung zur Benutzung unterliegt, auch ohne gesonderten Hinweis hierzu, den Regeln des Markenrechts. Die Rechte des jeweiligen Zeicheninhabers sind zu beachten.
Der Verlag, die Autoren und die Herausgeber gehen davon aus, dass die Angaben und Informationen in diesem Werk zum Zeitpunkt der Veröffentlichung vollständig und korrekt sind. Weder der Verlag, noch die Autoren oder die Herausgeber übernehmen, ausdrücklich oder implizit, Gewähr für den Inhalt des Werkes, etwaige Fehler oder Äußerungen. Der Verlag bleibt im Hinblick auf geografische Zuordnungen und Gebietsbezeichnungen in veröffentlichten Karten und Institutionsadressen neutral.

Umschlagabbildung: © lidiia/stock.adobe.com

Planung/Lektorat: Franziska Remeika
J.B. Metzler ist ein Imprint der eingetragenen Gesellschaft Springer-Verlag GmbH, DE und ist ein Teil von Springer Nature.
Die Anschrift der Gesellschaft ist: Heidelberger Platz 3, 14197 Berlin, Germany

Vorwort

Mit der Epoche der Aufklärung beschäftige ich mich, so lange ich wissenschaftlich tätig bin. Bereits meine Dissertation war dem schottischen Aufklärer David Hume gewidmet (1978). Darauf folgte eine Habilitationsschrift über die *Fortschrittstheorie der Aufklärung* (1987). Doch im Hinblick auf eine Universitätskarriere war das keine kluge Wahl. Zunächst verbietet es sich, zwei Mal Themen derselben Periode zu bearbeiten. Sodann stand die europäische Aufklärung nicht gerade hoch im Kurs.

So war es nicht verwunderlich, dass ich den akademischen Werdegang, den ich als Wissenschaftlicher Assistent an der Freien Universität Berlin erwartet hatte, aufgeben musste und erst einmal Gymnasiallehrer wurde. Im Rahmen der Lehrerbildung für das Schulfach Philosophie, die ich in Berlin geleitet habe, entdeckte ich die Philosophiedidaktik als ein interessantes und bildungspolitisch wichtiges Themenfeld. In Kombination mit einem Buch über die Philosophie der Technik (1993) erhielt ich im Jahr 1993, sozusagen auf Umwegen, die Professur für Praktische Philosophie und ihre Didaktik an der Technischen Universität Dresden.

Damit öffnete sich für mich wieder die Möglichkeit, über die Philosophie der Aufklärung zu forschen. Ich danke Helmut Holzhey (Zürich), dass er mich im Jahr 1994 zur Mitherausgabe vom *Grundriss der Geschichte der Philosophie* eingeladen hat, der von Friedrich Ueberweg begründet worden war und nun völlig neu bearbeitet werden sollte. In der Reihe zum 18. Jahrhundert übernahm ich die romanischen Länder, d. h. die beiden Bände zu Frankreich (2008) sowie die Bände zu Italien (2011), Spanien und Portugal einschließlich Lateinamerika (2015). Während die französische Philosophie schon weitgehend erschlossen war, erforderte vor allem der Band zu Spanien neue Recherchen. Durch diese zwanzig Jahre dauernde Herausgebertätigkeit vermochte ich die Basis für diese Monographie *Moderne Aufklärung* zu erweitern.

Unterstützung für den *Grundriss* erhielt ich von meiner Frau Lieselotte Steinbrügge, Romanistin und Spezialistin des 18. Jahrhunderts, die an der Ruhr-Universität Bochum Professorin für französische Literatur und ihre Didaktik gewesen ist. Mit ihr zusammen habe ich einen Band über Rousseau herausgegeben. Für die vorliegende Schrift verdanke ich ihr wesentliche Hinweise. An ihren Beiträgen zur Genderforschung konnte ich mich im Abschnitt „Die Natur der Frau" orientieren. Schließlich danke ich ihr für zahlreiche Korrekturen und Anregungen bei der Redaktion des gesamten Manuskripts.

Zu den früheren Untersuchungen kamen Veröffentlichungen über Technik- und Kulturgeschichte (2000) wie auch speziell zur Geschichtsphilosophie der Aufklärung (2010). Sie wurden ergänzt durch Texte über Hegel und Marx (2006), die man mit einiger Großzügigkeit zur Tradition der Aufklärung zählen kann. Schließlich habe ich systematische Studien zur Ethik der Zukunft (2013) sowie zur Philosophie der Globalisierung und Geschichte verfasst (2017, 2020). Mit diesen Arbeiten hoffe ich, weitere Voraussetzung für mein neues Werk erfüllen zu können.

Denn auf der *einen* Seite darf ich sagen, dass ich mit der Historiographie der Philosophie des 18. Jahrhunderts einigermaßen vertraut bin. Für einige Zeit gehörte ich zum engen Kreis der *dix-huitiémistes*, was ich in zahlreichen Autorenkonferenzen und internationalen Tagungen erlebt habe. Daher beschränke ich mich hier keineswegs auf die deutsche Aufklärung, sondern beziehe die anderen europäischen Länder mit ein, was für Italien und Spanien keineswegs selbstverständlich ist. So vertrete ich die Aufklärungsforschung, die sich seit den 1960er Jahren in eigenständigen Institutionen und Publikationen herausgebildet hat.

Auf der *anderen* Seite verfolge ich das Projekt einer *Aktualisierung der Aufklärung*. Die entsprechenden Themen sind die fortschreitende Säkularisierung und die derzeitige Rolle wissenschaftlicher Erkenntnis. Weitere Gebiete sind staatliche Herrschaft, Demokratie und Genderpolitik. Besonders aktuell sind der Klimawandel, die Knappheit der Ressourcen und die Pandemie. Zur Globalisierung gehören der Umgang mit der Kolonialgeschichte, die Sorge um einen dauerhaften Frieden und die soziale Frage. Mit all diesen Problemen verbinden sich bestimmte Erwartungen an die Zukunft. Bei diesen Versuchen gehe ich von den folgenden persönlichen Beobachtungen aus.

Zunächst stieß meine fast fünf Jahrzehnte dauernde Beschäftigung mit der *Epoche der Aufklärung* bei der akademischen Philosophie in Deutschland auf eine skeptische bis ablehnende Haltung. Sie rührte auch daher, dass ich seit meiner Promotion und Habilitation vor allem die englische und französische Aufklärung behandelt habe. Während zahlreiche französische Philosophinnen und Literaturwissenschaftlerinnen sowie deutschsprachige Romanistinnen am Frankreich-Band des *Grundrisses* mitgewirkt haben, rümpfte die deutsche Philosophenzunft die Nase. Die französische Aufklärung galt ihr als wenig originell, insgesamt als zu seicht und radikal zugleich. Das schien die Tatsache zu bestätigen, dass die Erforschung der Aufklärung damals eine Domäne der Akademie der Wissenschaften in Ost-Berlin gewesen ist.

Auch im Hinblick auf die *aktuelle Bedeutung der Aufklärung* schlug mir eine eher kritische bis feindselige Stimmung entgegen. Die Einwände kamen aus *konservativer* Richtung, die in der Aufklärung einen Verlust von Religion und Tradition argwöhnte. Dabei war immer noch die Aversion gegen die Studentenbewegung virulent, die sich ja als Kritik am Bestehenden und damit als radikal aufklärerisch verstanden hatte. Gegenwind bekam ich jedoch auch von der politisch konträren Seite zu spüren. Diesmal war es die *Kritische Theorie*, der zufolge die Aufklärung tendenziell totalitär und selbstzerstörerisch gewesen sei. Diesem Verdikt konnten sich die Vertreter der *Postmoderne* anschließen, die seit der Mitte des 20. Jahrhunderts die moderne Zivilisation im Ganzen zu diskreditieren versuchten.

Doch dann kam die Überraschung. Es ist nicht übertrieben zu behaupten, dass seit ein paar Jahren die Idee der Aufklärung wieder aktuell geworden ist. Zwar gab es schon zuvor vereinzelte Anläufe, am „Projekt der Moderne" festzuhalten. Aber in letzter Zeit häufen sich Entwürfe, in denen die Aufklärung rehabilitiert wird. Zum ersten Mal in meiner Laufbahn habe ich das Gefühl, mit meiner Sympathie für diese Idee nicht mehr allein zu stehen. Das betrifft jetzt vor allem die Rehabilitierung der Aufklärung im Fach Philosophie und in der weiteren intellektuellen Landschaft.

Die Gründe für diese fast unerwartete Aufwertung lassen sich nur vermuten. Mein Eindruck ist, dass die aktuellen *Krisen* und *Katastrophen* wie Umweltzerstörung, globale Armut, neue Kriege und demokratiefeindlicher Populismus dazu beigetragen haben, sich wieder auf die klassische Aufklärung zu besinnen. Während der so genannten *Postmoderne* ging es ja noch recht komfortabel zu; sie galt als ereignislos und langweilig, erwies sich jedoch immer noch als ziemlich stabil und erfolgreich. Besonders nach dem Zusammenbruch der sozialistischen Staaten konnte es so scheinen, als ob der westliche Kapitalismus eine unbegrenzte und unbeschwerte Zukunft vor sich habe.

Inzwischen ist das *kapitalistische Wirtschaftssystem* in eine tief greifende Krise geraten. Im Zuge der Globalisierung begrenzen sich die Möglichkeiten nationaler Konzerne, auf fremde Märkte auszuweichen, wie umgekehrt die Konkurrenz ausländischer Waren die Preise und Profite drückt. Nicht nur in Deutschland verringerte sich seit den 1970er Jahren die Dynamik ökonomischen Wachstums, wodurch sich die Lebens- und Arbeitsverhältnisse vieler Menschen verschlechterten. Mit dem Konkurs der Banken im Jahr 2008 ist eine internationale *Finanzkrise* entstanden, die zu einer erhöhten Staatsverschuldung führte. Eine weitere negative Folge ist die *ökologische Krise*, die sich im Raubbau naturgegebener Ressourcen, in der Vernichtung natürlicher Arten, in der Vermüllung der Erde und nicht zuletzt im Klimawandel manifestiert.

Während ich diese Zeilen schrieb, haben sich zwei akute Katastrophen ereignet. Am Anfang begleitete mich die *COVID-19-Pandemie.* Dabei ist zu bedenken, dass uns dieses Virus nicht aus heiterem Himmel befallen hat, sondern Ausdruck ökologischer, gesellschaftlicher und wirtschaftlicher Fehlentwicklungen ist. Als ich das Manuskript fast beendet hatte, ist der brutale *Angriff Russlands auf die Ukraine* hinzugekommen. Viele Beobachter sehen darin eine Zeitenwende nach dem Zweiten Weltkrieg. Die Zäsur betrifft die gesamte bisherige Weltordnung, in der Europa seine neue Rolle finden muss. Die akuten Aufgaben bestehen in der Schaffung von Frieden und der Überwindung der Energiekrise. In beiden Fällen versuche ich, den neuen Ereignissen Rechnung zu tragen.

Für mich stellt sich das Problem, ob zur Bewältigung der gegenwärtigen Krisen eine *neue Aufklärung* hilfreich sein kann. Denn an die Stelle der endlosen Präsenz in der Postmoderne sind aktuelle Bedrohungen getreten, deren Abwendung in Gegenwart und Zukunft mutiges Denken und Handeln erfordert. Hinsichtlich der Pandemie sieht man sich gezwungen, die wissenschaftliche Erkenntnis und demokratische Entscheidung anzuerkennen. Anstelle von *fakes* ist mehr denn je die Erforschung von Tatsachen gefragt, in diesem Fall auf biologischen, medizinischen und mathematisch-statistischen Feldern. Und angesichts der ungleich verteilten sozialen Folgen der Seuche und widersprüchlichen politischen Reaktionen sind die aufklärerischen Ideen von Wahrheit, Freiheit und Menschenrecht wichtiger denn je. Angesichts der neuen Kriege gilt es, die damaligen Friedensutopien in Erinnerung zu rufen.

Mit diesen Leitbildern der Aufklärung verknüpft sich in Deutschland vor allem der Name *Immanuel Kant*. Da trifft es sich gut, dass im Jahr 2024 sein dreihundertster Geburtstag gefeiert wird. Kant wurde am 22. April 1724 in Königsberg geboren, woher auch meine Mutter stammte, wie sie in ihrer Autobiographie ausführlich beschreibt. Obwohl der Anlass meine Untersuchung nicht das Jubiläum ist, kommt Kant unter thematischen Gesichtspunkten immer wieder zu Wort. Doch den Vorzug meiner Darstellung sehe ich darin, dass seine Philosophie in den *Kontext der europäischen Aufklärung* gestellt wird. Ich glaube, eine solche Einbettung ist einem würdigen Gedenken heute angemessen. Auf diese Weise werden die Leserinnen und Leser der folgenden Seiten noch eine *andere Aufklärung* kennenlernen.

Johannes Rohbeck

Inhaltsverzeichnis

1	**Einleitung**	1
	Aufklärung und Aufklärungskritik	5
	Wissenschaft und Philosophie	10
	Neuzeit, Aufklärung und Moderne	15
	Zur Aktualität der Aufklärung	16
2	**Aufklärung in Europa**	23
	Wohin mit Europa?	26
	Vielfalt und Einheit der Aufklärung	28
	Europa im selbstkritischen Diskurs	39
	Das Projekt Europäische Union	48
3	**Kritik an der Religion**	55
	Postsäkulare Gesellschaft?	58
	Die soziale Funktion der Religion	64
	Aufklärung und Gegenaufklärung	75
	Religiöse und säkulare Toleranz	78
4	**Mensch und Natur**	85
	Ära des Posthumanismus?	87
	Anthropologie als Leitwissenschaft	89
	Die Natur der Frau	98
	Gender, Identität, Anthropozän	104

5	**Natur und Zivilisation**	113
	Aus Katastrophen lernen?	114
	Das Erdbeben von Lissabon	119
	Ökologische Konsequenzen	120
	Umgang mit Klima und Pandemie	127
6	**Wissen und Können**	133
	Postfaktisches Zeitalter?	135
	Sinnliche Erkenntnis	141
	Sprachliche Zeichen	146
	Wert der Wahrheit	151
7	**Moral und Politik**	157
	Postdemokratische Wende?	162
	Emotionale und soziale Intelligenz	167
	Bedingungen politischer Herrschaft	174
	Demokratie im Wandel	178
8	**Krise des Kapitalismus**	183
	Neoliberalismus am Ende	185
	Grundlagen der Politischen Ökonomie	190
	Kontingenz sozialer Systeme	198
	Soziale und ökologische Umbrüche	201
9	**Weltgeschichte und Globalisierung**	209
	Posthistoire und Postkolonialismus	213
	Historische Kontingenz	223
	Globale Gerechtigkeit	229
	Verantwortung für künftige Generationen	235
10	**Transformationen**	243
	Stellungen zur Aufklärung	245
	Kontingenz als Kränkung	252
	Grenzen und Potenziale	257
	Aufklärung heute	262
Literatur		271
Personenverzeichnis		289
Sachverzeichnis		293

1

Einleitung

Was ist Aufklärung? Diese Frage lässt sich auf zweierlei Weise beantworten. Erstens bezeichnet Aufklärung eine bestimmte historische Epoche, die bekanntlich zum 18. Jahrhundert gehört. Zweitens gilt Aufklärung als eine zeitlose Leitidee, mit der sich Vernunft und Kritik verbinden. Damit oszilliert der Begriff der Aufklärung zwischen Historik und Systematik. Doch ist diese Trennung keineswegs so unproblematisch, wie sie erscheinen mag.

Widmet man sich ausschließlich der *historischen Epoche* der Aufklärung, besteht die Gefahr eines bloß antiquarischen Interesses. Dabei werden die aktualisierbaren Potenziale verkannt, wenn nicht sogar geleugnet. Mit einem zeitlichen Abstand von rund 250 Jahren scheint die Aufklärung so weit zurückzuliegen, dass sie zur Lösung aktueller Probleme nichts mehr beizutragen imstande ist. Im schlimmsten Fall werden die negativen Kehrseiten der modernen Zivilisation bis hin zu den Krisen des 20. und beginnenden 21. Jahrhunderts der Vorgeschichte der Moderne angelastet.

Konzentriert man sich hingegen auf den *systematischen Aspekt* der Aufklärung, zeigt sich zwar die gut gemeinte Absicht, allgemeine Grundsätze wie die Autonomie des Subjekts oder den Anspruch auf Wahrheit zur Geltung zu bringen. Aber hier stellt sich das Problem, dass die Aufklärung aus ihrem historischen Zusammenhang herausgelöst und zu einer ewig gültigen Doktrin stilisiert wird. Dann bleibt von der Aufklärung nur das formale und abstrakte Prinzip des Selbstdenkens übrig. Wie anerkennenswert dieser Grundsatz auch sein mag, ohne konkrete Inhalte kann er zum hilflosen Klischee verkommen. Ja, er kann sogar gefährlich werden, wie in jüngster Zeit die so genannten „Querdenker" demonstrieren, die beanspruchen, sich ihres eigenen Verstandes zu bedienen.

Um diesem Dilemma zu entgehen, versuche ich in diesem Buch, die historischen und systematischen Dimensionen der Aufklärung miteinander zu verknüpfen. Dazu verwende ich den Begriff der *Transformation*. Darunter verstehe ich die Übertragung und Umformung bestimmter Theoreme von Wissenschaft und Philosophie der Aufklärung in andere Kontexte, wobei in der Regel bestimmte Veränderungen zu konstatieren sind. Betrachtet man die Aufklärung als eine übergreifende Entwicklung, ergeben sich für mich drei Transformationen: *Erstens* hat sich während der Epoche der Aufklärung ein wichtiger Wandel vollzogen; *zweitens* verstehe ich unter Transformation einen kulturgeschichtlichen Prozess, der über das 18. Jahrhundert hinaus bis ins 21. Jahrhundert führt; und *drittens* halte ich es für erforderlich, einen solchen Transformationsprozess auch in unserer Zeit fortzusetzen.

Bereits in der *Epoche der Aufklärung* hat ein grundlegender Paradigmenwechsel stattgefunden. Das betrifft nicht nur den bekannten Übergang vom Rationalismus zum *Empirismus* bzw. *Sensualismus*, dem zufolge Wahrheit nicht allein logische Evidenz, sondern vor allem Übereinstimmung mit der empirisch erkennbaren Wirklichkeit bedeutet. Noch wichtiger ist für mich die Tatsache, dass um die Jahrhundertmitte ganz *neuartige Wissenschaften* entstanden sind. Die Sprachphilosophie zeigte, in welchem Maße die menschliche Erkenntnis durch Zeichen vermittelt ist. Mit der Anthropologie gerieten auch die leiblichen, emotionalen und sozialen Dimensionen menschlichen Daseins in den Blick. Indem von dunklen „Leidenschaften" die Rede war, entstand ein Gefühl für unbewusste Handlungsmotive. Einige Aufklärer stellten sogar die Vernunft als geistige Substanz in Frage und brachten eine „denkende Materie" ins Spiel. Am Vorabend der Industrialisierung erwuchs die *Politische Ökonomie*, in der die Gesellschaft als eigenständige Sphäre entdeckt wurde. Hinzu kam die völlig neue Entdeckung der *Geschichte*, so dass die gesamte Welt von Natur und Mensch als eine historische Entwicklung betrachtet wurde. Auf diese Weise wurde zum ersten Mal offenbar, dass die Individuen gesellschaftlichen und geschichtlichen *Kontingenzen* unterworfen sind, die man mit Sigmund Freud als *Kränkungen* des Menschen bezeichnen kann.[1] Meine entsprechende *These* lautet: Innerhalb der Aufklärung haben sich Phänomene herausgebildet, die

---

[1] Zu Freud und den diversen Kränkungen des Menschen während der Aufklärung siehe zusammenfassend Kap. 10.

später der *Moderne* zugeschrieben wurden. Aus diesem Grund trägt meine Studie den Titel *Moderne Aufklärung*.

Ferner heißt hier Transformation, eine *Brücke vom 18. zum 21. Jahrhundert* zu schlagen. *Moderne Aufklärung* bedeutet daher auch, die Erkenntnisse der Aufklärer in die *Moderne der heutigen Gegenwart* zu übertragen. Trotz vielfältiger Restaurationsperioden und Kulturbrüche ist gar nicht zu übersehen, dass das gegenwärtige Leben sehr vieler Menschen, zumindest in den westlichen Ländern, von den Errungenschaften der Aufklärung maßgeblich geprägt wird. Dazu gehören medizinische Fortschritte, rechtliche Sicherheit und politische Teilhabe wie auch die gemeinsamen Werte Freiheit, Gleichheit und Toleranz. Wenn konservative Politiker ausschließlich das „christliche Menschenbild" bemühen, ist daran zu erinnern, dass Menschenrechte, Demokratie und Wissenschaft gegen den erbitterten Widerstand der katholischen Kirche durchgesetzt werden mussten. Und wenn europäische Beobachter des neuen Krieges die „westlichen Werte" in Gefahr sehen, beziehen sie sich implizit auf die Aufklärung in Europa. Zwar ist die Aufklärung als historische Konstellation nicht von Dauer gewesen, übt jedoch bis jetzt eine dauerhafte Wirkung aus. Es ist daher sinnvoll, sich dieser langfristigen Tradition bewusst zu werden und diese als kulturelles Erbe anzuerkennen.

Transformation der Aufklärung besagt schließlich, diesen Prozess in der *derzeitigen Situation* weiter zu betreiben. Dabei zeigt sich eine verblüffende Parallele zwischen der historischen Epoche der Aufklärung und der heutigen Phase der Spätmoderne. Um die Mitte des 18. Jahrhunderts vollzog sich ein tiefgreifender Umbruch, der einmal als „Sattelzeit" und neuerdings als Beginn des *Anthropozäns* bezeichnet wurde.[2] Hier handelt es sich um die Anfänge der Industrialisierung im Übergang vom Feudalismus zum Kapitalismus. Die Aufklärer hatten davon eine Ahnung, ohne jedoch die ökonomischen, sozialen und kulturellen Auswirkungen genau abschätzen zu können. Im dritten Jahrzehnt des 21. Jahrhunderts befinden wir uns an einer ähnlichen Epochenschwelle, deren Ausgang wiederum nur schwer vorherzusehen ist. Auf die Moderne folgt zwar keine Postmoderne, wohl aber ein spätmoderner Kapitalismus, zu dessen Fortsetzung enorme gesellschaftliche und ökologische Umbrüche erforderlich sind. Dabei kommt es darauf an, die Kontingenzerfahrungen der Aufklärung in Versuche einer

---

[2] Koselleck 1967, S. 91; vgl. Kittsteiner 1998, S. 114; Jörn Rüsen: *Historik*. Köln 2013, S. 116; Horn, Bergthaller 2019, S. 9, 19; kritisch dazu Fulda 2022, S. 85 f.

Bewältigung technischer, ökonomischer und historischer Kontingenzen zu transformieren. Aufklärung heute bedeutet Kontingenzbewältigung.

Wenn ich nun dafür plädiere, die theoretischen Entwürfe der Aufklärung zu aktualisieren, versteht es sich von selbst, dass ein solches Projekt allein auf *kritische* Art und Weise sinnvoll ist. Daher sehe ich meine Aufgabe darin, die *Ambivalenzen* der Aufklärung möglichst präzise herauszuarbeiten, indem ich deren *Grenzen* und *Potenziale* reflektiere. Dabei sind die üblichen Pauschalurteile zurückzuweisen, die Aufklärung sei kopflastig und instrumentalistisch, männlich anthropozentrisch, eurozentristisch oder gar kolonialistisch. Doch zugleich ist eine Apologie der Aufklärung tunlichst zu vermeiden, indem die Defizite aufklärerischer Diskurse keineswegs verschwiegen werden.

Exemplarisch seien genannt: Zwar dient die europäische Kultur als leitender Maßstab, aber zugleich werden fremde Kulturen erschlossen und aufgewertet, wie auch die koloniale Sklaverei kritisiert wird. Der Mensch steht zwar im Mittelpunkt von Wissenschaft und Philosophie, es gibt jedoch auch Ansätze dafür, die Stellung des Menschen zu relativieren und mit der Natur zu versöhnen. Zwar entwickeln manche Aufklärer eine Sonderanthropologie des weiblichen Geschlechts, in der die Rolle der Frau eingeschränkt wird, aber gleichzeitig lebt die Tradition einer Gleichberechtigung der Geschlechter bis zur Französischen Revolution fort. Die Vertreter der Politischen Ökonomie preisen den aufkommenden Kapitalismus, doch ebenso werden Forderungen nach sozialer Gerechtigkeit laut. Freilich sind die Aufklärer keine konsequenten Demokraten, dennoch plädieren sie für eine konstitutionelle Monarchie, für Gewaltenteilung und Menschenrechte.

In derartigen Fällen kommt es darauf an, die jeweils zukunftsfähige Seite in die Gegenwart zu übertragen und weiter zu entwickeln. Das gilt für die Stellung Europas in der Welt und für die Fortführung der Europäischen Union wie auch für die Aufarbeitung der Kolonialgeschichte. Die Anthropologie der Aufklärung ist so zu modifizieren, dass sie mit der ökologischen Krise und der Bewältigung von Naturkatastrophen vereinbar ist. Die Ansätze zur Emanzipation der Frau in Bildung und Gesellschaft sind zu bergen, damit die gegenwärtigen Debatten über den Feminismus im historischen Rahmen geführt werden. Nicht zuletzt ist die aufklärerische Sozialkritik zu erneuern, um die heutige Wirtschaft und Gesellschaft gerechter zu machen. Während die Illusion eines aufgeklärten Fürsten verabschiedet und durch die repräsentative Demokratie ersetzt werden muss, ist die Idee der universellen Menschenrechte fortzuschreiben und an die globale Situation anzupassen. Das gilt auch für die aufklärerische Utopie eines dauerhaften Weltfriedens. Doch zugleich ist von der Aufklärung zu lernen, wie man die beiden widerstrebenden Seiten ins Verhältnis setzen und damit besonnen und tolerant umzugehen vermag.

Aufklärung und Aufklärungskritik

Der Begriff der Aufklärung gab der Epoche ihren Namen. Dem deutschen Wort *Aufklärung* entsprechen das englische *enlightenment*, das französische *les lumières* sowie das spanische *illustración* und das italienische *illuminismo*.[3] Denis Diderot verwendet auch den Begriff „erleuchtet" (éclairé). Kant stellt in seiner Schrift *Was ist Aufklärung?* die Frage, ob die eigene Epoche als „aufgeklärtes Zeitalter" oder als „Zeitalter der Aufklärung" gelten könne.[4] Diese Begriffe, die bereits im 18. Jahrhundert nachweisbar sind, belegen ein in ganz Europa verbreitetes Selbstverständnis. In der alle Sprachen durchziehenden Lichtmetapher drückt sich das gemeinsame Ziel aus, nach dem angeblich finsteren Mittelalter nun das „Licht der Vernunft" leuchten zu lassen.

Die Aufklärung markiert eine doppelte Absicht: Zum einen war für sie die *Kritik an einer Tradition* typisch, die als dogmatisch und unfrei empfunden wurde. Zum andern beschränkten sich die Aufklärer keineswegs auf eine kritische Haltung, sondern unternahmen den Versuch, ein *eigenes Gedankengebäude* zu errichten. Damit wurde der Anspruch erhoben, die Vernunft in allen Bereichen des menschlichen Lebens zur Geltung zu bringen. Bezog sich diese Art Aufklärung erst auf die theoretische Erkenntnis, insbesondere in den Naturwissenschaften, so wurde sie zunehmend auf die Gebiete der sozialen Praxis übertragen. Es entstanden die erwähnten Wissenschaften wie Anthropologie, Sprachphilosophie, Politische Ökonomie, Soziologie und Geschichtsphilosophie. Die Philosophie blieb dabei im Mittelpunkt, erfüllte jedoch eher eine integrative Funktion. Dabei ist zu bedenken, dass der Philosophiebegriff damals sehr weit gefasst war und die Einzelwissenschaften mit einschloss.

So nannte sich in Frankreich ein Anhänger der Aufklärung „philosophe" – nicht im Sinne eines spezialisierten Philosophen, sondern in der all-

---

[3] Zur Begriffsgeschichte exemplarisch: Thoma 2015, S. 67–85; speziell zur deutschen Aufklärung unter Berücksichtigung der Metaphorik Fulda 2022, S. 28–65.
[4] Enzyklopädie 1972, S. 320; Kant 1965, Bd. XI, S. 59.

gemeinen Bedeutung eines weltlichen Wissenschaftlers.[5] Nicht zuletzt wurde von der Aufklärung eine praktische Orientierung erwartet. Symptomatisch für dieses Programm war die französische *Enzyklopädie* (1751–1780), in der neben Philosophie und Wissenschaft auch die technischen Errungenschaften von Handwerk, Manufaktur und Ingenieurkunst in Texten und Bildtafeln dokumentiert wurden. Als *philosophe* verstand sich darin ein Gelehrter, welcher der Gesellschaft diente und verwertbares Wissen produzierte. Um dieses Ziel zu erreichen, wurden die erworbenen Kenntnisse verbreitet, so dass möglichst viele Menschen davon profitieren könnten. Dies geschah mit Hilfe von Erziehung und Unterricht, der zunehmend an Privatschulen erteilt wurde, und mittels veränderter Kommunikationsformen wie den häufig von gelehrten Frauen geführten Salons. Durch einen sprunghaft expandierenden Buchmarkt, durch populäre Sachwörterbücher und Zeitschriften bildete sich eine neue Öffentlichkeit heraus. Zur Aufklärung gehörte auch die Popularisierung der Philosophie, die sich verständlich und unterhaltsam zu präsentieren wusste.

Doch kaum eine historische Epoche und die daraus hervorgegangenen Leitideen waren und sind derart unerbittlichen und dauerhaften Kritiken ausgesetzt wie die Aufklärung. Dabei ist an den häufig übersehenen Umstand zu erinnern, dass die Aufklärung schon seit ihrer Entstehung umstritten war. Der prominenteste Vertreter dafür dürfte Jean Jacques Rousseau sein, der in seinem *Diskurs über die Ungleichheit* (1755) die moderne Zivilisation in Zweifel zog.[6] Während Rousseau sich immer noch als Aufklärer verstand und auch so in ganz Europa wahrgenommen wurde, entstand von absolutistischer und katholischer Seite eine noch viel grundsätzlichere Kritik an der Aufklärung, die sich selbst explizit als Gegenaufklärung (anti-lumières) bezeichnete.[7] Im 19. und 20. Jahrhundert radikalisierte sich die Kritik an der Aufklärung. Mit Nietzsche, Marx und Freud kamen die unbewussten Triebkräfte menschlichen Handelns zur Sprache. Diese Kritik ist bis in die heutige Gegenwart aktuell geblieben.

Konservative Autoren werfen der Aufklärung vor, mit bewährten Traditionen wie der Religion gebrochen zu haben, ohne an deren Stelle eine

---

[5] Artikel „Philosoph", in: Enzyklopädie 1972, S. 841–848; vgl. Möller 1986, S. 212 f.; Im Hof 1993, S. 95; Porter, Teich 2000, S. 12; Stollberg-Rilinger 2000, S. 86 f.; Müller 2002, S. 15; Schmidt, G. 2009, S. 400; Andreas Gipper in: Thoma 2015, S. 56 f.; Andries, Bernier 2019, S. 29–46.
[6] Rousseau 1978, S. 191, 213; auf gemäßigte Weise Kant 1965, Bd. XI, S. 44; siehe Kap. 8.
[7] Schmidt, J. 1989, S. 14; Albertan-Coppola, McKenna 2003, S. 15; Sánchez-Blanco 2002, S. 125; siehe Kap. 3.

eigene Orientierung zu setzen.[8] Andere kritisieren die Einschätzung, dass sich moderne Gesellschaften zunehmend säkularisieren, und behaupten stattdessen eine „postsäkulare Gesellschaft" bzw. einen „Postsäkularismus".[9] Kritische Denker unterstellen eine *Dialektik der Aufklärung*, der zufolge bereits in der aufklärerischen Vernunft die Katastrophen des 20. Jahrhunderts angelegt seien.[10] Vertreter der *Postmoderne* forcieren diese Argumentationsfigur mit der Behauptung, die moderne Zivilisation zerstöre die Ideen der Aufklärung wie Rationalität, Emanzipation und Humanismus.[11] Das *Posthistoire* propagiert nicht nur den Untergang dieser Ideale, sondern sogar das „Ende" der Geschichte überhaupt. Mit dem *Postkolonialismus* wird diese Kritik noch überboten, indem man der gesamten Aufklärung eine eurozentristische Haltung und damit die Rechtfertigung von Unterjochung und Versklavung unterstellt.[12] Demgegenüber gibt es jüngere Versuche, die Aufklärung so zu aktualisieren, dass eine „Zukunft der Aufklärung", eine „neue", „zweite" oder gar „radikale" Aufklärung denkbar erscheint.[13]

Sowohl in derartigen Kritiken als auch Rehabilitierungsversuchen zeigt sich ein grundsätzliches Problem. Auf der *einen* Seite sind diese Urteile derart pauschal, dass sie der historischen Epoche der Aufklärung nicht gerecht werden. Hier werden häufig gegenwärtige Gemeinplätze in die vergangene Periode zurück projiziert. Auf der *anderen* Seite stehen die Philosophiehistoriker, die zwar über detaillierte Kenntnisse des 18. Jahrhunderts verfügen, sich aber in der Mehrzahl nicht aktiv an dieser Grundsatzdebatte beteiligen. Auch wenn sie ein gewisses Wohlwollen mit den Ideen der Aufklärung erkennen lassen, versäumen sie es, deren mögliche Aktualisierung systematisch auszuarbeiten. Damit klaffen Aufklärungsforschung und Aufklärungskritik auseinander, so dass manche Kontroversen um die Aufklärung einem Schattenboxen gleichen.

Genau an dieser Stelle setzen meine eigenen Forschungen an. Es geht mir darum, die ursprüngliche Lücke zwischen historischer und systematischer

---

[8] Oelmüller 1969, S. 9, 23; Lübbe 1986, S. 207; Bubner 1989, S. 416 f.; vgl. Goulemot 2001, S. 7; Thoma 2018, S. 145 f.
[9] Habermas 2005, S. 120; vgl. Lutz-Bachmann 2016, S. 81; Renner 2017, S. 107 f.
[10] Horkheimer, Adorno 1987, Bd. 5, S. 25–66; vgl. Strasser 1986, S. 7; Israel 2009, S. IX.
[11] Lyotard 1986, S. 96; Bartlett 2001, S. IX.
[12] Chakrabarty 2010, S. 28; Sala-Molins 2008, S. 37; vgl. Lilti 2019, S. 41–87.
[13] Zuerst *Die Philosophie der Aufklärung* (1932) von Ernst Cassirer. – Schnädelbach 1988; Rüsen, Lämmert, Glotz 1988; Mittelstraß 1989; Postman 2000; Todorow 2009; Pagden 2013; Reinalter 2016; Hampe 2018; Pinker 2018; Garcés 2019; Andries, Bernier 2019; Lilti 2019; Frick 2020.

Analyse zu schließen. Ausgehend von den prinzipiellen Diskussionen über die Aufklärung werde ich die konkreten und vielfältigen Phänomene dieser Epoche ins Feld führen. So betrachte ich nicht *die* Aufklärung in toto als eine entweder gelungene oder gescheiterte Formation. Vielmehr beurteile ich deren konkrete Vorzüge und Nachteile mit Blick auf die heutige Gegenwart. Zu einer solchen Rekonstruktion gehört, sowohl an den Errungenschaften der Aufklärung festzuhalten als auch deren Irrtümer und Versäumnisse zu benennen. Mein Ziel ist eine rettende Kritik. Um eine solche Transformation zu leisten, ist es erforderlich, die Epoche der Aufklärung räumlich und zeitlich näher zu bestimmen.

Der geographische *Raum* der Aufklärung betrifft Europa, so dass man von einer *europäischen Aufklärung* sprechen kann.[14] In diesem Sinn bemühe ich mich darum, die Vielfalt von Aufklärung*en* in den verschiedenen Ländern zu thematisieren (Kap. 2). Während die Aufklärung in Frankreich besonders „radikal" war im Sinne einer Tendenz zum Materialismus und Atheismus, nahm sie im reformierten England und im protestantischen Deutschland eine eher gemäßigte Position ein. In katholisch dominierten Ländern wie Italien und Spanien konnte sie sich nur gegen massive Widerstände und eher im Verborgenen durchsetzen. Da scheint es plausibel zu sein, Frankreich, wenn nicht als „Modell", so doch als Kernland der Aufklärung in Europa zu betrachten.[15] Gleichwohl gibt es genügend Gemeinsamkeiten, um an der Idee einer gesamteuropäischen Aufklärung festzuhalten. Das betrifft nicht nur allgemeine Prinzipien wie Vernunft und Menschenrecht, sondern ganz konkrete Fortschritte in Wissenschaft und Philosophie sowie politische, soziale und kulturelle Reformprojekte.

Die Frage nach der *Zeit*, in der die Epoche der Aufklärung begonnen und geendet hat, ist indessen schwieriger zu beantworten. Häufig wird dazu die griechische und römische Antike herangezogen, die man aus guten Gründen als frühe Aufklärung Europas bezeichnen kann. In einer solchen Reihenfolge handelt es sich dann im 18. Jahrhundert um die *zweite Aufklärung*. Das ist insofern berechtigt, als sich nicht wenige Aufklärer – wie schon die

---

[14] Dabei übergehe ich die Tatsache, dass es auch außerhalb Europas geistige Bewegungen gegeben hat, die man als Aufklärung bezeichnen kann. Dazu gehören die chinesische Aufklärung mit Konfuzius im 4. Jahrhundert v. u. Z. und die arabische Aufklärung mit Abelar im 11. Jahrhundert.

[15] Ich konzentriere mich auf die Länder England, Frankreich, Deutschland, Schweiz, Italien, Spanien und Portugal. Zu den übrigen Ländern wie Österreich, Holland, Dänemark, Schweden, Polen, Russland, Ungarn und Amerika siehe Thoma 2015, S. 107–122; vgl. Mortier 1978, S. 39–51; Jüttner, Schlobach 1992; Im Hof 1993, S. 11; Delon 1997, S. 27; Schneiders 1997, S. 14–16; Butterwick u. a. 2008, S. 1–16.

Vertreter der *Renaissance* – tatsächlich auf antike Vorbilder berufen haben.[16] Entscheidend ist jedoch, dass sich die Aufklärung der Neuzeit und Moderne keineswegs in einem solchen Epigonentum erschöpft, sondern wesentlich Neues hervorgebracht hat.

Konzentriert man sich auf diese „neue" Aufklärung, stellt sich die Frage nach ihrem *Beginn* noch auf ganz andere Weise. Hier zeigt sich, dass die vielfältigen Antworten davon abhängen, *was* überhaupt unter Aufklärung verstanden wird und welche Länder die maßgebende Rolle spielen sollen. Die Wahl des Inhalts und die Periodisierung bedingen sich also gegenseitig. Für mich ist dabei entscheidend, welche neuen Gegenstandsbereiche und wissenschaftlichen Disziplinen der Aufklärungsepoche zugeordnet werden.

Dabei gehe ich von einer einfachen Beobachtung aus: Je allgemeiner das historische Phänomen der Aufklärung definiert wird, desto weiter ist der entsprechende Zeitraum bemessen. Das demonstriert die Definition der Aufklärungsperiode von der Reformation bzw. Renaissance des 15. und 16. Jahrhunderts bis zur Französischen Revolution am Ende des 18. Jahrhunderts. Oder man versucht, eine Parallele von der arabischen Aufklärung des 9. bis 12. Jahrhunderts zur europäischen Neuzeit des 17. Jahrhunderts zu ziehen. Bei einem derart extremen Umfang verwundert es nicht, dass die Merkmale sehr unspezifisch ausfallen: wie toleranter Umgang mit der Religion, Befreiung des Menschen und Gebrauch der Vernunft. Doch die Tatsache, dass sich in dieser Periode ein gravierender Wandel vollzogen hat, darf nicht zu dem Fehlurteil führen, dass die Aufklärung in ihrem Kern „undeutlich" oder gar „widersprüchlich" gewesen sei.[17]

Auch wenn man die Periode der Aufklärung auf das 17. und 18. Jahrhundert eingrenzt, wird die Spezifik der Wissenschaft und Philosophie des 18. Jahrhunderts häufig verkannt. So wird behauptet, ihr einziges Verdienst habe darin bestanden, die alten Probleme und Lösungen zu verlängern, zu radikalisieren und zu popularisieren. Dann gilt der Rationalismus eines Descartes, Spinoza oder Leibniz als die vorrangige Leistung, der gegenüber der spätere Empirismus nur noch als geistiger Verfall erscheint.[18] Auf

---

[16] Es gibt einige Aufklärer, welche die Antike als „Aufklärung" bezeichnen, z. B. Condorcet 1976, S. 102. – Zur Rezeption der Antike siehe: Veit Elm, Günther Lottes, Vanessa de Senarclens (Hg.): *Die Antike der Moderne. Vom Umgang mit der Antike im Europa des 18. Jahrhunderts*. Saarbrücken 2009; Mittelstraß unterscheidet zwischen einer „ersten" Aufklärung der Antike (S. 15–86) und einer „zweiten" Aufklärung im 17. und 18. Jahrhundert; 1970, S. 87–132. – Wer für die heutige Gegenwart eine Erneuerung vorschlägt, gelangt zu einer „dritten Aufklärung"; Hampe 2018, S. 8 f., 82 f.

[17] So Frick 2020, S. 9, 11–13.

[18] Kondylis 1981, S. 287 ff.; Binder 1985, Bd. 1, S. 7 f.; Schmidt, J. 1989, S. 2; Möller 1986, S. 34; Haag, Wild 2019, S. 110. – Zum Folgenden Darnton 1996, S. 5; vgl. Schneiders 1997, S. 18; Kopper 1996, S. IX; siehe näher Kap. 10.

dem Gebiet der politischen Philosophie wiederholen sich die Theorien des Naturrechts und des Gesellschaftsvertrags von Grotius, Hobbes und Locke. Weil es der Aufklärung an gedanklicher Tiefe ermangelt habe, sei sie armselig und trostlos, so dass nur noch vom „Elend der Aufklärung" die Rede ist.

Weitgehender Konsens besteht hingegen in der Festlegung des Beginns der Aufklärung am Ende des 17. Jahrhunderts, meistens um 1680 oder schon etwas früher in den 1650er Jahren. Mit diesem Datum verbinden sich politisch die Glorious Revolution in England und die amerikanische Unabhängigkeitserklärung, wissenschaftlich die Physik Newtons und philosophisch die Metaphysik von Gottfried Wilhelm Leibniz sowie die Erkenntnistheorie von John Locke. Wenn das Ende der Aufklärung wiederum mit der Französischen Revolution oder etwas später datiert wird, kann man von einem „langen" 18. Jahrhundert sprechen.[19] In diesem Fall wird nicht selten behauptet, die Philosophie der Aufklärung habe sich im Laufe dieses Jahrhunderts aufgezehrt und sei nur noch zur Politisierung und Trivialisierung fähig gewesen.

Das Gegenteil ist jedoch der Fall. Denn gerade in der zweiten Hälfte des 18. Jahrhunderts hat die Aufklärung völlig neue Problemfelder und Lösungsvorschläge erschlossen. Es sind die neuartigen Wissenschaften, die es nahe legen, den Zeitraum der europäischen Aufklärung auf den Zeitraum nach 1750 zu datieren. Anders formuliert: Weil diese Gegenstände und Disziplinen so wichtig sind, halte ich eine solche Datierung für sachlich berechtigt und geboten.

Wissenschaft und Philosophie

Paradigmatisch für die Epoche der Aufklärung war die Physik von Isaac Newton sowie die Staatstheorie von John Locke, die jedoch beide aus dem späten 17. Jahrhundert stammten. Doch darüber hinaus entstanden eine ganze Reihe neuer wissenschaftlicher Disziplinen mit ihren entsprechenden Sachgebieten. Die newtonsche Mechanik wurde tendenziell durch die Wissenschaft vom Leben und die politische Theorie durch die neuen Sozial-

---

[19] D'Aprile und Siebers teilen die Epoche der Aufklärung in die folgenden Phasen ein: 1. theoretisch-rationalistische Frühaufklärung 1680–1740; politisch-praktische Hochaufklärung 1740–1770; literarisch-öffentlich Spätaufklärung 1770–1800; 2008, S. 12–14. – Vgl. Mittelstraß 1970, S. 104 f.; Alt 1996, S. 7 f.; Stollberg-Rilinger 2000, S. 14; Borgstedt 2004, S. 6 f.; Reinalter 2006, S. 11 f.; Wagner, Asmuth, Roldán, 2017, S. 1–5; Diner 2017, S. 7 f.; Fulda 2022, S. 9 f.

wissenschaften ergänzt. Hervorheben möchte ich hier die Anthropologie und Sprachphilosophie, ebenso die Politische Ökonomie, Soziologie und Geschichtswissenschaft.

Die *Wissenschaft vom Menschen* wurde zur Leitwissenschaft des 18. Jahrhunderts, so dass man von einer „anthropologischen Wende" sprechen kann (Kap. 4). Im Zusammenhang der neuen Wissenschaften Biologie und Medizin rückten die natürlichen Eigenschaften des Menschen in den Vordergrund. Demnach besteht der Mensch nicht nur aus etwas Geistigem, sondern wesentlich aus Fleisch und Blut. Hatten noch Descartes und Hobbes den Menschen als einen mechanischen Apparat vorgestellt, galt er jetzt als ein Organismus, der sich von den Tieren nur graduell unterscheidet. Da stellt sich sogar die ketzerische Frage, ob der Mensch vom Affen abstammt. Diese *biologische Kränkung* datiert nicht erst sein Darwin, wie Freud behauptet hatte, sondern gehört zur Geburtsurkunde der aufklärerischen Anthropologie. In diesem naturgeschichtlichen Rahmen hielten die Aufklärer die Handlungen der Menschen für primär von physischen Bedürfnissen gesteuert, die sich durch die menschliche Arbeit, insbesondere durch den Gebrauch von Werkzeugen und Maschinen erweitern. Im Kontext des Erdbebens von Lissabon zeigte sich ansatzweise ein ökologisches Bewusstsein (Kap. 5). Außerdem wurde die Funktion sprachlicher Zeichen entdeckt, die ein völlig neues Wissen ermöglichen.

In der neuen *Medizin* erforschte man insbesondere auch den weiblichen Körper, um der hohen Sterblichkeit bei Geburten zu begegnen. Damit wurde erstmals die leibliche Differenz der Geschlechter zum Thema. Hier war die Stellung der Aufklärung zur *Genderproblematik* durchaus zwiespältig. Einerseits galt in der Aufklärung der Grundsatz, dass alle Menschen gleich sind, was sich ausdrücklich auch auf Frauen bezog. Insofern lässt sich von einer „feministischen Aufklärung" sprechen. Andererseits gab es seit der Mitte des 18. Jahrhunderts die Tendenz, die Frau aus der Öffentlichkeit auszuschließen und auf den privaten Haushalt zu beschränken. Zur nachträglichen Legitimierung wurden ihr sogar bestimmte intellektuelle Fähigkeiten abgesprochen, um sie auf das familiär begründete moralische Gefühl zu reduzieren. Diese Art Arbeitsteilung zwischen den Geschlechtern war kein Relikt aus feudalen Zeiten, sondern ein neues Phänomen der beginnenden Industrialisierung.

In der zweiten Hälfte des 18. Jahrhunderts wurde ein völlig neuer Gegenstand erkundet: die *Gesellschaft*. Während zuvor noch der Staat als einzige Form eines Gemeinwesens gegolten hatte, gewann nun ein Bereich besondere Bedeutung, der später bei Hegel „bürgerliche Gesellschaft" hieß. Gemeint ist damit die Volkswirtschaft als Sphäre der gesellschaftlichen

Arbeitsteilung und Warenzirkulation. Diese Entdeckung verdankte sich der neuen Wissenschaft der *Politischen Ökonomie* (Kap. 8). Mit der modernen Volkswirtschaftslehre begann der Wirtschaftsliberalismus, der schon damals problematische Züge trug. Doch schaut man sich die entsprechenden Schriften genauer an, wird man feststellen, dass Ökonomen wie Quesnay und Adam Smith massive staatliche Maßnahmen vorschlugen, um den allgemeinen Wohlstand auch der sozial Benachteiligten zu verbessern. Von einer liberalistischen Ideologie, die daraus später abgeleitet wurde, kann daher noch keine Rede sein. Gleichzeitig bildeten sich unter Philosophen erste Ansätze einer mehr oder weniger radikalen Kritik an der modernen Zivilisation heraus, insbesondere an der kapitalistisch erzeugten sozialen Ungleichheit. Dafür standen nicht allein der genannte Rousseau, sondern auch noch andere, weniger bekannte Autoren. Der zentrale Begriff der Reproduktion barg sowohl soziale als auch ökologische Potenziale.

Die neue Wirtschaftstheorie legte offen, dass sich in der ökonomischen Sphäre eine eigene Dynamik entfaltet. Die Erkenntnis der Selbstregulation sozialer Systeme bzw. *systemischer Kontingenz* hat kaum zu unterschätzende Auswirkungen auf das Selbstverständnis des Menschen. Wenn erwiesen ist, dass die Menschen ihre Gesellschaft nicht mehr so steuern können, wie es noch im Reich der Politik möglich zu sein schien, wird die Handlungskompetenz der Menschen empfindlich beschnitten. Hier zeigen sich auch die Grenzen der aufklärerischen Anthropologie, die beansprucht, alle kulturellen Errungenschaften aus der Natur des Menschen abzuleiten, während die Aufklärer nun zum ersten Mal erkennen, dass die menschlichen Handlungen auch Wirkungen erzeugen können, die von der Vernunft gerade nicht geplant worden sind. In diesem Fall nenne ich das die *ökonomische Kränkung* des Menschen. Wiederum mache ich darauf aufmerksam, dass die Relativierung des menschlichen Subjekts nicht erst mit Nietzsche und Freud einsetzt, sondern im Kontext der Sozialphilosophie im Laufe der europäischen Aufklärung ihren Anfang nahm.

Unter diesen Voraussetzungen war der *Staat* keine rationale Konstruktion mehr nach dem Vertragsmodell, sondern das Resultat von äußeren und zufälligen Faktoren, nicht zuletzt auch von Macht, Gewalt und Eroberung. Auch das Recht wurde nicht mehr nach dem alten Modell des Naturrechts ausgelegt, sondern tendenziell in ein historisch gewordenes „positives" Recht bestimmter Nationalstaaten umgedeutet. Das schloss die Anerkennung von Rechtsauffassungen anderer Völker und Kulturen ein. Zwar galten noch die allgemeinen Menschenrechte, aber nicht mehr in einem universalistischen Sinn. Ebenso erhielt die Moral eine neue Legitimität; auch sie wurde nicht mehr rationalistisch und universalistisch interpretiert, es interessierten nun eher die faktischen „Sitten und Gebräuche" in den verschiedenen Regionen und Erdteilen (Kap. 7). Indem dabei die Entstehungsbedingungen von Staat, Recht und Moral auf empirische Weise beschrieben wurden, bildete sich ansatzweise die moderne Soziologie heraus.

Außerdem entstanden seit der Mitte des 18. Jahrhunderts Schriften, welche die *Geschichte* zu einem eigenen Gegenstand machten (Kap. 9). Dabei löste sich die Philosophie der Geschichte allmählich von der Geschichtsschreibung. Blieben die philosophischen Reflexionen bisher in historiographischen Werken verstreut oder auf deren Einleitungen beschränkt, wurden erstmals Texte mit einer Übersicht über die Geschichte im Ganzen oder zu allgemeinen Themen publiziert. Zur Erklärung wurden wiederum Ergebnisse aus der Anthropologie und Politischen Ökonomie herangezogen. Dabei wird dieser Denktypus von einem eigenartigen Widerspruch geprägt. Zunächst verstanden die Autoren ihre neue Wissenschaft als *erklärende Historiographie*, die sich an den zeitgenössischen Naturwissenschaften orientiert. Sodann gehörte zur Geschichtsphilosophie die Teleologie der Geschichte, die als ein Bewältigungsversuch *historischer Kontingenz* zu verstehen ist.

Ein wesentliches Merkmal der Geschichtsphilosophie war die *Säkularisierung*. Der weltliche Zugriff führte auch zu neuen Inhalten. An die Stelle der göttlichen Reiche traten Stadien im Prozess der Zivilisation auf den Gebieten Wissenschaft, Technik, Ökonomie und Moral. Mit bestimmten Erwartungen an die Zukunft bildete sich die Idee des Fortschritts heraus, die bereits im 18. Jahrhundert umstritten war. Damit befreite sich das Geschichtsdenken von der reinen Chronologie und entwickelte die Vorstellung einer eigenen *historischen Zeit*,[20] die sich an den von den Menschen „gemachten" kulturellen Errungenschaften orientiert. Indem dabei auch Anfang und Fortgang von Wissenschaft und Philosophie erforscht wurden, machte sich die Aufklärung selbst zum Thema. Darin besteht ihre wesentliche Form der *Selbstreflexion*.

Der Prozess der Säkularisierung ist eng mit dem Begriff der *Weltgeschichte* verbunden. Im Zuge kolonialer Entdeckungen und Eroberungen gerieten außereuropäische Länder wie China, Indien und Amerika in den Blick. Die neue Idee der Weltgeschichte setzte nun ausdrücklich die Vielheit der Kulturen voraus, die man miteinander verglich und besonders würdigte. Insbesondere die persische, chinesische und peruanische Kultur wurden konkret untersucht und aufgewertet. Gegen die übliche Kritik am

---

[20] Koselleck 1979, S. 130–143; ders. 2003, S. 317–335.

Eurozentrismus der Aufklärung darf nicht übersehen werden, dass sich diese Denkrichtung überhaupt darum bemüht hat, die vielen Kulturen des ganzen Erdballs zur Kenntnis zu nehmen und in ein Gesamtkonzept zu integrieren. Dabei wurden nicht nur bisher unbekannte Kulturen aus europäischer Sicht beschrieben; es gibt sogar Beispiele dafür, dass Europa aus fremder Perspektive sozusagen von außen betrachtet wurde. In diesen Diskursen wurde Europa selbst thematisiert und durchaus kritisch hinterfragt (Kap. 2). Dazu gehörte auch die nicht seltene Kritik an der Kolonialgeschichte mit Eroberung, Ausbeutung und Versklavung, die mit dem anthropologischen Grundsatz der Gleichheit aller Menschen als unvereinbar schien (Kap. 9). Zwar sind einzelne Diskriminierungen, insbesondere der Einwohner Afrikas, nicht zu übersehen, aber zahlreiche Verurteilungen der Sklaverei können als erste Manifeste des Postkolonialismus gelten.

Mit der Entstehung neuartiger Wissenschaften verband sich auch die *Kritik an der Religion* (Kap. 3). Doch darf man sich die Religionskritik der Aufklärer nicht allzu radikal vorstellen. Nur wenige Aufklärer in Frankreich und England bekannten sich offen zum Atheismus und Materialismus; manche bekämpften die Atheisten sogar und verteidigten die damals verbreitete Position des Deismus, demzufolge die Welt möglicherweise von einem Gott geschaffen worden sei, der jedoch in sein Werk nicht mehr tätig eingreife. Andere Aufklärer entwarfen die sehr verbreitete Theorie der „natürlichen Religion", in der nicht mehr das kirchliche Dogma, sondern das religiöse Bedürfnis der Menschen im Mittelpunkt stand. Insbesondere der Glaube an eine göttliche Vorsehung wurde durch das Erdbeben von Lissabon 1755 erschüttert (Kap. 5). Nachdem der Mensch von Kopernicus seine zentrale Stellung im Kosmos verloren hatte, vermisste er nun seinen ursprünglichen Halt in der göttlichen Ordnung.

Wichtiger ist hier die Tatsache, dass die Religionskritik im 18. Jahrhundert eine prinzipielle Wende vollzogen hat. Auch auf diesem Feld kommen die neuen Wissenschaften wie Anthropologie, Sprachphilosophie, Gesellschaftstheorie und Geschichtsphilosophie zur Anwendung. Während die Frage nach dem Wahrheitsanspruch des religiösen Glaubens mehr oder weniger dilatorisch beantwortet wurde, rückte die gesellschaftliche *Funktion der Religion* in den Vordergrund. Damit verschob sich der Akzent von der Geltungsfrage zur sozialen und politischen Pragmatik. Für die radikalen Kritiker diente die Religion als Herrschaftsinstrument der Mächtigen und Reichen. In der gemäßigten Version wollten die meisten Aufklärer auf die Religion nicht verzichten, weil sie darin eine moralische und damit stabilisierende Institution sahen.

Neuzeit, Aufklärung und Moderne

Im Anschluss an meine Darstellung der neuen Wissenschaften im 18. Jahrhundert wiederhole ich meine anfängliche *These*: Seit 1750 sind bestimmte Merkmale der bürgerlichen Gesellschaft sichtbar geworden, die aus heutiger Sicht als spezifisch *modern* gelten können. Die *Aufklärung* umfasst damit die Komponenten *Neuzeit und Moderne*. Mit dieser Unterscheidung erhebe ich den ambitionierten Anspruch, ein neues Bild von der historischen Epoche der Aufklärung zu zeichnen.

Erst einmal werden in der Aufklärung die neuzeitlichen *Ideen des 17. Jahrhunderts* fortgeschrieben wie Emanzipation des Individuums, Vernunft des Subjekts sowie Handlungs- und Gedankenfreiheit des Menschen. Das ist bekannt und soll auch hier nicht bestritten werden. Unter dieser Voraussetzung mag es auch legitim sein, die Aufklärung als eine übergreifende Bewegung zu betrachten, die schon während der Neuzeit begonnen hat. Manche Interpreten bezeichnen diesen gesamten Komplex als „Moderne", von der sie dann die Postmoderne des 20. Jahrhunderts abzugrenzen versuchen. Wieder andere Autoren ziehen eine Linie von der Neuzeit bis zur so genannten Spätmoderne des 21. Jahrhunderts. Aber eine solche Gesamtschau hat den Nachteil, dass die Spezifik der Philosophie und Wissenschaft in der zweiten Hälfte des 18. Jahrhunderts übersehen wird.

Darüber hinaus halte ich die *Transformation von der Neuzeit zur Aufklärung* für wesentlich. Jetzt wandelt sich die Konstitution des menschlichen Subjekts. Bereits die technischen und sprachlichen Mittel ermöglichen Leistungen, zu denen der bloße Verstand nicht gelangt wäre. In der Politischen Ökonomie wird der Systemcharakter der wirtschaftlichen Sphäre erkannt, wodurch die *Kontingenz* der bürgerlichen Gesellschaft zum Vorschein kommt. Und in der Geschichtsphilosophie ist es geradezu ein Topos, dass die Geschichte im Ganzen ein kontingentes Geschehen ist. Derartige Kontingenzerfahrungen kann man, wie gesagt, als *Kränkungen* der Menschen deuten. Kaum hat der neuzeitliche Mensch eine bisher ungeahnte Autonomie errungen, erleidet seine Selbstermächtigung in der Aufklärung einige empfindliche Dämpfer. Um den Autonomiebegriff zu retten, möchte ich von einer *bedingten Autonomie* sprechen, die immer noch Handlungsspielräume offen lässt. Auf diese Weise relativieren sich die hybriden Vorstellungen der Neuzeit und weichen realistischen Erwartungen der Moderne. Darin besteht nicht etwa das „Andere" der Aufklärung,[21] sondern eine so bestimmte *andere Aufklärung*.

---

[21] In Anspielung auf Gernot und Hartmut Böhme: *Das Andere der Vernunft*. Frankfurt a. M. 1983.

Mit der Unterscheidung zwischen Neuzeit, Aufklärung und Moderne verbinde ich die Hoffnung, dass daraus Kriterien für die Debatte über die *Aktualität der Aufklärung* gewonnen werden können. Denn diese Differenzierung kann dazu beitragen, die Aufklärung vor ungerechtfertigten Vorwürfen in Schutz zu nehmen. Einige Kritiker identifizieren die Aufklärung mit der Neuzeit und erheben den Vorwurf einer verabsolutierten Vernunft und eines übersteigerten Machbarkeitswahns. Wenn dann noch die Vertreter der so genannten Postmoderne die von ihnen diskreditierte Moderne mit dem cartesischen Subjekt und neuzeitlichen Rationalismus gleichsetzen, glauben sie leichtes Spiel zu haben.[22]

Aber auch viele Anhänger betrachten die Aufklärung wie in einem Spiegelbild der postmodernen Kritik, indem sie gegen die Übermacht der modernen Zivilisation wieder das neuzeitlichen Ideal eines autonomen Individuums ins Feld führen. Hier wird übersehen, dass bereits die Aufklärung selbst die besondere Eigenart der Moderne vorbereitet hat. Da scheint es plausibler zu sein, die Moderne als einen übergreifenden Prozess von der Aufklärung bis zur Spätmoderne zu betrachten.[23] Im Laufe dieses Buches wird sich zeigen, dass die von mir favorisierte *moderne Aufklärung* in der zweiten Hälfte des 18. Jahrhunderts die Bezugspunkte für eine Transformation ins 21. Jahrhundert bietet. Weil ich mich dabei nicht auf ein einziges abstraktes Prinzip wie etwa die Vernunft beschränke, wird das breite Spektrum der verschiedenen genannten Themen konkret zur Sprache kommen. Den roten Faden bildet das Problem der Erfahrung und Bewältigung kognitiver, technischer und sozialer Kontingenzen.

Zur Aktualität der Aufklärung

In der heutigen Gegenwart ist darüber nachzudenken, wie man sich zur Erfahrung der Aufklärung mit *systemischer* und *historischer Kontingenz* stellen soll. Wer die Ohnmachtserfahrung in den Vordergrund stellt und an einem ungebrochenen, absoluten Handlungssubjekt misst, wird diese Erfahrung als „misslungene Moderne" deuten. Aber wer den kontingenten Charakter von Gesellschaft und Geschichte auch nur teilweise anerkennt, wird in der Kontingenzerfahrung eine spezifisch moderne Einsicht der späteren

---

[22] Aus dieser Perspektive mag man die von mir charakterisierte Moderne bereits als Postmoderne bezeichnen – im Sinne eine „Krise des Absoluten"; so Zorn 2022, S. 25.
[23] Reckwitz, Rosa 2021, S. 69, 100–109, 119; vgl. Blühdorn 2013, S. 51 f.; ausführlich dazu Kap. 10.

Aufklärung sehen. Denn nüchtern betrachtet, geht es ja nicht um Zufälle des alltäglichen Lebens, die immer schon gegeben waren, sondern um die relative Selbständigkeit sozialer Systeme und um den Prozess der modernen Zivilisation. Heute kommt es darauf an, mit dieser spezifisch modernen Erkenntnis vernünftig umzugehen. Das setzt wiederum voraus, die falsche Alternative zwischen Unverfügbarkeit und Schöpfungsmythos aufzugeben, um die Bewältigung der Kontingenz als Aufgabe zu verstehen. Konkret folgt daraus, den immer noch verbleibenden Horizont von Eingriffsmöglichkeiten auszuloten und zu nutzen.

Dieser Zwiespalt zwischen Kontingenzerfahrung und Handlungskompetenz zeigt sich zunächst im *wirtschaftlichen Bereich*. Zunächst ist die Erfahrung der Politischen Ökonomie des 18. Jahrhunderts durchaus anzuerkennen, dass es eigenständige ökonomische Gesetze gibt, die sowohl von Unternehmern als auch von Politikern zu respektieren sind. Das hat den positiven Effekt, dass die vom früheren Rationalismus postulierte Planungsvernunft in die Schranken gewiesen wird. Doch nachdem sich in den letzten zwei Jahrzehnten der Wirtschaftsliberalismus radikalisiert hat, gelangen wir zu dem Schluss, dass eine Apologie der Ökonomie zu vermeiden ist. Im Augenblick sehen wir uns einer Übermacht des Kapitalismus konfrontiert, dessen gesellschaftliche und ökologische Folgeschäden nicht mehr zu übersehen sind. Was hingegen nottut, ist die Wiedergewinnung des Politischen.

Die Auswüchse der wirtschaftlichen Ausbeutung waren jedoch zu Beginn der Industrialisierung noch nicht absehbar. Die Verfasser der erst jungen *Politischen Ökonomie* hegten ausdrücklich die Hoffnung, dass möglichst alle Menschen von den technischen und wirtschaftlichen Fortschritten eines Landes profitieren mögen. Doch schon während der Aufklärung existierte daneben die erwähnte Sozialkritik von Rousseau und anderen Autoren, an die sich auch noch heute anknüpfen lässt. Zur Debatte stehen gegenwärtig ein Grundeinkommen und eine Kompensation der Preissteigerungen für die sozial Schwachen, die weitere Anhebung des Mindestlohns sowie die Ausweitung des Kündigungsschutzes. Außerdem sind transnationale Konzerne gleich und höher zu besteuern, wozu es in der Europäischen Union neue Ansätze gibt. Schließlich sind die Arbeitnehmerinnen und Arbeitnehmer stärker an der Leitung von Unternehmen zu beteiligen, was auf eine Umstrukturierung der Kapitalgesellschaften hinauslaufen würde.

Ähnlich ambivalent gestaltet auch der Versuch, die *politische Philosophie* der späteren Aufklärung zu aktualisieren. Auch wenn Autoren wie Montesquieu an die Stelle der Theorie des Gesellschaftsvertrags die historische Analyse der klimatischen und kulturellen Bedingungen gesetzt haben, unter denen die unterschiedlichen politischen Systeme entstehen können, schließt das nicht aus, dass auch normativ begründete Präferenzen für bestimmte Staatsformen zur Geltung kommen. So schlug Rousseau zur Herstellung sozialer Gleichheit einen neuen Staatsvertrag mit basisdemokratischen Elementen vor. Die meisten Aufklärer bevorzugten jedoch bei aller Kritik an den bestehenden politischen Verhältniss letztlich die konstitutionelle Monarchie. Innovativ und von bleibender Relevanz ist dabei Montesquieus Theorie der Gewaltenteilung, ebenso die Verteidigung der Menschenrechte. Die aktuelle Aufgabe besteht darin, die demokratischen Ansätze der Aufklärung anzuerkennen und zugleich die gegenwärtige Demokratie weiter zu entwickeln und gegen Populismus und Rassismus in Schutz zu nehmen. Anhand der Aufklärung kann man studieren, die Demokratie nicht als abstraktes Prinzip zu behandeln, sondern als konkrete Lebensform, die an die sozialen und kulturellen Gegebenheiten angepasst werden muss.

In diesem Zusammenhang ist insbesondere die *Stellung der Frau* im Erwerbsleben wie auch in Politik und Wissenschaft zu stärken, was die Vereinbarkeit von Familie und Beruf voraussetzt. Dabei sollte man die egalistische Seite der Aufklärung fortschreiben, der zufolge Mann und Frau grundsätzlich die gleichen Fähigkeiten und Rechte haben. Die andere Seite, auf der die Frauen auf die Geburt und Aufzucht von Kindern reduziert wurden, könnte man noch als bevölkerungspolitisches Zugeständnis des 18. Jahrhunderts in Schutz nehmen. Denn diese Art Reduktion ist erst im 19. und 20. Jahrhundert ideologisch überhöht worden und heute zu bekämpfen. Im Wirtschaftsleben ist es immer noch geboten, den arbeitenden Frauen die gleichen Löhne wie den Männern zu zahlen. Außerdem bedarf es mehr Frauen in leitenden Positionen der Unternehmen. Das gilt auch für die Politik, sowohl bei den politischen Parteien als auch in Regierungsämtern. Auch wenn es dafür in der historischen Epoche der Aufklärung noch keine Vorlagen gibt, würden solche Reformen den aufklärerischen Grundsätzen entsprechen.

Die Geschichtsphilosophie der Aufklärung mit ihrem Programm einer „Weltgeschichte" stellte die erste *Theorie der Globalisierung* dar. Der Begriff „Menschheit" bedeutete keine abstrakte Einheit mehr, sondern den Beginn globaler Kooperation auf den Gebieten Wissenschaft, Politik und Ökonomie. Einige Aufklärer versprachen sich vom „Handelsgeist" sogar mehr *Frieden*, was sich zwar häufig als Illusion erwiesen, aber im „gemeinsamen Markt" Europas durchaus bewährt hat. Daneben gab es mehrere Entwürfe für die Herstellung und Bewahrung von Frieden zwischen den Völkern: zuerst für Europa, dann sogar für die ganze Welt. Auch in diesen Friedensschriften werden die bereits realisierten kulturellen Zusammenhänge zu Grunde gelegt, um an die entsprechenden Interessen zu appellieren. Diese

Ansätze der Aufklärung *Zum Ewigen Frieden* (Kant) sind auch noch in der heutigen Gegenwart anregend und realisierungsbedürftig. Aktuell hinzugekommen ist der grausame Krieg Russlands in Osteuropa. Doch die Prognose, dadurch sei das Prinzip „Wandel durch Handel" endgültig gescheitert, scheint mir noch verfrüht zu sein. Aus diesen Gründen sollte die aufklärerische Hoffnung auf Frieden nicht aufgegeben werden.

Ein wesentliches Merkmal der Geschichtsphilosophie ist die Orientierung an der *Zukunft*. Allein die Idee des Fortschritts drückt die Erwartung aus, dass es künftigen Generationen besser gehen möge, so wie in der vergangenen Geschichte bereits „Fortschritte" erkennbar sind. Historischer Erfahrungsraum und Erwartungshorizont bedingen sich gegenseitig.[24] Seit der Mitte des 20. Jahrhunderts ist die Fortschrittsidee in Verruf geraten und durch das Label *Posthistoire* ersetzt worden. Doch spätestens seit dem Beginn des 21. Jahrhunderts ist klar, dass die Geschichte keineswegs an ihrem angeblichen Ende angelangt ist, sondern mit teilweise schrecklichen Ereignissen weitergeht. Aktuelle Probleme wie die gegenwärtigen Kriege in der Welt, die Verelendung armer Länder wie auch die ökologische Krise verlangen ein aktives Eingreifen in die Weltgeschichte.

Mit dem bangen Blick in die Zukunft steht die drohende *Klimakatastrophe* im Mittelpunkt. Ohne Zweifel ist die Erwärmung der Erde ein Produkt menschlichen Handelns, das mit der beginnenden Industrialisierung eingesetzt hat. Seit zwei Jahrzehnten deutet man diese Periode als Beginn des *Anthropozäns*, womit das Zeitalter gemeint ist, in dem die Menschen die Erde so tiefgreifend verändern, dass sie ihre eigenen Lebensbedingungen aufs Spiel setzen.[25] Es ist kein Zufall, dass dieses Zeitalter mit der Entstehung der Anthropologie zusammenfällt, die häufig als *anthropozentrisch* gebrandmarkt wird. Doch bei näherer Betrachtung zeigt sich, dass darin der Mensch seine traditionelle Sonderstellung eingebüßt hat, die er noch im Christentum und neuzeitlichen Rationalismus innehatte. Seitdem verstand sich der Mensch als ein natürliches Wesen, das sich aus der physischen Natur entwickelt hat. Auch wenn sich nur ansatzweise ein ökologisches Bewusstsein nachweisen lässt, rückte der Mensch doch deutlich in die Nähe seiner inneren und äußeren Natur, von der er sich abhängig wusste.

Beim Thema Klimawandel geht es schließlich um *wissenschaftliche Wahrheit*. Wenn in jüngster Zeit Verschwörungsmythen salonfähig

---

[24] Koselleck 1979, S. 349 f.
[25] Horn, Bergthaller 2019, S. 9, 19; Rohland 2020, S. 49; Chakrabarty 2022, S. 127.

werden, besteht die Gefahr von Realitätsverlust und Handlungsunfähigkeit. Nicht zuletzt haben auch postmoderne Kritiker dazu beigetragen, die Wissenschaften zu diskreditieren, indem sie wissenschaftliche Fakten zu Konstruktionen und Fiktionen umdeuteten. Gegen *post-truth* und *fake-news* ist ein neuer *realistic turn* zu stellen, der angesichts der zu bewältigenden Probleme zum ethische Gebot wird. Auch in diesem Fall kann man sich am Erbe der Aufklärung orientieren, die den Wissenschaften höchste Priorität zugebilligt hat. Außerdem haben die Aufklärer in ihrer Religionskritik die theoretischen Mittel für eine Kritik der Vorurteile bereit gestellt, indem sie vor allem deren soziale Funktionen analysierten. Das trifft vor allem in der aktuellen *Covid-19-Pandemie* zu, in der die Geltung von Wissenschaft unter einem extremen Legitimierungszwang steht.

Um erst einmal einen Überblick zu verschaffen, beginne ich mit einer vergleichenden Darstellung der Aufklärung in den einzelnen Ländern Europas. In diesen Kontexten wird sich zeigen, wie die Autorinnen und Autoren des 18. Jahrhunderts die Aufklärung als ein genuin europäisches Projekt reflektiert und praktiziert haben. Daran anschließend stelle ich die Frage, in welchem Maße die Erinnerung an diese gemeinsame Kultur zur Legitimität der heute bestehenden Europäischen Union etwas beizutragen imstande ist.

* * *

Leitend ist in diesem Buch das *systematische Interesse*, bestimmte Theoreme der Aufklärung in das heutige Zeitalter zu transformieren. Die angestrebte Systematik spiegelt sich in den thematisch eingeteilten Kapiteln wider. Sie entsprechen weder einer chronologischen Reihenfolge noch einer philologischen Ordnung in der Geschichte der europäischen Aufklärung, sondern widmen sich einzig und allein aktuellen Themenfeldern. Dabei folgt jedes einzelne Kapitel einem gemeinsamen Schema.

Der jeweils *erste* Abschnitt beginnt mit einem *Problemaufriss der Gegenwart*. Dabei werden teilweise Gegenpositionen dargestellt, in denen die Aufklärung und Moderne für überwunden erklärt wird, was in mehreren „postistischen" Begriffen wie Postmoderne, Posthistoire, Posthumanismus, Postdemokratie usw. zum Ausdruck kommt. Wenn ich diese Zeitdiagnosen mit einem Fragezeichen versehe, drücke ich meine Zweifel an derartigen Endzeitszenarien aus.

Der dann folgende *zweite* und *dritte* Abschnitt ist verschiedenen Theorien gewidmet, die während der *historischen Epoche der Aufklärung* entstanden sind. Dabei gilt es, das Profil der europäischen Aufklärung zu schärfen, indem das jeweils Neue und Spezifische von Wissenschaft und Philosophie in der zweiten Hälfte des 18. Jahrhunderts herausgestellt wird. Manches kann ich nur in groben Zügen darstellen, doch Originalität beanspruche ich mit meiner Selektion und Synthese. Nicht selten gehe ich im Detail auch eigene Wege.

Ausdrücklich schreibe ich in diesen beiden Abschnitten *keine Begriffsgeschichte*, weil ich der Auffassung bin, dass einzelne Begriffe bestimmte Theorien nur unvollständig abbilden.[26] Häufig ist ein Gedanke entwickelt, bevor das entsprechende Wort bereitsteht. Würde ich mich auf die Geschichte des Begriffs der Aufklärung beschränken, könnten viele sachliche Problemstellungen und Erkenntnisse gar nicht zur Sprache kommen. Umgekehrt fallen hier manche Diskurse heraus, die üblicherweise unter den Aufklärungsbegriff subsumiert werden. Das zeigte sich schlagend bei der Frage nach der Periodisierung der Aufklärung. Ebenso wenig möchte ich mich mit dem Label *Ideengeschichte* anfreunden, weil mir dieser Ansatz zu immanent erscheint, als ob die Philosophie ihre „Ideen" aus sich selbst und isoliert generiert und tradiert hätte.

Stattdessen favorisiere ich den Ansatz der *Wissenschaftsgeschichte*, in deren Diskurs ich auch die Geschichte der Philosophie stelle. Das entspricht meiner leitenden These, dass die europäische Aufklärung völlig neue Wissenschaften kreiert hat, ohne deren Kenntnis die Philosophie dieser Zeit gar nicht plausibel wäre. Es geht mir also im Wesentlichen um eine *interdisziplinäre* Verfahrensweise. Im Hintergrund spielt dabei auch die *Sozialgeschichte* eine Rolle; auch wenn die beginnende Industrialisierung, die sich herausbildende bürgerliche Gesellschaft und der entsprechende kulturelle Wandel nur angedeutet werden, sind mir diese historischen Bedingungen wesentlich, um die neuen sozialphilosophischen Ansätze verständlich zu machen.

Im jeweiligen *vierten* Abschnitt soll schließlich die *Aktualisierung* bestimmter Ideen, Begriffe und Theorien der Aufklärung geleistet werden. Um den aktuellen Forschungstand zur heutigen Gegenwart zu gewährleisten, finden vor allem die Theorien der jüngsten Publikationen Berücksichtigung. Im Zentrum stehen die Einzelwissenschaften Soziologie, Politologie, Wirtschafts- und Geschichtswissenschaft. In der Philosophie liegen die Schwerpunkte auf der Erkenntnistheorie, Ethik, politischen Philosophie und Sozialphilosophie. Insgesamt gehe ich wieder interdisziplinär vor mit dem Akzent auf der praktischen Philosophie.

---

[26] Exemplarisch habe ich das demonstriert in: „*Fortschritt* und *Geschichte* in der Begriffsgeschichte von Reinhart Koselleck", Rohbeck 2020, S. 159–169; siehe zu diesen Begriffen Kap. 9.

Mit dieser Aufteilung der einzelnen Kapitel glaube ich, ein eigenes Format zu präsentieren. Beabsichtigt ist eine Synthese von Aufklärungskritik, Aufklärungsforschung und Aktualisierung der Aufklärung. Transformation bedeutet hier, die beiden Epochen Aufklärung und Spätmoderne zu überbrücken sowie die erhaltenswerten Errungenschaften der Aufklärung zu bergen und weiter zu entwickeln.

2

Aufklärung in Europa

Zieht man einen Vergleich zwischen dem 18. und 21. Jahrhundert, zeigen beide Epochen eine erstaunliche Gemeinsamkeit. Um die Mitte des 18. Jahrhunderts waren die Nationalstaaten in Europa nur zum Teil etabliert. Allein England und Frankreich stellten ausgebildete Nationen dar. Spanien kämpfte noch um seine nationale Identität. Italien und Deutschland bestanden lediglich aus zersplitterten Kleinstaaten, Königreichen und Fürstentümern. Erst im 19. Jahrhundert entwickelten sich diese Nationalstaaten, die dann im 20. Jahrhundert zu unheilvollen Nationalismen pervertierten. Doch im Zuge der Globalisierung verlieren die Nationalstaaten ihre alte Funktion. An ihrer Stelle herrschen zunehmend transnationale Konzerne und Organisationen. Während also im 18. Jahrhundert viele Nationalstaaten *noch nicht* entwickelt waren, haben die Nationalstaaten im 21. Jahrhundert *nicht mehr* ihre alte Bedeutung.

Aus dieser Parallele lassen sich bestimmte Konsequenzen ziehen. Wenn heute die staatlichen Regierungen an Einfluss verlieren, kann das auch als Chance begriffen werden, die Integration Europas nicht nur wirtschaftlich, sondern auch politisch voranzutreiben. Das gilt umso mehr angesichts jüngster Tendenzen, die Europäische Union in Zweifel zu ziehen und das Nationale zu reaktivieren. Nicht zuletzt nach dem Einmarsch in die Ukraine infolge des russischen Nationalismus bedarf es eines einigen und starken Europas. Hier mag die Erinnerung an das Zeitalter der Aufklärung hilfreich sein.

Doch zunächst ist zu klären, wie einheitlich die europäische Kultur gewesen ist. In der entsprechenden Forschung wird darauf verwiesen, dass es nicht *die* Aufklärung im Singular gegeben hat, sondern eine Pluralität, die sich nach Ländern und Regionen auffächert. Hinter dem Fokus auf die Differenzen stehen die gegenwärtigen Kulturwissenschaften, die sich eher für das Diverse von Kulturen interessieren. Man kann darin eine Reaktion auf die Globalisierung sehen, die den Blick vom Globalen zurück auf das Lokale und Regionale lenkt. Hinzu kommen nationale Besonderheiten, wenn etwa die Spanier erst nach der Franco-Diktatur ihre eigene aufklärerische Tradition wiederentdecken.

Dieser Tendenz möchte ich im Folgenden wenigsten kursorisch Rechnung tragen, indem ich die jeweilige Aufklärung in den wichtigsten europäischen Ländern skizziere. Dabei stellt sich das bereits angeklungene Problem, ob es ein Zentrum der Aufklärung wie etwa Frankreich gegeben hat, das als besonders radikal gilt, demgegenüber die Aufklärung in anderen Ländern weitgehend unterdrückt oder nur halbherzig betrieben wurde. Das mündet in die umstrittene Frage nach der „wahren" Aufklärung, die angeblich im gemäßigten Deutschland angesiedelt gewesen sei. Hier zeigt sich, wie eine „konservative" oder „progressive" Haltung gegenüber der Aufklärung zur Favorisierung bestimmter Länder führen kann. Schließlich fragt es sich, wie sich die so genannte Gegenaufklärung zur Aufklärung verhält bzw. was davon doch noch als Aufklärung gelten kann.

Bei aller Diversität, die anzuerkennen ist, halte ich es jedoch für verfehlt, die *Einheit der Aufklärung* aus den Augen zu verlieren. Denn es ist nicht zu verkennen, dass die Vertreter der Aufklärung gemeinsame Grundüberzeugungen hatten, die auf die neuen Wissenschaften Anthropologie, Politische Ökonomie und Geschichtsphilosophie fußten. Es gibt sogar übereinstimmende Ansätze einer Zivilisationskritik und die Einsicht in soziale und historische Kontingenz. Diese spezifisch *moderne Konzeption von Aufklärung* in der zweiten Hälfte des 18. Jahrhunderts liegt den nun folgenden Ausführungen zu Grunde. Dabei konzentriere ich mich auf den komparativen Aspekt und verweise auf die detaillierteren Darstellungen in den einzelnen Kapiteln.

In diesem Zusammenhang ist zu ergänzen, dass die Philosophen der Aufklärung bereits ein *Bewusstsein von Europa* besaßen. Sie haben die Vernetzung praktisch gelebt durch ihre Korrespondenzen, Übersetzungen, wechselseitigen diskursiven Bezüge, durch einen europäischen Buchmarkt, nicht zuletzt durch Reisen, persönliche Bekanntschaften und Freundschaften. Viele wissenschaftliche Akademien und Universitäten wurden nach Modellen anderer europäischer Städte gegründet. Manche Gelehrte wurden aus benachbarten Ländern eingeladen, sogar mit leitenden Funktionen. Franzosen wie Montesquieu und Voltaire pilgerten nach England und ließen sich dort inspirieren, so wie Voltaire, Diderot, Maupertuis und La Mettrie an die deutschen Höfe eingeladen wurden. Es ist sogar nachweisbar, dass sich die Wissenschaftler und Philosophen selbst als Vertreter einer europäischen Geistesbewegung verstanden, indem sie Europa zum eigenen Thema gemacht haben.

Von daher ist es mir wichtig, den pauschalen Vorwurf des *Eurozentrismus* der Aufklärung ganz entschieden zurückzuweisen.[1] Allenfalls steht eine möglichst präzise Relativierung zur Disposition. Zwar trifft es zu, dass einige Aufklärer die europäische Zivilisation zum Maßstab des Zivilisationsprozesses gewählt haben. Insbesondere in der Historiographie und Geschichtsphilosophie bildet die griechische Antike den Ausgang und der französische Absolutismus den neuen Höhepunkt. Aber ebenso wird sich zeigen, in welchem Maße die Aufklärer auch die ihnen fremden Völker berücksichtigten, die sie durch zahlreiche Reisebeschreibungen kennengelernt haben. Darin wurden die außereuropäischen Kulturen gewürdigt und aufgewertet. Besonders aufschlussreich ist die Umkehrung der Perspektive, wenn fiktive Personen aus fernen Ländern Europa besuchen und dessen Lebensweise kritisch kommentieren.

Die genannten Merkmale der europäischen Aufklärung sind für deren Transformation in die heutige Gegenwart von Bedeutung. Da sich die Vertreter der Aufklärung über ihren europäischen Kontext im Klaren waren, könnte das ein Vorbild für deren Aktualisierung sein. Zur *Legitimation* der Europäischen Union ist es daher sinnvoll, sich auf die gemeinsamen kulturellen Wurzeln zu besinnen.[2] Dahinter steht die Überzeugung, dass Europa seiner Aufklärung wesentliche Errungenschaften verdankt wie Toleranz, Menschenrechte und Demokratie. Das gilt auch für den respektvollen Umgang mit anderen Kulturen. Angesichts des neuen Krieges sind die zahlreichen Entwürfe für einen dauerhaften Frieden in Europa und der Welt besonders aktuell.

---

[1] Mit der Aufklärungskritik des *Postkolonialismus* werde ich mich zu Beginn des neunten Kapitels auseinandersetzen.

[2] In der einschlägigen Literatur zur Europäischen Union unterscheidet man zwischen einer „einwirkenden" (input) oder „basalen" Legitimation, die in der kulturellen Gemeinsamkeit besteht, und einer „leistungsorientierten" (output) Legitimation, die durch die politische, rechtliche und soziale Interaktion und Kooperation der Nationalstaaten zustande kommt. Konsens besteht darüber, dass die basale Legitimation zwar nicht ausreicht, aber eine wichtige Ergänzung bildet, wie umgekehrt die erbrachte Integrationsleistung zur kulturellen Identität etwas beizutragen imstande ist. Siehe dazu Scharpf 1999, S. 18–22; vgl. Cheneval 2006, S. 6–8, 19 f.; Kohler 2006, S. 29 f., 35; Utzinger 2006, S. 237 f. – Speziell zur Bezugnahme auf Europa: Vierhaus 1988, S. 7; Faye 1992, S. 14; Negt 2010, S. 136 f., 145, 171; Grießer 2015, S. 7 f.

Wohin mit Europa?

In jüngster Zeit hat Europa eine radikale Kehre erlebt. Putins Aggression hat die Europäische Union gezwungen, zusammenzurücken und gemeinsam zu handeln. Das betraf in erster Linie den militärischen Schutz, für den gleichsam über Nacht eine neue Verteidigungspolitik entwickelt wurde. Ebenso ist die Energieversorgung mit Kohle, Erdöl und Gas betroffen, die sich von russischer Abhängigkeit ablösen musste. Schließlich ging es darum, sich darüber zu einigen, wie die vielen Flüchtlinge möglichst gerecht auf die europäischen Länder verteilt werden können. Diese neuen Aufgaben haben dazu geführt, dass sich die europäischen Regierungen besser aufeinander abstimmen und schneller zu gemeinsamen Entscheidungen gelangen. Hatte Putin die Absicht, Europa zu spalten, wurde es nun durch seinen Druck zusammengeschweißt.

Um diese Kehrtwende zu verstehen, bietet es sich an, einen Blick zurück zu werfen. Denn vor wenigen Jahren schien es nicht opportun zu sein, überhaupt über Europa zu reden. Unvergessen ist das miserable Management der Europäischen Union bei der Beschaffung von Impfstoffen für die Bekämpfung der Covid-19-Pandemie. Auch danach gibt es keinerlei Koordinierung zum Schutz der Bevölkerung, zur medizinischen Versorgung der Schwerkranken und langfristigen Planung nach überstandener Katastrophe. Aus der ursprünglich vorgesehenen konzertierten Aktion sind nationale und regionale Alleingänge geworden. Dabei geht es nicht etwa um zentralistische Entscheidungsbefugnisse, sondern um koordiniertes politisches Handeln.

Wie ist es dazu gekommen? Unmittelbar nach dem Zweiten Weltkrieg hat der britische Premierminister Winston Churchill die „Vereinigten Staaten von Europa" ausgerufen.[3] Bekanntlich ist daraus bis heute nichts geworden. Es wurden damals nicht einmal Friedensverträge abgeschlossen, geschweige denn Vorkehrungen für einen europäischen Völkerbund getroffen. Stattdessen entstand mit dem Römischen Vertrag von 1957 die *Europäische Wirtschaftsgemeinschaft*. Wie sehr die ökonomische Integration im Vordergrund stand, kam schon darin zum Ausdruck, dass lediglich vom „Gemeinsamen Markt" Europas die Rede war. Das vorrangige Ziel war offenbar die Schaffung eines europäischen Kapitalismus, der damals ziemlich erfolgreich war und allgemein akzeptiert wurde.

---

[3] Zitiert nach Kreis 2006, S. 67. – Zum Folgenden Goodman 1998, S. 334; Freiburghaus 2000, S. 25–29; Streeck 2013, S. 237; Nida-Rümelin 2020, S. 45.

Nach etwa zwanzig Jahren erzeugte der Primat der Ökonomie ein gewisses Unbehagen. Die bloß „negative Integration", die im Wegfall von Zollschranken bestand, wollte man durch eine „positive Integration", die auf politische Gestaltung zielt, ergänzen.[4] Dem gemeinsamen Markt sollte eine politische Union zur Seite treten. Schon 1979 etablierte sich in Straßburg das *Europäische Parlament*, an dessen Wahl sich alle Bürger der Europäischen Union beteiligen können. In Maastricht kam noch das allgemeine Wahlrecht der Unionsbürger bei Kommunalwahlen hinzu. Außerdem wurden dort eine gemeinsame Außen- und Sicherheitspolitik und die Zusammenarbeit in den Bereichen Justiz und Inneres beschlossen, die im Jahr 2007 in Lissabon mit der Gründung der *Europäischen Union* vertieft wurden.

Gleichwohl ist der Vorwurf nicht verstummt, die Europäische Union leide unter einem *Demokratiedefizit*.[5] Denn der Verabredung der Regierungschefs fehle die demokratische Legitimation. Auch die Exekutive in Brüssel sei von den Bürgern weder direkt noch indirekt wählbar. Sie erlasse ständig Gesetze und Verordnungen, die von den Betroffenen nicht nachvollzogen werden können. Die dortige Bürokratie missachte das Prinzip der Subsidiarität, das den Ländern und Regionen ein höheres Maß an Selbstverantwortung und Freiheit einräumt. Und dem Europäischen Parlament in Straßburg, so die weitere Klage, fehle eine eigene Kompetenz zur Gesetzgebung. Zugespitzt formuliert, könnte die Europäische Union sich selbst nicht beitreten, weil sie die demokratischen Kriterien nicht erfüllt, die sie an ihre Mitgliedsstaaten stellt.

Doch bei aller Kritik ist daran zu erinnern, dass die Europäische Union ursprünglich ein Erfolgskonzept gewesen ist. Es hat einen dauerhaften Frieden gebracht, von dem die Vertreter der europäischen Aufklärung nur träumen konnten.

Ein Kontinent, der über Jahrhunderte von Kriegen und Bürgerkriegen heimgesucht worden ist, lebt in seinem Kern seit drei Generationen in Freiheit und Demokratie. Und während noch im 20. Jahrhundert zahlreiche Menschen wegen Armut aus Europa auswandern mussten, ist ein allgemeiner Wohlstand entstanden. Das sollte man nicht vergessen und Europa zubilligen, sich in einer globalisierten Welt zu behaupten. Die aktuelle Auf-

---

[4] Scharpf 1999, S. 27; Freiburghaus 2000, S. 91–100; Cheneval 2006, S. 80; Lavenex 2006; S. 97 f.; Streeck 2013, S. 240.

[5] Goodman 1998, S. 331; Scharpf 1999, S. 20; Habermas 2008, S. 123. – Kritisch dazu Cheneval 2003, S. 5, 13 f.; Crouch 2008, S. 137 f.; Streeck 2013, S. 237, 240; Nida-Rümelin 2020, S. 22. – In seinem neuen Buch betrachtet Wolfgang Streeck Europa als „zum Scheitern verurteiltes Imperium" und schlägt eine Rückkehr zu den Nationalstaaten vor: 2021, S. 338; vgl. S. 46, 125–139, 331–386.

gabe besteht darin, gegenüber der Herrschaft des globalen Kapitals nach mehr politischen Einflussmöglichkeiten zu suchen. Angesichts neuer Kriege ist der Auftrag hinzugekommen, sich gegen militärische Bedrohungen zu schützen.

Hinzu kommt die Frage, was Wissenschaft und Philosophie zur Anerkennung des gegenwärtigen Europas zu leisten vermag. In unserem Zusammenhang geht es um die Kultur der europäischen Aufklärung, die als eine wesentliche Voraussetzung behandelt wird. Außerdem soll gezeigt werden, dass die Aufklärer des 18. Jahrhunderts bereits ausformulierte Vorstellungen von einem kultivierten und friedlichen Europa hatten, die sich heute aktualisieren lassen.

Vielfalt und Einheit der Aufklärung

Die Aufklärung war alles andere als homogen. Auch wenn man diese Epoche auf die zweite Hälfte des 18. Jahrhunderts mit den mehrfach genannten Merkmalen begrenzt, ist nicht zu übersehen, dass sich in jedem Land eine je eigene Variante entwickelt hat.[6] Aus diesem Grund wird im Folgenden die europäische Aufklärung in der Reihenfolge ihrer historischen Entstehung in den Ländern Großbritannien, Frankreich, Deutschland, Italien und Spanien pointiert charakterisiert.

Großbritannien. – In England hatte sich seit dem Ende der Religionskriege und des Absolutismus ein parlamentarisches System etabliert, das liberale Verhältnisse und religiöse Toleranz zu garantierten vermochte. Obwohl sich eine anglikanische Staatskirche etabliert hatte, bestand keine grundsätzliche Opposition mehr zu Staat und Kirche, so dass die politischen und theologischen Auseinandersetzungen ihre Schärfe verloren und einvernehmliche Positionen hervorbrachten.[7] In den philosophischen Diskursen schlug sich dieser nationale Konsens darin nieder, dass die Staatstheorie ihre ursprüngliche Bedeutung verlor. Und die Kritik an der Religion wich dem Kompromiss einer konfessionsneutralen Religionsphilosophie, wie sie etwa David Hume in seinen *Dialogen über natürliche Religion* (1779) vorgelegt hat.

---

[6] Mortier 1978, S. 39–51; Jüttner, Schlobach 1992, S. 12; Alt 1996, S. 7; Schneiders 1997, S. 16 f.; Reinalter 2006, S. 12; ders. 2016, S. 36; Thoma 2015, S. 61; Andries, Bernier 2019, S. 3; Stollberg-Rilinger 2000, S. 169.
[7] Schneiders 1997, S. 21–51; Porter 2000, S. 98; Jacob 2006, S. 65 f.; Diner 2017, S. 45 f.

Die entscheidende Umwälzung bestand indessen in der *Industrialisierung*, die um die Mitte des 18. Jahrhunderts in England begonnen und sich dann in den Norden verlagert hat, so dass die *Schottische Aufklärung* entstanden ist. In dieser Beziehung hat Adam Smith mit seinem Buch über den *Reichtum der Nationen* (1776) die klassische Politische Ökonomie begründet. In seinen *Lectures on Jurisprudence* (1759) verlieh er dem ökonomischen System eine *historische Dimension*, indem er die bürgerliche Gesellschaft an das Ende einer langen Genese stellte.[8] In dieser Tradition stand auch der Schotte Adam Ferguson, der in seiner *Geschichte der bürgerlichen Gesellschaft* (1767) die Entwicklung der ganzen Menschheit von den ersten Anfängen bis zur zeitgenössischen Zivilisation dargestellt hat.[9] Darin pries er zwar die wissenschaftlichen, technischen und kulturellen Errungenschaften, beklagte aber zugleich den moralischen Verfall durch Luxus und Korruption. Auf britische Art ist das sowohl fortschrittsorientiert als auch zivilisationskritisch.

Ferguson beantwortete damit indirekt die Frage, warum sich in Großbritannien neben der Wirtschafts- und Geschichtstheorie überhaupt noch eine eigenständige Moralphilosophie etabliert hat. Offenbar bedurfte es neben dem angeblich so harmonischen Markt noch einer zusätzlichen Kompensation. Wie schon Smith versuchte auch Hume, diesen Widerspruch aufzulösen: Einerseits erkannte auch er in seinen ökonomischen Essays den selbstregulativen Ausgleich der Privatinteressen an. Doch andererseits hielt er dann doch eine Eingrenzung der Egoismen durch ein *moralisches Gefühl* zum Bestand des Gemeinwesens für unverzichtbar.[10] Auch in diesem Fall verbanden sich Affirmation und Skepsis.

Frankreich. – In Frankreich herrschte das *Ancien Régime*, d. h. die absolute Monarchie, die zu keinen umfassenden Reformen bereit und in der Lage war. Daher spielte sich das intellektuelle Leben der *philosophes* nicht an den Universitäten ab, sondern in der bürgerlichen Öffentlichkeit der Akademien, Salons und Verlage. Obwohl Paris das Zentrum bildete, machten sich auch kritische Stimmen, etwa aus Bordeaux bemerkbar. Die katholische Kirche und das mächtige Königtum bildeten ein festes Bündnis, das im Protestantismus eine religiöse und politische Gefahr sah und dessen Anhänger blutig verfolgte.[11] Indem dieses klerikale und absolutistische

---

[8] Smith 1923, Buch I, S. 220 f.; Smith 1928, S. 10–16.
[9] Ferguson 1986, S. 337, 369, 415; siehe auch Millar 1985, S. 47–57.
[10] Smith 1977; Hume 1962; zuvor Francis Hutcheson 1986; siehe Kap. 7.
[11] Cassirer 1932, S. 7 f.; Schröder u. a. 1997, S. 25; Porter 1991, S. 17 f.; Schneiders 1997, S. 52–82; Günther Mensching in: Rohbeck, Holzhey 2008, S. 469–475.

System einen entsprechenden Gegendruck erzeugte, brachte es in Theorie und Praxis radikale Positionen hervor, die sich dann in der Französischen Revolution entluden. Dazu hat auch eine extreme Zivilisationskritik beigetragen, die das aufklärerische Lager spaltete. Gegen diesen Block wandten sich die katholischen Apologeten der Gegenaufklärung (anti-lumières). Dieser mehrfache Gegensatz der Extreme ist typisch für die französische Aufklärung.

Besonders radikal war die *Kritik an der Religion*, auch wenn sich die daran Beteiligten nicht immer einig waren. In *Das entschleierte Christentum* (1766) stellte Paul Thiry d'Holbach die katholischen Dogmen, insbesondere den Wunderglauben, auf den Prüfstand der Vernunft. Aber er hielt sich mit theologischen Einwänden nicht auf, sondern verurteilte vor allem die soziale Funktion, die darin bestand, die Herrschaft der Priester zu stützen und das Volk zu unterdrücken.[12] Es ist nicht übertrieben, diese Position als *Atheismus* zu bezeichnen, der im damaligen Europa eher selten vorkam.

Ein ähnliches Szenario spielte sich beim Thema *Materialismus in der Anthropologie* ab. Den Auftakt machte der Arzt Julien Offray de La Mettrie in seinem provozierenden Werk *Der Mensch eine Maschine* (1748), in dem er die Immaterialität der Seele leugnete und den Unterschied zwischen Geist und Körper einebnete.[13] Allerdings führte die Beschränkung auf die Physiologie dazu, dass der Mensch letztlich als ein egoistischer Hedonist erschien. Obwohl sich andere französische Aufklärer wie Diderot, Helvétius und d'Holbach durchaus eine fühlende und denkende Materie vorstellen konnten, distanzierten sie sich von La Mettries Maschinenmenschen. Dagegen setzten sie das Bild eines sozialen, politischen und moralischen Menschen, der durch Erziehung gebessert werden könne.[14]

Ebenso innovativ war die *Historisierung der Anthropologie*. Bereits Louis Leclerc de Buffon hatte in seiner *Naturgeschichte* (1749–1767) die Genese des Menschen als eine natürliche Entwicklung beschrieben.[15] Étienne Bonnot Condillac untersuchte zum ersten Mal die konstitutive Bedeutung der Sprache bei der Erkenntnisgewinnung.[16] Montesquieu behandelte in

---

[12] D'Holbach o. J., S. 55, 68, 70; zum Folgenden S. 79, 84, 89, 99; vgl. Schröder 1998, S. 265; Mulsow 2006, S. 56–72. – Eine derart radikale Position findet sich nur noch in den clandestinen Schriften; siehe Kap. 3.

[13] La Mettrie 2015, S. 27, 39, 41.

[14] In Helvétius' Werk *Vom Menschen* (1772) ist diese Art Anthropologie manifest geworden: Helvétius 1976, S. 21–52; vgl. ders. 1973, S. 81, 506–514; d'Holbach 1960, S. 67 f.

[15] Buffon 2008, S. 15–37; siehe Kap. 4 und 9.

[16] Condillac 2006, S. 171–191; siehe Kap. 6.

Vom Geist der Gesetze (1748) die naturgegebenen Bedingungen wie Klima und Boden für die Entstehung von Gesellschaft, Staat und Recht.[17] Im Anschluss an die Politische Ökonomie des Physiokraten François Quesnay entwarf Turgot eine *Universalgeschichte* (1750/51), in der er die Geschichte der ganzen Menschheit in zivilisatorische Stadien einteilte und dabei vor allem die wissenschaftlichen, technischen, wirtschaftlichen und kulturellen Fortschritte hervorhob.[18] Und typisch für Frankreich ist eben auch, dass auf derartige Fortschrittstheorien, die gar nicht so euphorisch waren, wie ihnen häufig nachgesagt wird, Rousseaus Kritik an der modernen Zivilisation folgte, der in seinem *Diskurs über den Ursprung der Ungleichheit* (1755) den moralischen Verfall der modernen Zivilisation angeprangert hat. Hier bestätigt sich die erwähnte Polarisierung *innerhalb* der französischen Denker.

Geradezu als Symbol der Kooperation kann die von Diderot und d'Alembert herausgegebene *Enzyklopädie* (1751–1780) gelten, an der sich fast alle Aufklärer von Voltaire bis Rousseau beteiligt haben. Revolutionär war bereits die Organisationsform: Mit seinen 142 Mitarbeitern, 35 Bänden, mehr als 70.000 Artikeln und fast 3000 Kupferstichen repräsentierte das Werk ein kooperatives, arbeitsteiliges und interdisziplinäres Projekt. Wie die Herausgeber ankündigten, sollte darin das gesamte Wissen der Zeit versammelt werden: nicht als ein metaphysisches „System", sondern in einer „systematischen Ordnung", die sich aus der alphabetischen Reihenfolge mittels zahlreicher Querverweise ergab. Im Artikel „Eklektizismus" verteidigte Diderot sogar den *philosophe*, der die bisherige Autorität „mit Füßen tritt und daher wagt, selbständig zu denken".[19] Das Ziel dieses umfangreichen Lexikons bestand darin, anstelle von Spekulation und Kontemplation „nützliches" Wissen zur Verfügung zu stellen, das nicht nur aus den Wissenschaften, sondern auch aus den Werkstätten der Manufakturen stammte.[20] Dazu gehörten auch medizinische Artikel, in denen der Mensch als Naturwesen und erstmals auch der weibliche Körper dargestellt wurde.[21] Das Werk verbreitete sich in ganz Europa

---

[17] Montesquieu 1951, Bd. I, S. 16.
[18] Turgot 1990, S. 168–175.
[19] Enzyklopädie 1972, S. 321; vgl. dort den Artikel „Enzyklopädie", S. 449. – Ähnlich die „Einleitung" zur *Enzyklopädie*: d'Alembert 1989, S. 87; vgl. Stenger 2013, S. 130, 299; kritisch dazu Adler, Godel 2010, S. 11 f.; Gumbrecht 2020, S. 11, 35, 48, 350.
[20] D'Alembert 1989, S. 12, 20, 41 f. – Dazu die Artikel „Handwerker", „Handwerk" und „Manufaktur"; Enzyklopedie 1972, S. 104, 787, 805. – Siehe ebenso die zwölf Bände mit Abbildungen aus Werkstätten und Manufakturen; Encyclopédie 1715–1780.
[21] Artikel „Mensch (homme)", in: Enzyklopädie 1972, S. 674–676; Artikel „Frau (femme)", in: Encyclopédie 1756, Bd. 6, S. 468.

und markierte damit den Übergang zur Aufklärung der zweiten Hälfte des 18. Jahrhunderts.

Deutschland. – Anders als in Großbritannien und in Frankreich gab es bis zu diesem Zeitpunkt in Deutschland keinen geeinten und zentral regierten Nationalstaat. Die Religionskriege spalteten das Land und verhinderten einen tief greifenden sozialen, politischen und religiösen Wandel. Doch der daraus hervorgegangene Protestantismus vermochte die Religionskritik so zu entschärfen, dass sich die meisten Autoren der deutschen Aufklärung um eine Versöhnung zwischen christlichem Glauben und philosophischer Vernunft bemühten. Aus diesem Grund war die deutsche Philosophie des 18. Jahrhunderts an Universitäten wie Halle und Göttingen etabliert, wobei es regionale Unterschiede gab. Durch diese akademische Anbindung waren die entsprechenden Traktate zwar gründlich, aber auch etwas umständlich, pedantisch und trocken, zumal sie teilweise noch auf Lateinisch und erst ziemlich spät in der Landessprache verfasst wurden.[22] Die Naturwissenschaften waren weniger wichtig. Während die Wirtschaftstheorie noch in der Kameralistik befangen blieb, konzentrierte sich das Interesse auf die Rechts- und Staatstheorie.

Die historische Wurzel der Philosophie in Deutschland war die Metaphysik von Gottfried Wilhelm Leibniz, der in seiner *Theodizee* (1710) die Lehre von der „besten aller möglichen Welten" und der göttlichen Vorsehung vertreten hatte. Parallel dazu entwickelte Christian Thomasius seine Lehren, in denen er Moral, Recht und Staat auf rein rationale Weise zu begründen versuchte.[23] Darauf baute schließlich Christian Wolff sein umfangreiches philosophisches System auf, das aus *Logik*, *Metaphysik*, *Ethik* und *Politik* bestand (1713–1721) und 1740 auf mehr als zwanzig Bände in lateinischer Sprache erweitert wurde. In manchen Philosophiegeschichten wird diese Art Rationalismus als Höhepunkt der deutschen Aufklärung behandelt. Nach einer solchen Lesart sei die Aufklärung seit 1750 „geschwächt" und „erschöpft" an ihr Ende gelangt.[24] Weil sie zu keiner theoretischen Innovation mehr fähig gewesen sei, habe sie nur noch die *Popularphilosophie* von Joachim Heinrich Campe zustande gebracht.

---

[22] Schneiders 1974; ders. 1997, S. 83–115; Merker 1982; Möller 1986; Pütz 1991; Reed 2009; Schmidt, G. 2009; Martus 2015.

[23] Thomasius: *Vernunftlehre* (1690/91), *Sittenlehre* (1692/96) und *Naturrechtslehre* (1705). – Siehe auch *Kurzer Begriff aller Wissenschaften* (1754) von Johann Georg Sulzer 2014.

[24] Schneiders 1974, S. 14 f.; ders. 1997, S. 8, 128; Kondylis 1981, S. 42; Müller 2002, S. 1 f.; Martus 2015, S. 687; Reinalter 2016, S. 18.

Doch im Kontext des vorliegenden Buches dürfte klar sein, dass diese philosophischen Systeme einschließlich ihrer Adaptionen nicht zur Formation einer Aufklärung passen, die sich in der zweiten Hälfte des 18. Jahrhunderts in Großbritannien und Frankreich herausgebildet hat. Sie werden daher im Folgenden nicht weiter berücksichtigt. Damit stellt sich die Frage, ob danach nicht auch in Deutschland eine modifizierte Form der Aufklärung entstanden ist, die sich an europäischen Maßstäben orientierte. Genau das ist der Fall. Wenn man den Dunstkreis der Wolff-Schule verlässt, finden sich neue Ansätze auf den Gebieten Religionskritik, Anthropologie und Geschichtsphilosophie.

Auch in Deutschland gab es eine *Kritik an der Religion*, die sich auf die Analyse des Neuen Testaments konzentrierte. In seinem Werk *Die vornehmsten Wahrheiten der natürlichen Religion* (1754) kritisierte Hermann Samuel Reimarus die biblischen Wunder, indem er etwa die Auferstehung Christi als Betrug der Jünger darstellte,[25] was den heftigen Protest der Theologen provozierte. Insbesondere Moses Mendelssohn, Sohn eines jüdischen Thora-Schreibers, versuchte eine für Juden und Christen gemeinsame Religion zu konzipieren.[26] Derartige Versuche kamen der Idee einer „natürlichen Religion" von Hume und Rousseau recht nahe. Das war keine atheistische Position, sondern lief auf den englischen und französischen Deismus hinaus.

Ebenfalls lässt sich in der deutschen Aufklärung die Wende zur *Anthropologie* beobachten. Es waren heute kaum noch bekannte Mediziner, die nicht bloß über ein *animal rationale* spekulierten, sondern den Menschen mit Hilfe der experimentellen Methode als physisch-psychisches Naturwesen untersuchten. Schließlich ist auch im deutschen Sprachraum die Anthropologie *historisiert* worden, so dass eine eigenständige *Geschichtsphilosophie* entstanden ist, was weniger beachtet wird. Die Einflüsse aus Frankreich sind belegt, wenn etwa Johann Gottfried Herder die 1758 in Paris erschienene und wenig später ins Deutsche übersetzte Kulturgeschichte von Antoine-Yves Goguet ausdrücklich als Vorlage seiner eigenen historischen Studien pries.[27] Nicht anders ist Herders Titel zu verstehen: *Auch eine Philosophie der Geschichte zur Bildung der Menschheit* (1774). Andere Autoren wie die Deutschen Johann Christoph Gatterer und August Ludwig Schlözer wie auch der Schweizer Isaak Iselin entwarfen *Universal-Historien*, worin

---

[25] Reimarus 1985, S. 27.
[26] Mendelssohn 2009, Bd. II, S. 133 f.; siehe Kap. 3.
[27] Goguet 1758; Herder 1984, Bd. I, S. 86; siehe Kap. 9.

die Fortschritte in Wissenschaft, Technik und Ökonomie den Leitfaden bildeten.

Bei Immanuel Kant scheiden sich die Geister. Einige Interpreten stilisieren ihn zur „wahren" Aufklärung und werten damit die vorausgegangene deutsche Aufklärung wie auch die europäische Aufklärung insgesamt ab.[28] Andere Kommentatoren meinen gar, Kant gehörte gar nicht mehr zur Aufklärung und leite bereits zum Deutschen Idealismus über.[29] Das ist insofern berechtigt, als Kant dem englischen und französischen Sensualismus nicht mehr folgte und die menschliche Erkenntnis und das moralische Urteil allein auf Vernunft gründen ließ. Aber zugleich kritisierte er die Metaphysik von Christian Wolff und hielt die Erfahrungsbasis nach Hume für unhintergehbar. Das zeigt sich besonders in Kants später *Anthropologie in pragmatischer Hinsicht* (1798), worin die „Sinnlichkeit" von Vorstellungen, das „Gefühl von Lust und Unlust" sowie das „Begehrungsvermögen" mit „Affekten" und „Leidenschaften" ausführlich zur Sprache kommen. Auch die Geschichtsphilosophie hat Kant fortgesetzt, in der er Buffons Naturgeschichte, Montesquieus Klimatheorie und sogar die Theorie kultureller Stadien rezipierte. Auf religiösem Gebiet hat er sich der Idee einer „natürlichen Religion" von Hume und Rousseau angeschlossen. Es gibt also keinen Grund, Kants Philosophie entweder als Aufklärung schlechthin zu verabsolutieren oder aus dem europäischen Kontext zu verbannen.

Italien. – In Italien entwickelte sich innerhalb kleiner Freiräume eine Philosophie der Aufklärung, die eine direkte Konfrontation mit der katholischen Kirche zu vermeiden wusste.[30] Die Einflüsse stammten vor allem aus Frankreich, dessen Autoren viele italienische Aufklärer besuchten und persönlich kannten. So existierte auch in Italien der Typus des *philosopho illuminato*, der zwar verhalten religionskritisch, aber so pragmatisch war, dass er sich auf konkrete Reformen konzentrierte. Sinnbild ist der Mailänder Herausgeberkreis der Zeitschrift *Il Caffè*, deren Titel das Programm symbolisch zum Ausdruck brachte: Kaffee als „Droge der Aufklärung", welche die Menschen aus dem „Schlaf der Irrtümer" reißt und zu neuem Leben erweckt. Weil die nationale Einheit Italiens noch auf sich warten ließ, entstanden regional unterschiedliche Bewegungen. Dabei

---

[28] Schneiders 1974, S. 21; Habermas 1981, S. 444–464; Schnädelbach 1988, S. 15–19; Mittelstraß 1989, S. 341–360; Kopper 1996, S. 7 f.; Godel 2007, S. 384; Garcés 2019, S. 7, 58; siehe 1. Einleitung.

[29] Schneiders 1997, S. 99 f.; dagegen Geier 2012, S. 231.

[30] Schneiders 1997, S. 119 f.; Rother 2005, S. 27–62; ders. in: Rohbeck, Rother 2011, S. XV–XXXV.

ist grob zwischen der Aufklärung im südlichen Neapel und der nördlichen Lombardei zu unterscheiden.

In der ersten Hälfte des 18. Jahrhunderts war *Neapel* das unbestrittene Zentrum der Aufklärung. Die überragende Figur war Giovanni Battista Vico, der mit seiner *Neuen Wissenschaft über die gemeinsame Natur der Völker* (1725) eine eigenständige Philosophie der Geschichte begründete.[31] Dieses Werk wurde jedoch von der europäischen Aufklärung übergangen und erst im Historismus des 19. Jahrhunderts rezipiert. Die Gründe lagen zum einen in der theologischen Fundierung und zum andern in der Ignoranz gegenüber der modernen Zivilisation. Es passt daher weder zeitlich noch thematisch in unseren Kontext. Das trifft eher für den Nachfolger Antonio Genovesi zu, der eine *Politische Ökonomie* entwarf, in der er – gegen die Lehre der Physiokraten – die allgemeine menschliche Arbeit zur Quelle des Werts einer Ware erklärte.[32] Später folgte ihm der Napolitaner Gaetano Filangieri mit einem umfangreichen Reformprogramm für Staat, Wirtschaft und Gesellschaft.

In der zweiten Jahrhunderthälfte verlagerte sich das Zentrum der Aufklärung nach *Mailand*. Zu den einflussreichsten Autoren gehörte Pietro Verri, der in seinen *Meditationen über das Glück* (1763) eine hedonistische Anthropologie entwickelt hat, die sowohl das Glück des Individuums als auch des Gemeinwesens umfassen sollte.[33] Das individuelle Glück bestimmte er eher negativ als Vermeidung von Schmerz, das „öffentliche Glück" ganz utilitaristische als Vermehrung und möglichst ausgeglichene Verteilung des gesellschaftlichen Reichtums. Zur Begründung diente ihm eine etwas später verfasste *Politische Ökonomie* (1771). Ergänzt wurde diese Theorie der Gesellschaft durch eine Moralphilosophie, die sich an den schottischen Aufklärern orientierte und der Vernunft das Empfindungsvermögen vorzog. Verri kritisierte die katholische Kirche mit ihren Machtinstrumenten Inquisition, Kerker und Folter und schloss sich dem europäischen Konsens einer „natürlichen Religion" an.

Von den späteren italienischen Philosophen war wohl Cesare Beccaria am bekanntesten. In seiner Schrift *Verbrechen und Strafen* (1764), die in ganz Europa verbreitet war, verurteilte er Folter und Todesstrafe und trat insgesamt für eine humane Strafe ein, um die Menschen psychisch nicht zu

---

[31] Vico 1990; dazu Rohbeck 2004, S. 80–85.

[32] Antonio Genovesi: *De jure et officiis in usum tironum libri* (1767); Gaetano Fillangieri: *Scienza della legislazione* (1783); zitiert nach Rother 2005, S. 271 f.; siehe Kap. 8.

[33] Verri 1972 und 1996; Rother 2005, S. 54, 66; ders. in: Rohbeck, Rother 2011, S. XXVI, 273–295.

verhärten.[34] Philosophisch interessant ist die Begründung: An die Stelle der Sühne für eine persönliche Schuld setzte Beccaria den pragmatischen Zweck der Prävention. Zu Grunde lag eine Theorie global gültiger Menschenrechte. Auf diese Weise hat Italien einen nicht zu unterschätzenden Beitrag zur europäischen Aufklärung geleistet.

Spanien. – Wie verhält es sich nun mit Spanien? Gab es dort überhaupt eine Aufklärung? Wurden dort, wo sich Thron und Altar zum Zweck der Erhaltung ihrer Macht verbündet hatten, jedes Streben der Vernunft nach Autonomie und jede Regung nach politischer Freiheit von der Zensur und der Inquisition im Keim erstickt?

Bereits im 18. Jahrhundert sah sich Spanien dem Vorwurf genereller Rückständigkeit ausgesetzt.[35] Der Artikel „Spanien" in der französischen *Enzyklopädie* gelangte zu einem vernichtenden Urteil,[36] gegen das bereits der spanische Botschafter in Paris protestiert hatte, der versicherte, dass Spanien sehr wohl den Weg zu Reformen eingeschlagen und dadurch zur europäischen Aufklärung beigetragen habe. Und dazu gehörte wesentlich die Rezeption der französischen Aufklärung. Häufig wurden die entsprechenden Werke über die Grenze geschmuggelt. Teilweise kursierten clandestine Schriften, die handschriftlich kopiert und verbreitet wurden. Schließlich gelangten die aufklärerischen Ideen über den Umweg der französischen Gegenaufklärung auf die iberische Halbinsel. Die Ironie dieser Rezeptionsgeschichte bestand darin, dass die katholischen Kleriker bei ihrer „Widerlegung" der vermeintlichen Irrtümer von Voltaire, Rousseau und anderen Autoren deren Theorien ausführlich dargestellt und damit in Spanien überhaupt erst bekannt gemacht haben. So konnten sich interessierte Spanier ein ziemlich genaues Bild darüber machen und dafür ebenso gut auch Sympathien entwickeln. Der heutige Leser fragt sich verwundert, ob diese unbeabsichtigte Nebenwirkung nicht sogar bewusst in Kauf genommen wurde. Die anti-aufklärerische Apologetik war gleichsam die Flaschenpost der europäischen Aufklärung.

Die akademische Philosophie des spanischen 18. Jahrhunderts knüpfte geradezu nahtlos an die mittelalterliche Scholastik an. Es war der Jesuiten-

---

[34] Beccaria 1966, S. 74, 107; vgl. Rother 2005, S. 74–88; ders. in: Rohbeck, Rother 2011, S. XXVII, 296–317; Frick 2020, S. 107 f.

[35] José Luis Villacañas in: Rohbeck, Rother 2016, S. 3–26; siehe im selben Band auch das Vorwort der Herausgeber, S. XI–XIV.

[36] Jaucourt 1755, S. 953. – Der spanische Botschafter reagierte auf einen ähnlichen Artikel in der *Encyclopédie méthodique* (1782) und auf die Reisebeschreibung *Voyage de figaro en Espagne* (1785) von Jean Marie Jérôme Fleuriot de Langle.

orden, der die neuen philosophischen Strömungen einführte. Aber im Jahr 1767 wurden die Jesuiten aus Spanien vertrieben. Während an den spanischen Universitäten das scholastische Erbe weiter gepflegt wurde, bildeten sich nach französischen und italienischen Vorbildern auch in Spanien gelehrte Gesellschaften, Gesprächskreise und Akademien heraus, zu denen auch Frauen zugelassen waren. Insbesondere in der *Medizin* setzte man sich dann auch gegen den cartesischen Rationalismus durch und praktizierte die auf Beobachtung und Erfahrung gestützte experimentelle Methode. Auf politischem und ökonomischem Gebiet konzentrierten sich die Spanier auf Reformen in Wirtschaft und Verwaltung. Anzuführen sind noch die zahlreichen Reiseberichte und Utopien, in denen die kolonialen Erfahrungen aus Amerika verarbeitet wurden.

Vor diesem Hintergrund stellt sich noch einmal die Frage: Gab es eine spanische Aufklärung? Auch wenn sich Vieles auf eine Rezeption der englischen und französischen Autoren beschränkte, hat die spanische Philosophie der Aufklärung doch einen eigenen Charakter ausgebildet. Dabei lassen sich drei spezifische Merkmale ausmachen: Erstens zeichnet sich die Aufklärung in Spanien dadurch aus, dass sie auf moderate *Reformen* zielte. Zweitens bemühten sich die dortigen Autoren um eine *Versöhnung* zwischen Vernunft und Glauben. Drittens folgte daraus ein *Eklektizismus*, der die spanische Philosophie des 18. Jahrhunderts geprägt hat. Damit war es möglich, die Resultate und Methoden der Naturwissenschaften anzuwenden, ohne die entsprechenden theologischen und metaphysischen Konsequenzen zu ziehen und mit der katholischen Kirche in Konflikt zu geraten. Exemplarisch war schon früh der Philosoph Benito Martínez Feijoo, der kein systematisches Werk, sondern eine Vielzahl von Essays zu verschiedenen Themen aus unterschiedlichen Perspektiven vorgelegt hat. Das gilt auch für Gaspar Melchor de Jovellanos, der am Ende des Jahrhunderts die gesamte europäische Aufklärung rezipierte und die Utopie eines aufgeklärten Zeitalters entwarf.[37] Beide Entwürfe unterscheiden sich nicht grundsätzlich von der eklektizistischen Methode der französischen *Enzyklopädie*.

Synopse. – Abschließendes Thema ist nun die Bedeutung einer jeden Aufklärung in den einzelnen Ländern Europas und die Einheit der europäischen Aufklärung. Zunächst scheint es nahezuliegen, die Aufklärung in *Frankreich* zum Zentrum oder gar Prototypus zu erklären.[38] Damit ist meistens

---

[37] Francisco Sánchez-Blanco in: Rohbeck, Rother 2016, S. 72–79; Hans-Joachim Lope ebd., S. 250 f.
[38] Thoma 2015, S. 68, 71, 95; vgl. Geier 2012, S. 93; zu Deutschland Schmidt, G. 2009, S. 398.

die *Radikalität* der französischen Philosophie gemeint, die zu atheistischen und materialistischen Tendenzen geneigt hat. Nicht minder radikal war Rousseaus Kritik an der sozialen Ungleichheit in der bürgerlichen Gesellschaft und damit insgesamt an der modernen Zivilisation. Indirekt spiegelten sich diese Positionen in der Reaktion der katholischen Apologetik wider, welche die gegensätzlichen Ansätze der Aufklärung in toto als kirchenfeindliche Attacke behandelt hat. Wie gesagt, dieser dreifache Kontrast gehört zur Spezifik der französischen Aufklärung.

Diese Art Radikalität bestätigt sich auch in den Rezeptionen der Nachbarländer, was durch den Umstand begünstigt wurde, dass Französisch für die europäischen Intellektuellen *lingua franca* gewesen ist. Wenn die katholischen Gegenaufklärer in Italien und Spanien die Philosophie der Aufklärung verdammten, hatten sie vor allem die Religionskritik aus Frankreich im Visier. Insbesondere den spanischen Apologeten war alles Französische suspekt – sie denunzierten ihre Landsleute, die sich den Ideen der französischen Aufklärer anschlossen, als „Französlinge" (afrancesados). Selbst in Großbritannien wurde der Begriff *enlightenment* selten verwendet, weil damit die französische Aufklärung identifiziert wurde. Die deutsche Philosophie blieb weit bis ins 18. Jahrhundert in der Wolff'schen Metaphysik verhaftet und führte den französisch konnotierten Begriff der Aufklärung erst später ein. So wurde die Auseinandersetzung zwischen Aufklärung und Gegenaufklärung von Frankreich ins Ausland getragen und dort in einen Konflikt zwischen verschiedenen Nationen umgemünzt.

Auch wenn in den wechselseitigen Spiegelungen der nationalen Kulturen derartige Zuweisungen geläufig sind, sollte nicht die Aufklärung einer bestimmten Nation zur Norm erklärt werden, an der die anderen Länder gemessen werden. Das gilt besonders für Frankreich, das keineswegs das Musterland der europäischen Aufklärung darstellt. Gleichwohl ist anzuerkennen, dass die französische Aufklärung faktisch den größten Einfluss in Europa ausgeübt hat, wofür die *Enzyklopädie* wie ein Wahrzeichen fungiert. Ebenso verfehlt ist es, von einem deutschen „Sonderweg" zu sprechen, der uns im Gegensatz zu Frankreich die eigentliche Aufklärung beschert habe. Da entsteht der Eindruck, als ob man die materialistischen und atheistischen Tendenzen nicht wahrhaben wolle, um die Epoche der Aufklärung ideologisch weichzuspülen – nach dem Motto: So schlimm war die doch gar nicht.

Statt die zweifellos vorhandenen Differenzen zwischen den genannten Ländern zu forcieren, schlage ich vor, eher die *Übereinstimmungen* der europäischen Aufklärung zu betonen. Obwohl sich nicht alle Autoren des 18. Jahrhunderts dieser Bewegung zugehörig fühlten und viele ihr aus heutiger Sicht fern standen, markierte die Aufklärung doch einen gemeinsamen Bezugspunkt, an dem sich in dieser Epoche sowohl Anhänger als auch Gegner orientierten. Das gilt auch für die katholischen Apologeten, welche zwar die *philosophes* bekämpft, aber sich zugleich aufklärerischer Denkmotive bedient haben, um die soziale Funktion der Religion hervorzukehren. Daher ist es sinnvoll, von einer übergreifenden Formation der Aufklärung zu sprechen. Hinter diesem Versuch, die Affinitäten zu betonen, steht das aktuelle Interesse, sich die Einheit Europas zu vergegenwärtigen. Die Aufklärung war ein genuin europäisches Projekt, das bis in die heutige Gegenwart seine Faszination hat und politische Wirkung zu entfalten vermag.

Europa im selbstkritischen Diskurs

Nun fragt es sich, ob die Vertreter der Aufklärung den Kontinent Europa auch zum Thema gemacht haben. Diese Frage ist nicht einmal so leicht zu beantworten, weil entsprechende Aussagen eher selten und in den Texten meistens verborgen sind. In diesem Abschnitt begebe ich mich auf Spurensuche in den folgenden Diskursen: wenige Titel mit Europa, verstreute Passagen in Werken zur Anthropologie und Geschichtsphilosophie sowie in einigen Friedensschriften. In diesen Texten fallen die Urteile über Europa sehr gemischt aus, weil sie immer auch Vergleiche mit anderen Kulturen einschließen: Sie reichen von der Lobpreisung bis zur unerbittlichen Kritik. Bevor man das eurozentristische Schema bemüht,[39] sollte man sich ein differenzierteres Bild machen.

Einer der wenigen Texte, in denen Europa im Titel auftaucht, ist der gleichnamige Artikel in der französischen *Enzyklopädie*. Darin beschreibt der Autor Jaucourt die Physiognomie der Europäer und die geographische Gestalt Europas. Mit einer kleinen Spitze gegen Montesquieu hebt er Europas „Macht" hervor, die jedoch vor allem in militärischen Truppen bestünde, die weniger Nutzen brächten, als dass sie der Prunksucht dienten. Jaucourt resümiert: „Im Übrigen ist es von geringer Bedeutung, dass Europa von seiner Ausdehnung her den kleinsten der vier [sic] Erdteile bildet, ist es doch durch seinen Handel, seine Schifffahrt, seine Fruchtbarkeit, den aufgeklärten Geist und den Fleiß seiner Völker, dank seiner Kenntnisse in den

---

[39] Exemplarisch Chakrabarty 2010; kritisch dazu Beaurepaire 2019; ebenso Lilti 2019, S. 43; siehe dazu Kap. 9.

Wissenschaften, Künsten und Handwerken das bedeutendste".[40] Zunächst ist bemerkenswert, dass er unter dem „aufgeklärten Geist" Europas nicht primär die Philosophie versteht, sondern in erster Linie die ökonomischen, technischen, und wissenschaftlichen Leistungen. Sodann ist zu konstatieren, dass der Autor Europa zwar als den „bedeutendsten" Kontinent bezeichnet, aber dazu nur einen sehr kurzen Artikel verfasst und kein besonderes Interesse am Thema zeigt.

Ein anderer Eindruck entsteht in *Italien*, wo man die eigene Rückständigkeit beklagt und durch die Kooperation mit Europa zu überwinden versucht. Mit entsprechenden Lobpreisungen beschwört man die Teilhabe an der europäischen Aufklärung. So bezeichnet Beccaria Europa als „eine große Familie" mit einem gemeinsamen Erbe, das nicht im Besitz einer einzigen Nation sei, sondern von allen Völkern gebraucht werden soll. Sein eigenes Werk versteht er als ein europäisches Projekt, weil er damit das Rechtssystem in ganz Europa reformieren will. Auch Verri preist die europäische „Gelehrtenrepublik", die nicht nur Schöngeistiges hervorbringe, sondern auch praktische Vorteile habe. Wenn er Europa als die „Heimat der Aufklärung" bezeichnet, versäumt er es nicht darauf zu verweisen, dass die Geburtsstunde in der italienischen Renaissance liegt.[41] Übrigens bemerkt das auch d'Alembert in seiner Einleitung zur *Enzyklopädie*, wenn er zugesteht, „wie tief wir in der Schuld Italiens stehen: von dort sind die Wissenschaften zu uns gekommen, die seither in ganz Europa so reiche Früchte getragen haben".[42]

Anthropologie. – In dieser Leitwissenschaft wird das Thema Europa theoretisch vertieft. So untersucht Montesquieu, der in Jaucourts Europa-Artikel genannt wird, den Einfluss des Klimas auf den Charakter der Menschen. Dabei unterscheidet er zwischen kalten und warmen Ländern, wo die Menschen entsprechend fleißiger und matter seien.[43] Die Belege stammen aus der ganzen damals bekannten Welt: Europa, Afrika, Orient, Asien, Amerika, China. Offenbar sieht Montesquieu, ohne dies eigens zu sagen, im gemäßigten Klima besonders günstige Voraussetzungen für die Entwicklung Europas. Doch die Pointe dieser Theorie besteht darin, dass diese Möglichkeitsbedingungen eben nicht allein für Europa, sondern auch

---

[40] Jaucourt 1756, S. 212; vgl. Pomeau 1966, S. 59. – Die Rede ist von „vier" Erdteilen, weil Australien noch nicht entdeckt war.
[41] Beccaria 1966, S. 52 f.; vgl. Pomeau 1966, S. 123; Steinkamp 2000, S. 119 f.; Rother 2005, S. 230.
[42] D'Alembert 1989, S. 65.
[43] Montesquieu 1951, Bd. I, S. 310–328.

für andere Erdteile eingeräumt werden. Explizit gilt das für Persien, China und Indien.

In den *Persischen Briefen* (1721) beschreibt Montesquieu die Reise von zwei gebildeten Persern nach Paris, welche die Landessprache beherrschen, sich schnell anpassen und sich eigene Gedanken zur europäischen Aufklärung machen. Auf diese Weise wertet er die persische Kultur auf und relativiert die vermeintliche Sonderstellung Europas.[44] Zu einem ähnlichen Ergebnis gelangt Françoise de Graffigny in *Briefe einer Peruanerin* (1747), in denen eine Prinzessin aus Peru nach Frankreich verschleppt wird. Diese erinnert sich an die Inkas als Kulturvolk und bewahrt ihre eigene kulturelle Identität. Während sie sich die französische Sprache noch aneignen muss, kritisiert sie die sozialen Missstände und den moralischen Verfall Frankreichs.[45] Im Kommentar zu einem Reisebericht vergleicht Diderot die „natürlichen Sitten" auf Tahiti mit der europäischen Zivilisation, die er – wohl unter dem Einfluss Rousseaus – als widernatürlich und dekadent einschätzt.[46] Diese Beispiele zeigen, dass der europäischen Kultur zwar ein gewisser Vorrang eingeräumt, Europa aber keineswegs zum zentralen und einzigen Maßstab der Weltkulturen erkoren wird. Und in den Briefromanen werden nicht nur fremde Kulturen beschrieben, sondern die eigene europäische Kultur aus fremdem Blickwinkel betrachtet. Ein solcher Perspektivwechsel ist das Gegenteil einer eurozentristischen Sichtweise.

Eine globale Typologie bietet indessen die *Geschichte der beiden Indien* (1770) von Guillaume Raynal und Denis Diderot. Indem sich die Autoren an Montesquieus Klimatheorie orientieren, unterscheiden sie zwischen den Kulturen Indiens, Südamerikas, Afrikas und der Karibik.[47] Obwohl Europa darin nur noch eine Facette ist, bildet es in der Darstellung dann doch den Ausgangspunkt, weil es die fremden Länder entdeckt und erobert hat. Dabei geht es um die rückwirkenden Einflüsse der Kolonialisierung auf den europäischen Kontinent.[48] In diesem Fall hält Diderot den Zenit Europas für überschritten, während er Nordamerika eine Zukunft verheißt. Hier könne die Kulturentwicklung noch einmal beginnen, ohne von den Ver-

---

[44] Montesquieu 1988, S. 46 f., 68 f., 183 f.
[45] Graffigny 1999, S. 9, 86, 120–126. – Die Sozialkritik orientiert sich offensichtlich an Rousseau, siehe Kap. 8.
[46] Denis Diderot: *Supplément au Voyage de Bougainville* (1773/74); vgl. Stenger 2013, S. 528–530; Gumbrecht 2020, S. 381 f.
[47] Raynal, Diderot 1988: Asien S. 35–87, Südamerika S. 91–164, Afrika S. 195–236, Nordamerika S. 239–300.
[48] Ebd., S. 91 f.; vgl. S. 301–304; siehe den Abschnitt zur Kolonialisierung in Kap. 9.

werfungen der europäischen Zivilisation behindert zu werden. Damit erhält die Kolonialisierung einen historischen Ausblick.

Geschichtsphilosophie. – Diese neue Disziplin ist in der Regel als Geschichte der gesamten Menschheit angelegt, wie bereits die Titel mit dem Begriff *Universalgeschichte* signalisieren. Wiederum ist zu fragen: Welche Rolle spielt darin Europa? Tritt Europa wirklich, wie häufig behauptet wird, als Ursprung und Ziel der Weltgeschichte auf? Bei genauer Betrachtung ergibt sich ein sehr viel differenzierteres Bild.

In seinem *Grundriss für zwei Abhandlungen über die Universalgeschichte* (1751) skizziert Turgot eine allgemeine Theorie der Kulturentwicklung mit den Stadien Jagen und Sammeln, Viehzucht, Landwirtschaft und Industrie. Da er Geographie und Chronologie zu bloßen Hilfswissenschaften herabsetzt, werden konkrete Orte und Zeiten nur sehr selten und beiläufig gestreift; damit ist auch Europa gar kein Thema.[49] Doch in seiner *Philosophischen Darstellung der allmählichen Fortschritte des menschlichen Geistes* (1750) ist dann schon von Europa die Rede, indem die Fortschrittserzählung im antiken Griechenland einsetzt, sich bei den Römern fortsetzt und in Italien zur Blüte gelangt: „Die Zeit ist gekommen, in der Du, Europa, aus der Nacht heraustrittst, die Dich umgab!" Schließlich folgt Frankreich als das „Zeitalter der Vernunft".[50] Die Stellung Europas in Turgots Geschichtsphilosophie ist also ambivalent. In der früheren *Darstellung*, die eher narrativ und wohl auch apologetisch ist, steht Europa im Mittelpunkt. Aber im theoretischen *Grundriss* verliert sich die Einzigartigkeit Europas.

Wenig später veröffentlicht Goguet sein mehrbändiges Werk *Über den Ursprung der Gesetze, der Künste und der Wissenschaften* (1758), in dem er die Auffassung vertritt, die Griechen hätten ihre Zivilisation von den Ägyptern übernommen.[51] Durch das Studium früher Hochkulturen wie Ägypten und Babylonien wird nicht nur die Schöpfungsgeschichte in Frage gestellt, sondern auch der Klassizismus, der die Wiege der abendländischen Kultur im antiken Griechenland verortet hatte. Indem nun Goguet die Anfänge der antiken Kultur außerhalb der europäischen Grenzen verlegt, verliert Europa seine Stellung als einziger „Ursprung" der Kultur. Berücksichtigt man noch

---

[49] Turgot 1990, S. 169; vgl. Rohbeck 2010, S. 75–79. – Ähnlich verfährt Rousseau in seinem *Zweiten Diskurs*; ebenso Kant in seiner Geschichtsphilosophie; siehe Kap. 9.
[50] Turgot 1990, S, 160.
[51] Goguet 1758, Bd. I, S. 67.

die Anerkennung ferner Hochkulturen wie Indien und China, tritt an die Stelle der alten Zentrierung auf Europa eine Polygenese der Weltkulturen.

Das gilt auch für Voltaires *Entwurf über den Geist und die Sitten der Völker* (1756), der mit der Geschichte Chinas beginnt, woran sich die Geschichte Indiens, Persiens und der Araber anschließt.[52] Indem er behauptet, die chinesische Geschichte sei nicht nur zivilisierter, sondern auch älter als die im Alten Testament beschriebene Kultur, lässt er die Zivilisation der Menschheit in weiter Ferne von Europa anheben. Die Besonderheit der europäischen Entwicklung zeigt sich im Kulturvergleich: Während die Chinesen relativ frühzeitig zu einer Vollendung gefunden haben, die sie nicht überschreiten konnten, hat Europa erst eine Phase des Niedergangs durchleiden müssen, um unter Ludwig XIV. einen neuen Gipfel zu erreichen.

Auf die Geschichte Europas zentriert ist wiederum der *Entwurf einer historischen Darstellung der Fortschritte des menschlichen Geistes* (1795). Darin betrachtet Condorcet die „Universalgeschichte" der Völker als ein Kontinuum, innerhalb dessen die historischen Epochen von den Anfängen bis ins gegenwärtige Jahrhundert eine „ununterbrochene Kette" bilden.[53] Während sich der Anfang des Textes an Turgots Stadientheorie orientiert, ohne bestimmte Orte und Zeiten zu nennen, konzentriert sich die Darstellung seit der „vierten Epoche" auf die Geschichte Europas, beginnend mit Griechenland und seinen Philosophen. Nach dem „Niedergang" im Mittelalter spricht Condorcet ausdrücklich von den „Fortschritten der Wissenschaften nach ihrer Wiederherstellung im Abendland" und nennt Namen wie Bacon, Galilei und Newton. Aus der Perspektive der Französische Revolution würdigt er die Entstehung der Republik und die Einführung der Menschenrechte. Er behauptet sogar, „dass in Europa bereits alle aufgeklärten Menschen den Grundsätzen der französischen Verfassung huldigen".[54] Damit verbindet er die Hoffnung, dass diese Staatsform zum Muster für andere Länder werden möge.

Konträr dazu steht Constantin François de Volney mit seiner Schrift *Die Ruinen oder Betrachtungen über die Revolutionen der Reiche* (1789). Während Condorcet die Idee des gradlinigen Fortschritts auf die Spitze treibt, kehrt bei ihm das zyklische Geschichtsbild wieder. Anlass für die geschichtsphilo-

---

[52] Voltaire 1963, Bd. I, S. 33, 66–69, 186, 205.
[53] Condorcet 1976, S. 35.
[54] Ebd., S. 113, 195.

sophischen Reflexionen ist eine Reise nach Syrien.[55] Die dort betrachteten Überreste einer früheren Kultur, die das „Andenken vergangener Zeiten" wach rufen, führen schmerzlich den Unterschied zwischen der früheren Blüte und der heute zu beklagenden Verödung vor Augen. Sie sind Sinnbild der „Revolutionen der Reiche" und damit für die Kreisläufe in der Geschichte. Wenn das „Zepter der Welt" von einem Volk zum anderen wandert, dann drängt sich beim Vergleich mit der Antike der schreckliche Gedanke auf, Europa könne seinen bisher führenden Einfluss verlieren. Wie schon Raynal und Diderot hält auch Volney es für wahrscheinlich, dass die „Fackel des Fortschritts" weiter nach Nordamerika wandert. Auf diese Weise bleibt von Europa nur ein Durchgangsstadium der Geschichte übrig.[56]

Eher skeptisch gegenüber der Idee des Fortschritts verhalten sich die Autoren in den europäischen Nachbarländern. Adam Ferguson zeichnet in seiner *Geschichte der bürgerlichen Gesellschaft* (1767) ein Bild vom ökonomischen Aufstieg und moralischen Niedergang. In diesem Zusammenhang ist interessant, dass er – wie Turgot im *Grundriss* – eine allgemeine Weltgeschichte konzipiert, dann jedoch Beispiele aus der ganzen Welt heranzieht: europäische Länder wie Griechenland oder Italien, aber auch China, Indien, Persien, Afrika und Amerika. Wenn er dabei von den „gemäßigten Zonen Europas und Asiens" spricht,[57] demonstriert er, dass mit Montesquieus Klimatheorie keineswegs Europa bevorzugt wird. Ähnlich verfahren Robertson in seiner *Geschichte über die Entdeckung Amerikas* (1777), Schlözer in seiner *Universal-Historie* (1772) und Iselin in seiner *Geschichte der Menschheit* (1779).[58] Während deren erste fünf Bücher zur Frühgeschichte allgemein gehalten sind, folgt in drei Büchern die konkrete Geschichte bestimmter Länder und Kulturen. Das achte und letzte Buch schließt mit einer Darstellung der „heutigen europäischen Nationen" mit einer gemäßigten Fortschrittsperspektive[59]

Völlig quer zu den soeben zitierten Geschichtsphilosophien der europäischen Aufklärung verhält sich Herder, obwohl er seine Wertschätzung gegenüber Goguet bekundet hat. In seiner frühen Schrift zur

---

[55] Volney 1977, S. 20–31.
[56] Diese Sentenz erinnert an Hegel, der Volneys Schrift gekannt hat: „Die Weltgeschichte geht von Osten nach Westen, denn Europa ist schlechthin das Ende der Weltgeschichte, Asien der Anfang." Georg Wilhelm Friedrich Hegel: Werke in 20 Bänden. Hg. von Eva Moldenhauer und Karl Markus Michel, Frankfurt a. M. 1969, Bd. 12, S. 134.
[57] Ferguson 1986, S. 242; vgl. S. 205, 399 f.
[58] Robertson 1841; Schlözer 1990; Iselin 2014, Bd. IV.
[59] Iselin 2014, Bd. IV, S. 289–362: Orient S. 215–231; Griechen und Römer S. 235–286.

Philosophie der Geschichte verwendet er zunächst die Klima- und Stadientheorie, doch dann widmet er sich, mehr erzählend und poetisch, der Geschichte des Orients, Ägyptens, Phöniziens, Griechenlands, Roms und Europas. Ausdrücklich lehnt Herder die Idee des Fortschritts ab, weil er darin die Gefahr sieht, alle Völker und Epochen nach einem einheitlichen Maßstab zu beurteilen. Stattdessen plädiert er dafür, den Eigenwert einer jeden Kultur anzuerkennen: „Jede Nation hat ihren *Mittelpunkt* der Glückseligkeit *in sich* wie jede Kugel ihren Schwerpunkt".[60] Dieses berühmte Diktum richtet sich zunächst gegen Frankreich, das sich nicht zum Idealbild für ganz Europa aufspielen dürfe. Doch darüber hinaus polemisiert Herder gegen die Idee einer Einheit Europas, in der „alle Nationalcharaktere ausgelöscht" seien.

Mag man den soeben dargestellten Geschichtsphilosophien eine nivellierende Tendenz nachsagen, so ist doch festzuhalten, dass die Idee der Universalgeschichte überhaupt erst die Voraussetzung dafür war, die Weltkulturen in ihrer Verschiedenheit zu erforschen und darzustellen wie auch fremde Kulturen als je eigene Hochkulturen anzuerkennen. Dabei hat sich die Stellung Europas in der Welt als äußerst kontrovers erwiesen. Einerseits wird die Sonderrolle Europas empfindlich relativiert, indem Europa nicht mehr als einzige Quelle der Kultur gilt, nicht mehr allein vom günstigen Klima begünstigt erscheint und auch nicht zum Ziel der Weltgeschichte stilisiert wird. Andererseits gibt es einige Entwürfe, die von Europa ausgehen und in der europäischen, insbesondere der französischen Kultur die vorläufige Krönung sehen. Wieder andere Autoren sehen darin gerade die Gefahr Europas, das droht, seine Vorrangstellung zu verlieren und an Amerika abzugeben. Wenn man also den Vorwurf des Eurozentrismus aufrechterhalten will, ist doch einzuräumen, dass es zahlreiche und teilweise sehr prominente Beispiele für eine Kritik an der Bevorzugung Europas gegeben hat, die geeignet sind, jede Art von Generalverdacht zu entkräften.

Diskurse über den Frieden. – Es zeichnet die Epoche der Aufklärung aus, dass in ihr mehrere Entwürfe zum Frieden in Europa entstanden sind – und zwar nicht erst in Kants berühmter Schrift *Zum ewigen Frieden* (1795), sondern, was weniger geläufig ist, schon sehr viel früher in Frankreich und in der Schweiz. In diesen früheren Schriften steht Europa im Mittelpunkt, erst später erweitert sich der Horizont zu einer globalen Friedensordnung.

---

[60] Herder 1984, Bd. I, S. 611 f.

Den Anfang macht das *Projet pour rendre la paix perpétuelle en Europe* (1713) des Abbé de Saint-Pierre.[61] Darin stellt er die Frage, ob sich das innerstaatliche Vertragsmodell auch auf die zwischenstaatliche Ebene übertragen lässt. Als einer der ersten schlägt er vor, durch einen europäischen Staatenbund Kriege zu verhindern. Sein institutioneller Entwurf beinhaltet einen ständigen Bundesrat mit 24 staatlichen Mitgliedern. Jeder Staat soll autonom bleiben mit Ausnahme der zwischenstaatlichen Streitschlichtung, der Außen-, Zoll- und Militärpolitik. Eine Abänderung ist nur mit der Zustimmung sämtlicher Mitglieder möglich.[62]

Dieser Entwurf wird dann von Rousseau in seinem *Extrait du projet de paix perpétuelle* (1756) bekannt gemacht und mit eigenen Überlegungen angereichert. Während Saint-Pierre nur die juristischen Aspekte eines Staatenbundes behandelte, untersucht Rousseau darüber hinaus die wirtschaftlichen, sozialen und kulturellen Voraussetzung eines dauerhaften Friedens. Ihm zufolge muss Europa nicht mehr mit juristischen Mitteln konstruiert werden, sondern existiert bereits als ein reales „System" mit eigener „Kraft".[63] Die Basis dafür sieht er in der gleichmäßig verteilten Bevölkerung, in der überall möglichen Landwirtschaft, im hohen Stand von Handwerk und Industrie sowie im entwickelten Handel, der den Frieden begünstige. Die Flüsse, die früher die Nationen trennten, dienen jetzt dem Reisen wie auch dem Transport von Gütern. Dazu zählt Rousseau auch die „Gemeinschaft" der Wissenschaftler, den gemeinsamen Geschmack in der Literatur und den europaweiten Buchmarkt. Diese Errungenschaften haben ihm zufolge zur „Vereinigung der Interessen" und „Übereinstimmung der Sitten" beigetragen, so dass sich die einzelnen Völker jetzt in enger Beziehung zueinander befinden. Auf diese Weise erfülle Europa in einzigartiger Weise die Bedingungen eine Konföderation. Im folgenden *Jugement sur le projet de paix* (1756) schließt sich Rousseau dann ausdrücklich dem Saint-Pierre-Projekt an, das er als gut durchdacht beurteilt.[64] Trotzdem hält er das Projekt eines dauerhaften Friedens in Europa für unrealistisch. Denn er befürchtet, dass sich die einzelnen Fürsten dagegen sträuben würden, weil

---

[61] Saint-Pierre 1713; vgl. Höffe 1995, S. 255 f.

[62] Diesem Entwurf schließt sich der Schweizer Emer de Vattel an (1758); vgl. Cheneval 2002, S. 34; Frick 2020, S. 114 f.

[63] Rousseau 1964, S. 565, 567; vgl. Faye 1992, S. 115–146; Israel 2009, S. 124, 127. – Auch Raynal und Diderot gelangen in ihrer *Geschichte beider Indien* (1770) zu dem Schluss, dass Europa nach vielen Kriegen und Eroberungen in eine Phase „der Ruhe und des Friedens" eingetreten sei; Raynal, Diderot 1988, S. 92. – Ähnlich Mercier 1982, S. 162 f.; Mably 1975, S. 120 f.

[64] Rousseau 1964, S. 591; siehe auch Vattel 1758, S. 184.

sie ihr partikularen Interessen verletzt sähen. Ein solcher Friede sei daher nicht unter Monarchien, sondern nur mit politisch freiheitlichen Gemeinwesen möglich.

Auch Voltaire beurteilt in *De la paix perpétuelle* (1769) das Friedensprojekt von Saint-Pierre skeptisch, aber aus anderen Gründen. Er vermisst den Einbezug anderer Staaten außerhalb Europas wie die Türkei, Persien, Japan und China, ohne deren Beistand kein dauerhafter Friede möglich sei.[65] Indem er vom Frieden in Europa zum Weltfrieden übergeht, verleiht er dem Problem eine globale Dimension.

In Spanien hat Gaspar Melchor de Jovellanos gegen Ende des 18. Jahrhunderts die Utopie eines weltweiten Friedens entworfen. Er spricht von einer „brüderlichen Union" (unión fraterna), in der Friede und Gerechtigkeit allen Hass und Schrecken besiegen. Franzosen, Afrikaner und Briten werden Brüder, Chinesen und Lappländer werden ohne Arglist ihre Handelsgüter austauschen. Die Menschen werden zu „einer einzigen und großen Familie", die am Ende sogar eine gemeinsame Sprache spreche.[66]

In seiner Schrift *Zum ewigen Frieden* (1795) beschränkt sich auch Kant keineswegs auf Europa, sondern stellt sich von vornherein auf einen kosmopolitischen Standpunkt, indem er eine globale Friedensordnung anvisiert, die das bestehende Staats- und Völkerrecht ergänzen soll.[67] Ähnlich wie Rousseau hält er das Projekt eines dauerhaften Friedens nur unter der Bedingung für möglich, dass die Verfassungen der daran beteiligten Staaten, wenn schon nicht demokratisch, so doch „republikanisch" sind.[68] Dabei schlägt er keinen „Völkerstaat" oder eine „Weltrepublik" vor, sondern einen „Völkerbund" im Sinne einer Föderation autonomer Staaten, die durch einen „Friedensvertrag" realisiert werden soll. Hier wird deutlich, dass er sich zunächst auf die juristische Seite konzentriert.

Doch dann macht sich Kant Gedanken darüber, durch welche sozialen „Mechanism" die Menschen zur Schaffung und Erhaltung von Frieden motiviert werden können. Ein entsprechendes Motiv, das dazu beitragen könnte, den Wunsch nach Frieden innerhalb einer Republik zu verwirk-

---

[65] Voltaire: *Recrit de l'empereur de la Chine* (1762). In: Faye 1992, S. 159–162; vgl. Turgot 1990, S. 180; Condorcet 1976, S. 196, 214.
[66] Zitiert nach Hans-Joachim Lope in: Rohbeck, Rother 2016, S. 250 f.
[67] Kant 1965, Bd. XI, S. 216.
[68] Ebd., S. 204, 208, 2012; vgl. Höffe 1995, S. 109; ders. 1999, S. 255–263. – In *Zum ewigen Frieden* werden Saint-Pierre und Rousseau nicht erwähnt, wohl aber in der mehr als zehn Jahre früher erschienenen Schrift *Idee zu einer allgemeinen Geschichte in weltbürgerlicher Absicht* (1784), die hier auch herangezogen wird; Kant 1965, Bd. XI, S. 42; vgl. Rohbeck 2020, S. 96–99.

lichen, sieht er in der Habsucht der Staatsbürger. Wenn die Bürger an der Entscheidung über Krieg und Frieden beteiligt seien, würde der Staat eher Kriege vermeiden, weil die daraus resultierende „Schuldenlast" als unerträglich empfunden werde.[69]

Schließlich nennt Kant einen ökonomischen Grund: „Es ist der *Handelsgeist*, der mit dem Kriege nicht zusammen bestehen kann, und der früher oder später sich jedes Volkes bemächtigt".[70] Damit meint er das Interesse einer Handel treibenden Nation an der Existenz anderer florierender Handelsnationen. Der Frieden in Europa ist dann keine rein rechtliche Aufgabe mehr, sondern kann auf der bereits vorhandenen Basis von arbeitsteiliger Industrie und wechselseitigem Warentausch aufbauen. Er gründet sich weniger auf staatliche Verträge als auf wirtschaftliche und gesellschaftliche Kooperationen.

Das Projekt Europäische Union

Auch wenn der Topos vom friedlichen Welthandel im späteren Geschichtsverlauf vielfach widerlegt worden ist, sollte man ihm nicht die Katastrophen der folgenden Jahrhunderte zur Last legen. Verständlich bleibt der Versuch, nach realistischen Faktoren für den globalen Frieden Ausschau zu halten. Dabei lässt sich diese Utopie gerade auch auf Europa anwenden, in dem sich nach dem Zweiten Weltkrieg der „gemeinsame Markt" tatsächlich als friedensfördernd erwiesen hat.

Friede in Europa und der Welt. – Diesen Konnex belegen Formulierungen aus dem Gründungsvertrag der *Europäischen Wirtschaftsgemeinschaft*. Darin betrachtet man einen „ausgewogenen Handelsverkehr" als „Mittel zum Zweck" – und zwar nicht allein mit dem Ziel des ökonomischen Wiederaufbaus, sondern als Basis für einen dauerhaften Frieden in Europa. In der Präambel heißt es: Man gründe die EWG „in dem festen Willen, die Grundlagen für einen immer engeren Zusammenschluss der europäischen Völker zu schaffen".[71] Das liest sich wie eine Eloge aus dem 18. Jahrhundert, in

---

[69] Kant 1965, Bd. XI, S. 47, 170.
[70] Ebd., S. 226. – Ebenso Raynal und Diderot: „Es entsteht in Europa ein Tausch- und Wechselgeist", der den Frieden begünstige; Raynal, Diderot 1988, S. 92. – Ähnlich Montesquieu: „Die natürliche Wirkung des Handels besteht darin, zum Frieden geneigt zu machen." Montesquieu 1951, Bd. II, S. 3; vgl. das Essay „Of Commerce" von Hume 1963, S. 259–274, insb. S. 264.
[71] Zitiert nach Freiburghaus 2000, S. 79 f.; vgl. Cheneval 2003, S. 5.

dem der Frieden fördernde „Handelsgeist" ein Gemeinplatz war, der sogar bis Königsberg gelangt ist.

Innerhalb der Europäischen Union ist diese Utopie Realität geworden und hat sich immerhin achtzig Jahre lang bewährt. Manche Beobachter gehen sogar so weit, dass das Prinzip „Wandel durch Handel" zum Zusammenbruch des Ostblocks und damit zum Ende des Kalten Kriegs geführt habe. Demnach war es die so genannte Softpower der Konsumgüter, welche die sozialistischen Staaten allmählich unterwandert und letztlich zum Einsturz gebracht haben.

Seit dem russischen Überfall auf die Ukraine haben die Friedensutopien einen schweren Rückfall erlitten. Im Hinblick auf das Verhältnis von Handel und Krieg ist dabei eine hybride Situation entstanden. Zum einen bricht der Krieg auf brutale Weise mit der Illusion, der gegenseitige Austausch von Waren und Dienstleistungen habe die suggestive Kraft, militärische Auseinandersetzungen zu verhindern. Zum andern ist es geradezu paradox, dass Russland sogar während des Krieges Gas und Erdöl nach Europa exportiert hat, um gerade diesen Krieg zu finanzieren. Das ist die Perversion „Krieg durch Handel".

Umgekehrt offenbaren die wirtschaftlichen Sanktionen gegen Russland, welche enorme Wirkung der Handelsverkehr immer noch ausübt. Sollte Russland aus ökonomischen Gründen zurückstecken, wäre das ein negativer Beweis für die Macht der Weltwirtschaft. Negativ wirkt sich der globale Handel auch auf Europa aus, indem bisher unbekannte Engpässe in der Energieversorgung spürbar werden. Doch gleichzeitig werden neue Verkehrswege erschlossen. Russland intensiviert den Verkauf von Kohle, Erdöl und Gas an China. Und Europa bemüht sich in arabischen und anderen Ländern um die Lieferung von Flüssiggas. Das bedeutet kein „Ende des Welthandels",[72] wie in der Presse zu lesen war, vielmehr verschieben sich die globalen Märkte, so wie sie das immer schon getan haben.

Für Europa ergeben sich aus dem Konflikt mit Russland mehrere praktische Konsequenzen. Die wirtschaftliche und politische Union ist jetzt durch ein eigenes *Militärbündnis* zu ergänzen. Die pazifistische Einstellung geht in eine wehrhafte Verteidigungspolitik über. Langfristig wird es auf eine neue Weltordnung hinauslaufen, in der sich die USA und Europa auf der einen Seite und Russland und China auf der anderen Seite gegenüberstehen. Doch im Hinblick auf den Freihandel innerhalb Europas, des regen Austausches mit Nord- und Südamerika wie auch mit einigen asiatischen

---

[72] Siehe die entsprechende Passage zur vermeintlichen *Deglobalisierung* im neunten Kapitel.

Ländern scheint es mir vorschnell zu sein, das Motto „Wandel durch Handel" völlig aufzugeben. Das betrifft auch diplomatische Anstrengungen für faire Friedensverträge. Aktuell ist der Krieg in der Ukraine möglichst schnell zu beenden, um mit Hilfe von Verhandlungen zu einem für beide Seiten erträglichen Kompromiss zu gelangen. Mit Kant ist es geboten, die Hoffnung auf Frieden niemals aufzugeben.

Das Problem des Friedens in Europa und der Welt verweist auf eine tiefer liegende Ebene, die sich nicht auf Waffenstillstand und Handelsverkehr beschränkt. Sie besteht in der gegenseitigen *Anerkennung von Völkern und Kulturen*. Gerade auch für diese besondere Wertschätzung fremder Zivilisationen kann die Philosophie des 18. Jahrhunderts heute als Vorbild dienen. Wie dargelegt, haben nicht wenige Autoren die wissenschaftlichen, gesellschaftlichen und politischen Errungenschaften in Persien, China und Amerika beschrieben und aufgewertet.

Die Stellung Europas hat sich dabei als zwiespältig erwiesen: zum einen als eigene Hochkultur, zum andern als vom Untergang bedroht. In unserem Kontext ist dabei entscheidend, dass sich das weit verbreitete Stereotyp des Eurozentrismus nicht aufrecht erhalten lässt. Im Gegenteil, die Position der Weltoffenheit und interkulturellen Verständigung kann sich vor allem auch auf die europäische Aufklärung berufen. Dieser Aspekt wird uns anlässlich des aktuellen *Postkolonialismus* zu Beginn des neunten Kapitels noch einmal beschäftigen.

Aufklärung als Legitimation. – Zugleich hat sich gezeigt, wie sehr die Philosophen des 18. Jahrhunderts bereits ein *Wissen um Europa* besaßen, das sie literarisch und praktisch zum Ausdruck brachten. Bei aller Vielfalt reflektierten sie mehr kulturelle Gemeinsamkeiten, als die nationalen Unterschiede vermuten lassen. In der heutigen Gegenwart stellt sich die Frage, welche Bedeutung die Erinnerung an die europäische Aufklärung für die soziale und politische Integration Europas hat.

An dieser Stelle genügt es, die vorläufigen Grundsätze zu resümieren, die sich aus dem Vergleich der einzelnen Länder ergeben haben und die noch im Einzelnen ausgeführt werden. Dabei konzentriere ich mich auf die spezifisch *modernen Aspekte*, die sich in der zweiten Hälfte des 18. Jahrhundert herausgebildet haben.

Am Anfang steht die *religiöse Toleranz*, die sich nicht mehr primär auf theologische Dogmen bezieht, sondern auf die Anerkennung der sozialen Funktion von Religionen zielt. Dem entspricht ein Anspruch auf *Wahrheit*, die sich auf wissenschaftliche und damit empirische Erkenntnis von Wirklichkeit gründet. Außerdem wird Europa von einem *Humanismus* geprägt, der sich der aufklärerischen Anthropologie verdankt. Er bedeutet, den Menschen ganzheitlich zu verstehen mit seinen Gedanken und Gefühlen, physischen Bedürfnissen und Arbeitsleistungen sowie mit seinen individuellen und kollektiven Ansprüchen auf irdisches Glück. Die Basis bildet eine *bürgerliche Gesellschaft*, die wirtschaftlichen Wohlstand und soziale Gerechtigkeit zu garantieren verspricht. Dazu gehört auch ein *Geschichtsbewusstsein*, das den Menschen erlaubt, sich der Veränderbarkeit der eignen Kultur zu vergewissern und bestimmte Erwartungen an die Zukunft zu hegen. Schließlich verdankt Europa seiner Aufklärung die Geltung allgemeiner *Menschenrechte*. Auch wenn die Aufklärer noch keine überzeugten Demokraten waren, haben sie doch die Überwindung autoritärer Staatsformen auf den Weg gebracht. Im Kernbereich Europas ist heute die parlamentarische *Demokratie* immer noch ziemlich stabil.

Mehr Demokratie. – Im Anschluss daran stellt sich das Problem, auf welche Weise die *Europäische Union* selbst demokratisiert werden könne. Um auch in dieser Sphäre mehr Demokratie zu wagen, bietet sich eine *direkte Beteiligung der Bürger* an.[73] Möglich wäre es, das Europaparlament nach transnationalen Listen wählen zu lassen, um die europäischen Bürger über Grenzen hinweg politisch zusammenbringen. Eine derartige partizipatorische Demokratie ließe sich durch Volksabstimmungen realisieren, die unmittelbaren Einfluss auf bestimmte politische Entscheidungen der Europäischen Union ausüben könnten. Ein solches Verfahren wäre für ganz Europa zu harmonisieren und auf bestimmte Themen einzugrenzen. Dazu gehört auch die Aktivierung einer europäischen Öffentlichkeit, in der die vorgelegten Streitfragen debattiert werden. Die daran Beteiligten könnten einzelne Personen sein, aber auch transnationale Organisationen wie Amnesty International oder soziale Bewegungen wie zum Beispiel Umweltaktivisten.

Eine bereits realisierte Version besteht in neuen Formen der Kommunikation zwischen den politischen Akteuren. Ein dritter Weg soll dazu dienen, die Diskrepanz zwischen hohem Problemlösungsdruck und beschränkter politischer Autorisierung der Europäischen Union durch die Mitgliedstaaten zu überbrücken. Außerdem soll er zwischen den beiden wichtigsten Beschlussformen vermitteln: der „Gemeinschaftsmethode", die zur Einstimmigkeit zwingt, und der „intergouvernementalen Methode", mit der nationalstaatliche Regierungen miteinander verhandeln. Weil Einstimmigkeit nur schwer erreichbar und das Mehrheitsprinzip normativ nicht

---

[73] Goodman 1998, S. 357; Cheneval 2003, S. 12 f.; Habermas 2008, S. 123 f.; Verovšek 2020, S. 34.

vertretbar ist, bedarf es einer zusätzlichen Methode der *Konsensbildung*.[74] Sie soll dazu dienen, die sozialen und kulturellen Unterschiede zwischen den reicheren und ärmeren Teilnehmern auszugleichen und gemeinsame Leitbilder für marktkorrigierende Maßnahmen zu entwerfen. Daraus resultieren zwei unterschiedliche Handlungsmodelle, die auch philosophisch interessant sind und sich bis in die europäische Aufklärung zurückverfolgen lassen.[75]

Auf der einen Seite gewinnt die Europäische Union ihre Legitimation durch *Effizienz*, die im leistungsorientierten Regieren besteht. Das betrifft sowohl Entscheidungen als auch Verhandlungen zwischen den einzelnen Regierungen, die ihre nationalen Interessen durchzusetzen versuchen. Vor allem in den Anfängen bemaß sich diese Effektivität nach der „Logik" des gemeinsamen Marktes, dann nach den Standards politischer Rationalität. Probleme lösen heißt hier, bestimmte Hindernisse zu beseitigen, die der ökonomischen und politischen Integration im Wege stehen. Dazu dienen technische Regelungen, die den Nutzen der Mitgliedstaaten vermehren sollen.

Auf der anderen Seite steht der *Konsens*, der auf überstaatlicher Ebene durch eine verständigungsorientierte Deliberation erreicht werden soll. Weil die nationalen Ausgangssituationen sehr unterschiedlich sind und eine Einigung über sozialstaatliche Inhalte kaum möglich ist, verzichtet man auf bindende Beschlüsse und beschränkt sich auf Empfehlungen und Stellungnahmen. Dabei vermeidet man vertikale Hierarchien und setzt auf Argumentation und Interaktion. Die Teilnehmer sind nicht nur Vertreter von Europarat und Regierungen, sondern auch lokale staatliche Akteure sowie nicht-staatliche Akteure als Repräsentanten der europäischen Öffentlichkeit. Dazu gehören auch transnationale Bewegungen oder soziale Netzwerke für Frieden und Umwelt. Das Ziel dieser Verfahren besteht nicht zuletzt darin, neue politische Inhalte durchzusetzen.

Ziele. – Dazu zählen ein gemeinsames *Stabilitäts- und Wachstumspaket* mit wirtschaftspolitischen Leitlinien sowie eine abgestufte Harmonisierung der Steuerpolitik. Als Reaktion auf die Finanzkrise 2007 bis 2009, in der die EU mit Zigmilliarden Euro die großen Banken vor dem Ruin gerettet hat, fordert man eine Steuer auf alle Finanzgeschäfte. Außerdem sollte die Europäische Zentralbank verpflichtet werden, die Ungleichheiten bei Einkommen und Vermögen auszugleichen. Ferner ist es sinnvoll, anhaltende

---

[74] Diese „Offene Methode der Koordinierung" (OMK) wurde in den 1990er Jahren entwickelt und im Vertrag von Lissabon rechtlich verankert; dazu Lavenex 2006, S. 100 f.

[75] Siehe die sozialphilosophischen Passagen im siebten Kapitel.

Handelsbilanzüberschüsse innerhalb der EU zu ahnden, so dass Länder wie Deutschland Strafen von drei Prozent ihres Überschusses zahlen müssen. Hinzu kommt die jüngste Absicht, außerordentliche Gewinne, die aus Energieengpässen resultieren, zusätzlich zu besteuern.

Ebenso notwendig ist eine europäische *Beschäftigungsstrategie*, die sich aus einer Organisation des Arbeitsmarkts, Formulierung des Arbeitsrechts mit Lohnpolitik und Mitbestimmung sowie einem System der Alterssicherung zusammensetzt. Daraufhin erhält jeder rechtmäßige Einwohner der EU ein bescheidenes Grundeinkommen, das nach Ländern gestaffelt ist. Insbesondere sorgt man für die Gleichheit der Geschlechter am Arbeitsplatz. Hinzu kommt die Gesundheits- und Pflegepolitik sowie eine gemeinsame Asylpolitik mit sozialer Inklusion.

Besonderer Förderung bedarf der Bereich *Wissenschaft und Bildung*. Europa ist zwar das Herkunftsland der modernen Wissenschaften, droht aber im globalen Wettbewerb an den Rand gedrängt zu werden. Daher ist dafür zu sorgen, dass Europa im internationalen Wettbewerb seinen Spitzenplatz behält. Bei der Entwicklung grüner und digitaler Schlüsseltechnologien darf Europa keine Zeit verlieren. Europa ist zwar in der Grundlagenforschung führend, schafft aber nicht die Entwicklung marktreifer Produkte. Dazu gehört auch die Bewahrung der europäischen Sprachenvielfalt. Daher sollten Publikationen nicht nur auf Englisch, sondern auch in anderen europäischen Sprachen gefördert werden.

In jüngster Zeit ist die *multiple Krise der Energieversorgung* hinzugekommen. Die Engpässe fossiler Brennstoffe ist jedoch auch eine Gelegenheit, die längst fällige ökologische Wende beschleunigt voranzutreiben. Bereits Ende 2019 hat die Europäische Kommission einen „European Green Deal" konzipiert mit dem Ziel, bis 2050 die Netto-Emissionen von Treibhausgasen auf null zu reduzieren und somit als erster Kontinent klimaneutral zu werden. Es gibt sogar Forderungen an den Europäischen Verfassungskonvent, das Recht der Menschen auf eine gesunde und geschützte Umwelt in die europäischen Grundrechte aufzunehmen.

Angesichts der gegenwärtigen Lage der Europäischen Union mag diese Liste illusorisch klingen. In letzter Zeit häufen sich die Katastrophen derart, dass ihre synchrone Bewältigung kaum zu schaffen ist. Hinzu kommen die politischen, sozialen und kulturellen Differenzen zwischen den Mitgliedsstaaten, die eine Übereinstimmung erschweren. Doch wegen des enormen äußeren Drucks ist langfristig eine weitere *europäische Integration* erforderlich. Ob man Europa dafür auf ein „Kernland" beschränken sollte, das die politische Integration vorantreibt, darf in Zweifel gezogen werden, weil dadurch andere europäische Länder ausgeschlossen wären. Denn Europa muss sich als Ganzes gegen die ökonomische Konkurrenz auf dem Weltmarkt behaupten, was nur durch verstärkte wirtschaftliche Zusammenarbeit möglich ist. Und es muss auch außenpolitisch und militärisch zusammenrücken, was wohl auf ein gemeinsames Außen- und Verteidigungsministerium hinauslaufen wird. Insgesamt bedarf es einer neuen europäischen Souveränität.

3

Kritik an der Religion

Die europäische Aufklärung ist eng mit dem Prozess der Säkularisierung verbunden. Zunächst äußert sich das in der *Kritik an der Religion*, insbesondere an den Glaubenssätzen des Christentums und an der Machtausübung der katholischen Kirche. Darüber hinaus werden der Religion eigene Prinzipien entgegengesetzt, zu denen der Anspruch der *menschlichen Vernunft* gehört, das Wissens und Können auf profane Weise zu begründen. Wie wir sahen, sind sowohl die Religionskritik als auch die Selbstbegründung in den einzelnen Ländern Europas unterschiedlich ausgefallen. In Italien und vor allem in Spanien war der Klerus derart mächtig, dass eine offene Attacke ausgeschlossen blieb. Demgegenüber ist die Auseinandersetzung mit der anglikanischen Staatskirche in Großbritannien und mit dem Protestantismus in Deutschland verhältnismäßig moderat ausgefallen. Besonders radikal präsentierte sich die Kritik im absolutistischen Frankreich, wobei jedoch atheistische Positionen eher selten waren. Während auf den philosophischen Feldern häufig Übereinstimmung herrschte, klafften die gläubigen Überzeugungen auseinander.

Im Kontext dieses Buches stellt sich nun die spezifische Frage, wodurch sich die aufklärerische Kritik an der Religion auszeichnet. Bekanntlich gab es schon seit der frühen Neuzeit religionskritische Schriften, die teilweise veröffentlicht oder im Geheimen verbreitet wurden. Der Grundtenor bestand in einer rationalistischen Kritik am christlichen Glauben sowie in der so genannten Priestertrugtheorie, der zufolge die Geistlichen die Religion „erfunden" hätten, um das Volk zu betrügen und zu unterjochen. Ohne Zweifel setzen sich diese Topoi auch in der Folgezeit fort.

Doch aus meiner Sicht ist entscheidend, dass sich der theoretische Umgang mit der Religion in der zweiten Hälfte des 18. Jahrhunderts grundsätzlich gewandelt hat. Denn wie schon skizziert, sind in dieser Periode völlig neuartige Gegenstandsbereiche und wissenschaftliche Disziplinen entstanden. Und meine These lautet, dass mit diesen Wissenschaften neue theoretische Mittel zur Verfügung standen, um die Religion auf entsprechend innovative Weise zu kritisieren und an deren Stelle eine eigenständige säkulare Basis zu setzen. In der *Physik* von Newton wurde es nun möglich, den Kosmos als ein eigendynamisches System zu begreifen. Die gerade entstandene *Biologie* mit evolutionstheoretischen Ansätzen erlaubte es, die Entstehung und Entwicklung des Menschen aus natürlichen Ursachen zu erklären. Völlig neu war auch die *Sprachphilosophie*, mit deren Hilfe man religiöse Begriffe wie Gott als eine Fehldeutung der menschlichen Sprache diskreditierte. Dank der *Anthropologie* verwies man nicht nur auf die emotionale Basis der Religion, um eine „natürliche Religion" zu kreieren, sondern leitete die Vorstellung von Gott aus den Eigenschaften des Menschen ab, um damit einen Anthropomorphismus nachzuweisen. In der *Sozialphilosophie* begnügten sich die Aufklärer längst nicht mehr mit Vorwürfen an „betrügerischen" Priestern, sondern untersuchten die gesellschaftliche Funktion von Religion. Dieses Theorem war so erfolgreich, dass es von den katholischen Apologeten übernommen wurde. Schließlich diente die *Geschichtsphilosophie* dazu, den christlichen Ursprungsmythos zu destruieren, die politischen und kulturellen Ursachen sakraler Institutionen zu erforschen und damit ein genuin historisches Bewusstsein von Religion zu entfalten. Ich werde detailliert zu zeigen versuchen, auf welche Weise die genannten Theorien in dieser Art Religionskritik zur Geltung kommen.

Es ist nicht übertrieben zu behaupten, dass sich diese Sichtweise auf die Religion im Großen und Ganzen bis in die Sozialwissenschaften und in die Philosophie des 20. Jahrhundert fortentwickelt hat. Paradigmatisch dafür ist der Soziologe Max Weber, der die technische, wissenschaftliche und kulturelle Modernisierung unter den Terminus „Säkularisierung" zusammengefasst und als „Entzauberung der Welt" bzw. als „Rationalisierung" aller Lebensbereiche bezeichnet hat.[1] Nicht wenige Autoren stellten sich ausdrücklich in die Tradition der europäischen Aufklärung. Um nur ein paar prominente Beispiele zu nennen: *Die Philosophie der Aufklärung* (1932) von Ernst Cassirer bildete den Auftakt. In

---

[1] Max Weber: *Die protestantische Ethik und der Geist des Kapitalismus*. In: Gesammelte Aufsätze zur Religionssoziologie. Tübingen 1978, S. 93; vgl. Lutz-Bachmann 2016, S. 81.

seinem Hauptwerk *Der Mensch* (1944) berief sich Arnold Gehlen explizit auf Herder. Niklas Luhmann hat sein gesamtes Lebenswerk unter den Titel *Soziologische Aufklärung* gestellt. Und der amerikanische Sozialphilosoph John Rawls entwickelte seine *Theorie der Gerechtigkeit* (1971) auf der Basis der aufklärerischen Theorien vom Gesellschaftsvertrag. Auch die *Theorie des kommunikativen Handels* (1981) von Jürgen Habermas stand in bewusster Tradition von Aufklärung und Moderne, insbesondere von Kants Praktischer Philosophie. Schließlich knüpfte der Historiker Reinhart Koselleck für seine Theorie der Geschichte programmatisch an das historische Denken der Aufklärung an.[2]

Das alles wäre kaum erwähnenswert, wenn sich nicht in jüngster Zeit eine drastische Wende vollzogen hätte. Zwar gab es schon früher konservative Autoren, welche die christliche Religion als Heilmittel der angeblich kranken Moderne empfahlen. Ebenso liebäugeln einige Vertreter der Postmoderne mit religiösen Vorstellungen.[3] Aber plötzlich mehren sich die Stimmen, welche die Tatsache der Säkularisierung grundsätzlich in Frage stellen. Merkwürdigerweise gehören dazu auch Autoren wie Habermas, der noch in den 1980er Jahren das „Projekt der Moderne" fortschreiben wollte und nun auf einmal seit 2001 die „Postsäkulare Gesellschaft" oder gar den „Postsäkularismus" ausruft.[4]

Der zentrale Einwand gegen die Diagnose, dass sich heutige Gesellschaften säkularisieren, besteht darin, dass die Religion im Prozess der Säkularisierung nicht restlos verschwinde, sondern dass Glaubensinhalte umgeformt oder verschoben würden. Letztlich steckt in der These vom Postsäkularismus die Auffassung, dass die Moderne einer religiösen Fundierung bedürfte. Weil sie angeblich *keine* eigene Legitimität vorweisen könnte, sei sie auf vormoderne Ressourcen angewiesen. Es sei sogar geboten, die

---

[2] Arnold Gehlen: *Der Mensch. Seine Natur und Stellung in der Welt.* Wiesbaden 1986, S. 31–34; Luhmann 1970; Rawls 1975, S. 27–34; Jürgen Habermas: *Theorie des kommunikativen Handelns.* Frankfurt a. M. 1981, Bd. I, S. 210–218; vgl. Karl-Otto Apel: *Transformationen der Philosophie.* Frankfurt a. M. 1973, Bd. 2, S. 157; Koselleck 1979, S. 17–37.

[3] Lübbe 1986, S. 9. – Giorgio Agamben: *Homo sacer.* Frankfurt a. M. 2002; Julia Kristeva: *This Incredible Need to Believe.* New York 2009; Terry Eagleton: *Reason, Faith, and Revolution.* New Haven 2010.

[4] Zur Moderne: Habermas 1981, S. S. 444–464; ders. 1985, S. 390–425; ders. 1988, S. 11–17. – Zum Postsäkularismus: Habermas zuerst 2001 in *Glauben und Wissen* in der Friedenspreisrede beim Börsenverein des Deutschen Buchhandels; dann Habermas 2005, S. 119–154, 216–257; vgl. Asal 2007, S. 9 f.; Casanova 2016, S. 16 f.; Lutz-Bachmann 2016, S. 79–96; Renner 2017, S. 103–109. – Siehe auch Rorty, Vattimo 2006; Taylor 2007. – Zu diesem Themenkomplex außerdem Ludwig Nagl (Hg.): *Religion nach der Religionskritik.* Wien, Berlin 2008; Herta Nagl-Docekal und Friedrich Wolfram (Hg.): *Jenseits der Säkularisierung.* Berlin 2008; Thomas Schmidt und Anette Pitschmann (Hg.): *Religion und Säkularisierung.* Stuttgart 2014.

semantische Erbschaft von Religionen zu bergen und deren Sinnpotenziale für die heutige Lebenswelt fruchtbar zu machen.[5] Hier zeigt sich, dass sich hinter den Diskursen über Säkularisierung und Postsäkularismus ein tiefer liegendes Unbehagen an der gegenwärtigen Zivilisation verbirgt, die man als defizitär und kompensationsbedürftig empfindet.

In diesem Kapitel werde ich zu dieser Kontroverse Stellung nehmen, indem ich in der Tradition der europäischen Aufklärung den säkularen Standpunkt einnehme. Im ersten Abschnitt beleuchte ich die *faktische Situation* in Europa und der Welt. Sodann gehe ich auf die *Argumente* ein, die gegen die Säkularisierungsthese vorgebracht werden. Im vierten Abschnitt werde ich das Problem erörtern, wie ein ziviler Umgang zwischen religiösen und säkularen Bürgern geregelt werden kann. In den beiden dazwischen liegenden Abschnitten kommen indessen die Religionskritik während der Epoche der Aufklärung sowie das Verhältnis von Aufklärung und Gegenaufklärung zur Sprache. Nicht zuletzt sind dabei auch die Grenzen der Aufklärung zu beachten. Aber eine derartige Selbstreflexion führt nicht zwangsweise zu einer postsäkularen Rehabilitierung der Religion. Die für mich überzeugendere Alternative besteht in einer Verstärkung der Aufklärung im Sinne einer kritischen und reflexiven Fortschreibung des Säkularisierungsprozesses.

Postsäkulare Gesellschaft?

Zunächst einige *empirische Daten* zur aktuellen Lage: In *Europa* ist der Prozess der Säkularisierung ganz offensichtlich, wenn man die individuelle Haltung der Bürger zur Religion betrachtet. Die Anzahl der Mitglieder christlicher Konfessionen nimmt seit Jahrzehnten kontinuierlich ab und wird nach allen Vorhersagen auch in Zukunft weiter sinken. *Frankreich*, wo die Tradition der Aufklärung besonders präsent ist, hat nur noch etwa 60 % Christen und etwa acht Prozent Muslime, während sich ein Viertel der Bevölkerung als konfessionslos versteht. Diese Tendenz hat sich auch in *Kanada, Australien* und *Neuseeland* durchgesetzt. Gehörten in *Deutschland* 1950 noch 95 % der Bevölkerung einer der beiden christlichen Konfessionen an, waren es nach der Wiedervereinigung 72 %; heute

---

[5] Habermas 2005, S. 137, 218, 247, 255; Renner 2017, S. 107 f. – Vgl. zuvor Lübbe 1986, S. 16 f., 133, 287–291; Casanova 2016, S. 10–15, 18 f.; Lutz-Bachmann 2016, S. 79 f.; Harari 2018, S. 207 f., 216 f., 318 f.

sind es knapp 50 % der Einwohner. Infolge des Missbrauchsskandals sind die Kirchenaustritte sprunghaft angestiegen, allein 2021 über mehr als 350.000 Abmeldungen. Eine Studie im Auftrag der Kirchen prognostiziert die weitere Halbierung der Mitgliedschaften bis zum Jahr 2060. Sobald die Kirchen nicht mehr die Mehrheit der Bevölkerung repräsentieren, schlägt das früher selbstverständliche Zugehörigkeitsgefühl in Skepsis um. Auch in den südlichen Ländern, Italien und Spanien, ist die Bindung an die katholische Kirche rückläufig. Vor allem in *Spanien*, wo die Inquisition noch bis ins 18. Jahrhundert wütete und wo sich die Diktatur Francos auf die katholische Kirche stützen konnte, fühlen sich noch knapp 60 % der Kirche zugehörig, nur 20 % praktizieren ihren religiösen Glauben.[6] Diese spezifisch europäische Säkularisierung ist unbestritten.

Wenn hingegen von einem „postsäkularen Zeitalter" die Rede ist, verweist man auf die Länder außerhalb von Europa, das damit zur Ausnahme erklärt wird. Als exemplarisch dafür gelten die *Vereinigten Staaten von Amerika*, die als ein religiös geprägtes Land beschrieben werden.[7] Aber selbst dort lässt die Verbindung zu den Kirchen nach. Fühlten sich vor fünfzig Jahren noch zwei Drittel der erwachsenen Amerikaner einer protestantischen Kirche verbunden, sind es heute weniger als die Hälfte, während sich immerhin zwanzig Prozent als „nones" ohne Konfession verstehen. Auch in Südamerika, wo die katholische Kirche mit einigen Militärdiktaturen kompaktiert hat, geht die Zahl der Kirchenmitglieder allmählich zurück. Demgegenüber steigt seit einigen Jahren der Anteil der Christen in Afrika und Asien an. Insgesamt ist der Islam im Wachsen begriffen: Gegenwärtig sind ein Viertel der Weltbevölkerung Muslime, bis 2030 werden es wohl 35 % sein. Infolge der Migration steigt auch in Europa der Anteil von vier auf sechs Prozent. Gleichwohl ist mit diesen Hinweisen die Säkularisierungsthese keinesfalls erledigt. Denn Säkularisierung besteht ja keineswegs in einem homogenen Prozess, der keine Ungleichzeitigkeiten zulässt.

Die häufig beschworenen USA demonstrieren schlagend die andere Seite der Säkularisierung, wenn man die *Verfassung* des amerikanischen Staates in den Blick nimmt. Dann zeigt sich die historische Besonderheit, dass diese Nation niemals ein Kirchenstaat gewesen ist, von dem sich die Bürger erst noch befreien mussten. Dagegen herrschte seit der Gründung nicht nur Religionsfreiheit, sondern – ähnlich wie in Frankreich – die

---

[6] Pollack, Rosta 2015, S. 89–195, 437 f.

[7] Graf 2004, S. 14–16, 106–115; Habermas 2005, S. 123; Pollack, Rosta 2015, S. 327 f., 401 f.; Casanova 2016, S. 21–25; Reinalter 2016, S. 113; Renner 2017, S. 267.

absolute Trennung von Staat und Religion. Umgekehrt zeigt dieser Fall, dass die staatliche Autonomie und Neutralität gegenüber den Religionen völlig unabhängig vom Grad der religiösen Praxis der Staatsbürger gewährleistet ist. Und genau eine solche Unabhängigkeit des Staates von der Religion existiert tatsächlich in den meisten Ländern der Welt, einschließlich Afrika. Das gilt auch für die Gesetzgebung und Rechtsprechung, die nicht mehr religiös begründet wird. Ebenso bleiben die Wissenschaften von kirchlichen Einmischungen unbehelligt. Selbst in Großbritannien, wo es eine Staatskirche gibt, werden politische Entscheidungen unabhängig von der Religion getroffen. Daneben gibt es nur wenige religiös motivierte Diktaturen, wie zum Beispiel im Iran, in den Vereinigten Arabischen Emiraten und tendenziell in der Türkei. Unter diesem Aspekt ist die Säkularisierung ein globales Erfolgskonzept, das nicht einmal von den Vertretern des so genannten Postsäkularismus in Frage gestellt wird.

Nun ist die postsäkulare Gegenthese nicht nur ein Problem empirischer Fakten, sondern vor allem auch der *normativen Beurteilung*. Hier habe ich den Eindruck, dass der vermeintliche Vormarsch der Religionen irgendwie positiv konnotiert wird. Das mag aus religiöser und theologischer Sicht verständlich sein, denn es sind ja nicht wenige Theologen, die sich wieder im Aufwind wähnen. Wie einseitig die Urteile sind, zeigt sich bereits darin, dass die negativen Kehrseiten der neuen religiösen Bewegungen außer Acht gelassen werden. Geradezu makaber erscheint es, wenn zum Beleg immer wieder der Anschlag islamistischer Terroristen auf die Türme des World Trade Center in New York im September 2011 angeführt wird. Ebenso wird ausgeblendet, dass es die amerikanischen Evangeliken waren, die zu einem beträchtlichen Teil Donald Trump zur Macht verholfen, am Ende sogar die amerikanische Demokratie in Not gebracht haben. Ähnliches war in Brasilien bei den Unterstützern von Jair Bolsonaro zu beobachten. Hinzu kommt, dass die Corona-Leugner und Impfgegner nicht selten aus religiösen Sekten stammen. Wenn man also schon die Postsäkularität anpreist, ist man ebenso verpflichtet, auf die neuen Gefahren für Demokratie, Gesundheit und Frieden hinzuweisen.

In diesem normativen Zusammenhang halte ich es für lohnend, nach den tiefer liegenden Gründen zu forschen, welche die soziologische Behauptung einer postsäkularen Gesellschaft stützen sollen. Indem ich dabei auch auf frühere religionsphilosophische und philosophiehistorische Rechtfertigungen zurückgreife, möchte ich versuchen, die entsprechende *Argumentation* zu entkräften.

Das *erste* Argument, das gegen die Säkularisierungsthese vorgebracht wird, lautet, dass im gesellschaftlichen Prozess die *Religion nicht einfach abgelöst* werde, sondern auf vielschichtige Weise erhalten bleibe. Der Prozess der Säkularisierung bestehe in keiner linearen oder gar teleologischen Entwicklung, was auf eine schlechte Geschichtsphilosophie hinausliefe, sondern sei auf differenzierte Weise als Umformung, Umcodierung oder Verschiebung zu verstehen.[8] Folglich blieben immer „Traditionsreste" religiöser Dispositionen erhalten, die man nicht aufgeben dürfe, sondern bewahren müsse.

Doch halte ich die Vorstellung einer zielgerichteten und zwangsläufigen Säkularisierung, an deren „Ende" alle Religionen verschwunden wären, für ein *polemisches Missverständnis*. Das betrifft bereits den Prozess der Modernisierung, der sich als sehr facettenreich erwiesen hat. Ebenso gilt das für das Verhältnis von Modernisierung und Säkularisierung, die nicht automatisch miteinander verkoppelt sind. Schließlich folgt auf die Säkularisierung nicht einfach die Phase einer „Wiederkehr der Religion". Denn bereits der Begriff „postsäkular" ist problematisch, weil er eine zeitliche Reihenfolge vom Religiösen zum Irreligiösem und wieder zurück zum Religiösen suggeriert. Paradoxerweise würde das nur für Länder wie Europa zutreffen, die „vorher" säkularisiert gewesen waren. Vielmehr ist die Geschichte der Religionen als ein komplexer, multipler und kontingenter Prozess zu begreifen. Im folgenden Abschnitt werde ich genau diese Eigenart in den Anfängen der Säkularisierung während der Epoche der Aufklärung exemplarisch aufzeigen.

Trotz aller Komplexität und Widersprüchlichkeit möchte ich auch für die heutige Gegenwart am *Begriff der Säkularisierung* festhalten. Zu den Gründen zählt zunächst die Existenz säkularer Staaten auf der ganzen Welt und die globale Praxis einer religionsunabhängigen Wissenschaft. Außerdem sollte man die in mehreren Erdteilen rückläufige Zahl der Kirchenmitglieder nicht marginalisieren. Schließlich ist dem inneren Wandel der Religionen mehr Rechnung zu tragen. Die Mitglieder der Glaubensgemeinschaften wenden sich tendenziell von kirchlichen Autoritäten und theologischen Lehrsätzen ab. Die vielfach geforderte und nur gegen den Widerstand mancher Kirchenleitungen durchzusetzende katholische und protestantische Ökumene ist ein Beispiel dafür, wie katechetische Differenzen abgeschliffen werden, um zu pragmatischen Regelungen zu gelangen. Zunehmend entwickeln die Gläubigen individuelle Überzeugungen, in denen sie

---

[8] Asal 2007, S. 9 f., 99; Lutz-Bachmann 2016, S. 81; Gabriel, K. 2016, S. 218 f. – Die geschichtsphilosophische Dimension der Säkularisierungsthese betont Charles Taylor, der von einem historischen „Stadialbewusstsein" der sich säkularisierenden Moderne spricht; Taylor 2007, S. 458; vgl. Casanova 2016, S. 16 f.

Versatzstücke aus den Weltreligionen kombinieren und eine eigene *Patch-Work-Religion* oder religiöse *Bricolage* entwerfen. Auf diese Weise werden die Religionen weniger konfessionell, klerikal, dogmatisch und sakral. All diese Phänomene kann man mit Fug und Recht als Säkularisierung charakterisieren.

Das *zweite* Argument stammt von Hermann Lübbe, der die *Trennung von sozialer Funktion und Wahrheitsanspruch* der Religionen aus *religionsphilosoph*ischen Gründen bezweifelt.[9] Deshalb sei es gar nicht möglich, dass Gläubige von den lebensweltlichen Wirkungen ihrer Religion profitieren, ohne dass sie von deren religiösen Inhalten überzeugt sind. Das sei vergleichbar mit dem Placebo-Effekt von Medikamenten, die nur wirken, wenn der Patient an deren Effizienz glaubt. Lübbe beklagt den Verlust religiösen Glaubens, weil er die soziale Funktion der Religion für den Bestand eines jeden Gemeinwesens für unverzichtbar hält.

Dagegen ist einzuwenden, dass in modernen Gesellschaften genau dieser Fall längst zur Regel geworden ist: Die Religionen erfüllen ihre *sozialen Funktionen*, während die Glaubensinhalte in den Hintergrund treten. Das belegt schon das dominierende soziologische Interesse an religiösen, säkularen und postsäkularen Gesellschaften. Dem entspricht auch das tatsächliche Verhalten der Mitglieder von Religionsgemeinschaften, die ihre Religion praktizieren, ohne sich für theologische Dogmen zu interessieren. Im Vordergrund stehen die emotionalen Erfahrungen in den Gemeinden und das soziale Engagement, mithin die Kommunikation und Interaktion der unmittelbar Beteiligten. Jugendliche strömen zu den Kirchentagen, um vor allem das Gefühl von Gemeinschaft zu erleben. Dazu gehört auch das verdienstvolle Engagement der Kirchen in Kindergärten, Schulen, Pflegeheimen und Krankenhäusern. Dieser Trend verstärkt sich noch einmal durch die neuen sozialen Medien. Auch in dieser Tatsache, dass sich die Religion auf ihre pragmatische Seite zurückzieht, sehe ich einen weiteren Beleg für den Prozess der Säkularisierung.

Das *dritte* Argument steht im Kontext der *Philosophiegeschichte* von Hans Blumenberg. In *Legitimität der Neuzeit* bestätigt er zwar auf eindrucksvolle Weise die Verweltlichung der europäischen Kultur im Übergang vom späten Mittelalter zur frühen Neuzeit. Dazu zählt er die Wissenschaft seit Galilei und Descartes, welche an die Stelle der biblischen Offenbarung tritt; das moderne Arbeitsethos, das die Askese des Christentums ersetzt; sowie

---

[9] Lübbe 1986, S. 60, 219 f.; vgl. Luhmann 1977, S. 123; Kondylis 1981, S. 495; Renner 2017, S. 156; Frick 2020, S. 100.

die neue Geschichtsphilosophie, welche die christliche Eschatologie ablöst. Aber zugleich kritisiert Blumenberg das Theorem der Säkularisierung, weil er darin keine Auflösung der Religion, sondern eine „Verwandlung" oder „Umbildung" religiöser Gehalte sieht.[10] Letztlich unterstellt er eine identisch bleibende „Substanz", die lediglich auf neue Positionen umbesetzt werde. Nach dieser Lesart bleibt von der Religion jeweils nur noch ein „Ersatz" übrig. Der Begriff der Säkularisierung erhält die negative Bedeutung einer misslungenen Transformation, weil das religiöse Substrat verloren geht.

Gegen die bis heute verbreitete These von der „Ersatzreligion" wende ich ein, dass die Konstruktion einer geistigen Substanz, die sich durch alle Zeiten sozusagen ewig erhält, höchst problematisch ist. Das erinnert eher an antiquierte Metaphysik, die keinen tief greifenden Wandel zulässt. Im Grunde kann dann nach der Religion überhaupt nichts wirklich Neues entstehen, weder in der Neuzeit noch in Aufklärung und Moderne. Außerdem sehe ich darin einen unzulässigen Ursprungsmythos, weil das Christentum zur Quelle aller nur möglichen kulturellen Phänomen erklärt wird. Frei nach Hegel erscheint das Religiöse als übergreifendes Allgemeines, so dass auch das Irreligiöse letztlich eine verkehrte Form von Religiosität darstellt. Selbst der Atheismus kann dann als Religion gelten, weil ja immer noch etwas geglaubt wird, auch wenn der Glaube in diesem Fall darin bestehen soll, dass Gott nicht existiert. In der bestimmten Negation bleibt das Religiöse endlos erhalten. Offenbar in diesem schlechten dialektischen Sinn behauptet Blumenberg eine „negative Kontinuität" der Religion.

Letztlich wird damit insinuiert, dass niemand jemals in der Lage sei, dem Dunstkreis der Religion zu entrinnen. Egal was er oder sie sagt und tut, immer produzieren sie nicht mehr als ein religiöses Substitut. Traditionell gilt der Kapitalismus und insbesondere das Streben nach Geld als moderne Religion. Neuerdings behaupten die Gegner Europas dessen „Sakralisierung". Im Feuilleton ist davon die Rede, dass selbst ein Fußballspiel einen Gottesdienst darstellte, bei dem die sich hingebenden Fans konträre Gemeinden bildeten. Oder die Klimakatastrophe wird zur neuen Apokalypse erklärt, so wie die Aktivisten dagegen zu pietistischen Tugendwärtern oder fanatischen Missionaren. Das gilt dann auch für die Protagonisten der neuen Identitätspolitik, die einen pseudoreligiösen

---

[10] Blumenberg 1966, S. 9–34. – Erweiterte, überarbeitete und teilweise neu geschriebene Fassungen erschienen unter separaten Titeln: *Der Prozeß der theoretischen Neugierde* (1973) und *Säkularisierung und Selbstbehauptung* (1974). – Siehe dazu Rüdiger Zill: *Der absolute Leser. Blumenberg. Eine intellektuelle Biographie*. Frankfurt a. M. 2020, S. 292, 475–489; vgl. Habermas 1985, S. 16; Renner 2017, S. 133 f.

Charakter trage. In jedem Fall kämen dabei nur Surrogate heraus, die durchaus ambivalent behandelt werden. Zum einen sollen sie demonstrieren, wie unhintergehbar die Religion sei; zum andern schlägt die Konnotation mit dem Religiösen in Polemik um. Das Säkularisat wird zum Schimpfwort. Angesichts derartiger Absolutheitsansprüche des Religiösen halte ich die Säkularisierungsthese für ein wichtiges Korrektiv. Sie wird auch in der folgenden Darstellung des Übergangs von der Neuzeit zur Aufklärung den Maßstab bilden.

Die soziale Funktion der Religion

Die Religionskritik der Aufklärung hat viele Facetten. Nur selten vertraten die Aufklärer einen konsequenten Atheismus, meistens befürworteten sie eine aufgeklärte Religion in Form des Deismus. So reicht das religionskritische Spektrum von der radikalen Behauptung, die christliche Religion sei mit der menschlichen Vernunft unvereinbar und daher vollständig abzulehnen, bis zur gemäßigten Haltung einer Trennung von Vernunft und Glaube, damit Politik und Wissenschaft vom katholischen Klerus nicht mehr behelligt werden können. Im Grunde schreiben diese Einstellungen die rationalistische Religionskritik eines Pierre Bayle in der Neuzeit fort.[11] Aber das wirklich Neue gegenüber der Religionskritik des 17. Jahrhunderts besteht darin, dass in der europäischen Aufklärung seit der Mitte des 18. Jahrhunderts wesentlich andere Arten der Kritik an der Religion entstanden sind, die sich den bereits erwähnten neuen Wissenschaften Sprachphilosophie, Anthropologie, Geschichtsphilosophie und Sozialphilosophie verdanken.

Vernunft und Glaube. – Ich beginne mit der traditionell rationalistischen Kritik, die natürlich noch bis zum Jahrhundertende weiter lebt. Die schärfsten Einwände stammen von Paul Thiry d'Holbach, der in seinem Werk *Das entschleierte Christentum* (1768) die christliche Religion vor das „Tribunal der Vernunft" zitiert und einer rationalen Prüfung unterzieht.[12]

---

[11] Im *Dictionaire historique et critique* kritisiert Pierre Bayle eine Reihe christlicher Glaubenssätze; Bayle 1687. – Hierzu Schröder 1998, S. 162 f., 254 f., 346 f.; Forst 2003, S. 312–351; Mulsow 2006, S. VII f.

[12] D'Holbach o. J., S. 55; zum Folgenden S. 79, 84, 89, 99, 459 f. – Siehe auch *Briefe an Eugénie* (1768); ebd., S. 295–467. In der *Taschentheologie* (1768) finden sich satirische und blasphemische Bemerkungen zur katholischen Kirche; ebd., S. 173–29. Auch im Hauptwerk *System der Natur* (1770) handelt der zweite Teil „Von der Gottheit"; d'Holbach 1960, S. 273–559. Siehe außerdem *Über die Vorurteile* (1769). – Gegen die Scholastik Helvétius 1976, S. 14 f., 42; Morelly 1964, S. 128. – Vgl. Cassirer 1932, S. 178 f.; Porter 1991, S. 45–52; Schröder 1998, S. 86 f., 171 f., 235 f.; Reinalter 2016, S. 55, 59; Frick 2020, S. 86 f.

3 Kritik an der Religion

Dabei stößt er sich nicht nur an der Lehre von der Trinität Gottes oder von der Unsterblichkeit der menschlichen Seele sowie an der Überlieferung von Wundern wie Jesu Auferstehung. Dagegen setzt er seine Kritik sehr viel tiefer an, indem er den Glauben kritisiert, dass ein allmächtiger Gott das Universum aus dem Nichts erschaffen habe – für ihn ein „unbegreiflicher Akt". Insgesamt hält er die christliche Religion für ein Gebilde aus „Widersinnigkeiten, zusammenhanglosen Fabeln, unsinnigen Dogmen, kindischen Zeremonien" und „Aberglauben". Aus diesem Grund fordert er, diesen „Schleier" aus Unwissenheit, Leichtgläubigkeit und Vorurteil zu zerreißen.

Am bekanntesten dürfte die Religionskritik von Voltaire sein, der für die katholische Doktrin nur noch beißenden Spott übrig hat. Hinzu kommt die Kritik an der Theodizee von Leibniz, über die er sich in mehreren Erzählungen lustig macht.[13] Berühmt ist in diesem Zusammenhang sein Wahlspruch „vernichtet das Niederträchtige" (écrasez l'infâme), mit dem er die Hoffnung verbindet: „Die Vernunft dringt in Frankreich täglich weiter."[14] Gleichwohl distanziert sich Voltaire von d'Holbachs Atheismus und schließt sich dem Deismus an. Auch Denis Diderot kritisiert in seinen *Philosophischen Gedanken* (1746) den biblischen Wunderglauben und die christliche Dogmatik.[15] Den Aberglauben hält er sogar für gefährlicher als den Atheismus. Doch im Unterschied zu d'Holbach folgt am Ende ein überraschendes Bekenntnis zum Christentum. Letztlich zielt Diderot auf eine vernünftige Religion, die Vernunft und Glauben in Einklang bringt.

Eine explizit skeptische Haltung nimmt David Hume in *Dialoge über natürliche Religion* (1779 posthum) ein. So stellt er grundsätzlich in Zweifel, dass Gott die Welt nach einem Plan geschaffen habe.[16] Dabei ist schwer zu entscheiden, ob die erkenntnistheoretische Skepsis von der Religionskritik inspiriert oder ob die Konzeption einer Naturreligion von der Epistemologie beeinflusst ist. Nach meinem Eindruck hat der philosophische Skeptizismus den Ausschlag gegeben, so dass die theoretische Grundlegung dominiert. Skepsis bedeutet hier die Kritik eines zweifelnden Agnostikers.

Den rigoros rationalen Standpunkt gegenüber der Religion vertritt indessen Immanuel Kant in seiner Schrift *Die Religion innerhalb der Grenzen*

---

[13] Siehe Voltaires Kritik an Leibniz im Kontext des Erdbebens von Lissabon in Kap. 5.
[14] Voltaire 1994, S. 282.
[15] Diderot 1961, Bd. I, S. 267 f.; vgl. Schröder 1998, S. 79 f.; Stenger 2013, S. 190–204.
[16] Hume 1968, S. 7, 12, 16; dazu Stollberg-Rilinger 2000, S. 94–97; Thoma 2018, S. 149–153.

der bloßen Vernunft (1793). Wie der Titel andeutet, geht es ihm um die Trennung von menschlicher Vernunft und religiösem Glauben. Und wie ein Paukenschlag macht er sogleich klar: „Die Moral, sofern sie auf dem Begriffe des Menschen, als eines freien, eben darum aber auch sich selbst durch seine Vernunft an unbedingte Gesetze bindenden Wesens, gegründet ist, bedarf weder der Idee eines andern Wesens über ihm […]".[17] Das bezieht sich auch auf die Wissenschaften, die durch eine anmaßende „Zensur" der Geistlichen nicht zerstört werden dürfe. Umgekehrt soll sich die an den Fakultäten betriebene biblische und philosophische Theologie „nur innerhalb der Grenzen der bloßen Vernunft" bewegen. Darin sieht er eine Garantie für „Toleranz", die sich nicht auf einen „hochmütigen Namen", d. h. auf die herablassende Verachtung eines Fürsten, beschränke, sondern in der gegenseitigen Anerkennung der Bürger bestehe.[18] Deutlicher kann eine vernunftgeleitete Religionskritik nicht ausfallen.

Nun werde ich zeigen, dass die spätere Aufklärung noch wesentlich andere und weniger bekannte kritische Potenziale zu bieten hat, bei denen man sich auf die Suche machen muss.

Religion als Sprachproblem. – Während bereits John Locke seine Untersuchung des menschlichen Verstandes mit einigen sprachphilosophischen Reflexionen ergänzt hat, stellt erst Étienne Bonnot de Condillac mit seinem *Versuch über den Ursprung der menschlichen Erkenntnis* (1746) die menschliche Sprache in den Mittelpunkt der Epistemologie.[19] Da er selbst Geistlicher war, enthielt seine Sprachphilosophie wenig Kritik an der Religion. Aber schon bald erkannten andere Aufklärer wie d'Alembert, Helvétius und Diderot die kritischen Potenziale, indem sie den „Missbrauch" der Sprache für die Entstehung und Verbreitung religiöser „Vorurteile" verantwortlich machten.[20]

Erst d'Holbach hat die Sprachphilosophie explizit zum neuen theoretischen Mittel seiner Religionskritik gemacht.[21] Er wirft den katholischen Priestern vor, „nur sinnlose Wörter" zu benutzen, und moniert, dass den in religiösen Diskursen verwendeten Begriffen keine

---

[17] Kant 1965, Bd. VIII, S. 649; zum Folgenden S. 654 f. – Vgl. Möller 1986, S. 71; Godel 2007, S. 94; Habermas 2005, S. 216; Forst 2003, S. 418–436; Reed 2009, S. 9 f.
[18] Kant 1965, Bd. XI, S. 60; vgl. Reed 2009, S. 214.
[19] Condillac 2006, S. 58.
[20] D'Alembert 1989, S. 33, 36, 59; Helvétius 1973, S. 95–101; ders. 1976, S. 14 f., 78, 126 f.; Diderot: Artikel „Enzyklopädie", in: Enzyklopädie 1972, S. 417.
[21] Noch nicht in *Das entschleierte Christentum*, sondern in den späteren Schriften *Briefe an Eugénie* und *System der Natur*: d'Holbach o. J., S. 257; ders. 1960, S. 273, 278, 283, 300 f.

klaren Vorstellungen entsprechen. So bleibe das Wort „Gott", das auf eine unbekannte Ursache der Welt verweise, unverständlich und dunkel. Auch die Wörter „unkörperliche Substanz" und „Unendlichkeit" seien abstrakte und unbestimmte Ausdrücke. Daraus leitet er die Forderung ab, alle Begriffe der menschlichen Sprache mit klaren Ideen, d. h. mit sinnlichen Wahrnehmungen und gesicherten Erfahrungen, zu verknüpfen. Aus seiner Sicht bedeutet dies, dass der religiöse Glaube nicht nur vor der bloßen Vernunft, sondern auch vor der linguistischen Prüfung keinen Bestand habe.

Zu den Autoren einer sprachphilosophisch fundierten Religionskritik gehört auch Hume. Gegen Ende seiner *Dialoge* moniert er, dass in Debatten über Religion ein „Streit um Worte" stattfinde, der nur durch genau bestimmte Ideen und klare Definitionen geschlichtet werden könne.[22] Daher ist er der Auffassung, „dass der Streit bezüglich des Theismus [...] lediglich verbaler Natur" sei. Weil er eine agnostische Position einnimmt, gelangt er zu dem Schluss, dass eine klare Entscheidung über solche Wortstreitigkeiten gar nicht möglich sei. Bemerkenswert ist an dieser Aussage, dass er seinem ursprünglich erkenntnistheoretischen Skeptizismus nun eine sprachkritische Variante hinzufügt. Und besonders interessant ist dabei, dass diese Erweiterung der Argumentation im Kontext der Religionskritik geschieht.

Anthropologische Grundlegung und Anthropomorphismus. – Auch die anthropologische Wende hat die Religionskritik im 18. Jahrhundert maßgeblich geprägt.

Zunächst wandelt sich ganz wesentlich die *Grundlegung der Religion*. Jetzt bietet nicht mehr allein der menschliche Verstand die Gewähr dafür, dass dem kirchlichen Dogma und populären Aberglauben klare Grenzen gezogen werden. Stattdessen wird die so entstandene Leerstelle durch die neue *Theorie der Affekte* gefüllt, die nun zur Basis des religiösen Glaubens erklärt werden. So wird es bald zu einem Topos der Aufklärung, dass der Mensch ein „Bedürfnis" nach Religion habe, die sich letztlich auf bestimmte „Gefühle" gründe. In der radikalen Variante eines d'Holbach dient diese Einsicht dazu, den religiösen Glauben als „Trost" und „Gewohnheit" abzutun.[23] Bei den Deisten besteht dagegen Konsens darüber, dass der Mensch im positiven Sinn eine „natürliche Neigung" zur Religion habe. Darin besteht der Kern der vielfachen Entwürfe einer „natürlichen Religion".[24]

---

[22] Hume 1968, S. 108 f.; zum Folgenden S. 111.
[23] D'Holbach o. J., S. 65, 75, 170; ders. 1960, S. 274, 278, 285.
[24] Hume 1968, S. 79, 89, 105, 113; Diderot: Artikel „Irreligiös", in: Enzyklopädie 1972, S. 712; Rousseau 1976, S. 107. – Mit einer gewissen Distanz auch Kant 1965, Bd. VIII, S. 649, 652; vgl. Himmelfarb 2004, S. 25.

Auch in diesem Schwenk zur Natur des Menschen bestätigt sich die Tendenz zur Säkularisierung.

Wichtiger scheint mir das Theorem des *Anthropomorphismus* zu sein, das sich in der zweiten Hälfte des 18. Jahrhunderts nachweisen lässt. Es besteht in der Behauptung, nicht Gott habe den Menschen nach seinem „Bild" geschaffen, sondern es sei der Mensch, der sich nach eigenem Vorbild eine Vorstellung von Gott mache.

Wiederum heißt es bereits bei d'Holbach über die Religion: „Die Menschen schöpften diese Ideen also aus sich selbst; ihre Seele diente der universellen Seele [Gott] als Modell; ihr Geist war das Vorbild des Geistes, der die Natur leitet [...] schließlich waren die Eigenschaften, die die Menschen an sich selbst *Vollkommenheit* nennen, im kleinen die Vorbilder für die göttliche *Vollkommenheit*. So waren und werden die Theologen [...] immer *Anthroporphisten* sein; denn sie können immer nur den Menschen zum einzigen Vorbild für die Gottheit machen."[25] In diesem Sinn ist für ihn Gott ein „menschenartiges Wesen", in dem alle humanen Eigenschaften vereinigt und übersteigert seien. Völlig neu ist an dieser Kritik, welche das 19. Jahrhundert vorwegnimmt,[26] dass der Mensch zum einzigen Zentrum der Religionskritik erklärt wird.

Es mag verwundern, dass diese Art der Religionskritik auch bei einem Skeptiker wie Hume auftaucht, allerdings in den *Dialogen* in der Form einer rettenden Kritik. Um die Möglichkeit eines religiösen Glaubens offen zu halten, sollen sich die Menschen, denen die Eigenschaften Gottes „verborgen" seien, davor hüten, sich Gott „mit menschlichem Leib oder menschlichem Geist" vorzustellen.[27] Demnach bestehe keinerlei „Ähnlichkeit" zwischen Gott und Mensch. So müsse man sich von der Vorstellung verabschieden, Gott habe die Welt „wie ein Baumeister" geschaffen. Ebenso dürfe man menschliche Eigenschaften wie „Gerechtigkeit, Wohlwollen oder Barmherzigkeit" nicht in das Wesen Gottes projizieren. Mehrmals verwendet Hume dabei den Begriff „Anthropomorphismus", der bei anderen

---

[25] Erst im *System der Natur*: d'Holbach 1960, S. 299 f.; vgl. S. 311, 322, 328; ebenso ders. o.J, S. 79; vgl. Helvétius 1976, S. 42.

[26] Das verweist auf Ludwig Feuerbach: *Das Wesen des Christentums* (1841), in: Gesammelte Werke, hg. von Werner Schuffenhauer, Bd. 5, Berlin 1984.

[27] Hume 1968, S. 18 f., 40, 85, 102.

Autoren sehr selten nachweisbar ist.[28] In diesem Fall macht er davon einen defensiven Gebrauch, der den Vorrang der Anthropologie bekräftigt.

Unmittelbar in Bezug auf Hume unterscheidet Kant im Umgang mit dem „Anthropomorphism" zwischen einer *dogmatischen* und *symbolischen* Verwendung des Begriffs. Mit Hume teilt er die Bedenken, Prädikate aus der menschlichen Sinneswelt auf ein von der Welt ganz unterschiedenes Wesen zu übertragen. Doch gegen Hume hält er es für unbedenklich und sogar für vorteilhaft, dass sich die Menschen die Welt so vorstellen, „als ob sie von einer höchsten Vernunft ihrem Dasein und inneren Bestimmung nach abstamme".[29] In einer solchen Redeweise sieht er einen „Mittelweg", um Humes Agnostizismus zu vermeiden und zugleich eine menschengemäße Religionsausübung zu gewährleisten. Auch dieser Kompromiss bestätigt noch einmal auf doppelte Weise den anthropologischen Ansatz, indem er den theoretischen Anthropomorphismus zurückweist und zugleich der sinnlichen Eigenart der menschlichen Natur pragmatisch entgegenkommt.

Religion und Geschichte. – Im Zuge der um die Mitte des 18. Jahrhunderts neu entstandenen Historiographie und Geschichtsphilosophie erhält auch die Religion eine Geschichte – jedoch nicht mehr als traditionelle Heilsgeschichte, sondern als Bestandteil einer allgemeinen Kulturentwicklung. Ein passendes Bespiel ist *Die Naturgeschichte der Religion* (1757) von Hume, der die Entstehung des Polytheismus von den „Fortschritten der menschlichen Gesellschaften" wie Viehzucht und Ackerbau abhängig macht. Die Voraussetzungen für den darauf folgenden Monotheismus sieht er in weiteren kulturellen Errungenschaften wie Schrift, Technik, Wissenschaft und Aufklärung. Allerdings bricht Hume diese Entwicklungslinie durch die Darstellung von Ungleichzeitigkeiten und wechselseitigen Vermischungen.[30] Außerdem sieht er im Theismus die Gefahr von Dogmatik, Intoleranz und Inquisition.

Diese Parallele von profaner und sakraler Geschichte wird von Condorcet durchbrochen. Er übernimmt das damals übliche Klischee vom „finsteren Mittelalter", das auf die Blüte der Antike gefolgt und von Renaissance,

---

[28] Daneben erwähnt Hume auch die „Anthropomorphiten", Mitglieder einer religiösen Sekte, die den Begriff noch affirmativ verwendet haben; Hume 1968, S. 18, 39, 40, 42, 46, 50, 54, 71, 85, 87. – Eine tiefere Begründung findet sich bereits im *Traktat über die menschliche Natur*, wo Hume kritisiert, „dass der Geist große Neigung besitzt, sich selbst in die Gegenstände der Außenwelt zu projizieren"; Hume 1973, Bd. I, S. 226.

[29] *Prolegomena*, Kant 1965, Bd. V, S. 235 f.

[30] Hume 1984, S. 2–14, 44. – Auch d'Holbachs zweiter Teil von *System der Natur* (Von der Gottheit) besteht in einer Geschichte der Religion: von der Naturreligion zum Polytheismus, Theismus und Deismus; darauf lässt er sogar den „Atheismus" folgen; d'Holbach 1960, S. 472–545.

Neuzeit und Aufklärung überwunden worden sei. So lässt er in der fünften Epoche seiner *Historischen Darstellung der Fortschritte des menschlichen Geistes* eine Periode des kulturellen „Niedergangs" folgen, wofür er das Christentum verantwortlich macht.[31] Das Christentum sei zwar entstanden, weil die weltlichen Reiche schwächer wurden; aber ebenso habe das Christentum durch seine „Verachtung des menschlichen Wissens" zum Kulturverfall beigetragen. Bei Condorcet besteht die Religionskritik darin, dass das Christentum gewissermaßen als Störfall des universellen Zivilisationsprozesses eingeordnet wird.

Schon vierzig Jahre zuvor hat Turgot das genaue Gegenteil nachzuweisen versucht, und zwar in dem damals noch unveröffentlichten *Vortrag über die Vorteile, die die Entstehung des Christentums der Menschheit verschafft hat*.[32] Wie Condorcet gehört Turgot zu den entschiedenen Anhängern der Fortschrittsidee, aber gerade deshalb will er im Unterschied zu ihm das durch das Christentum verursachte kulturgeschichtliche Tal zwischen den beiden Gipfeln Antike und Neuzeit überbrücken, um eine lückenlose Kontinuität der zivilisatorischen Fortschritte behaupten zu können. Aus diesen Gründen ist Turgot bemüht, das Christentum kulturell aufzuwerten, indem er auch in dieser Epoche auf zivilisatorische Leistungen, insbesondere in der Metaphysik, hinweist. Wiederum geht es nicht um theologische Inhalte, sondern allein um den praktischen „Nutzen" der Religion.

Ohne sich auf Turgot beziehen zu können, verfolgt auch Herder dasselbe Ziel einer Aufwertung des christlichen Mittelalters. Doch die Ironie besteht jetzt darin, dass er damit gerade keine Fortschrittsperspektive einnimmt, sondern im Gegenteil die Idee des Fortschritts verteufelt: „Die *dunklen* Seiten dieses Zeitraums stehen in allen Büchern: jeder klassische Schöndenker, der die Polizierung unsres Jahrhunderts fürs non plus ultra der Menschheit hält, hat Gelegenheit, ganze Jahrhunderte für *Barbarei* [...] zu schmälern und über das *Licht* unsres Jahrhunderts [...] zu lobjauchzen. Davon sind alle Bücher unsrer *Voltaire* und *Hume*, *Robertsons* und *Iselins* voll."[33] In diesem Fall dient die christliche Religion als diskursiver Spielball in einer grundsätzlichen Auseinandersetzung mit der europäischen Aufklärung.

Wie auch immer die sehr diversen Stimmen lauten, so ist doch der gemeinsame Tenor vernehmbar, dass die Religion als ein säkularisiertes

---

[31] Condorcet 1976, S. 81–113; vgl. Im Hof 1993, S. 223.
[32] Turgot 1990, S. 117–139; vgl. meine Einleitung ebd., S. 32–36.
[33] Herder 1984, Bd. I, S. 629 f.

Phänomen behandelt wird. Die theologischen Glaubenssätze, die bei der rationalistischen Kritik im Zentrum standen, verlagern sich in die Peripherie. Viel wichtiger ist jetzt, welche Wirkungen das Christentum auf die Entwicklung von Gesellschaft, Staat und Kultur ausgeübt hat. Diese Anpassung an die profane Geschichtsphilosophie geht sogar so weit, dass die Weltreligionen nicht nur in eine Parallele zu den historischen Epochen der Zivilisation gesetzt, sondern sogar selbst als zivilisatorische Stadien begriffen werden. Kriterium ist nicht die Steigerung religiöser Gewissheit, sondern die Rolle der Religion in der gesellschaftlichen Entwicklung.

Die soziale Funktion der Religion. – Die Kritik der Aufklärung an der Religion ist ein durchaus zweischneidiges Schwert. Wenn der theologische Wahrheitsanspruch bestritten wird, wäre es ja nur konsequent, die Religion in toto zu verabschieden. Diese Konsequenz ziehen jedoch nur sehr wenige Aufklärer. Stattdessen halten die meisten Autoren des 18. Jahrhunderts am Christentum fest, weil sie auf dessen *soziale Funktionen* nicht verzichten wollen. Während noch Pierre Bayle behauptet hatte, dass eine falsche Religion schlechter als gar keine Religion und dass eine Gesellschaft tugendhafter Atheisten durchaus denkbar seien,[34] scheuen die meisten Vertreter der Aufklärung vor einem derart radikalen Schritt zurück. Mit unterschiedlichen Lesarten halten sie die bürgerliche Gesellschaft für nicht stabil genug, um sich in Ökonomie, Politik und Moral völlig selbständig zu behaupten. An die Stelle von Theologie und Metaphysik treten eine empirische *Soziologie* und *vergleichende Religionswissenschaft*.

Der soziologische und komparative Zugriff auf das Thema Religion ist am besten bei Montesquieu zu studieren, der mit seinem *Geist der Gesetze* zu den Begründern der modernen Soziologie gehört. Ausdrücklich betont er, dass er in seinem Werk „nicht als Theologe, sondern als Politiker" spreche und „die verschiedenen Religionen in der Welt nur im Hinblick auf den Nutzen untersuchen" wolle. In diesem Sinn wendet er sich gegen Bayle, indem er dessen provozierende These auf den Kopf stellt mit der Begründung, dass „die Religion, obwohl sie falsch ist, den Menschen die beste Gewähr für ihre Redlichkeit untereinander bietet".[35] Daher komme es weniger auf „die Wahrheit oder Falschheit eines Glaubenssatzes" an als auf die nützliche oder schädliche Anwendung. Mithin können auch die „falschesten Glaubenssätze vortreffliche Folgen" haben. Hier sieht Montes-

---

[34] Wohlgemerkt in ausdrücklicher Distanz zum Atheismus; zitiert nach Schröder 1998, S. 162 f.; vgl. Forst 2003, S. 312;
[35] Montesquieu 1951, Bd. II, S. 168, 177; vgl. Forst 2003, S. 359 f.; Himmelfarb 2004, S. 116.

quieu den tieferen Grund für „religiöse Toleranz", der er ein eigenes Kapitel widmet. Darin unterscheidet er zwischen „Duldung" und „Anerkennung" einer Religion, wobei er es für ausreichend hält, dass sich die Bürger gegenseitig dulden bzw. „nicht stören".[36] Als positives Beispiel nennt er die „Religion des Confuzius". So wird der Hiatus von religiösem Inhalt und sozialer Funktion auf die Spitze getrieben.

In der konkreten Durchführung versucht Montesquieu nachzuweisen, dass es allein die Menschen sind, die sich ihre Religion selbst schaffen und dass sie dies unter bestimmten *klimatischen, geographischen und politischen Bedingungen* tun. So sei der Katholizismus in südlichen Ländern entstanden, in denen in der Regel Monarchien herrschen, der Protestantismus in nördlichen Regionen mit Republiken.[37] Dabei bedingen sich Funktion und Genese wechselseitig. Damit die Religion ihre Aufgabe zu erfüllen vermag, muss sie an die jeweiligen Entstehungsbedingungen angepasst sein. Wiederum wird die Religion in einen profanen Zusammenhang gestellt, jetzt weniger geschichtsphilosophisch als sozialwissenschaftlich.

Auf ähnliche Weise rechtfertigt auch Hume in seinen *Dialogen* die soziale Funktion der Religion: „Religion, wie verderbt sie auch sei, ist immer noch besser als gar keine Religion."[38] Dabei betont er eher den *moralphilosophischen* Aspekt, indem er die positiven Einflüsse der Religion auf das „Herz des Menschen" hervorhebt. An dieser Stelle kommt noch einmal Humes anthropologisch fundierte Emotions- und Motivationstheorie zur Geltung. Auf ähnliche Weise schlägt Helvétius eine „Weltreligion" vor, deren einziger „Kult" in der Verwirklichung des Glücks der Menschen bestehen soll. In abgeschwächter Weise gilt das auch für Kants Vernunftmoral, der die Religion „zur Stärkung der moralischen Triebfeder" durchaus zu schätzen weiß.[39]

Die Radikalität der Religionskritik von d'Holbach zeigt sich indessen auch in diesem sozialphilosophischen Zusammenhang. Zunächst verwendet er die klassische Priestertrugtheorie: „Die Religion scheint nur ersonnen, um Herrscher und Völker gleichermaßen zu Sklaven der Priesterschaft zu machen", womit die „Unwissenheit und Leichtgläubigkeit" der Menschen

---

[36] Montesquieu 1951, Bd. II, Buch XXV, Kap. 9: „Von der religiösen Toleranz", S. 196; vgl. Helvétius 1976, S. 46, 208–218.
[37] Montesquieu 1951, Bd. II, S. 165.
[38] Hume 1968, S. 112.
[39] Helvétius 1976, S. 44 f.; Kant 1965, Bd. VIII, S. 652.

ausgenutzt werde.[40] Damit wendet er sich gegen die verbreitete Auffassung, das einfache Volk benötige eine Religion, um die staatliche Ordnung aufrechterhalten zu können. Mehr noch: d'Holbach leugnet nicht nur jeden Nutzen der Religion, sondern hält religiöse Praktiken sogar für schädlich, weil sie den Gewerbefleiß untergrüben, den priesterlichen Zölibat förderten und in der Gesellschaft Zwietracht säten. Weil er also der christlichen Religion jeden moralischen Gewinn abspricht, plädiert er dafür, dass Staaten und Völker jede Art Religion aufgeben und sich allein profane Gesetze geben. Auf diese Weise kündigt er das traditionelle Bündnis von Religion und Politik bzw. Kirche und Staat. Auch wenn man diesen Atheismus nicht teilt, ist doch einzuräumen, dass er aufrichtiger ist als eine bloß instrumentelle Indienstnahme der Religion.

Gegen den d'Holbach'schen Atheismus zieht vor allem Voltaire zu Felde, obwohl er zu den bekanntesten Kritikern der katholischen Kirche gehört. Seine Gründe sind ausnahmslos utilitaristischer Art, weil er die soziale Funktion der Religion nicht preiszugeben bereit ist. So unterscheidet er in seinem *Philosophischen Wörterbuch* zwischen „schlechten" und „guten Vorurteilen", die im öffentlichen Interesse liegen.[41] Wenn Voltaire für religiöse Toleranz wirbt, beharrt er auf dem Nutzen der Religion für Politik und Moral. In moderater Form trifft das auch auf Diderot zu, der zwischen den Extremen schwankt: Er ist sich sowohl der Nachteile der christlichen Religion für die Gesellschaft als auch der Vorteile einer disziplinierenden Wirkung religiöser Rituale bewusst. In seinem Artikel „Intoleranz" der *Enzyklopädie* setzt er sich für sowohl kirchliche als auch staatliche Toleranz ein,[42] die er für den einzigen Weg zu mehr Menschlichkeit hält.

Dagegen nimmt Jean-Jacque Rousseau eine besondere Position ein. Während sich andere Aufklärer mit den vorhandenen Religionen begnügten, weil sie die bestehenden Verhältnisse für halbwegs stabil hielten, stellt er in seinem *Diskurs über die Ungleichheit* die bürgerliche Gesellschaft grundsätzlich in Frage. Daher enthält sein späteres Werk *Der Gesellschaftsvertrag* (1762) einen Vertrag, der einen neuen Staat konstituieren soll. Im letzten Kapitel „Über die Zivilreligion" entwirft Rousseau dazu einen eigenen

---

[40] D'Holbach o. J., S. 68, 70, 134; ebenso S. 315,437. – Siehe auch Helvétius 1976, S. 133–138, 454–465; Morelly 1964, S. 128–131. – Vgl. Kondylis 1981, S. 361; Schröder 1998, S. 86 f.; Asal 2007, S. 80 f.

[41] Voltaire 1994, S. 271 f.; vgl. Saul 1992, S. 10 f.; Forst 2003, S. 383 f.

[42] Enzyklopädie 1972, S. 710. – Im Artikel „Zölibat" kritisiert Diderot dessen Widernatürlichkeit und Nutzlosigkeit; ebd., S. 191. In seinem Roman *Die Nonne* (1796) imaginiert er sadistische Praktiken in Nonnenklöstern.

„Katechismus der Bürger". Die ersten beiden Grundsätze über die Existenz Gottes und ein Leben nach dem Tod entsprechen der christlichen Lehre, der dritte Grundsatz über die „Heiligkeit der bürgerlichen Gesetze" fügt ein politisches Moment hinzu. Abgesehen davon, dass der religiöse Wahrheitsgehalt auch in diesem Fall offen bleibt, ist dieser Entwurf nicht ohne Widersprüche: Einerseits sind die Grundsätze so allgemein gehalten, dass die Bürger unterschiedlicher Konfessionen zustimmen können. Doch andererseits sind diese vom Souverän festgesetzten und religiös keineswegs neutralen Glaubenssätze so verbindlich, dass Ablehnungen, insbesondere atheistische Vorbehalte, nicht mehr toleriert werden, wodurch diese Konzeption totalitäre Züge annimmt.[43] Offensichtlich handelt es sich bei Rousseau um kein allgemeines Problem politischer Legitimität in der Moderne,[44] vielmehr speist sich sein Konzept der „Zivilreligion" ganz wesentlich aus seiner Zivilisationskritik.

Ideologiekritik. – Resümierend stelle ich fest, dass es sich bei dieser mehr oder weniger radikalen Kritik an der Religion zugleich auch um verschiedene Formen einer veritablen *Ideologiekritik* handelt. Darunter ist nicht nur der Nachweis zu verstehen, dass bestimmte religiöser Glaubenssätze „falsch" sind, weil sie der Wahrheit widersprechen; darüber hinaus sollen die *Gründe der entsprechenden Irrtümer* nachgewiesen werden. Erste Ansätze gab es dazu in der „Idolenlehre" von Francis Bacon.[45] Doch seit der Mitte des 18. Jahrhunderts sind die genannten Wissenschaften hinzugekommen, welche der Religionskritik neue Dimensionen verleihen. Durch die *Sprachphilosophie* können religiöse Begriffe wie Gott auf einen sachfremden Gebrauch sprachlicher Zeichen zurückgeführt werden. Dank der *Anthropologie* erweisen sich religiöse Vorstellungen als Projektionen von menschlichen Eigenschaften. Im Zuge der sich herausbildenden *Soziologie* wird der Glaubensinhalt durch das Interesse an der sozialen Funktion von Religion abgelöst. Spezifisch sozialwissenschaftlich ist auch der Versuch, die Entstehung von Religion nicht nur als eine „Erfindung" von Priestern zu erklären, sondern die klimatischen, gesellschaftlichen und mentalen Faktoren von Bevölkerungen zu erforschen.

---

[43] Rousseau 1977, S. 195–208; ähnlich Volney 1977, S. 210. – Vgl. Im Hof 1993, S. 219; Forst 2003, S. 368 f.; Asal 2007, S. 13, 100 f., 111; Pečar, Tricore 2015, S. 63.
[44] Rousseaus Lösung ist also nicht „vormodern", die ein allgemeines „Defizit" der Moderne kompensieren soll, wie Sonja Asal behauptet; Asal 2007, S. 85 f., 97.
[45] Francis Bacon: *Neues Organon der Wissenschaften* (1620), worin er bestimmte „Vorurteile" untersucht. Bacon 1971, S. 32–45.

Aufklärung und Gegenaufklärung

Betrachtet man die Philosophie in der zweiten Hälfte des 18. Jahrhunderts in Europa, sollte man nicht übersehen, dass sich nicht alle Philosophen als Aufklärer verstanden und dass sich nicht wenige Autoren dieser Bewegung widersetzt haben.[46] Gegen die Religionskritik der Aufklärung entstand sofort eine Gegenkritik, die von den *Apologeten* der katholischen Kirche vorgetragen wurde. Diese so genannte *Gegenaufklärung* besaß in Frankreich und vor allem in Italien und Spanien relativ viel Einfluss.

Gegenaufklärung. – In diesem Kontext entstanden umfangreiche Kritiken der Werke von Voltaire, Rousseau, d'Holbach, Helvétius und anderen, wobei die Differenzen nivelliert wurden. In der Polemik erschienen die kritisierten Positionen viel radikaler, als sie in Wirklichkeit waren, wenn etwa Deisten als Atheisten oder Naturphilosophen als Materialisten bezeichnet wurden. Eine nähere Betrachtung der apologetischen Schriften zeigt, dass sich viele dieser Kritiker durchaus auf dem diskursiven Feld der Aufklärung bewegten, sich nämlich explizit deren Argumente bedienten, um ihre Gegner an ihren Ansprüchen zu messen und mit ihren eigenen Waffen zu schlagen. Mit ihrer häufig präzisen Kritik machten sie auch auf die Schwächen und Widersprüche der Aufklärer aufmerksam. Dabei hat sich ein komplexer und differenzierter Kontext von Aufklärung und Gegenaufklärung ergeben. So scheint es angemessener zu sein, von einer übergreifenden Aufklärungskultur zu sprechen.

Einer der bekanntesten und wohl auch fähigsten Vertreter der katholischen Apologetik in *Frankreich* war Nicolas-Sylvestre Bergier, der von Aufklärern wie Voltaire, Diderot und d'Holbach durchaus geachtet wurde.[47] Seine Schriften wurden ins Italienische und Spanische übersetzt und haben dadurch indirekt zur Verbreitung aufklärerischer Ideen beigetragen.

In unserem Zusammenhang ist besonders interessant, wie sich Bergier derselben wissenschaftlichen Disziplinen bedient, die schon in den von ihm kritisierten Religionskritiken verwendet wurden. Zunächst vertritt er eine rationale Gegenkritik, indem er versucht zu zeigen, dass die christ-

---

[46] In Irland hat der protestantische Bischof George Berkeley schon früher die Physik von Newton kritisiert. Wie später Hume bezweifelt er, dass die Gravitationskraft unmittelbar erkennbar sei. Aber anstatt in einen Skeptizismus auszuweichen, glaubt er, dass Gott die Ursache mechanischer Bewegungen sei. Berkeley 1964, S. 60. – Kritisch dazu Hume 1973, Bd. I, S. 216 f.

[47] Sylviane Albertan-Coppola in: Rohbeck, Holzhey 2008, S. 731–750; vgl. Albertan-Coppola, McKenna 2003, S. 1 f.; Reinalter 2006, S. 281 f.; ders. 2016, S. 20, 143; Gerrard 2006, S. 17; Asal 2007, S. 13–17; Jung 2012, S. 89. – Zur „katholischen Aufklärung" in Deutschland Schmitt-Maaß u. a. 2022, Einleitung, S. 7–16.

liche Offenbarung sehr wohl mit der menschlichen Vernunft in Einklang gebracht werden könne. Weil dies bei bestimmten Dogmen wie der Trinitätslehre kaum durchführbar ist, verlegt er sich im *Traité historique de la vraie religion* (1780) auf eine historiographische Beweisführung, in der die Geschichte des Christentums in die gesamte Menschheitsgeschichte eingebettet wird. Schließlich betont Bergier in seiner direkt gegen d'Holbach gerichteten *Apologie de la religion chrétienne* (1769) die soziale Funktion der christlichen Religion zum Erhalt von Gesellschaft und Staat. Die religiösen Riten und Zeremonien bezeichnet er sogar als „gesellschaftlichen Kitt".[48] Selbst bei einem solchen Kleriker verschiebt sich die Argumentation von der metaphysisch orientierten Theologie zur religionssoziologischen Theorie.

In *Spanien* übte die katholische Kirche eine derart rigorose Herrschaft aus, dass eine noch so moderate Religionskritik unmöglich war.[49] Die Apologeten kritisierten vor allem die französischen Autoren wie Voltaire, d'Holbach und Rousseau, wobei Rousseaus konträre Position als nebensächlich erschien. Die Kritiker stellten deren Werke, die sie offenbar im Original gelesen hatten, so ausführlich und präzise dar, dass sich die spanischen Intellektuellen ziemlich gut informieren und daran sogar Interesse finden konnten. Dabei zeigt sich eine ähnliche Tendenz wie in der französischen Apologetik: Es werden nicht allein die theologischen „Irrtümer" der Deisten und Atheisten aufgelistet, ebenso wird der „Nutzen" der Religion für den Bestand der politischen und sozialen Ordnung hervorgehoben. Gerade im streng katholischen Spanien verblüfft diese Art innerer Säkularisierung der Religion.

Eine etwas andere Situation zeigt sich in *Italien*, wo die katholische Inquisition nicht ganz so gewütet hat wie in Spanien. Entsprechend ambivalent war die Position der norditalienischen Aufklärer wie Pietro Verri und Cesare Beccaria. Zunächst verurteilten sie wie die Spanier jede Form des Atheismus und pflegten ihren christlichen Glauben, den sie für ihre Privatsache hielten; doch dann übten sie scharfe Kritik an der katholischen Kirche – und zwar nicht nur an deren theologischen Dogmen, sondern vor allem an der *Kirche als sozialer und politischer Institution*.[50] Sie forderten die Beschränkung der Macht des Kirche, konkret die Beschneidung des dekadenten Papsttums, die Abschaffung klerikaler Sonderrechte und sogar die Auflösung religiöser Orden. Beccaria geißelte die Folter und Todesstrafe

---

[48] Zitiert nach Albertan-Coppola in: Rohbeck, Holzhey 2008, S. 784.
[49] Francisco Sánchez-Blanco in: Rohbeck, Rother 2016, S. 324–344.
[50] Carlo Borghero in: Rohbeck, Rother 2011, S. 207–243; ebenso Rother 2005, S. 187–224.

der Inquisition. Auch hier wird deutlich, dass die sozialkritischen und damit letztlich weltlichen Aspekte Bedeutung gewinnen.

Resümee. – Am Ende dieses Überblicks über die Religionskritik der Aufklärung lässt sich zusammenfassen, dass die Positionen sehr vielfältig sind: Sie reichen vom Theismus, Deismus bis zum Atheismus und bis zu einer eigens konstruierten Staatsreligion. Da sich auch die katholische Apologetik an die neuen Diskurse anpasst, kann man sie diesem Ensemble zuordnen. Entscheidend sind dabei die Kritikformen, die sich den erwähnten Wissenschaften verdanken. Für die anfangs diskutierte Kontroverse zwischen Säkularisierungsthese und Postsäkularismus hat das mehrere Konsequenzen.

Erstens gehört zur Säkularisierung von Anfang an die *Trennung der sozialen Funktion der Religion vom religiösen Gehalt*. Allen Strömungen ist gemeinsam, dass der Wahrheitsanspruch der Religion verblasst und der Nachweis praktischer Aufgaben in Gesellschaft und Staat in den Vordergrund tritt. Während die Apologeten immer noch auf dem religiösen Glauben beharren, halten die übrigen Aufklärer die theologischen Inhalte für eher zweitrangig.

Zweitens fallen die *Motive* für eine solche Indienstnahme sehr unterschiedlich aus. Die Apologeten sind offensichtlich darum bemüht, die Macht ihrer Kirche zu retten, auch wenn sie dafür weltliche Zugeständnisse machen müssen. Atheisten wie d'Holbach glauben, auf den stabilisierenden Einfluss der Religion verzichten zu können. Die übrigen Aufklärer halten das für zu riskant und wollen die bürgerliche Gesellschaft weltanschaulich absichern. Rousseau wiederum, der dieses soziale System kritisiert, entwirft einen neuen Staat, den er durch entsprechende Bekenntnisse flankiert wissen will. Hinter dem Plädoyer für oder gegen Religion steht also kein abstraktes Defizit *der* Moderne, sondern die konkrete Affirmation oder Kritik an bestimmten Phänomenen der modernen Zivilisation.

Drittens wurde gezeigt, dass sich der *Prozess der Säkularisierung* in diversen Umformungen und Verschiebungen vollzogen hat. Von einer „restlosen" Auflösung der Religion kann also gar keine Rede sein. Das demonstrieren allein die Konzepte einer „natürlichen Religion" von Hume, Diderot und Rousseau. Gleichwohl ließen sich Tendenzen der Entkonfessionalisierung, Entsakralisierung und Funktionalisierung für profane Zwecke nachweisen. Säkularisierung ist also keineswegs eine bloße „These", sondern eine in dieser Epoche hinreichend belegbares Faktum.

Viertens resultiert aus dieser Entwicklung das ethische und politische Prinzip der *Toleranz*, worin man den gemeinsamen Nenner der europäischen Aufklärung sehen kann. Doch auch hier gibt es gravierende Unterschiede. Wie bemerkt, lässt Rousseau das Gebot der Toleranz nur innerhalb der christlichen Konfessionen gelten, die er dogmatisch einebnet, während er sich nach außen gegenüber dem Atheismus ausgesprochen intolerant verhält. Andere Autoren sind da wesentlich konsequenter. Montesquieu unterscheidet zwischen Duldung und Anerkennung, wobei er der politisch motivierten Duldung den Vorzug gibt. Diderot neigt eher zur Anerkennung, um eine tiefer gehende Mitmenschlichkeit zu gewährleisten. Und wenn Kant sich gegen den als Toleranz verbrämten Hochmut der Fürsten wendet, plädiert auch er für soziale und religiöse Anerkennung. An die Stelle einer Toleranz von oben setzt er die wechselseitige Verständigung unter den Bürgern.

Religiöse und säkulare Toleranz

Nun schlage ich eine Brücke vom 18. zum 21. Jahrhundert, indem ich den Diskurs der Säkularisierung fortsetze. Dabei geht es weder um die empirischen Daten noch um die grundsätzlichen Einwände gegen die Säkularisierungsthese, die bereits im ersten Abschnitt erörtert wurden, sondern um die aktuellen Konzeptionen, die für den praktischen Umgang mit Religion entworfen werden. Religiöse Toleranz bedeutet, dass die konfessionell gebundenen Bürger wie auch die Atheisten die verschiedenen Religionen respektieren. Säkulare Toleranz soll hier heißen, dass auch die Atheisten von der Gesellschaft respektiert werden und in deren kulturellen Institutionen offiziell vertreten sind. Von dieser horizontalen Ebene ist dann im Folgenden die vertikale Ebene zu unterscheiden, die sich auf die weltanschauliche Neutralität des liberalen Rechtsstaates bezieht.

Im Anschluss an die oben analysierten Typen der Religionskritik der Aufklärung ergeben sich zunächst die folgenden *Transformationen*.

Trennung von Vernunft und Glauben. – Dieser Grundsatz ist inzwischen zum Standard geworden. Das betrifft besonders die wissenschaftliche Erkenntnis, die von keiner Seite mehr prinzipiell in Frage gestellt wird, zumal man dadurch auf die technologischen und wirtschaftlichen Effekte verzichten müsste. Eine der wenigen Ausnahmen ist der Kreationismus in den USA, also der Glaube an den biblischen Schöpfungsmythos, der wörtlich genommen wird, und der die Ablehnung der biologischen Evolutionstheorie zur Folge hat. Zwar resultiert daraus keine Einschränkung akademischer Forschung, wohl aber darf in einigen Bundesstaaten die Lehre

Darwins an allgemein bildenden Schulen nicht unterrichtet werden.[51] Die Kreationisten sind also die heutigen Gegenaufklärer. Umgekehrt hat die Theologie längst den Anspruch aufgegeben, den religiösen Glauben qua Vernunft begründen zu wollen. Das hieße letztlich, den Irreligiösen die Fähigkeit zu rationaler Erkenntnis abzusprechen. Daher beschränkt man sich auf hermeneutische, historiographische, soziologische und seelsorgerische Aspekte.

Für das Verhältnis von *Mensch und Geschichte* gilt auch heute, dass die Religion von den Bedürfnissen und Vorstellungen der Menschen nicht zu trennen ist und eine eigene Historie hat, die in die allgemeine Geschichte eingebettet ist. Im Hinblick auf den Prozess der Säkularisierung stellen sich zwei Probleme. Zum einen kann man die radikale Aufklärung so fortschreiben, dass auf den Polytheismus der Monotheismus, Deismus und schließlich sogar der Atheismus folgt. Besonders in Frankreich mündet diese Tradition in den Laizismus, der inzwischen in eine Krise geraten ist. Zum andern lautet, wie gesagt, der Slogan in jüngster Zeit „postsäkulare Gesellschaft", der zufolge die Religion in globalem Maßstab wiedergekehrt sei. Doch wenn sich Habermas dieser Diagnose anschließt, behauptet er nicht, dass moderne Gesellschaften dem Säkularen den Rücken kehrten. Genauer meint er damit ein „verändertes Selbstverständnis der weitgehend säkularisierten Gesellschaft",[52] mithin einen *Wandel des Bewusstseins* von Religion. Dazu gehört auch die *soziale Funktion der Religion*, die ihre Aktualität keineswegs eingebüßt hat. Habermas erinnert hier an Aufklärer wie Hume, Montesquieu und Voltaire, denen die religiösen Inhalte gleichgültig und die allein an den gesellschaftlichen Auswirkungen interessiert waren.

Transformiert werden schließlich die Theorien über die *Sprache der Religion*. Wie sich zeigte, wurde im 18. Jahrhundert zum ersten Mal die Religion zu einem Sprachproblem erklärt, indem man den „falschen" Gebrauch religiöser Begriffe kritisierte. Im 21. Jahrhundert geht es hingegen um die sprachlich vermittelte Kommunikation zwischen religiösen und säkularen Bürgern. Das neue Thema ist also die Bedeutung von Religion in *öffentlichen Diskursen* liberaler Gesellschaften.

---

[51] Dabei ist der Kreationismus keineswegs auf die USA beschränkt, sondern weltweit verbreitet. Noch im Jahr 2006 veranstaltete der katholische Philosoph Robert Spaemann auf Bitte Ratzingers an der Münchner Universität ein Symposium zur Kritik der Evolutionstheorie. Graf 2004, S. 166–202, insbes. S. 192.

[52] Aus einem Interview zitiert nach Casanova 2016, S. 17; Habermas 2005, S. 118.

Um die sich dabei ergebenden Schwierigkeit näher zu erörtern, beziehe ich mich auf Habermas, der sich wiederum mit dem amerikanischen Sozialphilosophen John Rawls auseinandersetzt.

Religion im gesellschaftlichen Dialog. – In *Politischer Liberalismus* (1992/93) fordert Rawls von den Bürgern einer liberalen Gesellschaft, ihre politischen Ziele normativ zu rechtfertigen.[53] Zwar dürfen die Bürger privat ihre religiösen Meinungen äußern, aber im öffentlichen politischen Diskurs sollen *alle* Bürger auf die Nennung religiöser Gründe verzichten. Hier dürfen allein profane Argumente gelten, die in einer allgemein verständlichen Sprache vorgetragen werden. Dadurch entsteht bei den Beteiligten eine asymmetrische Herausforderung. Während bei den säkularen Bürgern die private und öffentliche Sprache deckungsgleich ist, werden die religiösen Bürger mit der epistemischen Zumutung konfrontiert, ihre religiösen Überzeugungen sozusagen von außen zu betrachten und in die Sprache der öffentlichen Vernunft zu übersetzen.

Habermas hält Rawls' Vorschlag für „säkularistisch", weil er der Auffassung ist, dass er weder den religiösen noch den säkularen Bürgern gerecht werde.[54] Für die *religiösen Bürger* bedeutet dies, dass ihnen die Übersetzung ihrer religiösen Überzeugung in profane Argumente der liberalen Öffentlichkeit gerade *nicht* zugemutet werden dürfe. Man könne von ihnen nicht verlangen, dass sie ihre politischen Stellungnahmen unabhängig von ihrem religiösen Glauben begründen. Für die *säkularen Bürger* bedeutet das nach Habermas, dass sie sich mit den religiösen Bürgern solidarisch erweisen sollen, indem sie ihnen dabei helfen, ihre Glaubensgewissheiten in der Sprache des öffentlichen Diskurses zu formulieren.

Diese Argumentation von Habermas ist jedoch wenig überzeugend.

Dass die *religiös orientierten Bürger* gar nicht in der Lage wären, ihr Urteilen und Handeln in einer allgemein verständlichen und profanen Sprache zu artikulieren, entspricht nicht der öffentlichen Wahrnehmung. Das mag für einige Sekten oder abgeschottete religiösen Gemeinden gelten, vielleicht auch für Migranten, welche die Landessprache nicht beherrschen, aber in Wirklichkeit sind die modernen Gesellschaften bereits so säkularisiert, dass politische Ziele und Maßnahmen in einem allgemeinen Diskurs verhandelt werden. Ich halte es für eine falsche Rücksichtnahme und arrogante Unterschätzung, den gläubigen Menschen eine solche

---

[53] Rawls 2003, S. 314–316, 321 f., 349 f.; siehe auch Rawls 1975, S. 140; vgl. Lutz-Bachmann 2016, S. 86–88.
[54] Habermas 2005, S. 129–137; Lutz-Bachmann 2016, S. 88, 90; Renner 2017, S. 133.

Kompetenz abzusprechen. Wer zum Beispiel aus religiösen Gründen das Verbot der Schwangerschaftsunterbrechung befürwortet, ist gehalten, sich nicht auf göttliche Offenbarung, sondern auf ein allgemeingültiges „Recht auf Leben" zu berufen. Ein solcher Diskurs ist nicht nur „rational", sondern ausdrücklich auch „säkular", weil ja nur eine weltliche Legitimationsweise zugelassen ist.

Ähnliches gilt für die *säkularen Bürger*, von denen Habermas ein ebenso unrealistisches Bild zeichnet. Diese Menschen bleiben merkwürdig abstrakt, als ob sie allein von der Vernunft geleitet würden und ausschließlich rationale Argumente verwendeten. Dabei wissen wir, dass auch irreligiöse Menschen bestimmte Weltanschauungen haben, die nicht unbedingt vernünftig sein müssen. Aus der psychologischen Forschung über Vorurteile ist bekannt, dass moralische Probleme meistens mit irrationalen Intuitionen gelöst werden. Hinzu kommen unliebsame Ressentiments über Homosexuelle, Ausländer, Behinderte oder Verarmte, die nicht akzeptabel sind. Es ist daher nur konsequent, auch von den säkularen Bürgern zu verlangen, ihre privaten Überzeugungen in öffentlich anerkannte Argumente und in eine konsensfähige Sprache zu übersetzen.

Beim Thema Säkularisierung gilt es noch einmal genau zu unterscheiden. Auf der *horizontalen Ebene* bedeutet Säkularisierung, wie soeben erörtert, dass sich die säkularen Bürgern mit den verbliebenen religiösen Bürger verständigen können und sollen.[55] Im Anschluss an die europäische Aufklärung handelt es sich um das Thema *Toleranz*. Stattdessen schlägt Rainer Forst heute den Begriff *Respekt* vor, um das gewünschte Verhalten zwischen Personen zu charakterisieren, die sich rationaler Argumente bedienen.[56] Unter Toleranz versteht er das übergeordnete Prinzip der praktischen Rechtfertigung, das allgemein und reziprok unter den Bürgern gelten soll.

Staat und Religion. – Auf der *vertikalen Ebene* zielen der Prozess der Säkularisierung und das Prinzip der Toleranz auf einen *liberalen Rechtsstaat*, der von der Religion getrennt ist und sich gegenüber den Glaubensgemeinschaften neutral verhält. Je vielfältiger die vorhandenen Religionen sind, desto wichtiger ist die Neutralität des Staates, um ein friedliches Zusammenleben zu gewährleisten. Hier stellt sich die Frage: Soll er an seiner strikt säkularen Haltung festhalten, womit er sich den Vorwurf des „Säkularismus" einhandelt, oder soll er den religiösen Bürgern besondere Zugeständnisse machen, wie die Vertreter des „Postsäkularismus" fordern? In diesem Fall

---

[55] Taylor 2007, S. 531 f.; Casanova 2016, S. 10–15, 18 f.; Lutz-Bachmann 2016, S. 79 f.
[56] Forst 2003, S. 21; vgl. Renner 2017, S. 175–177.

setzen sowohl Rawls als auch Habermas einen liberalen Rechtsstaat voraus. Demnach dürfen staatliche Gesetze und Anordnungen keinerlei religiöse Begründungen enthalten. In der konkreten Durchführung variiert diese Trennung in den verschiedenen Ländern: vom französischen Laizismus bis zur „hinkenden Trennung" in Deutschland und zum Kooperationsmodell in Italien und Spanien.[57]

Die Version „Charta der Laizität", die aus der französischen Aufklärung und Revolution stammt, wurde in *Frankreich* erst 1905 beschlossen.[58] Die strikte Trennung von Staat und Kirche manifestiert sich vor allem darin, dass der Staat keine Kirchensteuer einzieht und in staatlichen Institutionen wie Schulen und Gerichten keine religiösen Symbole erlaubt – weder das christliche Kreuz noch das muslimische Kopftuch. Dazu gehört auch das Recht auf Religionskritik bis zur Blasphemie. Zuletzt wurde diese Linie in einem Gesetz „zur Stärkung der republikanischen Werte" noch einmal bestätigt, das bis ins Privatleben hineinreicht, wenn zum Beispiel Polygamie oder Zwangsehen verboten werden. Zwar sollen derartige Maßnahmen den „Separatismus" der Religionen eindämmen. Aber sie bergen auch umgekehrt die Gefahr, dass islamische Bürger stigmatisiert werden und dass sich Religionsgemeinschaften wie der Isam von der Öffentlichkeit abschirmen und radikalisieren. Das führt wiederum zur Gegenreaktion linker Intellektueller, die den radikalen Islam zu rechtfertigen versuchen (islamogauchisme) und denen der französische Staat hilflos gegenübersteht. Weil solche entgegengesetzte Tendenzen allmählich die Oberhand gewinnen, bedarf es in Frankreich noch anderer, vor allem sozialer Reformen, um die religiöse Radikalisierung einzudämmen.

In *Deutschland* herrscht eine Kombination aus Trennung und Kooperation. Konservative Politiker berufen sich auf das christliche Abendland, nicht selten auch bei Gesetzesvorschlägen wie zum Beispiel zur Sterbehilfe. Manifest wird die Nähe zu den Kirchen darin, dass die staatliche Verwaltung für sie Steuern einzieht. Außerdem steht unter Strafe, die „religiösen Gefühle" der gläubigen Bürger zu verletzen. Auch in der Zulassung religiöser Symbole in öffentlichen Räumen sind deutsche Regierungen schwankend, indem in Bayern sogar anordnet wurde, Kruzifixe in den Eingängen staatlicher Gebäude anzubringen, und indem den Musliminnen erlaubt wird, auch im öffentlichen Dienst als Lehrerinnen

---

[57] Graf 2004, S. 103 f. – In Spanien ist es bis heute nicht möglich, aus der katholischen Kirche auszutreten, weil dafür weder in Kirche noch Staat ein juristisches Verfahren existiert.
[58] Graf 2004, S. 118; vgl. Frick 2020, S. 99 f.

oder Richterinnen ein Kopftuch zu tragen. Doch in jüngster Zeit plant der Deutsche Bundestag ein „Gesetz zur Regelung des Erscheinungsbilds von Beamtinnen und Beamten", das „nicht neutrale" religiöse Kleidung verbietet, sofern es „objektiv" die Amtsführung gefährdet. Genau das dürfte der Fall sein, wenn zum Beispiel eine muslimische Richterin eine islamisch motivierte Straftat zu beurteilen hat.

Im Gegenzug tut der Staat in allen Ländern gut daran, die Religionsgemeinschaften nicht im laizistischen Sinn völlig beliebig gewähren zu lassen, sondern bestimmte religiöse Institutionen, die im öffentlichen Interesse sind, in toleranten Grenzen zu kontrollieren. Das betrifft kirchliche Bildungseinrichtungen, deren Lehrinhalte und Lernformen verfassungskonform sein müssen. Ebenso gilt das für die Ausbildung von Religionslehrerinnen und Religionslehrern, die ein staatlich anerkanntes Examen vorzuweisen haben, das wissenschaftliche Standards garantiert. Insofern ist es nur zu begrüßen, dass auch islamische Religionslehrer in ursprünglich christlichen Staaten an den Universitäten oder entsprechenden Einrichtungen ausgebildet werden sollen.

Denkt man diese Konsequenz noch einen Schritt weiter, stellt der Laizismus nicht einmal das vermeintliche Ende oder gar den Gipfel des Säkularisierungsprozesses dar. Politisch geboten ist jedoch eine Säkularisierung, durch die Regierungen auf religiöse Institutionen einen solchen Einfluss ausüben, dass der säkulare Rechtsstaat und die liberale Öffentlichkeit gesichert bleiben. Gerade die Durchsetzung einer derartigen Verweltlichung steht in der Tradition einer europäischen Aufklärung, welche die soziale Funktion der Religion in den Fokus gestellt hat. Schon da kann man lernen, dass die Religion dem Gemeinwesen nur dann zu dienen vermag, wenn sie selbst durch staatliche Maßnahmen säkularisiert worden ist. Das sollte keine Zivilreligion à la Rousseau sein, wohl aber eine zivilisierte Religion, innerhalb derer die Regel eines demokratischen Rechtsstaats eingehalten werden.

In diesem Zusammenhang ist auch das besondere Verhältnis des deutschen Staates zur *katholischen Kirche* zu überdenken. Selbstverständlich gilt auch hier das Gebot der Toleranz gegenüber dem religiösen Glauben und der freien Religionsausübung. Aber zugleich sind der Toleranz neue Grenzen zu ziehen, wenn man diese Kirche als *Institution* betrachtet. So sind den dort Angestellten die üblichen Arbeitnehmerrechte einschließlich des Kündigungsschutzes und Streikrechts zu gewähren. Es ist auch nicht einzusehen, dass ein säkularer Staat die Gehälter von Pastoren und Bischöfen finanziert. Problematisch ist auch die Tatsache, dass die deutschen Bundesländer immer noch für die Enteignung von Kirchengütern im 19. Jahrhundert jährlich Millionen Euro an die Kirchen zahlen. Die fällige Kritik an der katholischen Kirche betrifft vor allem die hierarchische Struktur, die ausdrücklich keine demokratische Meinungs- und Willensbildung duldet. Ebenso wenig zu tolerieren ist die Diskriminierung der Frauen, die kategorisch vom Priesteramt ausgeschlossen werden. Zivilrechtlich zu unterbinden ist der allenthalben publik gewordene sexuelle Missbrauch, der von deutschen Gerichten kaum geahndet wird. Während ein solches Verbrechen üblicherweise mit Gefängnis bestraft wird, kommen Priester – wenn überhaupt – mit pastoralen Ermahnungen davon. Mit derartigen Sonderrechten verletzt die katholische Kirche die Verfassungen demokratischer und rechtsstaatlicher Länder. Offenbar ist sie nicht in der Lage, sich von innen heraus zu reformieren. Da ist es an der Zeit, von außen mehr politischen Druck auszuüben und auf Reformen zu drängen. Denn in einem Rechtsstaat darf es keine rechtsfreien, frauenverachtenden und verfassungswidrigen Räume geben.

Religionsfreiheit bedeutet auch die Freiheit *von* Religion. Wenn allenthalben Toleranz gegenüber den konfessionell gebundenen Bürgern eingefordert wird, so sind auch *den nicht religiösen Bürgern in der Öffentlichkeit mehr Rechte* einzuräumen. Wie der politische Diskurs zwischen religiösen und säkularen Bürgern symmetrisch verfasst sein sollte, so bedarf auch die Stellung der Atheisten in den staatlichen Institutionen eines entsprechenden Ausgleichs. In staatlichen und öffentlichen Gremien sind zwar die christlichen Konfessionen vertreten, aber die „Ungläubigen" haben darin keinen Platz. Das betrifft zum Beispiel die Zusammensetzung von *Rundfunkräten*, denen zwar die Funktionsträger der Kirchen, aber keine atheistischen Vertreter angehören. Das gilt auch für den deutschen *Ethikrat*, in dem zwar einige evangelische und katholische Theologen sitzen, aber keine Philosophen oder Ethiker, die explizit eine atheistische Position repräsentieren. Außerdem vermisst man in den meisten *Lehrplänen* der allgemeinbildenden Schulen das Thema Religionskritik und Atheismus. Ein geeigneter Rahmen dafür bietet das weltanschaulich neutrale *Schulfach Philosophie und/oder Ethik*, an dem die Schülerinnen und Schüler aller Religionen und damit eben auch nicht religiöse Kinder und Jugendliche teilnehmen und ihre Überzeugungen argumentativ miteinander vergleichen und bewerten können.

4

Mensch und Natur

Unter dem Titel „Vielfalt und Einheit der Aufklärung" habe ich bereits die neuen Wissenschaften genannt, die im Laufe des 18. Jahrhunderts in den verschiedenen Ländern Europas entstanden sind. In den Ausführungen zur Religionskritik konnte ich demonstrieren, wie diese wissenschaftlichen Disziplinen zum Einsatz kamen: Anthropologie, Sprachphilosophie, Soziologie, Geschichtswissenschaft. Nun folgen systematische Untersuchungen zu diesen Gebieten, denen jeweils einzelne Kapitel gewidmet sind.

Ich beginne mit der *Anthropologie*, welche die Leitwissenschaft der Aufklärung darstellt. Zunächst geht es um die natürliche Beschaffenheit des Menschen und seine Stellung zur äußeren Natur. Sodann wird dieser Diskurs mit den Themen Erkenntnis und Sprache fortgesetzt. Schließlich werden die sozialen und historischen Dimensionen der modernen Lebensweise thematisiert. Dabei zeigen sich die Grenzen des anthropologischen Ansatzes. Hatten die Aufklärer ursprünglich eine neue Gestaltungskraft des Menschen verheißen, kommen nun die kontingenten Bedingungen menschlichen Handelns zum Vorschein. Wohlgemerkt, dies ist keine Abhängigkeit mehr von einem göttlichen Heilsplan, sondern die Fremdbestimmung durch selbst geschaffene Verhältnisse.

Die im 18. Jahrhundert entstandene *Naturgeschichte* stellt den Menschen in einen übergreifenden Entwicklungszusammenhang. Daraus ergibt sich die Frage nach dem Verhältnis von Mensch und Tier: Handelt es sich um einen qualitativen Sprung oder nur noch um einen allmählichen Übergang? Bereits der Naturforscher Buffon hat die Entstehung des Menschen in seine „Naturgeschichte" integriert, woran sich wiederum die Geschichtsphilosophen der Aufklärung orientieren konnten. So begannen Historiographen wie Ferguson in England und Herder in Deutschland wie selbstverständlich mit einer Genese der Tiere, die dann von der Menschheitsgeschichte abgelöst wird. Andere Aufklärer wie d'Holbach und Kant zogen daraus die umgekehrte Konsequenz, dass der Mensch auch wieder vom Erdball verschwinden könnte. In beiden Extremen büßt der Mensch seine zentrale Stellung in der Schöpfung ein. Wenn Sigmund Freud eine „biologische Kränkung" durch Charles Darwin diagnostiziert hat, lässt sich hier ergänzen, dass diese Kränkung bereits während der historischen Epoche der Aufklärung eingesetzt hat.

Im Zuge der *Medizin* wurden die Forschungen über die physische Natur des Menschen auf eine neue Stufe gehoben. Jetzt versteht sich der Mensch als ein Wesen, das primär von seinen leiblichen Instinkten geleitet wird. Damit wird auch der traditionelle Dualismus von Leib und Seele in Zweifel gezogen. Letztlich geht es darum, ob es überhaupt einen unabhängigen Geist gibt und nicht vielmehr eine fühlende und denkende Materie. Während die Philosophen der Neuzeit den menschlichen Körper als einen mechanischen Apparat dargestellt haben, verstehen die Aufklärer den Menschen zunehmend als einen lebendigen Organismus.

Die neue Medizin rückte den *weiblichen Körper* in den Blick. Dadurch geraten die biologischen Unterschiede zwischen Mann und Frau, vor allem die besondere Natur der Frau ins Zentrum des Interesses. Verstärkt wird diese Differenz durch den sozialen Kontext, in dem man die Frau auf ihre familiäre Rolle reduziert und sie vom gesellschaftlichen, politischen und wissenschaftlichen Leben fernhält. Doch ebenso gilt seit der frühen Neuzeit bis zur Französischen Revolution: Alle Menschen sind gleich. Das betrifft auch das Verhältnis der Geschlechter, denen seit Descartes ein prinzipiell gleicher Verstand zuerkannt wird. Die daraus resultierende Forderung, den Frauen mehr Bildung zu ermöglichen, ist bis ans Ende des Jahrhunderts nachweisbar. In diesem Sinn kann man von einer *feministischen Aufklärung* sprechen.[1] An dieses Dilemma können aktuelle Genderdebatten anschließen, welche die Alternative von *Egalität* und *Differenz* bis heute fortschreiben.

In den gegenwärtigen Debatten wird die Aufklärung häufig als *anthropozentrisch* kritisiert, was mit dem Vorwurf der Umweltzerstörung verbunden

---

[1] Karremann, Stiening 2020, S. 8 f. Allerdings beziehen sich die Autorinnen in ihren eigenen Beiträgen lediglich auf die frühe Neuzeit und weniger auf die Aufklärung seit der zweiten Hälfte des 18. Jahrhunderts. Siehe dort insbesondere Steinbrügge 2020, S. 225–226.

ist. Der neue Gegenbegriff lautet *Anthropozän*, der sich auf die Epoche der Industriellen Revolution bezieht und die Forderung enthält, dass der Mensch wieder im Einklang mit seiner natürlichen Umwelt leben soll. Da der Mensch dadurch seine alte Vormachtstellung verliert, ist sogar von einem *Posthumanismus* die Rede. Es wird sich jedoch zeigen, dass gerade die Anthropologen der Aufklärung die Nähe des Menschen zur Natur hervorgehoben haben. Das bezieht sich sowohl auf die äußere als auch auf die innere Natur, was auf einen natürlichen und damit materiellen Charakter des Menschen hinausläuft.

Das Problem des *Materialismus* ist bis heute aktuell geblieben. Nachdem der Dialektische Materialismus seinen Kredit verspielt hat, kann das Thema neu verhandelt werden. Bereits in den Diskursen über das Anthropozän klingen materialistische Töne an. Die Schwierigkeiten mit der Hirnforschung bestehen weniger im Materialismus als in einem um sich greifenden Naturalismus, der kulturelle Faktoren ausblendet. Schließlich wiederholt sich der Übergang vom Rationalismus der Neuzeit zur Anthropologie der Aufklärung bei der Frage, worin sich Menschen vom Computer unterscheiden, indem nicht das rationale Kalkül, sondern die menschlichen Emotionen in den Vordergrund treten.

Ära des Posthumanismus?

Wer heute über die Stellung des Menschen in der Welt nachdenkt, spürt ein großes Unbehagen. Das betrifft zunächst die äußere Natur, die von der menschlichen Zivilisation in erheblichen Maß zerstört wird und zu kollabieren droht. Dazu gehören bekanntlich der Klimawandel, das Artensterben und die Anhäufung von Gift und Müll. Hier besteht kein Zweifel darüber, dass diese ökologischen Krisen von den Menschen verursacht sind.

Um dieses Phänomen zu beschreiben, hat sich seit etwa zwanzig Jahren der Begriff *Anthropozän* eingebürgert.[2] Gemeint ist damit das Zeitalter, in dem der Mensch so tief in seine natürlichen Lebensbedingungen eingegriffen hat, dass die ihn umgebende Natur sein eigenes Produkt ist, so wie er selbst zu einer unberechenbaren Naturgewalt geworden ist. Damit erübrigt sich die traditionelle Unterscheidung zwischen Mensch und Umwelt. Mit dieser Diagnose verbindet sich eine grundlegende Kritik

---

[2] Horn, Bergthaller 2019, S. 9, 19 f.; vgl. Hamilton, C. 2017, S. 110; Schneidewind 2018, S. 132; Büttner, Richter 2021, S. 12; ebenso Davies 2016; Elis 2018.

am Selbstverständnis des Menschen. Die Vorstellung, der Mensch könne sich über die Natur erheben und sie nach seinen Zecken beherrschen, hat sich als anmaßend und verhängnisvoll erwiesen. Dagegen wird ein „neuer Materialismus" aufgeboten, in dem eine Welt beschrieben wird, in welcher der gesamte stoffliche Reichtum zusammenwirkt.

Zugespitzt wird diese Position durch die Forderung von Clive Hamilton nach einem *Posthumanismus*, der das moderne Menschenbild ins Wanken bringen soll.[3] Denn er bedeutet, dass der Mensch seine alte Handlungsmacht und Sonderstellung längst eingebüßt habe. Stattdessen wird jetzt betont, dass er mit der äußeren Natur verwoben und von ihr abhängig sei. Infolge der biologischen Evolution unterscheide sich seine innere Natur nur noch graduell vom Tier. Aus diesem doppelten Grund habe sich die Grenze zwischen Kultur und Natur aufgelöst, die ein hybrides Gebilde darstellen.

Die spanische Philosophin Marina Garcés geht noch einen Schritt weiter und behauptet eine „postume Kondition", die sie als die Zeit nach dem Tod der Menschen bzw. der ganzen Menschheit charakterisiert.[4] Es ist die Zeit der „Katastrophe", die in der unumkehrbaren Zerstörung unserer Lebensbedingungen besteht. Dazu zählt Garcés bereits das Reaktorunglück in Tschernobyl von 1986 sowie die langfristige Erderwärmung, die unsere natürliche Umwelt bedroht. Für ebenso wenig nachhaltig erachtet sie den gegenwärtigen Kapitalismus, der die Schere zwischen arm und reich vergrößert. Die zahlreichen Kriege führen zu Hungersnöten, massenhafter Flucht und Terrorismus.

Sowohl der Begriff des Anthropozäns als auch der des Posthumanismus richten sich explizit gegen die Philosophie der *Aufklärung*. Ihr wird vorgeworfen, mit der Postulierung eines vernünftigen und autonomen Subjekts das ganze Unheil eingeleitet zu haben. Dieser Vorwurf korrespondiert ziemlich genau mit der zeitlichen Datierung. Denn die Epochenschwelle des Anthropozäns fällt mit dem Beginn der Industrialisierung um die Mitte des 18. Jahrhunderts zusammen, also mit demjenigen Zeitraum, in dem die Epoche der Aufklärung begonnen hat. Wie bereits deutlich geworden sein dürfte und noch näher auszuführen ist, hängen Aufklärung und industrielle Gesellschaft eng miteinander zusammen.

Aus diesen Gründen scheint es plausibel zu sein, nicht zuletzt auch die europäische Aufklärung für die Probleme des Anthropozäns verantwortlich zu machen. Das gilt insbesondere für die *Anthropologie*, die ja das Herz-

---

[3] Hamilton, C. 2017, S. 116–118; Horn, Bergthaller 2019, S. 62 f.; vgl. Žižek 2001, S. 7 f.
[4] Garcés 2019, S. 12, 31, 33, 40 f.

stück der Aufklärung bildet. Wenn man nämlich der Konstruktion eines allmächtigen Menschen die Schuld an der gegenwärtigen Misere geben will, wird gerade diejenige Theorie, der ein solches Menschenbild zugeschrieben wird, zur Zielscheibe der Kritik. Der Begriff des Anthropozäns stellt also die Anthropologie seit der Aufklärung radikal in Frage.

Vor diesem aktuellen Hintergrund ist nun diese Passage über die *Anthropologie der Aufklärung* zu konzipieren. Wie so oft, setzen die Kritiker die Aufklärung mit dem Rationalismus der Neuzeit gleich und konstruieren daraus ihr Zerrbild eines von der Natur losgelösten Subjekts. Das Gegenteil ist jedoch der Fall, denn die hier zur Debatte stehende Anthropologie hat den Menschen von vornherein als ein Naturwesen betrachtet, das in den übergreifenden Prozess der Naturgeschichte eingebettet ist. Ebenso erforschten die Mediziner den physiologischen Charakter des menschlichen Körpers. Wenn also gegenwärtig ein so genannter Posthumanismus gefordert wird, ist dem entgegenzuhalten, dass die darin propagierte Naturverbundenheit bereits von den Anthropologen des 18. Jahrhunderts vertreten wurde. Darin sehe ich die ökologischen Potenziale der Aufklärung. Hier zeigt sich schlagend, dass ein angemessenes Verhältnis von Mensch und Natur auch innerhalb des modernen Humanismus denkbar ist.

Anthropologie als Leitwissenschaft

Die *Wissenschaft vom Menschen* bildet in der zweiten Hälfte des 18. Jahrhunderts ein neues Paradigma. Ganz allgemein bedeutet eine derartige Aufwertung, dass sich der Mensch seiner Stellung in der Welt bewusst wird. Das betrifft die Herkunft aus der Naturgeschichte, die an die Stelle der biblischen Schöpfung tritt. Daraus folgt wiederum, dass sich der Mensch in erster Linie als ein leibliches Wesen begreift, das von Emotionen wie Lust und Schmerz angetrieben wird. Damit verschiebt sich die umstrittene Position des Atheismus zum Problem des Materialismus. Während die Anthropologie als neue Grundlagenwissenschaft Gemeingut der europäischen Aufklärung war, erwiesen sich deren Vertreter in der materialistischen Frage wiederum als gespalten.

Anthropologische Diskurse. – Wie sehr die *Anthropologie* zur leitenden Disziplin der Aufklärung avanciert, zeigt sich in der französischen *Enzyklopädie*. Im gleichnamigen Artikel erklärt der Herausgeber Diderot den Menschen zum Zentrum des gesamten Werkes: „Warum sollten wir ihn nicht zum gemeinsamen Mittelpunkt machen?"[5] Und im Artikel „Mensch" (homme moral) schreibt er: „Der Mensch ist der einzigartige Begriff, von dem man ausgehen und auf den man alles zurückführen muss."[6] Der Autor weiß den Menschen „der Klasse der Tiere zugeordnet", ohne jedoch den Abstand zwischen Tier und Mensch zu verkennen. So gilt der Mensch als „das Wesen, das denkt, will und handelt", wobei die menschlichen Aktionen von natürlichen Triebfedern ausgehen. Um der Hybris des Menschen Grenzen zu setzen, kommt auch dessen „Niedrigkeit und Grausamkeit" zur Sprache. Deutlicher kann die anthropologische Wende nicht formuliert werden.

Im posthum erschienenen Werk *Vom Menschen* (1773) macht Helvétius den Menschen zum zentralen Thema. Zuvor hat er *Vom Geist* (1758) veröffentlicht, worin es allein um die intellektuellen Fähigkeiten des Menschen geht.[7] Der Mensch stellt sich als ein primär natürliches und sinnliches Wesen dar, das vor allem nach irdischem Glück strebt. Von nichts anderem handelt auch das *System der Natur* (posthum 1791) von d'Holbach, für den der Mensch vor allem ein physisches Wesen darstellt. Trotz des provozierenden Titels *Der Mensch eine Maschine* (anonym 1748) unterscheidet sich La Mettrie nicht wesentlich davon. Diese Autoren wurden sehr bald von den Vertretern der italienischen Aufklärung Pietro Verri und Cesare Beccaria rezipiert.[8]

Den Schritt zur *Anthropologie* vollzieht bereits David Hume in seinem frühen Hauptwerk *Traktat über die menschliche Natur* (1739/40), das er später in getrennten Publikationen zur Erkenntnistheorie (1748) und Moralphilosophie (1751) umformuliert hat.[9] Innovativ ist seine Konzeption, weil er zum ersten Mal den Menschen in seiner Gesamtheit darstellt. Er erhebt damit den nicht gerade unbescheidenen Anspruch, zum Newton einer neuen „Wissenschaft vom Menschen" zu werden. Nachdem durch die Physik von Galilei bis Newton die äußere Natur erforscht worden war, gelangt nun die Natur des Menschen in den Fokus des philosophischen Interesses.

---

[5] Artikel „Enzyklopädie", in: Enzyklopädie 1972, S. 452. – Das zeigt sich auch in der programmatischen Einteilung, die sich (in der Tradition von Francis Bacon) an drei menschlichen Fähigkeiten orientiert: Gedächtnis, Vernunft und Vorstellungskraft; d'Alembert 1989, S. 48.

[6] Enzyklopädie 1972, S. 674–676; Diderot 1961, Bd. I, S. 187; zum Folgenden ebd., S. 674 f. – Vgl. Duchet 1971, S. 17; Schneiders 1997, S. 11; Reinalter 1997, S. 22 f.; d'Aprile, Siebers 2008, S. 77.

[7] Helvétius 1973, S. 81; ders. 1976, S. 11.

[8] D'Holbach 1960, S. 66; La Mettrie 2015, S. 27; Verri 1996, S. 4 f.; Beccaria 1966, S. 44; vgl. Rother 2005, S. 65–79.

[9] Hume 1973; ders. 1964 und 1962; ausführlich zu Humes Erkenntnistheorie und Moralphilosophie siehe Kap. 6 und 7.

Dabei wird der Naturbegriff nicht nur metaphorisch, sondern auch inhaltlich im physischen Sinn verwendet. Denn in der Mitte des *Traktats* findet sich das Buch „Über die Affekte", mit dem das folgende Buch „Über Moral" begründet werden soll. Zu diesen Affekten, welche die Menschen in ihrem Innern wahrnehmen, gehören die egoistischen Gefühle wie Lust und Unlust, Liebe und Hass, sowie die altruistische Emotion Mitleid oder Sympathie, die zu moralischem Verhalten führen soll. Entscheidend ist nun, dass Hume diese Affekte, die auch im direkten Wollen und Begehren bestehen, in einem „ursprünglichen Instinkt" oder „natürlichen Impuls" fundiert sieht.[10] Darin sehe ich Ansätze einer naturgeschichtlichen Begründung der Moral. Aber zugleich wird hier deutlich, dass diese Affekte kulturell überformt werden, indem sie sich als Emotionen auf bestimmte Sachverhalte in der Welt richten und diese repräsentieren.

Obwohl Kant mit seiner Erkenntnistheorie und Sittenlehre eher eine Volte zum Rationalismus vollzogen hat, liefert er in seiner letzten Schrift eine *Anthropologie in pragmatischer Hinsicht* (1798) nach. Darin versammelt er all jene Merkmale der menschlichen Natur, die er im hohen Alter aus der europäischen Aufklärung rezipiert hat.[11] Gleichwohl beschleicht ihn ein gewisses Unbehagen darüber, dass die „Leidenschaften" von der Vernunft nicht beherrscht werden könnten und daher „moralisch verwerflich" zu werden und in „Krankheit des Gemüts, Rausch, Wahnsinn" umzuschlagen drohten. Eine grundsätzliche Distanz zeigt sich in der Wortschöpfung „Anthroponomie", die sich im Unterschied zur empirischen Anthropologie dann doch wieder an der Vernunft orientiert.[12]

Gleichwohl zeigen diese Beispiele die gemeinsame Gestalt und Funktion der Anthropologie der Aufklärung. Wie Kant indirekt verdeutlicht, versteht sich die neue Disziplin als *empirische Wissenschaft* im Gegensatz zu früheren metaphysischen Spekulationen. Dabei wird gegen den rationalistischen Dualismus von Geist und Körper die *Einheit der menschlichen Natur* betont, auch wenn die materialistische Tendenz nicht immer eindeutig ist. Schließlich erfüllt die neue Anthropologie eine *integrative Funktion*, indem sie die Gebiete Erkenntnis, Moral und Politik in einer einzigen Disziplin zusammenfasst, die fast enzyklopädische Ausmaße annimmt. Kants Formulierung „in pragmatischer Hinsicht" weist nachträglich darauf

---

[10] Hume 1973, Buch II, S. 177 f.
[11] Kant 1965, Bd. XII, S. 580.
[12] *Metaphysik der Sitten*, in: Kant 1965, Bd. VIII, S. 573.

hin, dass er dieser Anthropologie eine *praktische Aufgabe* zuschreibt, sie sogar selbst als Philosophie der Praxis versteht.

Naturgeschichte des Menschen. – In seiner *Naturgeschichte* (1749–1767) hat der Naturforscher Georges Louis Leclerc de Buffon die Herausbildung des Menschen aus dem Tierreich beschrieben, wobei sich die ketzerische Frage stellt, ob der Mensch vom Affen abstammt.[13] Daran schließt er eine Kulturgeschichte an, in der die Menschen ihre praktischen, kognitiven und emotionalen Fähigkeiten entwickeln. In Übereinstimmung mit einer langen Tradition politischen Denkens hält er den Menschen für ein gesellschaftliches Tier (zoon politikon), das wie andere Tiere von vornherein in Gemeinschaft lebt.

Kaum ein Philosoph hat sich derart an Buffon orientiert wie Rousseau. In seinem *Diskurs über den Ursprung der Ungleichheit* entwirft er eine *Entstehungsgeschichte des Menschen* aus der physischen Natur, die in einer Kette von Zufällen besteht.[14] Um den „natürlichen Menschen" zu charakterisieren, beschreibt er ausführlich die physiologische Beschaffenheiten des Orang-Utan. Doch im Unterschied zu seiner Vorlage hält Rousseau den Mensch im so genannten Naturzustand für einen Solitär ohne jede gesellschaftliche Bindung. Außerdem hält er an der grundsätzlichen Differenz zwischen Tier und Mensch fest. Das gilt auch für Ferguson, der die Geschichte der Menschheit aus der Naturgeschichte hervorgehen lässt und vor der letzten Konsequenz zurückschreckt. Allein Henry Home in Schottland wagt es, eine direkte Linie zum Orang-Utan zu ziehen.[15]

Doch diese Anschlussbemühungen dürfen nicht darüber hinwegtäuschen, dass die damalige Zoologie über *keine Entwicklungstheorie* im modernen Sinn der Evolution verfügte. Das vorherrschende Modell bestand im Wachstumsprozess von Pflanzen und Tieren, die ihre natürlichen Anlagen bloß zu entfalten brauchen. Nach der Präformationstheorie bedeutet dies, dass alle späteren Formen und Funktionen *en miniature* im Keim enthalten sind. Nach der Theorie der Epigenese sind es „interne Gussformen" (moules interieurs), die das Lebewesen in seinem Wachstum steuern.[16] So setzt

---

[13] Buffon 2008, S. 72. – Rheinberger, McLaughlin in: Rohbeck, Holzhey 2008, S. 399–401; Rheinberger in: Rheinberger, McLauphlin 2021, S. 167–203; vgl. Rohbeck 2010, S. 125–138.

[14] Rousseau mit ausführlichen Zitaten von Buffon: 1978, S. 85, Anm. d; S. 97, Anm. g; vgl. Duchet 1971, S. 330.

[15] Home 1968, Bd. I, S. 11, 14 f.; vgl. Ferguson 1986, S. 97–108; Robertson 1841, S. 79; d'Holbach 1960, S. 69 f.; Herder 1984, Bd. III, S. 107–111.

[16] Buffon 2008, S. 136.

Rousseau im Menschen die Fähigkeit zur Perfektionierung (perfectibilité) voraus. Ähnlich unterstellt Ferguson eine in der Natur des Menschen angelegte „Fähigkeit zum Fortschreiten" (faculty of improvement). Kant bezeichnet diese Verlaufsform treffend als einen Prozess, in dem die naturgegebenen Potenziale „auszuwickeln" seien.[17]

Wiederum bei d'Holbach findet sich eine überraschende Reflexion über die Beziehung des Menschen zur Natur. Er betrachtet den Menschen als „ein im Laufe der Zeit entstandenes Produkt", d. h. als eine „Folge der Entwicklung unseres Erdballs", ohne dass Anfang und Ende bekannt seien.[18] Aus dieser naturgeschichtlichen Tatsache zieht er den Schluss, der Mensch sei nicht mehr als ein „Eintagswesen", das ständigen Wechseln unterworfen sei. Er leugnet sogar, dass der Mensch überhaupt ein „bevorrechtetes Wesen in der Natur" sei. Indem er den Menschen der Natur unterordnet, verbindet er die Anthropologie mit Ökologie.

Sogar Kant zieht ein Ende der Menschheit auf Erden in Betracht. In seiner frühen Schrift *Allgemeine Naturgeschichte und Theorie des Himmels* (1755) vermutet er, dass die Erde verglühen und verschwinden könnte.[19] Damit hält er die Lebensgeschichte des Menschen auf seinem Heimatplaneten für zeitlich begrenzt. Die Dominanz der Menschen sei keineswegs von Dauer: „Der Mensch, der das Meisterstück der Schöpfung zu sein scheint", sei vom „Untergang des Weltgebäudes" nicht ausgenommen. Und er fügt ganz nüchtern hinzu, dass dieser Untergang nicht einmal als ein „wahrer Verlust der Natur zu bedauern" sei. Ausdrücklich geschieht das nicht gegen, sondern innerhalb der Anthropologie der Aufklärung.

Auf ähnliche Weise gelangt Herder zu dem Ergebnis, dass die Natur des Menschen keineswegs so einzigartig sei, wie von früheren Philosophen angenommen wurde. Diese Einschätzung bezieht er speziell auf dessen physische und psychische Ausstattung. In *Über den Ursprung der Sprache* (1772) betrachtet er den Menschen als ein Wesen mit „Mängeln", weil ihm das schützende Fell und der Instinkt der Tiere fehle: „Als nacktes, instinktloses Tier betrachtet, ist der Mensch das elendste der Wesen."[20] Daraufhin interpretiert er Werkzeug und Sprache als „Ersatz" für fehlende Naturgaben. Die Kultur gilt als Kompensation eines ursprünglichen Defizits.

---

[17] Rousseau 1978, S. 108; Ferguson 1986, S. 42; Kant 1965, Bd. XI, S. 35.
[18] D'Holbach 1960, S. 67–72.
[19] Kant 1968, Bd. I, S. 318. – Im *Streit der Fakultäten* wiederholt Kant seine Vermutung, „dass die Epoche des Menschen unter Umständen schon bald ein Ende finden" könnte; ebd., Bd. VII, S. 89.
[20] Herder 1984, Bd. II, S. 266, 270; Bd. III, S. 60–69, 107 f.; vgl. Godel 2007, S. 214 f.

Dass nicht nur die Sprache, sondern auch *die Herstellung und der Gebrauch von Werkzeugen* den Menschen vom Tier unterscheiden, gehört zum Topos der europäischen Aufklärung. Repräsentatives Beispiel ist die französische *Enzyklopädie* mit ihren Bildtafeln, auf denen die zeitgenössischen Instrumente der Werkstätten und Manufakturen dokumentiert werden. Im oben zitierten Artikel „Mensch" besteht der Beweis für den Abstand zwischen Tier und Mensch in der „Überlegenheit seiner Mittel".[21] Bei Helvétius findet sich die originelle Bemerkung, dass der menschliche „Geist sich nicht mit dem Bedürfnis, sondern mit den Mitteln zu seiner Befriedigung beschäftigt. Es ist nicht schwierig, zu essen, aber das Mahl zu bereiten."[22] Ferguson geht sogar so weit, dass die Instrumente nicht nur der Befriedigung von Bedürfnissen dienen, sondern auch zur Entwicklung neuer Bedürfnisse des Menschen beitragen: „Seine Mittel passen sich den Zwecken an […] Wenn sich sein Können auf jeder Stufe seines Fortschreitens vermehrt, dann muss sich sein Begehren währenddessen ebenfalls ausweiten."[23] Auch Kant räumt in seiner *Anthropologie* den Mitteln eine horizonterweiternde Funktion ein: „Der Besitz der Mittel zu beliebigen Absichten reicht allerdings viel weiter, als die auf eine einzelne Neigung und deren Befriedigung gerichtete Neigung."[24] Dahinter steht die bahnbrechende Entdeckung, dass die Arbeitsmittel mehr Handlungsmöglichkeiten eröffnen, als bei ihrer Herstellung antizipiert worden ist. Der Triumphzug des Werkzeugs hat damit zwei Kehrseiten: Ursprünglich dient es zur Kompensation naturgegebener Schwächen. Sodann verschafft es dem Menschen Optionen, zu denen er von Natur aus nicht fähig gewesen wäre.

Trotz der großen Unterschiede zwischen den Autoren der Aufklärung ist doch der gemeinsame Grundzug erkennbar, die Position des Menschen in der Welt erheblich zu relativieren. Indem der Mensch als ein eher kontingentes Resultat der Naturgeschichte gilt, sich von den Tieren nur noch graduell abhebt, in der gesamten Erdgeschichte lediglich eine Episode bildet und sich den naturwüchsigen Effekten seiner Artefakte ausliefert, verliert er seine frühere Sonderstellung im Kosmos. In der Anthropologie des 18. Jahrhunderts findet der Mensch wieder zur Natur zurück, entdeckt seine Abhängigkeit von der äußeren und inneren Natur.

---

[21] Enzyklopädie 1972, S. 675.
[22] Helvétius 1973, S. 95; vgl. S. 365 f.
[23] Ferguson 1986, S. 318; vgl. Robertson 1841, S. 105 f.; Condorcet 1976, S. 205, 207.
[24] Kant 1965, Bd. XII, S. 605; vgl. Rohbeck 1993, S. 80–97; ders. 2000, S. 118–137.

Wenn heute gefordert wird, der Mensch soll seine anthropozentrische Sichtweise aufgeben, ist darauf hinzuweisen, dass sich genau dieser Perspektivwechsel bereits während der europäischen Aufklärung, also in den Anfängen der Moderne, vollzogen hat. Aber das bedeutet keine Verabschiedung des Menschen, sondern eine gewandelte Stellung des Menschen, der sich seiner Zugehörigkeit zur Natur und seiner Verantwortung für die Natur bewusst wird. Dieser Wandel führt daher zu keinerlei Posthumanismus, sondern vollzieht sich in der Tradition der aufklärerischen Anthropologie und damit im Rahmen des europäischen Humanismus. Ein solcher neue Blick auf das Verhältnis von Mensch und Natur wird uns im letzten Abschnitt noch näher beschäftigen: in der Auseinandersetzung mit der aktuellen These vom Anthropozän.

Leib und Seele. – Wenn der Mensch mit dem Tier identifiziert wird, stellt sich das Problem der Existenz einer vom Leib getrennten geistigen Seele, so wie umgekehrt die Möglichkeit erwogen wird, dass der materielle Körper höhere Fähigkeiten zu entwickeln vermag. An dieser Stelle wiederholt sich die Divergenz unter den Vertretern der Aufklärung, der schon bei der Religionskritik zu beobachten war. Wiederum reicht das Spektrum vom radikalen Materialismus bis zu eher skeptischen Auffassungen.

Vor allem d'Holbach gehört zu den frühen Materialisten, der den cartesischen Spiritualismus verspottet. Bei ihm ist der Geist nicht vom Köper getrennt, sondern „geistige Substanz und materieller Körper bilden eine Einheit". Demnach ist der Mensch ein „materielles Wesen", das zu fühlen und denken vermag.[25] Übertroffen wird d'Holbach nur noch von La Mettrie, der sich selbst als einen Materialisten bezeichnet hat. Allerdings verstand er den Menschen keineswegs als mechanischen Apparat, sondern als einen lebendigen Organismus. Als Arzt führte er physiologische Untersuchungen der Sinnesorgane und Nerven durch, denen er sensitive Fähigkeiten zuschrieb, wie er auch das Denken auf die „Fasern des Gehirns" zurückführte.[26] Aus diesen inneren Ursachen leitete er Erinnerung, Gefühl und Einbildungskraft ab.

Offensichtlich hat La Mettrie die meiste Kritik auf sich gezogen. Dabei macht es sich Diderot nicht leicht und zeigt sich zwischen idealer Freiheit und materieller Determinierung hin und her gerissen.[27] Ebenso unentschlossen ist Helvétius, indem er dem vom Körper unabhängigen Geist

---

[25] *Briefe an Eugénie*, in: d'Holbach o. J., S. 356–358; ders. 1960, S. 67 f., 82.
[26] La Mettrie 2015, S. 27, 33, 53, 55, 77.
[27] Diderot 1961, Bd. I, S. 93 f.; siehe Stenger 2013, S. 583–814; Gumbrecht 2020, S. 58, 197 f., 220 f.

letztlich doch den Vorzug gibt. Condillac, der bis zu seinem Tod Geistlicher geblieben ist, lehnt die Gleichsetzung von Leib und Seele ab. Und obwohl Hume die „Unsterblichkeit der Seele" leugnet, mag er deren Materialität nicht gutheißen. Das gilt auch für Herder, obgleich er wie kaum ein anderer die Nähe des Menschen zum Tier betont.[28] Für einen Wegbereiter des Deutschen Idealismus wie Kant war jede Form von Materialismus nicht einmal erwägenswert.

Trotz der angedeuteten Berührungsängste hat der Materialismus in der zweiten Hälfte des 18. Jahrhunderts offenbar eine große Faszination ausgeübt. Denn die materialistische Theorie hatte zwei Vorzüge: Zum einen war sie an die neuen Naturwissenschaften Biologie und Medizin anschlussfähig. Zum andern vermied sie metaphysische Vorannahmen, welche die Kluft von Körper und Geist überbrücken sollen.[29] Derartige Spekulationen waren seit der zweiten Hälfte des 18. Jahrhunderts überhaupt nicht mehr haltbar, auch wenn die materialistische Variante keine allgemein akzeptierbare Theorie bot. So deklarierte Kant dieses Problem letztlich für unlösbar.[30] Schließlich hat diese Thematik ihre Aktualität bis heute keineswegs eingebüßt.

Vergnügen und Schmerz. – Ein gemeinsamer Nenner der europäischen Aufklärung ist die anthropologische Grundannahme, dass der Mensch nach irdischem *Glück* strebt. Vor allem Helvétius macht darauf aufmerksam, dass darunter kein schrankenloser Egoismus zu verstehen ist, sondern eine Zivilisierung der Eigenliebe, die sowohl individuell als auch gesellschaftlich gefasst ist.[31] Dieses Ziel bildet in den *Meditationen über das Glück* (1763) von Pietro Verri das Leitmotiv. Von dort ist es nur noch ein kleiner Schritt zur utilitaristischen Ethik.[32]

Da die physischen Beweggründe den Vorrang haben, fungiert die sinnliche *Lust* als entsprechende Triebkraft. Doch die Pointe dieser Anthropologie besteht darin, dass dieses Gefühl als ein duales Verhältnis konstruiert

---

[28] Helvétius 1973, S. 81; ders. 1976, S. 67–69; Condillac 2006, S. 66 f.; Hume 1984, S. 87; Herder 1984, Bd. III, S. 152.

[29] So hatte Leibniz eine „prästabilierte Harmonie" entworfen, durch die Leib und Seele seit den Anfängen der göttlichen Schöpfung sozusagen parallel geschaltet sind. Und Malbranche hatte eine Theorie der so genannten Gelegenheitsursachen (Okkasionalismus) erdacht, der zufolge Gott zwischen den beiden Substanzen ständig vermittelnd eingreift – eine verwegene Konstruktion, die sich im 18. Jahrhundert unter Christen erstaunlich lange gehalten hat. Eine Alternative bot Spinozas Monismus, der später im *Deutschen Idealismus* reüssierte. Leibniz 1965, S. 241.

[30] In der Lehre von den unauflösbaren Antinomien der *Kritik der reinen Vernunft*, in: Kant 1965, Bd. IV, S. 399–439.

[31] Helvétius 1976, S. 11, 95; ders. 1973, S. 131; ebenso d'Holbach 1960, S. 229; Hume 1962, S. 170; Ferguson 1986, S. 137; siehe Kap. 7.

[32] Verri 1996, S. 47; Beccaria 1966, S. 48.

wird, nämlich als Gegensatz von *Lust und Unlust*. Im Grunde besteht die Lust in der *Vermeidung von Unlust*; in andern Worten: in der *Abneigung gegen Schmerz*.[33] Das gilt auch für menschliche Bedürfnisse, die ja in Zuständen des Mangels bestehen. Wer essen will, wird von Hunger getrieben, der fehlende Nahrung ausdrückt. Es trifft auch für Schmerzgefühle zu, die sozial und kulturell vermittelt sind, wie Trauer und Scham. Im Grunde werden die Motive menschlichen Handelns negativ bestimmt.

Diese Art Negativität wird vor allem von Verri und Beccaria in den Mittelpunkt ihrer Anthropologie gestellt. In seinem *Diskurs über das Wesen von Vergnügen und Schmerz* (1773) geht Verri so weit, den üblicherweise negativ konnotierten Schmerz in ein „positives Gefühl" umzudeuten.[34] Demnach besteht das Vergnügen allein im Aufhören von Schmerz, der ständig präsent bleibt. Da die Schmerzen das Vergnügen immer übersteigen, hält er ein vollkommenes Glück für unmöglich. In dieser Einstellung folgt ihm Kant, der Verris Schriften nachweislich rezipiert hat. Auch er unterscheidet zwischen einem angenehmen Vergnügen und einem unangenehmen Schmerz: „Also muss vor jedem Vergnügen der Schmerz vorhergehen; der Schmerz ist immer der erste. [...] Der Schmerz ist der Stachel der Tätigkeit."[35] Wie Verri wertet Kant den negativ empfundenen Schmerz auf, indem er ihm einen positiven Sinn verleiht.

In dieser pessimistischen Wendung zu einer *Theorie des Schmerzes* bestätigt sich eine Tendenz der aufklärerischen Anthropologie, die oben bereits konstatiert worden ist. Von einem angeblichen Optimismus der Aufklärung, in der sich der Mensch über die Natur erhebt, kann hier gar keine Rede sein. Stattdessen zeigt sich eine neues Gefühl der Abhängigkeit von der Natur, zuerst von der äußeren Natur der übrigen Lebewesen, dann von der inneren Natur physisch bedingter Emotionen. Mit der Präsenz körperlicher Schmerzen wird die Naturhaftigkeit des Menschen bewusst. In diesem Fall könnte man sogar von einer *negativen Anthropologie* sprechen. Im 20. Jahrhundert wurde eine solche Anthropologie gegen Arnold Gehlen in Anschlag gebracht und in jüngster Zeit wieder aktualisiert. Auch darauf werde ich am Schluss zurückkommen.

---

[33] Helvétius 1973, S. 299; ders. 1976, S. 95; Hume 1973, Buch II, S. 62.
[34] Verri 1972, S. 19 f., 36 f., 40; ders. 1996, S. 4 f.; vgl. Rother 2005, S. 66–79.
[35] Kant 1965, Bd. XII, S. 550 f.

Die Natur der Frau

Gab es eine *feministische Aufklärung?* Diese Frage lässt sich nur höchst kontrovers beantworten.[36] Zunächst einmal ist es ja geradezu evident, dass auch die Frauen von der europäischen Aufklärung profitiert haben. Wenn alle Menschen als prinzipiell gleich gelten, muss das auch für das Verhältnis der Geschlechter gelten. Das trifft insbesondere für die menschliche Vernunft zu, von der die Frauen nicht ausgeschlossen werden dürfen. Aber seit der Mitte des 18. Jahrhunderts macht sich eine gegenläufige Tendenz bemerkbar, welche die weiblichen Fähigkeiten wieder einschränkt. Die Gründe sind praktischer Art: Um die hohe Sterblichkeit von Mutter und Kind zu senken, untersuchte man die Prozesse von Schwangerschaft und Geburt, wobei zunehmend die physische und emotionale Differenz der Geschlechter ins Spiel kam. In den entsprechenden Diskursen wurde das dann mit der Konstruktion einer entsprechenden „Natur der Frau" gerechtfertigt. Dabei handelt es sich nicht etwa um eine Reaktion der Gegenaufklärung oder um männliche Misogynie, sondern um ein Dilemma der neu entstandenen bürgerlichen Gesellschaft. Doch beginnen wir mit der „feministischen" Seite.

Egalität. – In der Denkrichtung des *Rationalismus* bezog sich die postulierte Egalität der Geschlechter vor allem auf die geistigen Kompetenzen. In *Über die Gleichheit der Geschlechter* (1673) formulierte der Cartesianer Poulain de la Barre: „Die Vernunft hat kein Geschlecht."[37] Auf ihn berief sich Marquise de Lambert, welche in ihren *Ratschlägen einer Mutter an ihre Tochter* (1703) die mangelhafte Erziehung der Mädchen beklagte und für sie mehr Bildung forderte, wozu sie auch Kenntnisse in den Wissenschaften zählte. In dieser Tradition der *Querelle des femmes* nahmen nicht wenige Frauen an den intellektuellen Debatten der Aufklärung teil. Es gab gelehrte Frauen wie Émilie du Châtelet, die Newtons *Principia Mathematica* ins Französische übersetzt und selbst physikalische Experimente durchgeführt hat. Françoise de Graffigny schrieb den genannten kritischen Roman über die Kolonialgeschichte, der zum Bestseller wurde und mit dem sich Turgot auseinandersetzte.[38] Andere Frauen wie Madame Helvétius haben Salons geführt, in denen sie mit den *philosophes* geistreiche Konversationen führten.

---

[36] Karremann, Stiening 2020, S. 8 f.; ich orientier mich dort an Steinbrügge 2020, S. 225–226; vgl. Steinbrügge 1987, S. 11; Godineau 1996, S. 321–358; Kersting 2010, S. 101–121.
[37] Zitiert nach Steinbrügge 1987, S. 21; vgl. Geier 2012, S. 312 f.
[38] Graffigny 1999; Steinbrügge 2020, S. 232–241.

Ebenso gab es bis zum Jahrhundertende zahlreiche Aufklärer, die sich für eine gleichwertige Bildung der Mädchen und Frauen einsetzten. So kritisiert Diderot in seinem Aufsatz *Über die Frauen* (1772) die unzureichende Bildung des weiblichen Geschlechts. In *Ratschläge an seine Tochter* (1794) sieht Condorcet den Weg zu einem glücklichen Leben in der manuellen und geistigen Arbeit, die Vergnügen bereite und in Zeiten der Not vor Abhängigkeit schütze. Anzustreben sei das Gefühl der eigenen Sicherheit, Achtung und Würde. Auch Verri verfasst eine Schrift an seine Tochter, in der er das Missverhältnis der Geschlechter beklagt und fordert, die Frau nicht auf ihre Rolle als Ehefrau zu reduzieren, sondern ihr Bildung und Geselligkeit zu vermitteln.[39] Die erste deutsche Abhandlung zur Gleichberechtigung der Frau stammt von Theodor Gottlieb von Hippel, der in *Über die bürgerliche Verbesserung der Weiber* (1792) Kritik an der patriarchalischen Ehe übt. Auch Kant, der in Königsberg mit Hippel befreundet war, billigt den Frauen den „Schritt zur Mündigkeit" zu, betont aber dann eher die Unterschiede.[40]

Wie im übrigen Europa, so bildete auch im Spanien des 18. Jahrhunderts das weibliche Geschlecht ein Leitthema der Reflexion und Diskussion. Den Anfang macht Benito Jerónimo Feijoo mit seiner *Verteidigung der Frauen* (1726), in der er sich an dem Franzosen Poulain de la Barre orientiert. Den Unterschied der Geschlechter beschränkt er auf das Physische und hält an der geschlechtslosen Vernunft fest: „Und so können diejenigen Frauen, die sagen, dass die Seele weder männlich noch weiblich sei, fest hierin bleiben: denn sie haben recht."[41] Um zu erklären, warum die Gleichheit der Fähigkeiten keine entsprechenden Kompetenzen hervorgebracht habe, macht Feijoo auf die zentrale Bedeutung der Bildung aufmerksam, deren Mangel er dafür verantwortlich macht, dass sich die Frauen trotz ihres von Natur aus gleichen Vermögens geistig weniger hervorgetan haben als die Männer. Auf Feijoos *Verteidigung* folgten im Verlauf dieses Jahrhunderts zahlreiche einschlägige Texte.

In der *Anthropologie* der späteren Aufklärung, in der die physischen Eigenschaften des Menschen in den Vordergrund traten, wurde nicht nur der männliche Körper entdeckt, sondern vor allem auch die leibliche Besonderheit der Frau untersucht und aufgewertet. Allein die neuen medizinischen Forschungen machten die Frauen zum Gegenstand eines realistischen Diskurses. Sie wurden dadurch von lebensfeindlichen Vorurteilen der

---

[39] Condorcet 1968, Bd. I, S. 611–623; Verri: *Manoscritto per Teresa* (1777), zitiert nach Rother 2005, S. 101 f.
[40] Kant 1965, Bd. IV, S. 53 f.; vgl. Honegger 1991, S. 78 f.; Geier 2012, S. 307 f.
[41] Zitiert nach Monica Bolufer in: Rohbeck, Rother 2016, S. 160–163.

katholischen Kirche und anderen pejorativen Konnotationen von Weiblichkeit befreit. Insbesondere die Fortpflanzung verlor ihre religiöse Tabuisierung und damit ihr Odium der Sündhaftigkeit. Das war auch bitter nötig, denn bis zum Ende des 18. Jahrhunderts und noch lange danach war die Niederkunft für Frauen eine tödliche Gefahr, welche die zeitgenössische Medizin nicht mehr als blindes Schicksal, sondern als zu meisternde Herausforderung angenommen hat.

Paradigmatisch ist der Artikel „Frau" (femme anthropologie) in der französischen *Enzyklopädie*.[42] Darin setzt der Verfasser Jaucourt den anthropologischen Diskurs der Aufklärung fort, indem er den Menschen als ein Naturwesen beschreibt, das sich wie die Tiere auf natürliche Weise reproduziert. Einzig diesem Zweck ordnet er das Zusammenleben von Mann und Frau unter. Weil auch die Ehe in erster Linie der Erzeugung und Aufzucht von Kindern dienen soll, hält er das dort herrschende Patriarchat für nicht mehr legitim. Deswegen plädiert er für eine naturrechtliche Begründung der ehelichen Gemeinschaft, die beiden Partnern gleiche Rechte einräumt.

Die neue Aufmerksam für die Frau schlägt sich auch terminologisch nieder. Da im Französischen der Begriff „homme" sowohl *Mensch* als auch *Mann* bedeutet, handelt der oben zitierte Artikel „Mensch" stillschweigend vom männlichen Menschen. Das scheint so selbstverständlich zu sein, dass für den „Mann" kein eigener Eintrag mehr für nötig gehalten wird. Doch speziell für die Frau finden sich in der *Enzyklopädie* gleich mehrere Artikel. Dadurch ergibt sich eine sprachliche Asymmetrie, die man nicht weiter reflektiert. Gleichwohl kann man die Artikel über das weibliche Geschlecht als eine Aufwertung interpretieren. Sie zeigen, dass die Genderthematik von Anfang an nicht zuletzt auch sprachliche Probleme birgt.

Differenz. – Aber gerade die neue Anthropologie seit der Mitte des 18. Jahrhunderts hatte für das weibliche Geschlecht auch *negative Kehrseiten*, die den ersten Eindruck einer „feministischen Aufklärung" wieder in Zweifel ziehen. Galt in der rationalistischen Tradition der Verstand als geschlechtsneutral und damit zwischen Mann und Frau als gleich verteilt, können mit Naturgeschichte und Medizin die physiologischen Unterschiede der Geschlechter nicht mehr außer Acht gelassen werden. Exemplarisch ist hier der Mediziner Pierre Roussel, der sich zu den „medizinischen Philosophen"

---

[42] Encyclopédie 1756, Bd. VI, S. 468; siehe darin auch die Artikel „Weibchen" (femelle), „Ehe", „Ehemann" und „Kind"; Steinbrügge 1987, S. 31–52. – Ebenso der Artikel „Ökonomie", in dem Rousseau die patriachalische Familie charakterisiert; Enzyklopädie 1972, S. 336 f.

zählt. Er sieht im Unterschied der Geschlechter ein universelles Prinzip, das die gesamten physische und psychische Konstitution des Menschen prägt. Wegen der Disposition ihrer Nerven sei die Frau in der Lage, anders wahrzunehmen und zu empfinden als der Mann. Während sie über eine größere Sensibilität und Emotionalität verfüge, sei ihre Vernunft derart beschränkt, dass sie zu keinen abstrakten Denkleistungen in der Lage sei. Verstärkt wird diese Einschätzung durch den Sensualismus der Aufklärung, der ja die menschliche Erkenntnis von den leiblichen Sinnesorganen abhängig macht.[43] Auf diese Weise wird der Frau nun eine besondere weibliche Anthropologie zugeschrieben.

Dahinter verbirgt sich eine bestimmte sozialpolitische Strategie. Um die Geburtenrate zu erhöhen, wurde der Frau nahegelegt, sich auf ihre Funktionen als Ehefrau und Mutter zu konzentrieren und sich aus der gesellschaftlichen Öffentlichkeit zurückzuziehen. Da sich durch den Prozess der Industrialisierung die Erwerbsarbeit vom Familienleben abzukoppeln begann, entstand eine geschlechtsspezifische Arbeitsteilung. In der Politischen Ökonomie der französischen Physiokraten wie auch in der englischen Nationalökonomie wurde der Mangel an Arbeitskräften beklagt. Das erhöhte den moralischen Druck auf die Frauen, durch die Pflege der Nachkommen zum nationalen Wohlstand beizutragen. Die gesellschaftliche Nützlichkeit der Frau bestand jetzt in ihrer biologischen Besonderheit, Kinder zu gebären und aufzuziehen.

Einen besonderen Platz hat hier Rousseau, der die entsprechenden Diskurse maßgebend geprägt hat. Dabei ist an einen Umstand zu erinnern, der schon in der Konzeption seiner *Zivilreligion* entscheidend war. Im Unterschied zu den übrigen Aufklärern ist Rousseau in seinem *Zweiten Diskurs* ein vehementer Kritiker der bürgerlichen Gesellschaft, die er von Eigennutz und Konkurrenz geprägt sieht. Für ihn wird die menschliche Vernunft nicht nur von egoistischen Interessen geleitet, vielmehr sei sie selbst der geistige Ursprung des Egoismus: „Es ist der Verstand, der die Selbstsucht erzeugt."[44] Wenn er nun nach moralischer Kompensation sucht, findet er im weiblichen Geschlecht einen willkommenen Akteur. Während der Mann im kapitalistischen Wettbewerb bestehen muss, soll die zärtliche Gattin in der abgeschirmten Familie einen beschützenden Hort bilden.

---

[43] Steinbrügge 1987, S. 47 f.; Honegger 1991, S. 143 f.; siehe dazu Kap. 6.
[44] Rousseau 1978, S. 175. – Diese Denkfigur verweist auf die *Kritik der instrumentellen Vernunft* von Max Horkheimer 1985, S. 30–32.

Die Folgen finden sich im Roman *Émile oder Über die Erziehung* (1762), wo Rousseau wesentlich weiter geht als die zeitgenössischen Mediziner und Ökonomen. Im fünften und letzten Kapitel fordert er eine gesonderte Mädchenerziehung, die sich weniger der Ausbildung des Verstandes als der Förderung einer empfindsamen Moral widmen soll.[45] Zur anthropologischen Legitimation konstruiert er eine weibliche Natur, der er die Fähigkeit zum eigenständigen Denken mit der Gefahr der Selbstsucht abspricht. Stattdessen charakterisiert er die Mädchen und Frauen mit den spezifisch „weiblichen" Eigenschaften Empathie, Sanftmut und Gehorsam. Im Unterschied zu den Schriften der egalistischen Aufklärung gehört der *Émile* bis heute zum Kanon der pädagogischen Literatur. Was einmal aus einer medizinischen und gesellschaftlichen Notsituation entstanden und durchaus nachvollziehbar ist, hat sich seit dem 19. Jahrhundert bis weit ins 20. Jahrhundert zur Ideologie von differenten Geschlechtscharakteren verselbständigt.

Eine prominente Leidtragende war Olympe de Gouges, die – ähnlich wie Condorcet – ein Opfer der Französischen Revolution gewesen ist. Gegen die „Deklaration der Menschenrechte" der französischen Nationalversammlung von 1789 hat sie eine eigene *Erklärung der Rechte der Frau und Bürgerin* (1791) gesetzt. Im ersten Artikel heißt es: „Die Frau wird frei geboren und bleibt dem Manne gleich in allen Rechten."[46] Die englische Schriftstellerin, Übersetzerin und Philosophin Mary Wollstonecraft ist eigens nach Paris gereist, um an der Revolution teilzunehmen, ohne jedoch Gouges persönlich begegnet zu sein. Wenig später hat sie eine *Verteidigung der Menschenrechte* (1792) verfasst.[47] In unserem Zusammenhang ist aufschlussreich, dass Wollstonecraft als eine der wenigen Rousseaus Konzeption der weiblichen Erziehung explizit kritisierte.

Geschichte des weiblichen Geschlechts. – Wie sich zeigte, finden die Diskurse über die Natur der Frau unter bestimmten gesellschaftlichen Bedingungen statt. So war der Umschlag von der rationalistischen Position der Gleichheit in eine spezifisch weibliche Anthropologie der sich gerade entwickelnden bürgerlichen Gesellschaft geschuldet. Dieser Zusammenhang wird in der Geschichtsphilosophie thematisiert, die ja ebenfalls um die Mitte des 18. Jahrhunderts entstanden ist.

---

[45] Rousseau 1976, S. 719–954; siehe Steinbrügge 1987, S. 115–119; dies. 2020. S. 242 f.; Opitz 2002, S. 109; Kersting 2010, S. 106–110.
[46] Gouges 2018, S. 24; vgl. Opitz 2002, S. 150–153.
[47] Wollstonecraft 1989, S. 43; speziell zur Frau S. 53 f.; Honegger 1991, S. 93 f.

Zuerst bietet Montesquieu in seinem *Geist der Gesetze* eine sozialgeschichtliche Erklärung für die „Stellung der Frauen in den verschiedenen Regierungsformen".[48] So beklagt er die Rolle der Frauen in Monarchien, wo sie bei Hofe auf Eitelkeit und Schmeichelei angewiesen seien. In despotischen Staaten seien die Frauen ein Gegenstand des Luxus und würden von den Herrschern wie Sklavinnen eingesperrt. Dagegen seien die Frauen in den Republiken zwar nach dem Gesetz frei, aber durch die Sitten gebunden. Das klingt so, als wollte Montesquieu den Frauen am Ende noch mehr Freiheit einräumen. Wichtig ist hier, dass er die Situation der Frauen von den politischen Regimen abhängen lässt, worunter er letztlich Gesellschaftsformationen versteht. Letztlich hält er Frauen sogar für legitimiert und fähig, mit „Milde und Mäßigung" eine staatliche Regierung zu führen, wie die Beispiele in England, Russland und Indien zeigten.[49]

Eine geschichtsphilosophische Wende erhält diese Erklärungsweise in *Vom Ursprung des Unterschieds in den Rangordnungen und Ständen der Gesellschaft* (1771/1778) des schottischen Philosophen John Millar, worin die Stellung der Frau in der Gesellschaft ein Leitmotiv bildet. Zum Auftakt schreibt er: „Von allen unseren Trieben sind wohl die Leidenschaften, die die Geschlechter zueinander führen, am stärksten durch die Umstände bestimmt, in die sie gestellt sind."[50] Im Folgenden ordnet er die Stellung der Frau den historisch aufeinander folgenden Produktionsweisen zu. Auf der „primitiven" Stufe der Jäger und Sammler, die ein notdürftiges und unsicheres Leben fristen, hänge die Frau von der Herrschaft des kriegerischen Mannes ab. Im „pastoralen Zeitalter" und vor allem mit dem „Ackerbau", wo die Nahrung gesichert und mehr Muße ist, verfeinern sich die Sitten und damit der Umgang der Geschlechter. Besonders mit der Entwicklung von „Handwerk und Gewerbe" verbessere sich die Situation der Frau, die nun nicht mehr bloß als Dienstmagd fungiere, sondern zur gleichberechtigten Partnerin des Mannes aufsteige. Diese Situation der Frauen beschreibt Millar noch im Stil von Rousseau: „Ganz gehen sie in Gefühlen liebender Fürsorge für die Personen des eigenen Familienkreises auf und haben dadurch in besonderer Weise Gelegenheit, all ihre Herzensempfindungen zu veredeln und zarte Bande zu hegen, so dass man sagen kann, der Sinn ihrer Erziehung ist, dass sie in allen häuslichen Tugenden

---

[48] Montesquieu 1951, Bd. I, S. 146 f.; vgl. Bd. II, S. 125.
[49] Ebd., Bd. I, S. 155.
[50] Millar 1985, S. 58; zur Geschichtsphilosophie siehe Kap. 9.

vollkommen werden mögen."⁵¹ Doch mit der weiteren Entwicklung zum „Luxus" geht er deutlich über Rousseau hinaus. Nun lässt er die Frauen am gesellschaftlichen und intellektuellen Leben teilhaben und die gleichen Rechte wie Männer genießen.

In einem einzigen Entwurf vereint Millar die beiden widersprüchlichen Seiten der feministischen Aufklärung. Er beschreibt sowohl die rousseauistische Familienidylle, in der die Frau auf den privaten Haushalt beschränkt bleibt, als auch die emanzipatorische Perspektive, durch welche die Frau in die Öffentlichkeit und Bildungswelt eintritt. Die Auflösung dieses Widerspruchs besteht in der geschichtsphilosophischen Konstruktion. Im Stil der Aufklärung liest sich das wie eine Fortschrittsgeschichte, aber eben als eine Geschichte, in der besonders die Frauen „Fortschritte" in ihrer gesellschaftlichen Stellung machen. Entscheidend ist dabei die grundlegende Erkenntnis, dass eine derartige Emanzipation des weiblichen Geschlechts nicht nur moralisch geboten ist, sondern bestimmte Voraussetzungen der technisch-ökonomischen und politischen Zivilisation hat, die historisch entstanden und weiter zu entwickeln ist. Ich halte es für einen Vorzug der europäischen Aufklärung, derartige Verhältnisse und Prozesse theoretisch reflektiert zu haben. An diese Reflexion lässt sich in der gegenwärtigen Gender-Debatte anknüpfen.

Gender, Identität, Anthropozän

Die Anthropologie der zweiten Hälfte des 18. Jahrhunderts enthält Aspekte, die wenig beachtet und höchst aktuell sind. Wie wir sahen, verliert der Mensch seine exponierte Stellung auf der Erde und begreift sich in Abhängigkeit von der Natur. Er selbst wird als ein lebendiger Organismus betrachtet, der zu fühlen, zu denken und zu handeln vermag. Aus heutiger Sicht hat eine solche Anthropologie erhebliche Konsequenzen. Das berührt die physiologische Beschaffenheit des Menschen, woraus die Frage nach der Differenz der Geschlechter resultiert. Damit hängt wiederum das höchst aktuelle Thema der Identität zusammen. Und das betrifft die Theorie des Anthropozäns, in der das Verhältnis des Menschen zu seiner inneren und äußeren Natur neu überdacht wird.

Gender. – Offensichtlich hat sich in der gegenwärtigen Medizin das Vorurteil mancher Aufklärer nicht bestätigt, dass Frauen ein anderes Nervensystem

---

⁵¹ Ebd., S. 115.

als Männer hätten, wodurch sie mehr Empfindsamkeit und weniger Denkvermögen besäßen. Die Tatsache, dass derartige Befunde heute überholt sind, zeigt noch einmal, wie voreingenommen damalige Mediziner wie Roussel vorgegangen sind, um nicht nur den Unterschied, sondern auch die Minderwertigkeit des weiblichen Geschlechts behaupten zu können. Doch trotz der inzwischen gelungenen und allgemein anerkannten Korrektur hat sich die aus der Aufklärung stammende Polarisierung des Geschlechterverhältnisses bis zum gegenwärtigen Feminismus erhalten. Wie erwähnt, stehen sich immer noch die Positionen der *Egalität* und *Differenz* gegenüber. Damit stellt sich die Frage, wie zwingend dieser Dualismus in der heutigen Gegenwart ist.

Simone de Beauvoir gilt mit ihrem bekannten Werk *Das andere Geschlecht* (1949) als Vertreterin des so genannten *Egalitätsfeminismus*.[52] Indem sie sich als Philosophin in die Tradition von Descartes stellt, geht sie wie Poulain de la Barre von einer geschlechtsneutralen Vernunft aus. Aus dieser Art Gleichheit folgt jedoch nicht, dass es keine leiblichen Differenzen zwischen den Geschlechtern gibt. Beauvoir widmet sich sehr wohl der Besonderheiten des weiblichen Körpers. Im Kapitel über die Mutter beschreibt sie detailliert die körperlichen Veränderungen bei Schwangerschaft, Niederkunft und Stillen. Wie die Aufklärer weist sie auch auf die medizinischen Fortschritte hin, denen eine Senkung der Kinder- und Müttersterblichkeit zu verdanken ist. Aber dann gibt Beauvoir ihrer Argumentation eine originelle Wendung: Die biologischen Eigenschaften der Frau seien zwar nicht zu leugnen, „aber sie haben an sich keine Bedeutung"[53] – soll heißen, sie haben keinerlei soziale und kulturelle Relevanz. Die geschlechtlichen Unterschiede rechtfertigen nicht die rechtliche, gesellschaftliche und politische Ungleichheit zwischen Männern und Frauen. Denn die faktische Unterdrückung der Frau sei das Ergebnis der jeweils herrschenden Machtverhältnisse. Mit dieser Begründung ruft Beauvoir die Frauen dazu auf, sich ihre Gleichberechtigung in der Gesellschaft zu erkämpfen.

Zu den wichtigsten Vertreterinnen des *Differenzfeminismus* gehört die französische Psychoanalytikerin und Kulturtheoretikerin Luce Irigaray mit ihrer Dissertation *Speculum. Spiegel des anderen Geschlechts* (1974), die besonders in akademischen Kreisen ihre Anhängerinnen findet.[54] In der Tradition der Postmoderne kritisiert sie die neuzeitliche und aufklärerische

---

[52] De Beauvoir 2000, S. 10; in dieser Passage zu Beauvoir und Irigaray orientiere ich mich an Steinbrügge 2010, S. 200–210.
[53] De Beauvoir 2000, S. 59.
[54] Irigaray 1980, S. 22 f., 76 f.; zum Folgenden S. 450 f.; zum Problem einer diskursiven Konstruktion des Geschlechts siehe Kap. 6.

Idee einer universellen Vernunft, die sie mit der patriarchalischen Vernunft des Mannes gleichsetzt. Diesem männlichen Verstand stellt sie ein genuin weibliches Denken gegenüber, das durch die biologische Konstitution der Frau bestimmt werde. So versucht sie, eine feminine „Gegensprache" oder „weibliche Schrift" zu finden, um den Frauen eine „positive sexuelle Identität" zu ermöglichen.

Eine derartige Differenzierung der Geschlechter deutet auf die Debatten im 18. Jahrhundert hin, als der Mediziner Roussel den Frauen weniger Verstand attestieren wollte und als der Philosoph Rousseau eine eher gefühlsbetonte Mädchenerziehung konzipierte. Doch während sich damals eine solche Ausgrenzung noch mit gynäkologischen und bevölkerungspolitischen Argumenten verteidigen ließ, avancierte diese Diskriminierung der Frau erst im 19. und 20. Jahrhundert zur herrschenden Ideologie, gegen die sich dann die Frauenbewegung und der Feminismus in diversen Spielarten zur Wehr setzten. Doch sollte man Irigarays Standpunkt der Differenz nicht falsch verstehen. Obwohl die Konstruktion einer spezifisch weiblichen Rationalität kaum nachvollziehbar ist, muss man anerkennen, dass auch Irigaray für die Gleichberechtigung der Frauen eintritt. Auch wenn sie den männlich geprägten Machtstrukturen misstraut, fordert sie die gleiche Teilhabe der Frauen an Wissenschaft, Gesellschaft und Politik.

Im Vergleich der beiden Autorinnen Beauvoir und Irigaray hat sich herausgestellt, dass beide feministische Entwürfe sowohl Momente der *Egalität* als auch der *Differenz* enthalten. Daraus ziehe ich die Konsequenz, die egalistische Seite der Aufklärung fortzuschreiben. Das betrifft das Festhalten an den prinzipiell gleichen intellektuellen Fähigkeit aller Menschen. Und das bezieht sich auf die Forderung nach Gleichberechtigung der Frauen gegenüber den Männern. Hier ist einzuräumen, dass die *formale Gleichheit* vor dem Gesetz in westlichen Gesellschaften bereits erreicht ist, wozu etwa das Wahlrecht für Frauen und ihr Recht auf Bildung gehören. Doch der Aspekt der *Differenz* kommt wieder ins Spiel, wenn man die *faktische Gleichstellung* von Frauen überprüft. Um die zu erhöhen, bedarf es spezieller Maßnahmen, die ihre realen Chancen verbessern. Dazu gehören die spezielle Förderung von Frauen, mehr Erziehungsurlaub und eine verbindliche Quotenregelung.

Andere Feministinnen wie Nancy Fraser warnen vor einer bestimmten Art von Gleichstellungspolitik, der sie vorwerfen, die Frauenbewegung in die Hände des *Kapitalismus* zu spielen.[55] Die Bemühungen der Frauen,

---

[55] Fraser 1994, S. 222 f.; Fraser, Jaeggi 2020, S. 275; zur Kritik des Kapitalismus siehe Kap. 8.

am Arbeitsmarkt teilzuhaben, führe letztlich zu einer Ausweitung der Lohnarbeitsstunden pro Haushalt bei gleichzeitig sinkenden Löhnen und prekären Beschäftigungsverhältnissen. Der Sturm der Frauen auf die Führungsetagen der Unternehmen habe zwar einigen wenigen Frauen Erfolge gebracht, aber die einfachen Dienstleistungen auf arme Migrantinnen abgewälzt. Von Seiten der Unternehmen seien die Frauen keineswegs aus emanzipatorischen Gründen in den Arbeitsmarkt integriert worden, sondern bloß, um das Wirtschaftswachstum zu steigern.

Auf indirekte Weise verweist diese Problematik wieder auf Rousseau, dessen Frauenbild sozialkritisch motiviert war. Denn seine Absicht bestand ja letztlich darin, das weibliche Geschlecht aus der Konkurrenzgesellschaft herauszuhalten. Die Frauen sollten sich nicht in Handel und Industrie stürzen, sondern praktische und emotionale Distanz zur Geschäftswelt wahren. Damit verband Rousseau sogar die Hoffnung, dass die familiäre Moral der Frau vermittelt über den Mann einen mäßigenden Einfluss auf die kapitalistisch geprägte Gesellschaft ausüben könnte.[56] Das hat sich natürlich als illusorisch erwiesen. Aber es mag heute vielleicht als Hinweis dienen, dass sich die feministischen Bewegungen nicht in der Anpassung an den männlich geprägten Kapitalismus erschöpfen, sondern das grundlegende Problem der sozialen Gerechtigkeit im Auge behalten. In jüngster Zeit ist eine feministische Außenpolitik aktuell geworden.

Identität. – Die Kritik von Nancy Fraser geht jedoch noch in eine andere Richtung. Sie wirft den Vertreterinnen des Differenzfeminismus vor, die soziale Frage vernachlässigt zu haben, indem sie die *kulturelle Identität* des weiblichen Geschlechts in den Mittelpunkt stellten.[57] Der Kampf gegen ökonomische Ungerechtigkeiten sei durch das Streben nach symbolischer Anerkennung ersetzt worden. Der alte Marxismus sei durch Kulturpolitik, der Materialismus durch einen neuen Symbolismus ersetzt worden. Weil die Linke dem globalen Kapitalismus machtlos gegenüberstand, haben sich besonders akademisch gebildete Feministinnen auf sinnbildhafte Ordnungen wie etwa eine gendergerechte Sprache kapriziert. Ungewollt seien sie dadurch ein Bündnis mit den herrschenden Verhältnisse eingegangen. Das paradoxe Ergebnis nennt Fraser „progressiven Neoliberalismus".

---

[56] Rousseau 1976, S. 112 f., 726. – Dieses Modell stammt von David Hume, der in seiner Moralphilosophie die Sympathie innerhalb einer Familie auf die Bevölkerung einer Gesellschaft oder gar auf die ganze Menschheit überträgt; Hume 1962, S. 13; siehe Kap. 7.
[57] Fraser 1994, S. 9 f.; vgl. Frick 2020, S. 47 f.

Die Ironie der Geschichte besteht nun darin, dass konservative Autoren inzwischen eine ähnliche Kritik vortragen. Während die Feministin Fraser dabei einen marxistischen Standpunkt einnimmt, münzt die politische Rechte denselben Vorwurf auf den „linken" Feminismus um. Der pauschale Vorwurf lautet *Identitätspolitik*.[58] Gemeint ist damit, dass eine soziale Bewegung ihre eigene „Identität" verteidige, die lediglich aus subjektiven Befindlichkeiten und Kränkungen vermeintlicher Opfer bestehe. In der extremen Variante bedeutet dieser Begriff, dass eine Person nur dann die Position einer bestimmten Gruppe vertreten dürfe, wenn sie dieser auch selbst angehört. An die Stelle durchaus berechtigter sozialer Interessen, so die Kritik, sei eine elitäre Symbolpolitik getreten, die essentiell aufgeladen werde. Indem der gesellschaftlichen Mehrheit die entsprechenden Sprachregelungen aufoktroyiert würden, ufere diese Strategie in eine Meinungsdiktatur aus, die sich letztlich gegen den „alten weißen Mann" richte. Die Schlussfolgerung lautet: Eine solche Identitätspolitik widerspreche den universalistischen Werten der Aufklärung.

Dagegen ist einzuwenden, dass gerade während der Epoche der Aufklärung die „Identität" bestimmter sozialer Gruppen erkannt und verteidigt worden ist. Dazu gehören die Sklaven, was uns im neunten Kapitel noch näher beschäftigen wird. Und das betrifft insbesondere die Frauen, von denen in diesem Kapitel ausführlich die Rede war. Seit der *Querelle des femme* haben Autorinnen wie die Marquise de Lambert und später Olympe de Gouges oder Mary Wollstonecraft nichts anderes als Identitätspolitik betrieben. Zwar gelten in der Aufklärung formal alle Menschen als gleich. Aber ebenso erkannten sie, dass die Gleichberechtigung der Frauen faktisch noch nicht realisiert ist. Autoren wie Montesquieu und Millar haben die historischen Bedingungen untersucht, unter denen die Realisierung sozialer Gleichheit überhaupt möglich ist. Wenn also die gleichen Rechte und Chancen für eine solche Gruppe von Menschen in der gesamten Gesellschaft gefordert wurde, handelte es sich um universale und zugleich materiale Ansprüche. In diesem Sinn existiert die viel gescholtene Identitätspolitik seit dem 18. Jahrhundert.

In der heutigen Gegenwart besteht Identitätspolitik in dem legitimen Versuch benachteiligter Gruppen, sich Gehör zu verschaffen, um sowohl reale als auch symbolische Gleichheit herzustellen. Nicht plausibel ist der Einwand, die identitätspolitischen Debatten verdrängten das Problem der

---

[58] Gabriel, M. 2020, S. 188–200. – Das gilt auch für andere soziale Bewegungen wie gegen Homophobie und Rassismus; vgl. Boehm 2022, S. 17.

sozialen Gerechtigkeit. In Wirklichkeit gehören beide Aspekte zusammen. Der Kampf gegen die bestehende Ungleichheit in der Gesellschaft war immer schon das Engagement einer bestimmten Gruppe für soziale Gleichheit in der Gesellschaft. Das trifft für die Genderdebatten seit Neuzeit und Aufklärung bis zur Französischen Revolution zu wie auch für die folgende Frauenbewegung bis zum gegenwärtigen Feminismus. Aber es gilt auch für die Arbeiterbewegung, in der sich die Arbeiter als benachteiligte soziale Gruppe oder „Klasse" selbst definiert und organisiert haben, wobei sie mit entsprechenden Symbolen nicht sparten. Indem sie sich für einen kürzeren Arbeitstag, für mehr Lohn und für Mitbestimmung in den Betrieben einzusetzen, streben sie mehr soziale Gleichheit an. Die dabei gepflegte Gruppenidentität ist so lange unproblematisch, wie sie andere Gruppen nicht ausgrenzt und die institutionelle Gleichberechtigung in der Gesamtgesellschaft anstrebt. Die Teilhabe vieler verschiedener Gruppen trägt sogar das Potenzial in sich, die Gesellschaft insgesamt voranzubringen.

Anthropozän. – In diesem neuen Begriff kommt die ambivalente Stellung des Menschen zum Ausdruck. Einerseits ragt der Mensch aus der Natur heraus, die er mit seinen technischen Mittel zu beherrschen sucht. Andererseits hat er seit etwa zweihundertfünfzig Jahren die Natur derart verändert, dass er seine eigenen natürlichen Grundlagen zerstört. Darin besteht die ökologische Bedeutung des Anthropozäns. Daneben betrifft dieser Begriff die künstliche Intelligenz, welche die Einzigartigkeit des Menschen in Frage stellt. Nachdem die alte Industrialisierung die Muskelkraft und Handarbeit ersetzt hat, sieht es jetzt so aus, als ob der Computer die Funktionen des menschlichen Gehirns übernehmen könne. Hinzu kommt die moderne Neurowissenschaft, die das Fühlen und Denken des Menschen auf physiologische Weise zu erklären beansprucht. Aus philosophischer Sicht ist dabei das Problem des Materialismus virulent.

In der gegenwärtigen *Computertechnologie* wiederholt sich ein Prozess, der bereits im Übergang vom 17. zum 18. Jahrhundert zu beobachten war. Galt der Mensch zunächst als Vernunftwesen, wurden später seine materiellen Bedürfnisse, Motive und Emotionen hervorgehoben. Eine ähnliche Veränderung vollzieht sich zur Zeit im Verhältnis von Mensch und Computer. So lange die künstliche Intelligenz auf dem Vormarsch war, konnte sie als einzige Norm für Rationalität erscheinen. Das gesamte individuelle und gesellschaftliche Leben sollte nach dem Modell von Algorithmen durchrationalisiert werden. Darin sehe ich eine moderne Form des Rationalismus.

Doch inzwischen ist eine Ernüchterung eingetreten. In dem Maße, in dem die Computer zu immer höheren Leistungen fähig werden, stellt sich die Frage, worin sich der Mensch von diesem Artefakt überhaupt noch unterscheidet. Lange Zeit dienten die menschlichen Emotionen als ein solches Kriterium. Aber auch hier zeichnet sich ab, dass ein Computer menschliche Empathie zu erkennen und zu simulieren vermag.[59] Ein solcher Roboter kann zum Beispiel in der Pflege eingesetzt werden, um sich auf die Befindlichkeiten der Patienten einzustellen. Die letzte Bastion besteht darin, dass zwischen Gefühle „simulieren" und „haben" immer noch eine wesentliche Grenze besteht, die sich wohl niemals überschreiten lässt. Darin sehe ich die sensitive Animalität der aufklärerischen Anthropologie bestätigt.

Ebenso erhärtet die moderne *Hirnforschung* den physiologischen Ansatz einiger Aufklärer, die bereits eine intelligible Materie erwogen haben. Die Ergebnisse solcher Forschungen sind unbestritten, so dass auch eine entsprechend materialistische Herangehensweise unhintergehbar ist. Das Problem besteht jedoch nicht im Materialismus, sondern im daraus abgeleiteten *Naturalismus*. Er läuft darauf hinaus, dass alle psychischen Phänomene biologisch erklärt werden und die Psychologie auf Neurowissenschaft reduziert wird. Dann existiert Empathie bloß noch in einem neuronalen Netzwerk. Noch problematischer ist eine solche Reduktion, wenn sogar soziale und kulturelle Prozesse primär mit neuronalen Befunden begründet werden, wie es beispielsweise in der Neurosoziologie geschieht. Auf diese Weise wird die eigenständige und manchmal eigendynamische Wirkweise gesellschaftlicher Systeme ausgeblendet.

Wenn in der Theorie des Anthropozäns ein „neuer Materialismus" proklamiert wird, bezieht sich das eher auf die *äußere Natur* des Menschen. Er bedeutet in diesem Kontext, sich gegen die intellektuelle Überheblichkeit des Menschen zu wenden und stattdessen seine Abhängigkeit von der natürlichen Umwelt und damit von der materiellen Natur ins Gedächtnis zu rufen. Wenn ich die Philosophie der Aufklärung dadurch gekennzeichnet habe, dass sie sich von Überhöhungen der menschlichen Vernunft abkehrt und die lebensweltliche Verbundenheit des Menschen mit seiner inneren und äußeren Natur betont, erhält bereits diese Art Materialismus eine ökologische Konnotation, auf die sich heute rekurrieren lässt.

An dieser Stelle ist der Diskurs vom Anthropozän zu ergänzen. Es geht nicht allein um die Fähigkeit zum Handeln, sondern in diesem Fall um die moralische Verpflichtung dazu. Beim *Posthumanismus* entsteht der Eindruck, der Mensch könne sich, nachdem er die Erde verwüstet habe, einfach aus

---

[59] Misselhorn 2021, S. 134 f.; vgl. Precht 2020, S. 24–39; Harari 2018, S. 87–129.

dem Staub machen. Das gemahnt an den oben zitierten französischen Aufklärer d'Holbach, der den Menschen als ein „Eintagswesen" bezeichnet hat, das bald wieder vom Erdboden verschwinde. Wenn das im 21. Jahrhundert nicht durch eine ökologische Katastrophe geschehen soll, in der sich die ganze Menschheit selbst vernichtet, steht immer noch der Mensch in der ethischen Verantwortung, das totale Übel abzuwenden. Denn wie schon in der Anthropologie der Aufklärung bedeutet der Begriff Anthropozän, in dem ja ebenso das griechische Wort *anthropos* enthalten ist, dass niemand anderes als der Mensch sein Schicksal in der Hand hat. Nur ist dieses Handlungsmonopol angesichts der gegenwärtigen Krisen neu zu definieren. Im nächsten Kapitel nehme ich das Erdbeben in Lissabon von 1755 zum Anlass, die ökologischen Diskurse der Aufklärung zu thematisieren und auf die Gegenwart zu übertragen.

5
Natur und Zivilisation

Gegenwärtig leiden wir noch immer unter dem Einfluss der Covid-19-Pandemie, welche den lange Zeit im Vordergrund stehenden Klimawandel zu verdrängen schien. Beide Krisen betreffen das Verhältnis zwischen Mensch und Natur auf dem gesamten Globus. Doch während der Klimawandel langsam und schleichend voranschreitet, hat uns das Virus ganz plötzlich getroffen. In beiden Fällen handelt es sich um Naturkatastrophen, welche die Menschen und ihre Gesellschaften bedrohen. Doch zugleich offenbaren sich darin die bereits vorhandenen Schwierigkeiten mit der modernen Zivilisation.

Im Folgenden beabsichtige ich, die Aufklärung des 18. Jahrhunderts auf die gegenwärtigen Krisen des 21. Jahrhunderts zu beziehen. Ein erster Schritt dazu besteht darin, die Erfahrung mit dem *Erdbeben von Lissabon* im Jahr 1755 zu vergegenwärtigen. Besonders aufschlussreich sind dabei die Reflexionen einiger Philosophen wie Voltaire, Rousseau und Kant. Denn sie wehrten sich gegen die damaligen Predigten der Priester, die das Unglück als Strafe Gottes deuteten, und beharrten darauf, dass es sich um einen natürlichen Vorgang handelte, der mit wissenschaftlichen Methoden erklärt werden könne. Darüber hinaus erkannten die genannten Autoren, dass das Beben, obwohl nicht von den Menschen verursacht, doch unter künstlich geschaffenen Bedingungen so viel Unheil anzurichten vermochte. Sie interpretierten das physische Übel zugleich als ein soziales Problem, das sie auf unterschiedliche Weise zu lösen versuchten. Dabei zeigen sich auch Ansätze eines ökologischen Bewusstseins.

Bezieht man die Lissaboner Katastrophe und die entsprechenden Reaktionen in einem zweiten Schritt auf unsere Gegenwart, zeigt sich eine lehrreiche Parallele. Auch heutzutage bedeutet Aufklärung, sich gegen religiöse Mythen und Verschwörungslegenden, in diesem Fall gegen die Leugner von Klimawandel und Corona-Pandemie, zur Wehr zu setzen. Damit bedeutet Aufklärung ebenso, den *Wahrheitsanspruch der Wissenschaften* in sein angestammtes Recht zu setzen. Ohne die Klimaforschung hätten wir keine Kenntnis von den Umweltschäden, die uns seit etwa einem halben Jahrhundert zusetzten. Und ohne die Virologie und Epidemiologie wären wir gar nicht in der Lage, die Tatsache der vielen Erkrankten auf das Virus zurückzuführen.

Darüber hinaus ist darauf zu achten, dass diese Naturkatastrophen *auch* als Krisen moderner Gesellschaften wahrgenommen und behandelt werden. Die Umweltkrise ist eine direkte Auswirkung des menschlichen Raubbaus an der Natur. Aber auch die Pandemie, deren Ursprung nicht von Menschen erzeugt worden ist, hätte sich ohne den Prozess der Globalisierung nicht so ausbreiten können. Die Philosophie hat hier die Aufgabe, falsche Abstraktionen zu vermeiden, d. h. die Katastrophen nicht auf natürliche Faktoren zu reduzieren, sondern im kulturellen Zusammenhang zu sehen. Das gilt auch für die Politik, die sich zwar von Wissenschaftlern beraten lassen muss, aber gegenüber den Experten ihre eigenen, ethisch begründeten Ziele transparent zu machen und durchzusetzen hat.

Hier ist zu überlegen, welche konkreten Schlussfolgerungen aus der Klima- und Coronakrise gezogen werden sollen. Ein bekannter Topos besteht darin, die gegenwärtige Krise als „Chance" für Veränderungen zu betrachten. Wie schon Rousseau, der für eine Abkehr von der bürgerlichen Gesellschaft eintrat, fordern einige Zeitgenossen eine radikale Abkehr vom herrschenden Kapitalismus. Ähnlich wie Kant, der einen maßvollen Wiederaufbau der Stadt Lissabon befürwortete, schlagen andere Beobachter mehr oder weniger tief greifende Reformen vor. Wieder andere glauben, bereits Tendenzen für die gewünschten sozialen Erneuerungen entdeckt zu haben.

Aus Katastrophen lernen?

Bevor ich die Erfahrungen der Aufklärer mit dem Erdbeben von Lissabon auf die gegenwärtigen Krisen anwende, möchte ich erst einmal diese Krisen und die sich daraus ergebenden Konsequenzen kurz charakterisieren. Dazu beginne ich mit einem strukturellen Vergleich zwischen dem Klimawandel und der Covid-19-Pandemie. Das betrifft die Zeit- und Raumstruktur, die Kausalverhältnisse sowie die Sichtbarkeit der entstandenen Schäden.

Klimawandel und Corona-Pandemie haben unterschiedliche *Zeiten*.[1] Die drohende Klimakatastrophe wurde erst im Laufe des 20. Jahrhunderts erkannt. Dabei stellte sich heraus, dass sich dieser Prozess über einen längeren Zeitraum erstreckt, der mit der Industrialisierung im 18. Jahrhundert begonnen hat. Er vollzieht sich mit zeitlichen Verzögerungen, zumal noch niemand genau weiß, wann und wie er endet. – Demgegenüber ist die Pandemie erst seit Kurzem aufgetreten. Sie stellt eine akute Gefahr dar, weil in verhältnismäßig geringer Zeit zahlreiche Kranke und Tote zu beklagen sind. Das enorme Tempo entspricht ziemlich genau den Geschwindigkeiten der avancierten Transporttechnik, vor allem dem Flugverkehr. Als Folge hatte sich das öffentliche Leben entschleunigt, indem die Mobilität von Menschen und Gütern zu einem erheblichen Teil unterbrochen war.

Sowohl Klimawandel als auch Pandemie erfassen den globalen *Raum*.[2] Die Umweltkrise beschränkt sich nicht auf bestimmte Länder und Regionen, sondern erstreckt sich auf die gesamte Erde. Dabei zeigen sich Wirkungen, die an weit entfernten Orten verursacht wurden. Ebenso hat sich das Virus weltweit verbreitet, wobei sich paradoxe Tendenzen zeigen. Während die Pandemie globale Ausmaße annimmt, bleiben die Reaktionen häufig regional, indem die einzelnen Staaten nationale Maßnahmen ergreifen. So wirkt die Seuche wie eine Gegenbewegung zur beschleunigten Globalisierung.

Gravierende Differenzen gibt es bei der *Wahrnehmbarkeit* beider Katastrophen. Auch wenn das Virus selbst nicht sichtbar ist, können doch die akuten und dramatischen Folgen unmittelbar erfahren werden. Wenn Menschen krank werden, zeigen sich bestimmte Symptome. Auch wenn sie sich gesund fühlen, kann eine Infektion durch einen Test nachgewiesen werden. Im Alltag sind die Masken überall und jederzeit präsent, sie sind zu allgegenwärtigen Symbolen der Katastrophe geworden. Hinzu kommen die mediale Präsenz von Fallzahlen, die Bilder von verödeten Städten und die Szenarien in den Intensivstationen der Krankenhäuser. Für jede Frau und jeden Mann sind die Folgen direkt oder indirekt zu spüren: für Kranke, Trauernde, Geschäftsleute, Arbeitnehmer, Schulkinder, Studierende und Familien.

---

[1] Gesang 2011, S. 29; Horn 2014, S. 110; Birnbacher 2016, S. 9; Gabriel, M. 2020, S. 10; Reckwitz 2020, S. 312.
[2] Osterhammel 2020, S. 256, 259.

Demgegenüber ist der Klimawandel zunächst einmal weniger wahrnehmbar. Was an Daten aus der Wissenschaft übermittelt wird, bleibt für die Mehrheit der Bevölkerung ziemlich abstrakt. Die Veränderung in der Erdatmosphäre ist nur für Spezialisten messbar. Ebenso wenig wird das Ansteigen der Temperaturen auf der Erde für alle Menschen bemerkt. Die wissenschaftliche Tatsache, dass bei Erhöhung der mittleren Temperatur um zwei Grad im Verhältnis zum Jahr 1990 ein Wendepunkt erreicht ist, der zu einem ökologischen Zustand führt, der möglicherweise nicht mehr rückgängig zu machen ist, entzieht sich der unmittelbaren Wahrnehmung. Nicht einmal der Rückgang natürlicher Arten ist direkt erkennbar. Gleichwohl sind bestimmte Phänomene bereits für viele Menschen offenkundig wie heiße Sommer, Trockenheit, Waldbrände, Unwetter und schmelzende Gletscher.

Trotz globaler Reichweite darf jedoch nicht übersehen werden, dass die Erdbewohner keineswegs in gleicher Weise von den Katastrophen betroffen sind. Die negativen Effekte des Klimawandels zeigen sich eher im Süden in den armen Ländern. Die dort lebenden Menschen leiden unter steigender Hitze, Dürre und Hungersnot, was zu lokalen Kriegen und zum Versuch der Emigration führt. Manche reichen Länder im Norden profitieren sogar von der Erderwärmung, indem dort mehr Landwirtschaft möglich wird.

Demgegenüber hat es den Anschein, als ob die Covid-19-Pandemie alle Menschen in gleicher Weise treffen kann. Jede Person, ob reich oder arm, einfacher Bürger oder Staatsmann, kann von dem Virus infiziert und schwer krank werden oder gar daran sterben. Das belegen die prominenten Fälle und die Hotspots in wohlhabenden Regionen wie Norditalien. Es ist sogar belegt, dass sich zunächst reiche Bürger, die in Metropolen leben und durch die halbe Welt fliegen, angesteckt haben. Sitzen wir also alle in einem Boot? Ist das Virus ein demokratischer „Gleichmacher" unter den Menschen?[3]

Das ist jedoch nur bedingt der Fall. Wie der Klimawandel hat auch die Pandemie unterschiedliche Auswirkungen für reiche und arme Länder.[4] Mit etwas Verzögerung ist das Virus auch in Afrika, Asien und Lateinamerika angekommen. Es kann sich schneller verbreiten, weil die dort lebenden Menschen weniger gesund sind und unter hygienischen Missständen leiden. Hinzu kommt der Mangel an Schutzmasken und Impfstoffen, die diesen Ländern teilweise vorenthalten werden. Das gilt dann auch für die Armen in den reichen Ländern, wie vor allem in den USA zu beobachten

---

[3] Žižek 2020, S. 17, 33. 42.
[4] Rohland 2020, S. 46 f.; Knoblauch, Löw 2020, S. 108 f.; Stichweh 2020, S. 221; Block 2020, S. 167.

ist, wo farbige Menschen, die in ungesunden Wohngebieten oder gar Slums leben, überproportional erkranken und sterben. Diese asymmetrische Gemengelage bringt die soziale Ungleichheit und Rassendiskriminierung zum Vorschein und verstärkt sogar die Benachteiligung nicht-weißer Bevölkerungsschichten.

Unterschiedlich sind auch die *Kausalketten* der beiden Krisen. Auch wenn es wissenschaftlich schwer nachzuweisen ist,[5] besteht weitgehender Konsens darüber, dass der Klimawandel von der modernen Zivilisation verursacht ist. Insofern ist diese ökologische Krise von den Menschen selbst gemacht. Die wichtigste Ursache ist die Emission von Treibhausgasen durch die Verbrennung fossiler Energien. Schon seit Bekanntwerden ist von den Grenzen des ökonomischen Wachstums die Rede. Manche sprechen gar von einem *Ökozid*.

Im Gegensatz dazu wurde die Pandemie ausdrücklich *nicht* von den Menschen ausgelöst. Der Verdacht, dass das Virus in einem chinesischen Labor künstlich hergestellt worden wäre, hat sich nicht bestätigt. Für den Einzelnen ist das Virus ein exogener Schock, der ihn als etwas Fremdes und Feindliches getroffen hat. Doch zugleich wäre es verfehlt, die Pandemie auf eine reine Naturkatastrophe zu verkürzen. Denn sie ist erst unter den Bedingungen der gegenwärtigen Zivilisation möglich geworden, die wiederum von den Menschen geschaffen ist. So trägt das aktive Verhalten der Betroffenen dazu bei, dass sich das Virus auf der ganzen Erde verbreiten kann. Hier handelt es sich um eine nicht beabsichtigte und unerwünschte Nebenfolge des menschlichen Handelns, das durch neueste Techniken vermittelt ist.[6] Dazu gehören der Reiseverkehr und die Bevölkerungsdichte in urbanen Zentren.[7]

Wenn dieser Zusammenhang von Natur und Gesellschaft zutrifft, bringen die genannten Katastrophen nicht nur die Schwächen der modernen Gesellschaft zum Vorschein, sie verstärken sogar die vorhandenen Probleme.[8] Im Zuge der Pandemie zeigen sich neue Grenzen der Globalisierung, so dass bereits von einer De-globalisierung die Rede ist. Das trifft den Kern der

---

[5] Gesang 2011, S. 18; Birnbacher 2016, S. 9; Ostheimer 2020, S. 179. – Offenbar gibt es auch Hinweise darauf, dass die Entstehung und Ausbreitung von Corona mit der Klimakrise zusammenhängt. Adloff 2020, S. 147 f.; Rohland 2020, S. 45.
[6] Shklar 1992, S. 8, 89, mit Bezug zum Erdbeben von Lissabon S. 9 f., 90 f.; Knoblauch, Löw 2020, S. 89 f., 102; Vielmetter 2021; S. 34–42.
[7] Stichweh 2020, S. 221; Reckwitz 2020, S. 242; Mukerji, Mannino 2020, S. 12.
[8] Gabriel, M. 2020, S. 10, 282; Münkler 2020, S. 106; Knoblauch, Löw 2020, S. 108 f.; Block 2020, S. 9; Adloff 2020, S. 145; Mau 2021, S. 23.

Moderne, die sich einmal als Entgrenzung von Raum und Zeit verstanden hat. Denn nicht nur der globale Raum wird eingeschränkt, ebenso ist der Zukunftshorizont moderner Gesellschaften dramatisch geschrumpft. An die Stelle grenzenlosen wirtschaftlichen Wachstums und endloser ökonomischer Fortschritte ist ein sozialer Stillstand oder gar Rückschritt getreten.

Einigkeit besteht darin, dass die Pandemie – vor dem Krieg in der Ukraine – einen ersten *historischen Wendepunkt* markiert. Doch wie ist diese Zäsur in der Geschichte zu beurteilen?

Manche fühlen sich in ihrer grundsätzlichen Kritik an der Moderne bestätigt und wiederholen das alte Theorem vom „Ende der Geschichte" oder vom *Posthistoire*.[9] Dahinter verbirgt sich die Meinung, das Virus habe das Scheitern der Moderne vor Augen geführt. An die Stelle des Glaubens, die Welt könne immer besser berechnet und beherrscht werden, sei nun die Erfahrung der Unverfügbarkeit von Natur und Gesellschaft getreten. Der alte Größenwahn werde durch die Kontingenzerfahrung abgelöst. Um diese Art Kontingenz zu bewältigen, bleibe nur übrig, das Soziale zu simplifizieren. Während man früher differenzierte soziale Teilsysteme vorausgesetzt hat, werde jetzt die ganze Gesellschaft auf ein einziges und absolut geltendes „Krankheitssystem" fixiert.[10]

Doch einige Beobachter betrachten die gegenwärtige Krise als Gelegenheit für den Aufbruch in eine neue Zukunft. Auch in diesem Kontext setzen sie der Postmoderne eine „neue Aufklärung" entgegen.[11] Sie nehmen die Pandemie zum positiven Anlass, sich vom kapitalistischen Wachstumszwang zu befreien und innovative Visionen zu entwerfen. Dabei unterscheiden sich diese Zukunftsentwürfe noch einmal in ihrer Radikalität und Pragmatik. Sie reichen von der Forderung nach einem „globalen emanzipatorischen Projekt", einem „moralischen Fortschritt", einer konsequenten „Wirtschaftsdemokratie" bis zu einem „neuen Kommunismus".[12]

Bei genauerer Betrachtung laufen auch diese Vorschläge auf mehr oder weniger radikale Reformen hinaus. Ihr Realismus besteht darin, in den Krisen Potenziale aufzuspüren, die technische, wirtschaftliche und soziale Änderungen ermöglichen. In der Regel geht es dabei um andersartige Entwicklungen, die schon innerhalb der gegenwärtigen Krise zu beobachten

---

[9] Adloff 2020, S. 149; Stichweh 2020, S. 231; zum *Posthistorie* und zur Zukunftsperspektive siehe Kap. 9.
[10] Stichweh 2020, S. 198 f., 229, 232, 236.
[11] Frick 2020, S. 7; Böhme 2021, S. 11 f.
[12] Gabriel, M. 2020, S. 212, 281, 286, 308; Reckwitz 2020, S. 318; Žižek 2020, S. 39; vgl. Block 2020, S. 155; siehe Kap. 8 und 9.

sind. Wie beim Erdbeben von 1755 gehört dazu eine Reform des Städtebaus, um die Hygiene in den Slums zu verbessern. Es kommt also darauf an, diese schon eingeleiteten Tendenzen fortzusetzen und zu verstärken.

Diese Reaktionen auf die gegenwärtigen Krisen werden im letzten Abschnitt weiter ausgeführt und in den späteren Kapiteln vertieft. Doch zuvor geht es um ein Ereignis, das sich um die Mitte des 18. Jahrhunderts ereignet und in ganz Europa vielfältige Kommentare ausgelöst hat. Der Vergleich mit dieser früheren Katastrophe soll es ermöglichen, die Reaktionen der Aufklärer in die heutige Gegenwart zu transformieren.

Das Erdbeben von Lissabon

Am Morgen des 1. November 1755 ereignete sich in Lissabon ein gewaltiges Erdbeben. Die drei Stöße dauerten mit kurzen Pausen kaum zehn Minuten. Der erste ließ die Gebäude erzittern, der zweite zerstörte 15.000 Bauwerke, darunter zahlreiche Kirchen, Klöster und Paläste. Ein dritter vollendete die Verwüstung, wonach eine erstickende Staubwolke den Himmel verfinsterte. Die Kerzen in den Kirchen und das offene Feuer in den Häusern führten zu verheerenden Bränden.

Nach Augenzeugenberichten riss die Erschütterung meterbreite Spalten im Boden auf und legte das Stadtzentrum in Schutt und Asche. Die Überlebenden flüchteten sich in den Hafen und sahen dort, wie das Meer zurückgewichen war und einen mit Schiffswracks und verlorenen Waren bedeckten Seeboden freigab. Wenige Minuten danach überrollte eine Flutwelle die ganze Stadt. Von den damals etwa 275.000 Einwohnern gab es zwischen 70.000 und 100.000 Tote.[13]

Den Trümmern fielen auch deshalb so zahlreiche Menschen zum Opfer, weil an diesem Tag das katholische Fest Allerheiligen gefeiert wurde. Hinzu kam die Neugier auf eine Sitzung der Inquisition mit anschließenden Ketzerverbrennungen. So hatten sich in den Kirchen die Gläubigen dicht gedrängt, die dann in Massen von den einstürzenden Gewölben erschlagen wurden. Zu einem anderen Zeitpunkt wären die Menschen in ihren Häusern nicht so gefährdet gewesen.

Das Desaster war ein *globales Ereignis*, weil es an vielen Orten der Erde fast gleichzeitig registriert wurde. Als in Lissabon um 9.30 Uhr Orts-

---

[13] Das Erdbeben erreichte eine geschätzte Stärke von etwa 8,5 bis 9 auf der Momenten-Magnitude-Skala. – Günther 2016, S. 13–23.

zeit der Boden bebte, spürte man den Druck wenig später in Madrid. Die Flutwellen erreichten nicht nur den Süden Frankreichs und Nordafrikas, sondern auch den Norden in England, Schottland, Irland, Norwegen, Schweden und Finnland. Sie überquerten sogar den Atlantik und trafen die westindischen Inseln, die Azoren und die Kapverden. Selbst die vom Meer abgeschnittenen Brunnen und Seen gerieten in Wallung, bis in die Mark Brandenburg, wie Theodor Fontane zu berichten wusste.

Darüber hinaus war diese Katastrophe ein *mediales Ereignis in ganz Europa*, weil sich die Nachricht sehr schnell verbreitete.[14] Innerhalb eines Jahres erschienen darüber mehr als dreitausend Artikel. Zwar hatte es schon vorher schwere Erdstöße etwa auf Sizilien in Messina und Palermo gegeben, aber das Beben von Lissabon fand besondere Beachtung, weil diese Stadt damals zu den reichsten und blühendsten Handelsmetropolen gehörte und enge Beziehungen mit Madrid, Paris, London, Amsterdam, Hamburg und Venedig pflegte. Eine wesentliche Voraussetzung für die Verbreitung in zahlreichen Berichten und Kommentaren war der bereits entwickelte europäische Markt von Zeitungen, Zeitschriften und Büchern.

Der Untergang Lissabons hatte schon sehr bald *praktische Konsequenzen*. Dem Marquês de Pombal, der dem König Joseph I. ab 1756 als Erster Minister Portugals diente, gelang es verhältnismäßig schnell, das entstandene Chaos zu überwinden. Außerdem veranlasste er durch Umfragen in den Pfarreien eine genaue Bestandsaufnahme. Sodann kümmerte er sich um den Wiederaufbau der Stadt, in der jetzt größere Plätze, breitere Straßen und niedrigere Häuser entstanden. Schließlich vermochte Pombal den katholischen Patriarchen dazu zu bewegen, Strafpredigten und Prophezeiungen neuer Katastrophen zu verbieten.

Ökologische Konsequenzen

Das Lissaboner Erdbeben löste in ganz Europa vor allem unter Theologen und Philosophen eine heftige Debatte aus. Wie kann ein allmächtiger und gütiger Gott ein so schreckliches Unglück zulassen?

Die erste Antwort kam von den katholischen Priestern. In ihren Bußpredigten, von denen in den europäischen Ländern etwa 2500 gezählt

---

[14] Jürgen Wilke: *Das Erdbeben von Lissabon als Medienereignis*. In: Lauer, Unger 2014, S. 75–95; Matthias Georgi: *Das Erdbeben von Lissabon in der englischen Publizistik*. In: Lauer, Unger 2014, S. 96–109.

wurden, deuteten sie das Inferno als Strafe Gottes für eine sündige Hafenstadt. Hier habe sich der rächende Gott des Alten Testamentes offenbart. Allerdings war das schon damals wenig überzeugend, weil ja ausgerechnet die frommen Kirchgänger betroffen waren, während den tatsächlichen Sündern, die zu dieser Zeit am Stadtrand in den Hütten der Prostituierten verkehrten, kaum etwas passiert ist.

Im Gegenzug nahmen die protestantischen Prediger das Beben zum Anlass, nicht nur den ungeheuren Reichtum und verderblichen Luxus Lissabons anzuprangern, sondern vor allem auch den katholischen Aberglauben mit seinem Inquisitionsgericht. Insbesondere die englischen Protestanten veröffentlichten mehrere Dutzend Pamphlete, in denen sie das Unheil als spezifisch „katholische Katastrophe" brandmarkten.

Kritik an der Theodizee. – Dann meldeten sich die Philosophen zu Wort, allen voran der schon damals berühmte Voltaire. Er verspottete nicht nur die klerikalen Sermone, sondern kritisierte auch die zeitgenössische Theologie und Philosophie. So sah er im Fiasko eine Widerlegung der Auffassung, dass Gott die Welt allein zum Wohle des Menschen geschaffen habe. Er stellte sich auf den Standpunkt der modernen Naturwissenschaften und sprach von einem rein physikalischen Vorgang. Für ihn handelte es sich nicht mehr und nicht weniger als um eine Naturkatastrophe, um einen naturbedingten Zufall ohne irgendeinen höheren Sinn.

Unmittelbar nach dem Ereignis verfasste Voltaire sein *Gedicht über die Katastrophe von Lissabon* mit dem Untertitel *Prüfung jenes Grundsatzes „Alles ist gut"*,[15] das innerhalb des ersten Jahres 1756 in zwanzig Ausgaben erschienen ist. Damit hat er wesentlich zur Verbreitung der Neuigkeit beigetragen und den Vorfall zu einem Weltereignis stilisiert. „Das Axiom *Alles ist gut*", schreibt er im Vorwort seines *Gedichts*, „erscheint denen, die Zeugen dieser Katastrophe sind, ein wenig befremdlich. Alles ist eingerichtet, alles ist geordnet, ohne Zweifel, durch die Vorsehung, aber es ist nur allzu spürbar, dass längst nicht alles für unser gegenwärtiges Wohlbefinden eingerichtet ist."

Die Formel „Alles ist gut" verweist auf den englischen Dichter-Philosophen Alexander Pope, der in seinem *Essay on Man* (1733) die Welt als eine göttliche Ordnung beschrieben hatte.[16] Weil der Mensch nicht in der Lage sei, das Ganze als etwas Gutes zu erfassen, sehe er nur die Unvollkommenheiten in den Teilen der Schöpfung. Zwar beschützt Voltaire dieses

---

[15] In: Breidert 1994, S. 58–73; das folgende Zitat S. 58.
[16] Pope 1997; vgl. in diesem Kontext Saul 1992, S. 54 f.; Hellwig 2014, S. 217 f.

Diktum vor dem „Missbrauch", als ob das schreckliche Geschehen letztlich zum allgemeinen Wohl der Menschheit beigetragen habe.[17] Aber letztlich distanziert er sich – trotz aller Huldigungen, die mehr dem Dichter gelten – von der Idee, dass die Welt insgesamt „gut" sei.

Sehr viel schärfer kritisiert Voltaire indessen den deutschen Philosophen Georg Wilhelm Leibniz, wie sich bereits im dritten Kapitel zeigte. In einem Brief, den er gleich nach der Nachricht aus Lissabon geschrieben hat, heißt es: „Da sehen Sie, mein Herr, wie grausam die Natur ist. Man wird Mühe haben zu erraten, wie die Gesetze der Bewegung so entsetzliche Verwüstungen in der *besten aller möglichen Welten* anrichten. [...] Welch trauriges Spiel des Zufalls ist doch das Spiel des menschlichen Lebens! Was werden die Prediger sagen, vor allem falls der Palast der Inquisition noch steht?"[18] Mit der Formel „beste aller möglichen Welten" spielt Voltaire auf Leibniz' *Theodizee* (1710) an, die er mit dem Erdbeben von Lissabon für unvereinbar hält.[19]

Primär gegen Leibniz richtet sich auch die vier Jahre später erschienene Erzählung *Candide oder Der Optimismus* (1759).[20] Darin konfrontiert Voltaire dessen Lehre mit den rauen Erfahrungen der gerade überstandenen Apokalypse in Portugal und des soeben beginnenden Siebenjährigen Kriegs im übrigen Europa. Während Leibniz in seiner *Theodizee* noch konzediert hatte, dass die Welt, in der die Menschen leben, keineswegs perfekt sei, unterstellt Voltaire sowohl in seinem Gedicht als auch in seiner Erzählung die Propagierung einer vollkommenen Welt. Hatte Leibniz die beste aller *möglichen* Welten gemeint, deutet Voltaire diese Formel in die *beste* aller möglichen Welten um. Für diese Polemik bietet der Fall Lissabon eine willkommene Gelegenheit.

Kritik an der Zivilisation. – Es war Jean-Jaques Rousseau, der sich mit einer solchen Lösung nicht zufrieden gab. In seinem *Brief über die Vorsehung* an Voltaire verteidigt er den „Optimismus" von Pope und Leibniz und wirft

---

[17] Dagegen setzt Voltaire seine Empathie mit den Opfern des Erdbebens; *Gedicht* in: Breidert 1994, S. 58 f., 63–65. – Damit rechtfertigt Voltaire weder einen „metaphysischen Optimismus" noch ein traditionelles Christentum, wie Harald Weinrich behauptet; Weinrich 1971, S. 67. – Ebenso die Kapitel XXI und XXII zu Pope in Voltaires *Lettres philosophiques* (1734) und den Artikel „Bien, tout est bien" in dessen *Dictionnaire philosophique* (1764).

[18] Brief vom 24. November 1755 an Théodore Tronchin; zitiert nach Günther 2016, S. 33.

[19] Siehe in diesem Zusammenhang Weinrich 1971, S. 66; Marquard 2014, S. 207; Concha Roldán, in: Wagner, Asmuth, Roldán, 2017, S. 9–24.

[20] Voltaire 1948, Bd. I, S. 179–297; zum Erdbeben von Lissabon S. 191 f.

dem Adressaten vor, das auf der Welt vorhandene Elend zu übertreiben.[21] Dabei beschränkt sich Rousseau nicht auf theologische Argumente, sondern gibt seinem Diskurs eine überraschend sozialkritische Wendung. Die „Übel auf der Erde" zu beklagen könne sich im Grunde nur derjenige leisten, der wie Voltaire „mitten im Überfluss" lebe. Demgegenüber bezeichnet sich Rousseau selbst als „armen Mann", dem gar nichts anderes übrig bleibe, als „alles gut" zu finden: „Sie genießen, aber ich hoffe, und die Hoffnung verschönert alles."[22] Das ist keine Theologie mehr, sondern im besten Sinn Ideologiekritik, weil hier die soziale Grundlage und Funktion einer Position einbezogen wird.

Aber diese Kritik ist nur ein Nebenschauplatz von Rousseaus *Brief*, der Voltaires *Gedicht* kommentiert. Das Kernargument besteht in der Verknüpfung des Erdbebens von Lissabon mit der Kritik an der modernen Zivilisation. Gegen Voltaire wendet Rousseau ein, diese Katastrophe lasse sich keineswegs auf ein „physisches Übel" reduzieren. Denn „nicht die Natur [hat] dort 20.000 Häuser zu sechs bis sieben Etagen erbaut", sondern diese viel zu eng und hoch errichtete Stadt war „unser eigenes Werk".[23] Hätten die Menschen eine solche Metropole gar nicht erst gebaut und in leichteren Gebäuden gewohnt, wären die Zerstörungen viel geringer ausgefallen. Und hätten die habsüchtigen Einwohner nicht noch versucht, ihr Eigentum in Sicherheit zu bringen, wären sie früher aufs Land geflohen und dem Tod entronnen. Nicht Gott habe den Menschen bestraft, sondern der Mensch habe sich selbst durch eine fehlgeleitete Zivilisation geschadet. So gesehen ist der Zusammenbruch gar keine Naturkatastrophe, sondern eine Folge der von den Menschen gemachten Kultur. Natur*ereignisse* werden erst durch Menschenhand zu Natur*katastrophen*.

Mit dieser zivilisationskritischen Deutung verleiht Rousseau seiner Argumentation zugleich eine *geschichtsphilosophische* Dimension. Denn er ordnet diesen Vorgang in den historischen Prozess der gesamten Menschheit ein. Folglich steht das reiche Handelszentrum Lissabon am Ende einer langen Entwicklung, die durch technische, wirtschaftliche und kulturelle Fortschritte erreicht worden ist. Doch das Drama führt vor Augen, dass dieser Fortschritt in die Irre geführt hat. Diese Welt *ist* längst nicht

---

[21] In: Breidert 1994, S. 79–93, hier S. 80. – In den folgenden theologischen Passagen führt Rousseau bereits die Konzeption seiner späteren „Zivilreligion" aus, hier noch „Katechismus des Bürgers" genannt; ebd., S. 92.
[22] Ebd., S. 93. – An dieser Stelle ist zu ergänzen, dass Voltaire selbst die Aussicht auf „Hoffnung" später am Ende seines *Gedichts* hinzugefügt hat. In: Breidert 1994, S. 72 f.
[23] Ebd., S. 81; vgl. Steinbrügge 2020, S. 125 f.

mehr gut, sondern sie *war* einmal gut, als die Menschen sich noch im so genannten Naturzustand befanden. Wie Rousseau in seinem kurz zuvor erschienenen *Diskurs über den Ursprung der Ungleichheit* ausführt, besteht die Revision zwar nicht in einem „Zurück zur Natur", wohl aber in der Rückkehr zu einer agrarischen Gesellschaftsformation mit einer bäuerlichen Lebensweise auf dem Land.[24] Allein unter dieser Voraussetzung gebe es Grund zur Hoffnung, dass die Menschenwelt in Zukunft wieder „gut" werden könnte.

In diesem *Diskurs* deutet Rousseau sogar *ökologische Probleme* an. Bereits zu Beginn verurteilt er die negativen Folgen, die in der Knappheit natürlicher Ressourcen und einer Verschlechterung des Klimas bestehen. Denn mitten im 18. Jahrhundert waren die Wälder in Europa so weit gerodet, dass sich eine Knappheit an Holz bemerkbar zu machen begann, die dann zum Bergbau geführt hat. So hat Diderot im Artikel „Holz" (bois) seiner *Enzyklopädie* den bereits spürbaren Holzmangel beklagt.[25] Darüber hinaus beklagt Rousseau die Schäden für Luft und Boden. Demnach beeinflusst der Wald den „Regenfall" und ist dadurch in der Lage, die „Dünste" zu speichern. Doch die durch Abholzung entstandene Trockenheit schlägt sich auch auf den Boden nieder, der versandet und verödet. Wird schließlich „die Erde zivilisiert", droht das Agrarland auszulaugen.[26] Auffallend ist: Eigentlich hat Rousseau ja die Entstehung der sozialen Ungleichheit zum Thema. Aber weil er diesen „Ursprung" in der Entfernung des Menschen von dessen innerer und äußerer Natur sieht, werden eben auch die naturgegebenen Bedingungen erwähnt.

Doch zurück zum Erdbeben von Lissabon: Auch der junge Immanuel Kant hat sich mit dieser Katastrophe auseinandergesetzt. In seiner *Geschichte und Naturbeschreibung der merkwürdigen Vorfälle des Erdbebens, welches an dem Ende des 1755sten Jahres einen großen Teil der Erde erschüttert hat* (1756) behandelt er ausführlich die naturwissenschaftlichen Aspekte.[27] So führt er die „Erschütterungen der Erde" auf beständige „Gesetze der Natur" zurück

---

[24] Rousseau 1978, S. 219; zum Erdbeben S. 117. – In diesem Diskurs verallgemeinert Rousseau seine Auffassung, dass die ersten Menschen durch zufällige Naturkatastrophen auf den Weg der Zivilisation gebracht worden seien. Ebd., S. 75; vgl. Kap. 8.

[25] „Wenn man den erstaunlichen Holzverbrauch im Zimmerer- und Tischlerhandwerk und in anderen Handwerken sowie im Feuer der Schmieden, Gießereien, Glashütten und Kamine betrachtet, sieht man leicht ein, wie wichtig zu allen Zeiten und bei allen Völkern für Öffentlichkeit und Privatpersonen die Anlage, Pflege und Erhaltung der Wälder gewesen sein muss." Enzyklopädie 1972, S. 167 f.

[26] Rousseau 1978, S. 85, Anm. d. – Siehe auch die Ausführungen von Montesquieu zu Klima und Boden in Kap. 7; ebenso in Kap. 8 die Politische Ökonomie der Physiokraten.

[27] Kant 1968, Bd. I, S. 430–461.

und hält die Analyse solcher schrecklichen „Zufälle" für lehrreich. Aber Kant begnügt sich nicht mit der damals im Entstehen begriffenen Geologie.

Wie Voltaire wendet er sich gegen den „sträflichen Vorwitz", derartige Schicksale als Strafgericht Gottes für die in der verheerten Stadt begangenen Übeltaten zu deuten. Und wie Rousseau macht er die in Lissabon lebenden Menschen für ihre eigene Tragödie verantwortlich: „Es war nöthig, daß Erdbeben bisweilen auf dem Erdboden geschähen, aber es war nicht nothwendig, daß wir prächtige Wohnplätze darüber erbaueten? Die Einwohner in Peru wohnen in Häusern, die nur in geringer Höhe gemauert sind, und das übrige besteht aus Rohr. Der Mensch muß sich in die Natur schicken lernen, aber er will, daß sie sich in ihn schicken soll. [...] Der Mensch ist nicht geboren, um auf dieser Schaubühne der Eitelkeit ewige Hütten zu bauen."[28] Diese Formulierung enthält Ansätze für eine Ökologie, an die sich heute anknüpfen lässt.

Schließlich sieht Kant sogar einen gewissen „Nutzen der Erdbeben", der darin besteht, aus dem Elend praktische Konsequenzen zu ziehen. Er betrachtet das Beben als ein „Zeichen", das die Menschen dazu auffordert, in Zukunft vorbeugende Maßnahmen zu ergreifen.[29] Damit nimmt er den Begriff des „Geschichtszeichens" vorweg, dessen Theorie er sehr viel später in seiner Philosophie der Geschichte entwickeln wird. An dieser Stelle fordert er die Menschen auf, ihre Zivilisation nicht gegen, sondern im Einklang mit der Natur zu entwickeln. Zwar fühlt sich Kant von Rousseaus Zivilisationskritik inspiriert, begnügt sich aber hier mit pragmatischen Ratschlägen, die bereits der portugiesische Minister Pombal realisiert hat: Gebäude so sicher zu bauen, dass sie keinen großen Schaden nehmen oder bei ihrem Einsturz verursachen.

Erschütterung der Aufklärung? – In der umfangreichen Literatur zur zeitgenössischen Rezeption des Erdbebens von Lissabon entsteht zuweilen der Eindruck, als habe die Katastrophe nicht nur diese Stadt erschüttert, sondern auch das Gedankengebäude der europäischen Aufklärung zum Einsturz gebracht. So trägt eine entsprechende Dokumentation den Titel „Die Erschütterung der vollkommenen Welt", womit die Lehren von Pope und

---

[28] Ebd., S. 456, 459 f.; vgl. S. 431. – Zum Zeitpunkt des Erdbebens und der Reaktionen darauf erreichte die Debatte über die Theodizee an der Berliner Akademie der Wissenschaften einen Höhepunkt. Im Frühjahr 1755 stellte man die Preisfrage zum Diktum von Pope „Alles ist gut". Gewonnen hat ein Kritiker, was wohl ganz im Sinne des damaligen Direktors Pierre Louis Moreau de Maupertuis gewesen sein dürfte.
[29] Kant 1968, Bd. I, S. 461. – Vgl. Steffen Dietzsch: *Denken und Handeln in der Katastrophe. Pombal und Kant als Meister der Krise*. In: Lauer, Unger 2014, S. 258–274; siehe Kap. 9.

Leibniz gemeint sind. Oder es wird behauptet, das Unglück habe Voltaire von der Leibniz'schen Theodizee geheilt. Insgesamt gilt das Verhängnis als ein „Wendepunkt der europäischen Geistesgeschichte", an dem „der Optimismus der Aufklärung in den Pessimismus umschlägt".[30] Mit einer solchen Deutung wird das Verhältnis von Religion und Aufklärung geradezu auf den Kopf gestellt. Würde man die Aufklärung mit der Theodizee identifizieren, hätte das Beben tatsächlich der Aufklärung den Todesstoß versetzen können. Dagegen ist einzuwenden, dass allein die Theodizee getroffen wurde, während sich eine davon längst emanzipierte Aufklärung bewahrheitet hat. In diesem Sinn kann man das Ereignis in Lissabon sogar als den *Beginn der Moderne* deuten.

Für diese Interpretationen sprechen bereits die zitierten Autoren. Wie gezeigt, hat Rousseau auch noch nach dem Erdbeben seine religiös motivierte optimistische Grundhaltung verteidigt. Und seine Zivilisationskritik hatte er bereits in den beiden *Diskursen* von 1750 und 1755 veröffentlicht. Ebenso wenig hat Voltaire seine wohlwollende und zugleich distanzierte Stellungnahme zu Pope revidiert. Schon im Jahr 1748 hat er die Erzählung *Memnon* verfasst, in der er die Theodizee von Leibniz – wie im späteren *Candide* – durch eine absurde Geschichte verspottet. Am Ende bezeichnet er den Erdball als ein „Irrenhaus" und damit eher als die „schlechteste aller Welten".[31] Hier ist es geradezu evident, dass die Katastrophe keine philosophischen Kehrtwendungen verursacht hat. Demgegenüber fühlten sich beide Autoren in ihren ursprünglichen Anschauungen bestätigt.

Mit ihrer säkularen und naturwissenschaftlichen Betrachtung des Erdbebens haben Voltaire, Rousseau und Kant ihre genuin aufklärerische Haltung unter Beweis gestellt. Es lässt sich sogar feststellen, dass die Position der Aufklärung durch die Erfahrung und Verarbeitung dieses Debakels eher verstärkt worden ist. So war die Aufklärung des 18. Jahrhunderts nicht etwa am Ende, sondern hat einen entscheidenden Schub vollzogen, durch den sie ein neues und spezifisches Profil gewann. Diese neue Aufklärung überwand die spekulative Metaphysik eines Leibniz, dessen Theodizee eher der Philosophie der Neuzeit angehörte, und setzte dagegen die genannten neuen Wissenschaften, die sich konsequent an der Erfahrung orientierten.

---

[30] Breidert 1994, S. 15 f.; Lauer, Unger 2014, S. 13; Hellwig 2014, S. 216; Günther 2016, S. 12; Weinrich 1971, S. 64, 71. – Theodor W. Adorno behauptet: „Das Erdbeben von Lissabon reichte hin, Voltaire von der Leibniz'schen Theodizee zu heilen." *Negative Dialektik*, Frankfurt a. M. 1966, S. 354.

[31] In: Voltaire 1948, S. 133; vgl. Hellwig 2014, S. 220.

Zusammenfassend ist zu konstatieren, dass die Aufklärung nicht etwa am Lissaboner Erdbeben gescheitert ist, sondern umgekehrt in der Lage war, die entstandenen Schäden intellektuell zu bewältigen und praktisch zu überwinden. Für diese Sichtweise ließen sich einige Anzeichen erkennen. Zunächst diente der Vorfall dazu, nach ausschließlich irdischen Ursachen zu suchen und damit den Prozess der Säkularisierung fortzusetzen. Wichtiger war jedoch die Schlussfolgerung, dass es möglich ist, bestimmte Fehlentwicklungen der menschlichen Zivilisation rückgängig zu machen und dadurch derartige Katastrophen in Zukunft zu vermeiden. Diese entscheidende Reaktion auf die Krise gilt es nun zu aktualisieren.

Umgang mit Klima und Pandemie

Selten zuvor war Wissenschaft so wichtig und zentral. Das gilt insbesondere für die gegenwärtige Pandemie, bei der in religiösen Kontexten immer noch eine göttliche Absicht ins Spiel gebracht wird.[32] Inzwischen sind noch andere und nicht wenige Gegner der Wissenschaften hinzugekommen wie Klima- und Corona-Leugner. Glaubten wir lange Zeit in einer Wissensgesellschaft zu leben, wird genau diese Formation heute immer mehr in Frage gestellt. Vor diesem Hintergrund steht die gegenwärtige Wissenschaft unter einem extremen Legitimationszwang. Es entscheidet über Leben und Tod, was die Mediziner, Virologen und Statistiker erforschen und mitteilen, auch wenn sie sich dabei nicht immer einig sind. Wer das ignoriert, gefährdet und zerstört massenhaft Menschenleben, wie vor allem in Brasilien zu beobachten war. Gefordert ist eine neue Aufklärung mit epistemischer Autorität.

Wissenschaft und Politik. – Nur bereitet deren Verteidigung zunehmend Schwierigkeiten, weil die einzelnen Wissenschaftler alles andere als autoritär vorgehen dürfen. Zum einen liegt das daran, dass sowohl das Klima auf der Erde als auch die Verbreitung und Wirkung des Covid-19-Virus extrem komplexe Systeme sind, die sehr viele Ungewissheiten bergen. Gerade der unvorhergesehene Einbruch der Pandemie führt vor Augen, wie unsicher die Kenntnisse über den gegenwärtigen Stand und den weiteren Verlauf sind. Es fehlen belastbare Prognosen über Infektionszahlen und Krankheitsver-

---

[32] Siehe den Band *Jenseits von Corona*, in dem sich ein Kapitel „Religion – Kirche – Philosophie" findet. Darin ist zwar (nicht mehr) von einer „Strafe Gottes" die Rede, vielmehr wird die „fehlende Deutungskompetenz" und damit das „Schweigen" der Kirchen beklagt. Striet 2020, S. S. 159 f., 163.; vgl. Kortmann, Schulze 2020, S. 137–174.

läufe.³³ Zum andern führt das dazu, dass sich die Wissenschaftlerinnen und Wissenschaftler häufig nicht einig sind und über ihre Methoden und Ergebnisse streiten. Mancher Artikel in Tageszeitungen liest sich wie eine Einführung in die Wissenschaftstheorie, um der Öffentlichkeit zu vermitteln, dass Wissenschaft immer schon und wesentlich aus kontroversen Diskursen besteht, ohne dadurch zur bloßen Meinung zu verkommen. Letztlich gibt es bestimmte Evidenzen, über die weitgehende Einigkeit besteht.

Angesichts dieser prekären Situation ist die Wissenschaft gegen den Vorwurf in Schutz zu nehmen, sie schwinge sich zur absoluten Instanz auf. Insbesondere wird gegenwärtig den Virologen und Epidemiologen vorgeworfen, sie dominierten die öffentlichen Diskurs und steckten die Regierungen in ihre Zwangsjacke. Auf diese Weise gerate die Politik in die Abhängigkeit von Experten, die mit ihren parastaatlichen Institutionen, Beratungsfirmen und Denkfabriken eigene und verselbständigte Machtzentren bildeten. Längst ist von einer „Expertokratie", jetzt sogar von einer „Virokratie" die Rede.³⁴ Insbesondere gegen die vermeintliche Macht der Experten richten sich die Populisten. In dieser Kritik sehe ich den Ausdruck eines tieferen Zwiespalts.

Einerseits bleibt den Politikern gar nichts anderes übrig, als den Empfehlungen der Wissenschaftler zu folgen. Das sind sie dem eigenen Anspruch auf einen rationalen Umgang mit der Pandemie schuldig. Es macht auch das Wesen einer Demokratie aus, gerade in Krisenzeiten auf die Macht des öffentlich geförderten, allgemein zugänglichen und diskursiv ausgehandelten Wissens zu vertrauen. Da erscheint die Rede vom „Tod des Expertentums" nicht nur als maßlos überzogen, sondern sogar als fahrlässig.³⁵ So etwas spielt den aktuell erstarkten Verschwörungsgläubigen und so genannten Querdenkern in die Hände, womit wir uns im nächsten Kapitel noch näher beschäftigen werden. Aus diesen Gründen ist am Vorrang wissenschaftlicher Geltung festzuhalten.

Andererseits birgt diese Art Orientierung an den Wissenschaften die Gefahr, dass politische Entscheidungen ihre je eigene Legitimation einbüßen. Denn es entsteht der falsche Eindruck, als ob ein direkter Weg von der wissenschaftlichen Evidenz zur richtigen Politik führe. Politische

---

³³ Münkler 2020, S. 103, 105; vgl. Adloff 2020, S. 145 f.; Gabriel, M. 2020, S. 284; Block 2020, S. 155; Mukerji, Mannino 2020, S. 23 f.; Keil, Jaster 2021, S. 12; Vielmetter 2021, S. 67.
³⁴ Willke 2016, S. 16; Reckwitz 2020, S. 244; Bogner 2021, S. 13, 21 f., 16, 119, zum Folgenden S. 18 f., 97.
³⁵ Nichols 2017, S. 1–12. – Für übertrieben hält das Gerede über die Krise der Experten Gil Eyal 2019, S. 138 f.; vgl. die Kritik am *post-truth* von Lee McIntire 2018, S. 1.

Konflikte erscheinen als pure Sachzwänge, die angeblich alternativlos sind. Das hat wiederum zur Folge, dass die jeweiligen Ziele, die das politische Handeln leiten sollen, gar nicht erst verhandelt werden. Dadurch geraten bestimmte normative Ansprüche wie Werte und Weltbilder aus dem Blick.[36] Regierungen beschränken sich dann auf die Handhabung geeigneter Mittel für nicht reflektierte Zwecke, mithin auf technische Verwaltungsakte. Innerhalb der politischen Systeme entspricht dieser technokratischen Tendenz die Verschiebung der Macht auf die Exekutive. Hier fühlen sich diejenigen bestätigt, die von einer „postdemokratischen Wende" sprechen.[37]

Zur Auflösung dieses Dilemmas kommt es darauf an, das spezifisch Politische wiederzugewinnen. Zwar erfordert eine Krise wie die Covid-19-Pandemie eine starke Exekutive, aber das rechtfertigt keineswegs einen autoritären Regierungsstil. Im Gegenteil, diese Krise kann auch als Ansporn begriffen werden, die *Demokratie* zu erneuern. So ist zu fordern, die Parlamente früher und intensiver in die Entscheidungen der Regierungen einzubinden. Außerdem kann die Krise als Anlass dazu dienen, die Abhängigkeit der Regierungen von Expertengremien einzudämmen. Dazu gehört, die Auswahl, Aufgabenstellung und Machtbefugnisse der Experten transparent zu machen und politisch zu kontrollieren, mithin das Expertentum selbst zu demokratisieren. Wenn demokratisch entschieden wird, welches Wissen angefordert und politisch umgesetzt wird, entsteht so etwas wie „epistemische Gerechtigkeit".[38] Damit ist wissenschaftliche Vernunft, demokratische Entscheidung und soziale Sensibilität gefragt.

Letztlich ist es geboten, auf demokratische Weise die *Ziele* zu bestimmen, an denen sich das politische Handeln orientieren soll. Weil das in pluralistischen Gesellschaft nur im öffentlichen Diskurs geschehen kann, ist die entsprechende Kontroverse argumentativ und fair auszutragen. Gerade in der Corona-Krise stellen sich eine ganze Reihe von Zielkonflikten ein. Folgt man allein epidemiologischen Statistiken, erscheinen bestimmte Zahlen wie Richtwerte, die wie Imperative für Einschränkungen fungieren. Dabei wird unterschlagen, dass der dabei unterstellte Wert der Prävention mit anderen Normen der Gesellschaft kollidiert: mit bestimmten Freiheitsrechten der Menschen oder mit deren Ansprüchen auf Gesundheit, Arbeit, Wohlstand, Bildung und Lebensqualität. Dabei sind auch die

---

[36] Bogner 2021, S. 47 f., 77 f.; Münkler 2020, S. 107; vgl. Willke 2016, S. 126; Mukerji, Mannino 2020, S. 77 f.; Keil, Jaster 2021, S. 8 f.

[37] Bogner 2021, S. 38 f.; Stichweh 2020, S, 230 f.; vgl. Crouch 2008, S. 10 f.; Blühdorn 2013, S. 114; Nassehi 2021, S. 18 f., 25; siehe dazu auch Kap. 7.

[38] Kortmann, Schulze 2020, S. 111; Vielmetter 2021, S. 137; vgl. Fricker 2007.

sozialen Unterschiede zwischen den Bevölkerungsgruppen und Genrationen relevant. Im Kontext der Ethik geht es um die Verhältnismäßigkeit der zu ergreifenden Maßnahmen. Gegen die Abstraktion eines verabsolutierten Richtwerts ist der konkrete Zusammenhang der divergierenden Normen und Werte zu setzen.

Angesichts der Tatsache, dass die Corona-Pandemie globale Ausmaße hat, ist der Tendenz entgegenzuwirken, das Problem innerhalb einzelner Nationalstaaten lösen zu wollen. Das trifft besonders bei der weltweiten Verteilung von Impfstoff zu, wo eine unheilvolle Konkurrenz zwischen den Staaten und Regionen entstanden ist. Auch in diesem Fall spielt das soziale Gefälle zwischen armen und reichen Ländern eine maßgebliche Rolle. Im ethischen Kontext geht es hier um *globale Gerechtigkeit*, die noch ausführlich zur Sprache kommen wird. Dabei stellt sich das grundsätzliche Problem, in welchem Maße Menschen verpflichtet sind, für das Wohl weit entfernt lebender Erdbewohner zu sorgen. Die Frage nach der Reichweite moralischer Verantwortung ist ein zentrales Thema der Klimaethik und hat sich mit der Pandemie zugespitzt.

Fragt man nun nach den *konkreten Alternativen*, die sich aus der Pandemie ergeben, ist man wieder auf den Zusammenhang zwischen Klima- und Coronakrise angewiesen. Die Forderungen nach einer ökologischen Wende existieren ja schon seit mehr als fünfzig Jahren. Doch während die entsprechenden Reformen bisher nur sehr schleppend vorangingen, stellt sich angesichts der aktuellen Katastrophe das Problem, ob und inwieweit sich diese schon lange verlangten Erneuerungen im jetzigen Augenblick realisieren lassen. Tatsächlich gibt es dazu in Wirtschaft und Politik, sowohl in einzelnen Nationalstaaten als auch im Rahmen der Europäischen Union, einige zaghafte Anzeichen. So sehr sich die Menschen nach einem „normalen" Leben sehnen, besteht Einigkeit darüber, dass nach dem „Exit" aus der Pandemie nicht die alte Normalität eintreten darf. Ähnlich wie nach dem Erdbeben von Lissabon sind auch unsere Städte zu sanieren, um die Ausbreitung von Seuchen zu verhindern.

Neben dem Ausbau des Gesundheitswesens gehören zu den notwendigen Reformen die Förderung der öffentlichen Wohlfahrt. Nach den Erfahrungen bei der Beschaffung von Masken verschärfen sich die Maßnahmen gegen Korruption in der Politik; es wird sogar ein generelles Verbot für Lobbyismus von Abgeordneten gefordert. Wichtig ist der jetzt schon einsetzende Umbau des Energiesektors. Verstärkt durch die aktuellen Engpässe in der Lieferung von Gas und Öl, ist der Ausbau erneuerbarer Energien massiv voranzutreiben. Hinzu kommt die erforderliche Wende im Verkehrswesen mit dem Verbot von Inlandsflügen und weniger internationalen Flügen, mit dem anvisierten Verbot von Verbrennungsmotoren und der Ersetzung durch Elektroautos, mit dem Ausbau von Fahrradwegen wie auch des öffentlichen Verkehrs durch Bahn und Bus. Schließlich ist die Massentierhaltung, die etwa in Brasilien zur Rodung von Wäldern führte und wohl auch zur Pandemie beitrug, in die Kritik geraten.

Abschließender Vergleich. – Zum Schluss möchte ich noch einige Parallelen resümieren, die sich im Vergleich der gegenwärtigen Krise mit der Epoche der Aufklärung ergeben und die eine Transformation bestimmter Merkmale erlauben. Dabei konzentriere ich mich – wie im gesamten Buch – auf die Spezifik der Wissenschaft und Philosophie in der zweiten Hälfte des 18. Jahrhunderts.

Erstens hat sich am Beispiel des Erdbebens von Lissabon gezeigt, dass bereits vor diesem Zeitpunkt die *Grenzen der modernen Zivilisation* erkannt worden sind. Indem die Anpassung der Kultur an die Natur gefordert wird, kommen schon sehr früh *ökologische* Überlegungen ins Spiel. Dafür stehen nicht allein Rousseau, sondern noch andere Autoren, die damit nicht etwa die Position der Gegenaufklärung vertreten, sondern zur Selbstreflexion der Aufklärung beitragen. Auch Kant lässt zivilisationskritische Spuren erkennen, obwohl er keine Abkehr von der bürgerlichen Gesellschaft propagiert. Wie schon während der Aufklärungsperiode kann die aktuelle Krise als Möglichkeit für Veränderungen von Technik, Ökonomie und Gesellschaft genutzt werden.

Zweitens ist die aufklärerische *Anerkennung der Wissenschaften* in die heutige Gegenwart zu transformieren. Dabei ist die Abgrenzung gegen die frühe Neuzeit wesentlich. Hatte noch Descartes geglaubt, die Bewegung mechanischer Körper mit mathematischer Gewissheit deduzieren zu können, wird im Zuge induktiver Methoden die Unsicherheit menschlicher Erkenntnis zu einem zentralen Thema. Es ist ja kein Zufall, dass mit dem Empirismus die erkenntnistheoretische Skepsis von Hume entstanden ist. Prognosen für die Zukunft haben in der Geschichtsphilosophie von Condorcet nur noch einen Wahrscheinlichkeitswert. Auf diese Weise entsteht ein Bewusstsein für gesellschaftliche und historische Kontingenzen. An die Stelle von Allmachtsfantasien treten die eher realistischen Einstellungen von Hume, Kant und vielen anderen Philosophen.

Drittens lässt sich eine Parallele vom *Rationalismus* der Neuzeit zum gegenwärtigen Expertentum ziehen, das gerade in der Corona-Krise Gefahr läuft, die wissenschaftliche Vernunft zu verabsolutieren. Dagegen hat schon die spätere Aufklärung deutlich gemacht, dass die Wissenschaft „nützlich" sein soll, in dem Sinn, dass sie nicht zuletzt den Zielen und Zwecken der Menschen zu dienen habe. Und diese Zwecke gründen sich wiederum nicht allein auf das rationale Kalkül, sondern auf Interessen, Motive und Emotionen. Damit wird die Wissenschaft der individuellen, gesellschaftlichen und politischen Praxis untergeordnet. Diese Themen werden uns im folgenden Kapitel beschäftigen.

6

Wissen und Können

In seinem Buch *Nachmetaphysisches Denken* stellt Jürgen Habermas zu Recht fest: „Der Horizont der Moderne verschiebt sich."[1] Damit bezieht er sich auf das 19. und 20. Jahrhundert und diagnostiziert die folgenden vier Motive: 1. die Wende von der metaphysischen Spekulation zur Erfahrungswissenschaft, 2. den Übergang von der Bewusstseins- zur Sprachphilosophie, 3. den Vorrang der menschlichen Lebenswelt und 4. die Umkehrung des Verhältnissen von Theorie und Praxis.

Doch auch in diesem prominenten Fall wiederholt sich ein geradezu klassisches Dilemma: Die Denkmotive, von denen sich die Moderne abheben soll, stammen alle aus der rationalistischen Philosophie der Neuzeit. Die Epoche der europäischen Aufklärung wird dabei entweder mit dem Rationalismus gleichgesetzt oder schlicht übergangen. Gegen dieses verbreitete Missverständnis möchte ich nachweisen, dass sich genau diese von Habermas genannten Transformationen bereits in der zweiten Hälfte des 18. Jahrhunderts vollzogen haben. Damit versuche ich meine leitende These zu belegen, dass die Aufklärung selbst bestimmte Momente der Moderne herausgebildet und reflektiert hat.

Demonstrieren möchte ich das hier an drei Bereichen: erstens an einer durch *Erfahrung* begründete Erkenntnistheorie, welche die Abhängigkeit der menschlichen Vernunft von äußeren Eindrücken betont; zweitens an einer neuartigen *Sprachphilosophie*, die zeigt, wie sprachliche Zeichen die Erkenntnisse des Menschen maßgeblich prägen und erweitern; und drittens am

---

[1] Habermas 1988, S. 11–17; ders. 1994, S. 15–60; vgl. Wellmer 1985, S. 77–85.

Wandel der Religionskritik zu einer allgemeinen Theorie individueller und gesellschaftlicher *Vorurteile*, in der auch unbewusste Motive menschlichen Urteilens und Handels zum Vorschein kommen. In all diesen Fällen findet schon sehr viel früher, als gemeinhin angenommen, eine Loslösung von der Metaphysik statt.

In der Theorie menschlicher *Erkenntnis* besteht zwar kein absoluter Gegensatz zwischen Rationalismus und Empirismus, weil ja immer noch vernünftig gedacht und gehandelt werden soll. Aber es werden jetzt keine Gedanken mehr zugelassen, die sich nicht auf Wahrnehmung und Erfahrung gründen. Darüber hinaus vollzieht sich eine Metamorphose innerhalb des menschlichen Verstandes. Denn dieser begnügt sich keineswegs damit, die gegebenen Sinnesdaten zu verarbeiten, sondern operiert bereits auf dem Feld der Wahrnehmungen, die damit selbst intelligent werden. Und mittels innerer Empfindungen entstehen Gefühle, die eine spezifisch emotionale Intelligenz entfalten.

Die *Sprache* war schon früher ein Thema, seit der Antike galt sie als Wesensmerkmal der menschlichen Vernunft. Doch die Anthropologen des 18. Jahrhunderts beschränken die Sprache nicht auf den bloßen Ausdruck von Gedanken, sondern billigen ihr bereits beim Prozess des Denkens eine konstitutive Funktion zu. Mittels sprachlicher Zeichen bilden die Menschen Begriffe, verknüpfen Sachverhalte und ziehen logische Schlüsse, zu denen die kognitive Kompetenz alleine nicht fähig wäre. Erst diese Umkehrung der Perspektive führt zur Entstehung einer eigenständigen Sprachphilosophie.

In jüngster Zeit ist das Paradigma einer auf Erfahrung gestützten Erkenntnis in eine tiefe Krise geraten. Bei nicht wenigen Menschen hat die Wahrheit keinen Wert mehr. Die Rede ist von einer Epoche *nach der Wahrheit* (post-truth), von *Nachrichten jenseits von Fakten* (fake-news) oder von *alternativen Fakten*. Damit gerät das gesamte System einer liberalen Demokratie in Gefahr. Was hilft dagegen? Die Antwort lautet: Aufklärung! In unserem Zusammenhang bedeutet das jedoch nicht allein den Anspruch der Vernunft auf autonomes Denken, weil das auch die aktuellen „Querdenker" für sich reklamieren. Ebenso wenig reicht der zuletzt etablierte *Neue Realismus* (realistic turn) aus, der die empirisch gesicherte Erkenntnis von Tatsachen garantieren soll. Vielmehr ist es erforderlich, die kognitiven, sprachlichen, emotionalen und sozialen Mechanismen von Wahrheitsleugnung und Verschwörung zu analysieren und zu destruieren. Wie sich im vorausgegangenen Kapitel gezeigt hat, geht es am Ende um das Verhältnis von Wissen, Gesellschaft und Politik.

Postfaktisches Zeitalter?

Das Leugnen von Wahrheit wurde nicht erst in den letzten Jahren erfunden, es hat eine lange Geschichte. Die modernen Wissenschaften wie Physik, Medizin und Naturgeschichte vermochten sich nur gegen den Widerstand der *katholischen Kirche* durchzusetzen. Noch im 18. Jahrhundert war es in Italien und Spanien nicht möglich, sich offen zu Newtons Mechanik zu bekennen. Die letzten Ausläufer einer solchen Wissenschaftsfeindlichkeit sind noch heute bei den Evangelikalen zu beobachten, welche die Evolutionstheorie ablehnen und verbieten lassen wollen. Die abgeschwächte Form findet sich in einem religiös motivierten Ressentiment gegenüber den Naturwissenschaften, denen die Fähigkeit abgesprochen wird, ein veritables Äquivalent für den religiösen Glauben bereitzustellen.[2]

Aus einer ganz anderen Richtung kommen diverse Relativierungen von Wahrheitsansprüchen, die sich unter dem Label *Poststrukturalismus* und *Postmoderne* seit den sechziger Jahren des vergangenen Jahrhunderts etabliert haben. Diese Positionen richten sich mehr oder weniger explizit gegen die europäische Aufklärung.

Es war zunächst Michel Foucault, der einen Zusammenhang von *Wissen und Macht* hergestellt hat. Er bricht mit der Vorstellung von Wissen als „Abbild" einer Realität, sondern analysiert, wie sich in alltäglichen und wissenschaftlichen Diskursen subtile Machtverhältnisse manifestieren. In *Wahnsinn und Gesellschaft* (1961) zeigt er, wie seit dem 17. Jahrhundert die neu entstandene Medizin und Psychiatrie den „Wahnsinn", der zuvor noch toleriert worden sei, nun zur „Krankheit" und damit zur „Nicht-Vernunft" erklären.[3] Auf diese Weise habe die neuzeitliche und aufgeklärte Rationalität eine ausschließende und repressive Funktion ausgeübt. Auch wenn Foucault in seiner an Kant orientierten Schrift *Was ist Aufklärung?* einen eher neutralen Standpunkt einnimmt, indem er sich der angeblichen „Erpressung" widersetzt, „dass man für oder gegen die Aufklärung sein muss",[4] sieht er die bis in die Gegenwart spürende Tendenz, dass ein Zuwachs an Fähigkeiten zu mehr Machtbeziehungen geführt habe, bereits im 18. Jahrhundert angelegt.

Wie Jean-François Lyotard in *Der Widerstreit* (1987) unterstellt, passten die Diskurse der verschiedenen Wissenschaften nicht zusammen; sie gingen

---

[2] Lübbe 1986, S. 27, 60 f.; Frick 2020, S. 32 f.; siehe Kap. 3.
[3] Frankfurt a. M. 1969, S. 7 f., 99.
[4] Foucault 1990, S. 46; zum Folgenden S. 50 f.

weder ineinander über noch ließen sie sich miteinander vermitteln.[5] Die Kommunikation zwischen den zersplitterten Disziplinen sei gestört oder gar unterbrochen. Daher gebe es auch keine Übergänge vom Diskurs der Einzelwissenschaften zu dem der Philosophie, die nach Orientierungswissen suche. Von der Wissenschaft führe kein Weg zu humanem Wissen. Aus diesem Grund beargwöhnt Lyotard das „szientifische Wissen" und setzt an dessen Stelle die *Erzählung*, die keiner tiefer liegenden Legitimierung bedürfe. Aus der theoretischen Annahme, dass sich die reale Welt nicht vernünftig darstellen lasse, zieht er die praktische Konsequenz, dass eine Politik als überholt zu gelten habe, die ihre Entscheidungen auf der Grundlage einer vermeintlichen „Realität" treffe.

Hatte schon Lyotard die Geschichte zur „großen Erzählung" erklärt, betrachtet Hayden White in *Metahistory* (1973) die *Narration* als konstitutiv für die Geschichtsschreibung. Während er der Geschichtsphilosophie der Aufklärung einen naiven „Realismus" vorwirft, trennt er die Historiographie von der historischen Forschung ab und behandelt nur noch die „literarische Form" der Darstellung.[6] Damit verwirft er die Vorstellung, dass historische Fakten erzählend wiedergegeben werden, als „Fiktion der Darstellung des Faktischen".[7] Einspruch erhoben haben vor allem Historiker, die über die Opfer von Völkermorden geforscht haben. Sie fordern Kriterien ein, nach denen die Erzählung den historischen Quellen zumindest nicht widersprechen dürfen. So ist es nicht verwunderlich, dass White in einer späteren Verteidigung die Behauptung, historische und fiktionale Darstellung seien grundsätzlich ununterscheidbar, revidiert hat.

Zu den einflussreichen Philosophen in Nordamerika gehört auch Richard Rorty, der sich in mehreren Schriften die Frage stellt, ob die Welt, in der wir leben, eine *objektive oder konstruierte Wirklichkeit* sei, und diese Frage für nicht beantwortbar hält. Daher plädiert er dafür, die seiner Auffassung nach kontingenten Begriffe Wahrheit, Realität und Objektivität zu verabschieden. Ebenso hält er den aus Neuzeit und Aufklärung stammenden Begriff der Vernunft für einen Fetisch, der sich überflüssig gemacht habe. Die Vorstellung, der Geist sei ein „Spiegel" der Wirklichkeit, enthalte einen Wahrheitsanspruch, der heute nicht mehr eingelöst werden könne. An dessen Stelle setzt Rorty die menschliche Sprache: „Da Wahrheit eine Eigenschaft

---

[5] München 1987, S. 12.
[6] White 1991, S. 20, 23; ders. 1990, S. 9, 12 f.; siehe den Abschnitt zur Geschichtsphilosophie in Kap. 9.
[7] White 1986, S. 145; zum Folgenden S. 101.

von Sätzen ist, da die Existenz von Sätzen abhängig von Vokabularen ist und da Vokabulare von Menschen gemacht werden, gilt dasselbe für Wahrheiten."[8] Insbesondere die sprachlich verfassten Metaphern hätten keine feste Bedeutung und könnten nur durch Zufall verstanden werden.

In unserem Kontext stellt sich die sowohl philosophisch als auch politisch spannende Frage, ob diese Art Diskurstheorie die gegenwärtigen Positionen eines „postfaktischen" Zeitalters beeinflusst haben. Das ist tatsächlich der Fall. Denn es reicht keineswegs aus, bestimmte Fakten anzuzweifeln. Um daraus eine stabile Ideologie zu formen, bedarf es einer theoretischen Bestätigung. So merkt Armin Nassehi ironisch an: „Man braucht große Theorie, um die Unabhängigkeit des Wirklichen vom Vernünftigen zu verdecken!"[9] Daher ist die Vermutung nicht von der Hand zu weisen, dass die Strömungen des Poststrukturalismus und der Postmoderne zur aktuellen Situation beigetragen haben. Sie haben die Mär verbreitet, dass die Wirklichkeit nur aus verschiedenen und letztlich gleichwertigen Erzählungen bestünde. Und sie haben ein Misstrauen verbreitet, dem zufolge sich hinter jeder Behauptung ein Machtanspruch verberge. Hatte Foucault betont, dass wissenschaftliche Theorien eine gesellschaftliche und politische Macht ausüben können, spitzen die Rechtsradikalen dieses Theorem so zu, dass man mit beliebigen Aussagen die gesellschaftliche und politische Öffentlichkeit beherrschen könne. Sie lesen also die Sozial- und Diskurstheorie wie eine Gebrauchsanweisung für ihre eigenen Zwecke.

In der Tat lässt sich konkret nachweisen, dass einige Vertreter der neuen Rechten bestimmte Autoren des Poststrukturalismus rezipiert und angewandt haben. So hat der erfolgreiche rechtsradikale Website-Betreiber Mike Czernowitz in der amerikanischen Zeitschrift *The New Yorker* bekannt: „Sehen Sie, ich habe die postmoderne Theorie an der Uni gelesen. Wenn alles ein Narrativ ist, brauchen wir Alternativen zu den herrschenden Narrativen." Auch Trumps Chefstratege Steve Bannon hat sich immer wieder auf Foucault berufen, so wie dessen Vordenker und Gründer der rechtsradikalen *Breitbart News*, Andrew Breitbart, erklärte: „Im 21. Jahrhundert sind die Medien alles. Die Liberalen gewinnen, weil sie das Narrativ bestimmen. Die Medien bestimmen das Narrativ. Narrativ ist alles. Ich bin im Krieg, um das amerikanische Narrativ zu gewinnen."[10]

---

[8] Richard Rorty: *Der Spiegel der Natur*, Frankfurt a. M. 1987, S. 49.
[9] Nassehi 2021, S, 33; vgl. Harari 2018, S. 358–360.
[10] Zitiert nach Neiman 2017, S. 53; vgl. McIntire 2018, S. 124–126.

Unter dem Einfluss von Steve Bennon behauptete zum Beispiel der spätere Präsident Donald Trump, der Bewerber Barack Obama sei nicht in den USA geboren und habe damit nicht das Recht zu kandidieren. Während des Wahlkampfes wurde die Lüge verbreitet, Hillary Clinton betriebe einen Kinderpornoring. Nach seiner Wahl prahlte Trump damit, an seiner Amtseinführung hätten mehr Menschen teilgenommen als je zuvor, obwohl die Filmaufnahmen das eindeutig widerlegten. Während der Amtszeit registrierten Faktenchecker der *Washington Post* zwanzig Falschaussagen pro Tag. Seine spätere Niederlage gegen Joe Biden erkannte Trump nicht an und sprach von Wahlbetrug. Nachdem die Internet-Plattformen seinen Account wegen permanenter Fehlinformationen gesperrt und seine eigenen Leute die Ära des *post-truth* ausgerufen haben, ist es umso perverser, dass er jetzt einen eigenen Sender ausgerechnet mit dem Namen „Truth Social" gegründet hat.

Bereits unter der Bush-Regierung gehörte zu den gezielt eingesetzten Lügen die falsche Behauptung, dass Saddam Hussein Massenvernichtungswaffen besitze, was zum leidvollen und erfolglosen Irak-Krieg und letztlich zum „Islamischen Staat" geführt hat. In der Wahlwerbung für den Austritt Großbritanniens aus der Europäischen Union wurde vorgetäuscht, das Vereinigte Königreich zahle 350 Millionen Euros pro Woche an die Europäische Union. Obwohl spätestens seit Ende der 1990er Jahren über die Erderwärmung wissenschaftlicher Konsens besteht, wurde der Klimawandel von großen Teilen der Bevölkerung bezweifelt oder sogar bestritten. Dasselbe gilt für die seit 2020 ausgebrochene Covid-19-Pamdemie, was bei den Leugnern dazu führt, die Impfung und das Tragen von Masken zu verweigern.

Zuletzt wurde der brutale Vernichtungskrieg gegen die Ukraine vom russischen Diktator Wladimir Putin mit dreisten Lügen begleitet. Zuerst hat er in endlosen Verhandlungen seine Gesprächspartner über seine offenbar schon längst feststehende Kriegsabsicht getäuscht. Dann hat er über die Motive seiner „Militäroperation" gelogen, indem er angeblich Nationalsozialisten bekämpfen wollte. Schließlich hat er behauptet, die schrecklichen Gräueltaten an Zivilisten seien von der ukrainischen Armee gestellt. Auch in Russland gibt es ein Pendant zu Bannon und Breitbart, nämlich den Neofaschisten Alexander Dugin, der behauptet: „Die Postmoderne zeigt, dass jede Wahrheit Glaubenssache ist."[11]

Damit ich nicht falsch verstanden werde, unterstelle ich den oben zitierten Autoren des Poststrukuralismus keineswegs, die aktuelle

---

[11] Zitiert nach Slavoj Žižek, in: DER SPIEGEL, 26.3.2022, S. 49.

Pervertierung in rechtsradikale Ideologien in irgendeiner Weise intendiert zu haben. Es wäre auch ungerecht, sie dafür direkt verantwortlich zu machen.[12] Bekanntlich waren Foucault und Lyotard eher linke Intellektuelle, die vom dogmatischen Marxismus enttäuscht waren. Auch Hayden White richtete sich zunächst gegen den eher konservativen Historismus. Ebenso vertrat Rorty eine linksliberale Position.

Zieht man die wissenschaftlichen Leistungen dieser Autoren hinzu, ist gar nicht zu bestreiten, dass die Berücksichtigung von Sprache, Diskurs und Narration eine Bereicherung der politischen und historischen Forschungen darstellten. Das Problem besteht in der Verabsolutierung, die durch eine einseitige Rezeption verstärkt worden ist. Auch wenn es zutrifft, dass Fakten auf diskursive Weise interpretiert werden, darf daraus nicht der Schluss gezogen werden, diese Fakten würden durch Diskurse allererst geschaffen. Der aktuelle Missbrauch dieser Theorien sollte als Warnung verstanden werden, das Prinzip der Diskursivität nicht auf die Spitze zu treiben. Die angemessene Gegensteuerung besteht darin, sich in den Wissenschaften auf den angeblich verpönten Wirklichkeitsbezug der Aufklärung zurückzubesinnen.

In extremer Form gilt eine solche Konsequenz auch für die so genannten *Querdenker*. Auch sie könnten sich auf eine philosophische Tradition berufen, in der das selbstbestimmte Denken, das sich gegen die herrschende Meinung zur Wehr setzt, zum vorrangigen Prinzip erhoben wird. So hat Kant in seiner berühmten Schrift *Was ist Aufklärung?* gefordert, dass die Menschen dadurch mündig werden, dass sie lernen, „selbst zu denken".[13] Diese Maxime ist so sehr zum Topos geworden, dass sie bis in die neuere Popularphilosophie und Philosophiedidaktik Eingang gefunden hat. Und nun beanspruchen ausgerechnet die Rechtsradikalen, indem sie „quer" denken, Autonomie gegenüber der gesellschaftlichen und staatlichen Elite. An diesem Beispiel zeigt sich die Ambivalenz eines bloß abstrakt und formal gefassten Prinzips *Selberdenken*, das sowohl produktiv als auch destruktiv verwendet werden kann. Daraus folgt, nicht jedes eigenständige Denken ist schon aufgeklärt. Das „Licht der Vernunft" ist durch das Ausleuchten einer im Dunkeln gebliebenen oder gar verdunkelten Realität zu ergänzen. Aufklärung bedeutet daher, dass die Vernunft an bestimmte Fakten gebunden

---

[12] Genau diesen Vorwurf gegen die Kritiker der Postmoderne erhebt neuerdings Daniel-Pascal Zorn 2022, S. 9.
[13] Kant 1965, Bd. XI, S. 54; vgl. Frick 2020, S. 32 f.

wird. Angesichts der aktuellen Lage des „postfaktischen" Denkens ist auch dieser Aspekt bei einer Transformation der Aufklärung zu beachten.

Der Begriff *post-truth* wurde im *Oxford English Dictionary* zum Wort des Jahres 2016 erklärt und so definiert, dass „objektive Tatsachen weniger Einfluss in der öffentlichen Meinung als Emotionen und Meinungen" haben. Im Deutschen wird der Begriff „postfaktisch" bevorzugt.[14] Mit diesem Motto schwindet der allgemeine Standard für Wahrheit, so dass die Grenzen zwischen objektiven und alternativen Fakten, Wissenschaft und Glauben verschwinden und politisch manipuliert werden. Das Wort „truth" verschiebt sich zur „truthiness", die nicht notwendig mit Fakten begründet ist, sondern ein „Für-Wahr-Halten" bedeutet, das sich auf Vorurteile und Gefühle bezieht. Neu ist am *post-truth*, dass sich die einschlägigen Politiker nicht einmal darum bemühen, ihren Lügen den Anschein von Plausibilität zu verleihen. Außerdem hat sich nicht nur das Wissen über die Realität verändert, sondern die Realität selbst. Leugnen mächtige Politiker bestimmte Fakten, hat das erhebliche praktische Konsequenzen. Wenn Trump und Bolsenaro die Auswirkungen des Klimawandels oder der Pandemie ignorieren, sind die Langzeitfolgen verheerend.

Auch in diesem Fall kann die *Kritik am Postfaktischen* an die *Philosophie der Aufklärung* anschließen. Dazu gehört ein Verständnis von Wissenschaft, die sich nicht auf rationalistische Spekulationen, sondern auf empirische Tatsachen stützt, wie sie erstmals in der Erkenntnistheorie des Empirismus entfaltet worden ist. Ebenso haben die Aufklärer im Übergang zum Sensualismus gezeigt, wie eng die menschliche Erkenntnis mit Emotionen verknüpft ist. Darüber hinaus kann die im 18. Jahrhundert beginnende Sprachphilosophie dazu dienen, mit sprachlichen Klischees kritisch umzugehen. Nicht zuletzt hat sich bereits in der aufklärerischen Religionskritik gezeigt, dass der Anspruch auf Wahrheit keine rein theoretische Frage, sondern ein Problem praktischen Verhaltens ist, das mit sozialen Interessen und politischen Machtkämpfen zusammenhängt.

---

[14] Neiman 2017, S. 13; McIntyre 2018, S. 5; Fuller 2018, S. 17; vgl. Bogner 2021, S. 15 f.; Kumkar 2022, S. 19 f.

Sinnliche Erkenntnis

Im Übergang von der Neuzeit zur Aufklärung hat sich das *Kriterium für Wahrheit* verändert. Während im Rationalismus in erster Linie das menschliche Denken zu Grunde gelegt wurde, bieten im Empirismus die erfahrbaren Tatsachen die erste Gewähr für wahrhafte Erkenntnis. Dabei stehen diese Positionen in enger Verbindung zu den zeitgenössischen *Wissenschaften*. So orientierte sich René Descartes an der Kinematik Galileis, der die Bewegungen physikalischer Körper aus mathematischen Prinzipien abzuleiten versucht hat. Demgegenüber bezieht sich John Locke auf die Physik von Isaac Newton, der den umgekehrten Schritt ging, indem er von den beobachtbaren Bewegungen auf die darin verborgenen Kräfte schloss.

Realität und Erfahrung. – Genau dieses Verfahren übernahm im 18. Jahrhundert Hume, der die Erschließung unsichtbarer Kräfte zum zentralen Problem machte. In der französischen *Enzyklopädie* wurde eine „experimentelle Philosophie" vorgeschlagen, mit Hilfe derer die Gesetze der Natur erkundet und damit nützliches Wissen erzeugt werden könne. Noch Kant stellte in seiner *Kritik der reinen Vernunft* die Frage „Wie ist reine Naturwissenschaft möglich?", um die newtonsche Physik philosophisch zu begründen.[15] Dieser Zusammenhang von Wissenschaft und Erkenntnistheorie ist mir wichtig, damit in unserem Kontext deutlich wird, dass es in der theoretischen Philosophie der Aufklärung wesentlich um die Legitimierung wissenschaftlicher Erkenntnis ging. Der wohlfeile Vorwurf des Szientismus hat sich aus heutiger Sicht als unhaltbar erwiesen.

Bei den entsprechenden philosophischen Konzeptionen *Rationalismus* und *Empirismus* handelt es sich zunächst um eine Akzentverschiebung. Denn selbst Descartes hat empirische Tatsachen analysiert, wie auch Locke diese Tatsachen rational zu erklären versuchte. Gerade bei letzterem zeigt sich, wie der alte Dualismus von Erfahrung und Vernunft immer noch bestehen bleibt. Zuerst werden Sinnesdaten gesammelt, die dann zu Begriffen und Erklärungen verknüpft werden.[16] Diese Kluft zwischen Sinneswahrnehmung und Denkvermögen ist noch bei Kant spürbar, der die „Sinnlichkeit" auf bloße „Rezeptivität" reduziert.[17] Während die

---

[15] Newton 1963; Locke 1962, Bd. I, S. 404 f.; Hume 1973, Buch I, S. 94; ders. 1964, S. 4; Artikel „Experimentell", in: Enzyklopädie 1972, S. 546–551; Kant 1965, Bd. III, S. 59. – Auf die „Formen des Nichtwissens der Aufklärung" verweisen Adler, Godel 2010, S. 9–19.
[16] Locke 1962, Bd. I, S. 268.
[17] *Kritik der reinen Vernunft*, Kant 1965, Bd. III, S. 69; *Anthropologie in pragmatischer Hinsicht*, Bd. XII, S. 424–426.

Sinnesorgane die „Eindrücke" der Objekte passiv aufnehmen, wird das erkennende Subjekt erst mit der Verarbeitung durch den Verstand aktiv. Dabei überwiegt in der gesamten europäischen Aufklärung eine *realistische Haltung*, welche die unabhängige Existenz der wahrgenommenen Gegenstände voraussetzt.[18] Obwohl Kant zu den Begründern des *Deutschen Idealismus* zählt, definiert er die „Wahrheit [als] Angemessenheit der Begriffe zur Erkenntnis des Gegenstands".[19]

Konvergenz der Sinne. – Die Spezifik der europäischen Aufklärung in der zweiten Hälfte des 18. Jahrhunderts besteht nun darin, dass sich der Akzent in Richtung Wahrnehmung und Erfahrung noch entschieden weiter verschiebt. Die physische Basis wird, wie im vierten Kapitel gezeigt, in einer *Anthropologie* konzipiert, in der die Sinnesorgane des Menschen thematisiert und zum Ausgang aller Erkenntnis erklärt werden. So legt Hume in seinem *Traktat über die menschliche Natur* noch konsequenter als zuvor aller menschlichen Erkenntnis ausschließlich „Sinneseindrücke" (impressions) zu Grunde, die er beschreibt und miteinander vergleicht. Ebenso sieht Condillac in seinem *Versuch über den Ursprung der menschlichen Erkenntnis* die Erkenntnisquelle allein in den äußeren Wahrnehmungen und inneren Empfindungen. Später charakterisiert Helvétius in seinen Werken *Vom Geist* und *Vom Menschen* die fünf Sinne im Verhältnis zu den körperlichen Organen Hand, Ohr, Auge, Nase und Zunge.

Im Artikel „Existenz" der *Enzyklopädie* zieht Turgot daraus den originellen Schluss, dass gerade die Unabhängigkeit der unterschiedlichen Eindrücke die Existenz eines äußeren Bezugspunktes nahelegt.[20] Wenn sich etwa die Hand auf einen sichtbaren Gegenstand hin bewegt und wenn sich daraufhin Tasten und Sehen durch Erfahrung verbinden und zur Erkenntnis dieses Objekts führen, setzt dieser Prozess ein gemeinsames Band voraus, das nur in den unabhängig vom Erkenntnissubjekt existierenden Dingen begründet sein könne. Auch das Selbstbewusstsein lässt Turgot aus den Wahrnehmungen des eigenen Körpers hervorgehen; genauer: aus der

---

[18] Das richtet sich gegen den Idealismus von George Berkeley, der in seinen *Prinzipien der menschlichen Erkenntnis* (1721) die Perzeption als rein geistigen Akt behandelt hatte: „Das Sein (esse) solcher Dinge ist Perzipiertwerden (percipi)." Berkeley 1964, S. 26; explizit dagegen Hume 1973, Bd. I, S. 30. – Siehe auch die *Lettres sur le système de Berkeley* von Turgot 1919, Bd. I, S. 185; ders. 1990, S. 168. – Helvétius beschreibt die „Fähigkeit, verschiedene Eindrücke zu empfangen, wie sie äußere Gegenstände auf uns machen". Helvétius 1973, S. 81; ders. 1976, S. 77; d'Holbach 1960, S. 82; Condillac 2006, S. 69; Beccaria 1990, Bd. II, S. 73 f.

[19] *Anthropologie*, Kant 1965, Bd. XII, S. 506. – Ein derart klares Bekenntnis zum erkenntnistheoretischen Realismus vermisst man in der *Kritik der reinen Vernunft*.

[20] Artikel „Existence (Métaphysique)", in: Turgot 1919, Bd. I, S. 518–520; ders. 1990, S. 203, 207 f.

Kombination der verschiedenen Wahrnehmungsarten des eigenen Körpers im Verhältnis zu anderen Dingen.

Selbst Kant, der in seiner *Kritik der reinen Vernunft* der Sinneswahrnehmung kaum Beachtung schenkt, holt diesen grundlegenden Aspekt menschlicher Erkenntnis in seiner sehr viel später verfassten *Anthropologie in pragmatischer Hinsicht* nach, indem er Tastsinn, Gehör, Sehen, Riechen einzeln erörtert und miteinander vergleicht.[21] Wahrnehmung und Erfahrung werden nicht bloß als notwendige Voraussetzungen menschlicher Erkenntnis verstanden, sondern als eigenständige Erkenntnisquellen.

Auf dieser Grundlage ist ein völlig neues Theorem entstanden. Denn das Verstandesvermögen wird in die Sphäre der Sinneswahrnehmung erweitert, so dass bereits den menschlichen Sinnen kognitive Leistungen zuerkannt werden können. Hier lässt sich von einer *sinnlichen Erkenntnis* sprechen.

Diese Innovation erläutert Diderot in seinem *Brief über die Blinden* (1749), ausgehend von einem konkreten Fall, in dem ein Blindgeborener den Gesichtssinn wiedererlangt.[22] In diesem Experiment soll untersucht werden, ob der ehemals Blinde sogleich sieht, was er zuvor nur durch den Tastsinn kennen und repräsentieren konnte. Vermag er nach erfolgreicher Augenoperation bei bloßer Betrachtung einen Würfel von einer Kugel zu unterscheiden? Obwohl sich Diderot eher skeptisch ausdrückt, lautet seine Antwort, der ehemals Blinde müsse das Sehen erlernen, indem er Tast- und Gesichtssinn experimentell miteinander verbindet. Auf diese Weise wird zum ersten Mal die Beziehung zwischen den verschiedene Sinnen thematisiert. Und dieses In-Beziehung-Setzen stellt sich als eine kognitive Aufgabe heraus. Sie besteht darin, innerhalb der Sinnlichkeit eine spezifische „Aufmerksamkeit" zu entwickeln, die den Vergleich und die Kombination zwischen einströmenden Sinnesreizen erlaubt. In Diderots Worten: „Das Denkinstrument wird empfindungsfähig", so wie die Empfindungen zu „denken" vermögen.

Sinn und Verstand. – Den Schritt der Erkenntnistheorie der Aufklärung in Richtung Empirismus lässt sich auch in der Umkehrung beobachten. In diesem Fall ist es der menschliche Verstand, der sinnliche Qualitäten

---

[21] Kant 1965, Bd. XII, S. 447–451; vgl. Hume 1973, Buch I, S. 8–17; ders. 1964, S. 17–23; Condillac 2006, S. 60–69; Helvétius 1973, S. 81, 262–264; ders. 1976, S. 67, 105. – Den psychologischen Aspekt betont Ernst Cassirer 1932, S. 123, 131; von einer „antiintellektuellen Hauptströmung" spricht Panajotis Kondylis 1981, S. 286.

[22] Diderot 1961, Bd. I, S. 518. – Siehe auch Condillacs Gedankenexperiment, in dem einer für sinnliche Eindrücke empfänglichen Statue nacheinander die Empfindungen der verschiedenen Sinne eingegeben werden, derer ein Mensch fähig ist. Condillac 1983, S. 1–20. – Ebenso Voltaire 1948, Bd. 2, S. 9 f.

annimmt. Dabei handelt es sich um die innere Wahrnehmung, durch die bestimmte Gefühle entstehen. Wie bemerkt, hat Hume im mittleren Teil seines *Traktats* eine systematische Theorie der *Affekte* entwickelt, mit der er seine darauf folgende Moralphilosophie zu begründen versucht, die uns im folgenden Kapitel noch näher beschäftigen wird. Doch an dieser Stelle interessiert uns der vorausgehende Einfluss der Affekttheorie auf die Theorie menschlicher Erkenntnis. Offenbar wurde das erste Buch „Über den Verstand" in Antizipation des noch auszuarbeitenden Buchs „Über die Affekte" konzipiert.

In seiner Erkenntnistheorie macht Hume deutlich, dass auch der Verstand von bestimmten Gefühlen beeinflusst wird. Im Anschluss an Newton äußert er eine grundsätzliche Skepsis darüber, ob die physikalischen Kräfte, die sich in beobachtbaren Bewegungen äußern, jemals direkt erkannt werden könnten. Stattdessen lässt er nur die „Gewohnheit" gelten, durch welche die Menschen von bisher gemachten Erfahrungen auf ähnliche Fälle schließen. Er führt also die Erkenntnis eines Kausalverhältnisses auf eine habituelle Verknüpfung zurück. Weil die Sonne bisher regelmäßig aufgegangen sei, nehmen die Menschen an, dass dies auch am nächsten Tag geschehen werde. In einem anderen Beispiel wird die lebenspraktische Motivation noch deutlicher: Wer bisher erfahren hat, dass ihn das gegessene Brot ernährt, wird das auch bei der nächsten Mahlzeit erwarten.

In unserem Zusammenhang ist entscheidend, dass Hume die erkenntnisleitende Macht der Gewohnheit in einer „psychischen Nötigung" oder einer gefühlten „Neigung", ja sogar in einer spontanen „Intuition", einem „ursprünglichen Instinkt" oder „natürlichen Impuls" fundiert sieht.[23] Berühmt ist das Diktum: „Die Vernunft ist nur Sklavin der Affekte und soll es sein; sie darf niemals eine andere Funktion beanspruchen, als die, denselben zu dienen und zu gehorchen."[24] Hume fasst also die Tätigkeit des Verstandes als einen letztlich emotionalen Akt auf.

Der weniger bekannte schottische Philosoph Thomas Reid ist diesen sensualistischen Weg noch ein Stück weiter gegangen. In seiner *Inquiry into the human mind* (1764) lässt er nur Erkenntnisse gelten, die aus der *sinnlichen Wahrnehmung* stammen. Dabei unterscheidet er zwischen den fünf Sinnen Geruchssinn, Geschmack, Gehör, Tastsinn und Sehen und arbeitet ihre unterschiedlichen Merkmale heraus. Während die Gegenstände beim

---

[23] Hume 1973, Buch I, S. 94, 201, 210 f., 223 f., 226 f., 240.
[24] Hume 1973, Buch II, S. 153; vgl. Rousseau 1978, S. 135. – Legt man den Maßstab „Krise des Absoluten" an, mag man schon Hume als „postmodern" bezeichnen. Zorn 2022, S. 78.

Riechen und Schmecken nur indirekt erschlossen werden, nehmen die Menschen mit dem Tastsinn bestimmte Qualitäten wahr wie Hitze und Kälte, Härte und Weichheit, Rauheit und Sanftheit, Gestalt und Bewegung. Wie schon Diderot erörtert auch Reid die Frage, welche Eigenschaften der Dinge – außer Farben – ein Blinder erkennen und wie er die Sinneswahrnehmungen miteinander zu kombinieren vermag.

Darüber hinaus betrachtet Reid die menschliche Wahrnehmung als eine eigenständige Art der *Reflexion*. Zwar legt er Wert auf die Feststellung, dass die Menschen die Dinge selbst und nicht ihre geistigen Repräsentationen wahrnehmen. Aber das bedeutet für ihn nicht, dass die Wahrnehmung ein unmittelbarer und einfacher Akt wäre. Dabei hat das Medium, dank dessen man etwas sieht, hört oder riecht, also Lichtstrahlen, Vibrationen der Luft oder Ausdünstungen, eine wichtige Funktion. Ferner stehen Wahrnehmungen (perceptions) in einem komplexen Verhältnis zu Empfindungen (sensations), das Reid „suggestion" nennt.[25] Wenn ein Mensch zum Beispiel Geräusche auf der Straße hört, dann „suggerieren" ihm diese einen vorbeifahrenden Wagen. Auf diese Weise fungieren die Laute als „Zeichen" eines Wagens, es „werden uns Dinge durch Zeichen bekannt gemacht". Diese Überlegungen verweisen auf die elementare Rolle der Sprache, was im nächsten Abschnitt Thema sein wird.

Wie später Kant versucht auch Reid seine Erkenntnistheorie noch tiefer zu begründen. Denn er fragt nach den intellektuellen *Voraussetzungen*, unter denen menschliche Wahrnehmung überhaupt möglich ist. Zum ersten Prinzip zählt Reid die Annahme, dass die wahrgenommenen Gegenstände tatsächlich existieren und dass dieser Wahrnehmung ein Selbst oder Ich im Sinne eines bewussten Subjekts entspricht.[26] Das zweite Prinzip leitet er ausdrücklich nicht aus der Vernunft ab, sondern legt das Fundament in einem „Glauben" (belief), den er in der menschlichen „Natur" veranlagt sieht. Es liegt nahe, diese Grundüberzeugungen als *Intuitionen* zu interpretieren, die den Humeschen Affekten nahekommen. Hier bestätigt sich noch einmal der Versuch der Aufklärer, bereits innerhalb der sinnlichen Erkenntnis kognitive Prozesse zu verorten und diese anthropologisch zu begründen.

Fasst man den Beitrag der aufklärerischen Erkenntnistheorie zur Begründung von Wahrheit zusammen, lassen sich mehrere Merkmale unterscheiden. *Erstens* garantiert nicht mehr allein die Vernunft wahre Erkenntnisse, sondern diese gründen sich auf wahrnehmbare Tatsachen. Ein

---

[25] Reid 1967, Bd. I, S. 111; zum Folgenden S. 194.
[26] Ebd., S. 452–461; zum Folgenden S. 108, 130, 185.

weiterer Schritt besteht darin, auch die Kategorien des Denkens empirisch zu begründen. Dadurch verstärkt sich der im Empirismus angelegte Realismus. *Zweitens* werden die Sinneswahrnehmungen so im Zusammenhang betrachtet, dass ein sensualistisches System entsteht, innerhalb dessen sich die Sinne wechselseitig ergänzen und stützen. Ich nenne diese Fähigkeit *sensitive Intelligenz*. *Drittens* zeigt sich, dass auch der menschliche Verstand von der inneren Wahrnehmung, die sich in Affekten äußert, geleitet wird. Darin sehe ich Ansätze einer *emotionalen Intelligenz*.

Letztlich besteht die Konsequenz darin, das Wahrnehmen und Denken mit Motiven des Handelns zu verknüpfen. Das kam bereits in der Aufforderung zum Vorschein, das menschliche Wissen mit dem praktischen Nutzen zu verbinden. Darin steckt die Auffassung, dass jede menschliche Erkenntnis von bestimmten Interessen geleitet wird und damit in die Lebenspraxis eingebettet ist. Diese Einsicht richtet sich gegen die rationalistische Illusion eine „objektiven" Wahrheit und dient – wie sich am Ende dieses Kapitels zeigen wird – der kritischen Analyse von Vorurteilen.

Sprachliche Zeichen

In der Erkenntnistheorie wurde jedoch nicht nur der Empirismus fortgeschrieben und zum Sensualismus weiterentwickelt. Darüber hinaus ist eine völlig neue *Sprachphilosophie* entstanden, welche die zeichenvermittelte Dimension menschlicher Erkenntnis vor Augen führte. Während die rationalistische Schule von Port-Royal in der Sprache eher ein Hindernis für das reine Denken sah, arbeitete im Anschluss an Locke vor allem Condillac die Bedeutung sprachlicher Zeichen im Erkenntnisprozess aus. In seinem *Versuch* verband er eine sensualistische Erkenntnistheorie mit einer neuen Theorie der menschlichen Sprache.[27]

Denken mittels Sprache. – Historisch geht es um die Entstehungsgeschichte der Sprache, der Condillac das Schlusskapitel über den „Ursprung der Sprache" widmet. Wie wir sahen, integrierte die Anthropologie der Aufklärung den Menschen in die Naturgeschichte, innerhalb derer sich die Tiere zu Menschen entwickelt haben. Zu diesem Prozess gehört nun wesentlich auch die Sprachgeschichte. Demnach bilden die Mensch wie die Tiere zunächst eine „natürliche" Sprache, die aus Schreien und Gebärden

---

[27] Locke 1962, Bd. II, drittes Buch; Condillac 2006, zweiter Teil; vgl. Trabant 2006, S. 170–177.

besteht, und entwickeln daraus Laute und Schriftzeichen, mit deren Hilfe sie Objekte der Außenwelt darstellen können.[28]

Systematisch gelingt es Condillac, die einzelnen Funktionen genau zu unterscheiden. Zunächst ist die Sprache *Repräsentantin von Ideen*, indem die durch Wahrnehmung gewonnenen Vorstellungen mittels sprachlicher Zeichen ausgedrückt werden. Er nennt das „transformierte Sinnesempfindungen". Werden diese erkannt, können die entsprechenden Ideen aufgerufen werden. Auf diese Weise bildet die Sprache die Grundlage für das menschliche Gedächtnis: „Sobald ein Mensch beginnt, Ideen mit selbst gewählten Zeichen zu verbinden, lässt sich bei ihm die Ausbildung des Gedächtnisses beobachten."[29] Indem sich darüber hinaus die Zeichen vermehren, die durch das Gedächtnis erinnert werden, löst sich die Vorstellung von der unmittelbaren Wahrnehmung und gewinnt relative Selbständigkeit gegenüber den wahrgenommenen Dingen. Dies bildet wiederum die Voraussetzung für gedankliche Reflexionen.

Es ist das Verdienst von Condillac, den Aspekt der menschlichen Sprache in den Diskurs der späteren Aufklärung in Europa eingeführt zu haben. Auf den französischen Vorreiter beruft sich ausdrücklich der italienische Philosoph Cesare Beccaria in seinem *Ricerche intorno alla natura dello stile* (1770).[30] Auch er sieht die menschlichen Ideen, die allein aus der Empfindung stammen, durch „Wörter" repräsentiert, die wiederum dazu dienen, die ursprünglichen Ideen wachzurufen. Dabei stellt Beccaria eine wechselseitig Konditionierung von Ideen und Wörtern fest: „Zur leichteren Erfassung der Ideen bedürfen wir der Wörter, und zum Verständnis der Wörter sind wir auf die Ideen angewiesen."[31] Die Wörter sind sogar in der Lage, die ursprünglichen Ideen zu verstärken und zusätzliche Empfindungen zu wecken. Wenn etwa das Wort „Segel" anstelle von „Schiff" verwendet wird, drückt sich die damit assoziierte Bewegung aus. Hier deutet sich an, dass die Funktion der Sprache über das bloße Repräsentieren hinausgeht.

---

[28] Condillac 2006, S. 173–179. – Diese Theorie wird von anderen Autoren der europäischen Aufklärung fortgeführt. Dazu gehört Rousseau, der sich in seinem *Diskurs über die Ungleichheit* der Entwicklung der Sprache widmet. Rousseau 1978, S. 141–161; ders. 1976, S. 172. – Vgl. Turgot 1990, S. 193 f., 208; ders. *Réflexions sur les langues*, Turgot 1919, Bd. I, S. 346. – Auch Herder, der sich explizit auf Condillac bezieht, betont, dass die Ursprünge der Sprache bereits im Übergang vom Tier zum Mensch zu suchen seien. Herder 1984, Bd. II, S. 253–257, 296; ders. Bd. III, S. 126 f. – Siehe auch die Preisfrage der Berliner Akademie von 1771 zum Ursprung der Sprache; nach Trabant 2006, S. 220 f.

[29] Condillac 2006, S. 92; vgl. Ricken 1984, S. 94, 121.

[30] Beccaria 1990, Bd. II, S. 83–91; siehe Rother 2005, S. 82–86; ders. in: Rohbeck, Rother 2011, S. 306–309.

[31] Beccaria 1990, Bd. II, S. 188, zum Folgenden S. 88.

Selbst Kant erwähnt die Bedeutung der Sprache für die Erkenntnisgewinnung.[32] Während in der frühen *Kritik* die sprachlichen Zeichen überhaupt nicht vorkommen, ändert sich das in der späten *Anthropologie*, in der offenbar Condillac und Beccaria rezipiert werden. Doch obgleich Kant dort der Sinneswahrnehmung mehr Bedeutung beimisst, bezieht er die Semantik nicht auf Wahrnehmung und Erfahrung, sondern allein auf das menschliche Denken: „Alle Sprache ist Bezeichnung der Gedanken." Dabei führt er den Begriff des Symbols ein; so spricht er von einem „Bezeichnungsvermögen", das „Symbole" verwendet und zu einer „symbolischen Erkenntnis" gelangt. Folglich bezeichnet er Symbole als „Mittel des Verstandes". Auf diese Weise überträgt Kant den Gebrauch sprachlicher Zeichen auf die intellektuellen Fähigkeiten der Menschen. Allerdings fehlt eine Reflexion über die Funktion der Sprache im Übergang von der Wahrnehmung zum Denken. Gefragt ist eine Sprachphilosophie, die den Verstand nicht nur voraussetzt, sondern dessen Entstehung durch Zeichen zu erklären imstande ist.

Zeichen als Erkenntnismittel. – Genau darin besteht die innovative Leistung von Condillac, die von seinen Rezipienten offensichtlich übersehen worden ist. Ihm geht es um die *Vermittlung* zwischen Ideen und Gedanken mit Hilfe sprachlicher Zeichen. Folgt man dieser Konzeption, sind die Chiffren imstande, Ideen so miteinander zu verknüpfen, dass daraus kognitive Erkenntnisse hervorgehen: „Die Ideen verbinden sich mit Zeichen und nur dadurch sind sie, wie ich beweisen werde, auch untereinander verbunden."[33] Auf diese Weise lässt er Denken und Sprechen aus einem allmählichen Prozess der Wechselwirkung von Sinneseindrücken und Zeichen hervorgehen. Mit Hilfe sprachlicher Zeichen können sich die Sinneseindrücke zu Stufen des Denkens entwickeln. Denn nur mittels Zeichen lassen sich Denkinhalte fixieren und miteinander kombinieren.

Eine interessante Ergänzung dazu bildet Condillacs Skizze einer *Theorie der Mathematik*.[34] Auch darin macht er deutlich, dass mathematische Erkenntnisse nicht ohne Zeichen möglich sind. In diesem Fall repräsentieren die Schriftzeichen diejenigen Zahlen und ihre Relationen, die von der Vernunft ohne diese Hilfsmittel nicht erfunden worden wären. In seinen

---

[32] Kant 1965, Bd. XII, S. 497–502; zum Folgenden S. 500.

[33] Condillac 2006, S. 59. – Siehe auch oben Thomas Reid zur Funktion von Zeichen bei der Wahrnehmung; vgl. Ricken 1984, S. 182. – In der Geschichtsphilosophie gilt die Schrift als wesentliche Voraussetzung historischen Bewusstsein: Turgot 1990, S. 91 f., 144, 170; Condorcet 1976, S. 62, 123 f. – Den interkulturellen Aspekt der Schrift betont Françoise de Graffigny in *Briefe einer Peruanerin* (1747), wo sie die Schnüre und Knoten der Inkas mit der europäischen Buchstabenschrift vergleicht. Graffigny 1999, S. 80–82.

[34] Condillac 2006, S. 98, 134.

prägnanten Worten: „Es ist jedoch zu bemerken, dass die Methode der Erfindung jeweils ein Schritt schneller ist als die Erfinder."[35] Ganz im Geiste der zeitgenössischen Geschichtsphilosophie handelt es sich hier um *Fortschritte* des menschlichen Geistes.

Auf ähnliche Weise hatte bereits Antoine-Yves Goguet den *Zeichengebrauch in der Mathematik* in seiner umfangreichen Kulturgeschichte der Antike untersucht. Er zeigt detailliert, wie die Menschen durch den Gebrauch gegenständlicher Repräsentanten – zuerst durch die Finger der Hand – das Zählen und Rechnen lernen und mittels dieses praktischen Umgangs zu theoretischen Ergebnissen gelangen wie etwa die Erfindung der Null als Leerstelle auf einem Rechenbrett. Schließlich lassen sich aus dem Umgang mit Rechensteinen sprachliche Fixierungen der Zahlen ableiten. Dabei sind diese Schritte nicht einmal bewusst antizipiert. Im Gegenteil, die Verwendung der Hilfsmittel eröffnet mehr Möglichkeiten, als überhaupt vorhersehbar war: „Die Natur hat uns mit arithmetischen Instrumenten versehen", resümiert er, „deren Gebrauch von größerem Umfang ist, als man anfangs glaubte."[36] Die semantischen Mittel reichen weiter als die vorgenommenen Zwecke.

Verallgemeinert man diese Entdeckungen auf den Feldern Sprache und Mathematik, lässt sich eine gemeinsame Tendenz erkennen. Hier wird ein grundsätzlich neues Verständnis menschlicher Vernunft gewonnen. Es sind jeweils die *Veräußerungen* oder – wenn man so will – Materialisierungen der Vernunft, die jetzt den Ausschlag geben. Sie beschränken sich nicht mehr auf die herkömmliche Ausdrucksfunktion, sondern üben umgekehrt einen rückwirkenden Einfluss auf das menschliche Denken aus. Dies bedeutet, die gegenständlichen Repräsentanten und sprachlichen Zeichen fungieren als *Erkenntnismittel*, an denen kognitive Strukturen ablesbar sind, die qua reiner Vernunft gerade nicht antizipierbar waren. Indem die Zeichen einen solchen Überschuss erzeugen, offenbaren sie den verborgenen Eigensinn der Schrift. Diese Art *Kontingenz* wird uns im Kontext der Geschichtsphilosophie noch einmal beschäftigen.

Sprachkritik. – Anhand der Religionskritik der Aufklärung haben wir bereits gelernt, dass die Sprachphilosophie nicht zuletzt eine kritische Funktion zu erfüllen vermag. Dort wurde kritisiert, dass etwa der Gottesbegriff ein leeres Wort sei, dem keinerlei Wahrnehmung und Erfahrung entspreche, so dass sich theologische Debatten in einem sinnlosen Streit um

---

[35] *La langue des calculs*, Condillac 1798, Bd. XXIII, S. 9, 221.
[36] Goguet 1758, Bd. I, S. 203–208, hier S. 204; vgl. Rohbeck 1987, S. 162–165.

Wörter erschöpften. Im neuen Kontext lässt sich dieser Einwand zu einer *Kritik an Vorurteilen* verallgemeinern. Das Label „Missbrauch der Wörter" bedeutet jetzt, dass sich generell sprachliche Zeichen von ihren sinnlich erfahrbaren Ursprüngen und damit von den zu repräsentierenden Dingen abkoppeln, vermehren und verselbständigen. Wie Condillac ausführt, gilt das für metaphysische Begriffe wie „Sein", „Wesen" oder „Substanz", die häufig zur Quelle von Irrtümern werden. Für Hume trifft das sogar für die ethischen Begriffe wie „Tugend" und „Laster" zu.[37]

In seiner Einleitung der *Enzyklopädie* geißelt d'Alembert den Wortmissbrauch sogar als größtes Hindernis menschlicher Erkenntnis und Übel der Menschheit, dem das von ihm herausgegebene Werk entgegenwirken soll.[38] Und sein Mitherausgeber Diderot verleiht in seinem Artikel „Niedrigkeit, Verworfenheit" (bassesse, abjection) der Sprachkritik noch eine sozialkritische Dimension. Er moniert, dass mit dem Wort „Niedrigkeit", das eigentlich eine neutrale Bedeutung habe, im Französischen die geringe Herkunft und Würde eines sozial schwachen Menschen assoziiert werde. Aus dieser Beobachtung schließt er: „Beachten wir hierbei, wie schon die Sprache allein uns Vorurteile einflößt."[39] Derartige Worte können benutzt werden, um die weniger Begünstigten zu beleidigen.

Rousseau benutzt im genannten *Diskurs* die Sprachkritik zu seiner radikalen Kritik an der bürgerlichen Gesellschaft. Mit zunehmender Zivilisation sei die Sprache nicht mehr Ausdruck natürlicher Empfindungen, sondern werde für die Mächtigen zum Mittel der Unterdrückung. So trage bereits die Sprache im Dialog zwischen Armen und Reichen zur Herstellung sozialer Ungleichheit bei.[40] Dazu dienen Wörter wie „öffentliches Wohl", „Bürger" oder „Vaterland", um die Standesunterschiede zu verschleiern. Ausdrücke wie Gerechtigkeit und Gehorsam seien verbale Instrumente von Täuschung und subtiler Gewalt.

Besonders aufschlussreich sind die Vorschläge einiger Aufklärer, wie der Missbrauch von Sprache zu vermeiden sei. Autoren wie d'Holbach und Helvétius schlagen vor, die Bedeutung von Worten durch „klare Definitionen" festzulegen.[41] Doch Condillac geht eine entscheidende Stufe weiter. Er bevorzugt eine Methode, die ich bereits mit Blick auf die Religion

---

[37] Condillac 2006, S. 448, vgl. S. 150. – Ebenso Helvétius 1976, S. 78 f.; Turgot 1990, S. 145, 195 f.; Hume 1962, S. 166 f.
[38] D'Alembert 1989, S. 16, 36, 94; Helvétius 1976, S. 114–120; vgl. Ricken 1984, S. 202.
[39] Enzyklopädie 1972, S. 132.
[40] Rousseau 1978, S. 227–229, 233.
[41] D'Holbach o. J., S. 257; ders. 1960, S. 273, 278, 283; Helvétius 1973, S. 96; ders. 1976, S. 126.

als *Ideologiekritik* bezeichnet habe. Diese begnügt sich nicht damit nachzuweisen, dass bestimmte Begriffe nicht eindeutig seien; vielmehr sucht sie nach den Ursachen der mit diesen Begriffen verbundenen Fehlern. Anstelle bloßer Wortdefinitionen versucht Condillac, die ursprüngliche Beziehung zwischen den Worten und den von ihnen repräsentierten Ideen zu analysieren, um den Prozess der Bedeutungsverschiebung nachzuvollziehen. Ziel ist es, die dabei entstandenen Fehldeutungen rückgängig zu machen, um sie in Zukunft vermeiden zu können. Letztlich soll dabei zum Vorschein kommen, wie der unterschiedliche Gebrauch der Sprache von individuellen und gesellschaftlichen Interessen abhängt. Diese Art Sprachkritik lässt sich nun auf die gegenwärtige Situation übertragen, in der allgemein anerkannte Erkenntnisse mittels verbaler Vorurteile geleugnet werden.

Wert der Wahrheit

In jüngster Zeit ist der Anspruch auf Wahrheit in Gefahr geraten. Wie anfangs dargestellt, hat sich in den USA und Europa die höchst fragwürdige Haltung des *post-truth* etabliert, der zufolge an die Stelle gesicherter Tatsachen *fake-news* getreten sind. Wenn sich das mächtige Politiker zu eigen machen, verändert sich nicht nur die theoretische Einstellung zur Realität, sondern auch der praktische Umgang mit der Wirklichkeit. Diese Verschiebung war schon länger in der Klimapolitik und zuletzt in den dramatischen Auswirkungen der Covid-19-Pandemie zu beobachten. Aus philosophischer Sicht ist dabei besonders tragisch, dass die grundsätzliche Relativierung des Wahrheitswertes auf poststrukturalistische und postmoderne Theorien zurückgeht, in denen jeder Realismus als naiv denunziert und der sprachlich oder narrativ vermittelte Diskurs verabsolutiert werden.

Realismus. – Nun ist seit einigen Jahren ein *Neuer Realismus* entstanden, der in internationalen Debatten an Profil gewinnt. In seinem gleichnamigen Sammelwerk weist Markus Gabriel die Behauptung eines angeblich postfaktischen Zeitalters zurück, in dem alternative Tatsachen die Runde machen. Dagegen bemüht er sich um eine „neue realistische Philosophie", die sich zwar auf die Aufklärung bezieht, aber zugleich deren „alten Realismus" überwinden soll.[42] *Realistisch* ist diese Philosophie, weil sie die Auffassung vertritt, dass die Menschen die Wirklichkeit so erkennen können, wie sie tatsächlich existiert. *Neu* ist dieser Realismus, weil damit keine

---
[42] Gabriel, M. 2014, S. 8 f.

bewusstseinsunabhängige Außenwelt gemeint ist. Daraus resultiert die These, dass es nicht nur eine einzige Wirklichkeit als singulären Gegenstand gebe, sondern viele Wirklichkeiten, zu denen eben auch das Denken der Menschen gehöre.

Eine ganz spezielle Annäherung an die Epoche der Aufklärung sehe ich in Gabriels Buch *Der Sinn des Denkens*, in dem er die sinnliche Ebene menschlicher Erkenntnis thematisiert.[43] Dabei begreift er das menschliche Denken als ein Sinnesorgan, das gleichberechtigt neben den anderen fünf Sinnen steht. Während das Gehör Töne wahrnimmt, rezipiert der „Denksinn" so genannte Sinnfelder, die in bestimmten Anordnungen von Gegenständen und Gedanken bestehen. So sind beispielsweise im Sinnfeld Wissenschaft alle Inhalte in einer eigenen Struktur geordnet. Das Denken tritt der sinnlichen Wahrnehmung nicht mehr entgegen, sondern gehört selbst zu ihr. Wenn Gabriel für sich beansprucht, mit seinem Vorschlag die gesamte Philosophietradition seit Platon hinter sich zu lassen, möchte ich daran erinnern, dass bereits die Empiristen der Aufklärung genau diesen Schritt gegangen sind, indem sie die Sinneswahrnehmung selbst mit Intelligenz ausgestattet haben.

Allerdings sind grundlegende Differenzen nicht zu übersehen. Sofern Gabriel das Denken gewissermaßen zum sechsten Sinn deklariert, bezeichnet er damit keinen weiteren Perzeptionstypus, sondern eine Sinngebung nach dem Vorbild der Hermeneutik, als Interpretation einer bestimmten gedanklichen Struktur. Er verwendet den Begriff des Sinns also nur in einer übertragenen Bedeutung, ohne das Denken mit der Erfahrung zu verknüpfen.

Ein Einwand gegen diese Art Realismus sehe ich darin, dass der fundamentale Unterschied zwischen Bewusstsein und Realität verwischt wird. Zwar trifft es zu, dass auch ein wahrnehmender und denkender Mensch zur Wirklichkeit gehört, genauso wie der von ihm betrachtete Stuhl. Außerdem ist einzuräumen, dass es ohne diese betrachtende Deutung für den Betrachter keinen solchen Stuhl gäbe. Aber trotzdem ist nicht zu leugnen, dass dieser Gegenstand auch ohne die Betrachtung vorhanden ist. In Gabriels Worten sind zwar Betrachter und Stuhl beide „real", aber dieser Umstand negiert nicht die Kluft zwischen diesen verschiedenartigen Realitäten. Aus meiner Sicht handelt es sich hier um einen Etikettenschwindel, denn dieser Realismus gründet sich letztlich auf die Realität des Denkens.

---

[43] Ders. 2018, S. 87–89.

Da mag man den *Realismus der Aufklärung* für veraltet oder naiv halten, doch wenn man ihn nicht polemisch mit „Abbild" gleichsetzt, was nachweislich schon im 18. Jahrhundert nicht der Fall war, hat er meines Erachtens auch heute noch Bestand. Wie die oben zitierte Erfahrung mit Hayden White demonstriert, hat sich in den Geschichtswissenschaften der realistische Standpunkt längst durchgesetzt, der darin besteht, dass die historiographischen Aussagen den Quellen, welche die historische Realität repräsentieren, nicht widersprechen dürfen.[44] Die entsprechende Lösung läuft also darauf hinaus, die neueren explikativen, diskursiven und narrativen Methoden anzuwenden und zugleich die Widerständigkeit des historischen Materials anzuerkennen.

Schließlich ist auch dem *Neuen Realismus* das Verdienst nicht abzusprechen, sich von postfaktischen Zumutungen abgegrenzt zu haben. Doch fehlen ihm die emotionalen und motivationalen Dimensionen und damit die Potenziale für eine Kritik an den Wahrheitsleugnern und Querdenkern. Hier sollten wir von den Aufklärern profitieren. Sie haben bereits vor 250 Jahren begriffen, dass Erkenntnisse von der Wahrnehmung bis zur kausalen Erklärung auch von bestimmten Handlungsmotiven, Emotionen und Sprachmustern geleitet werden. Wie deren Kritik an religiösen und alltäglichen Vorurteilen gezeigt hat, ist es damit nicht nur möglich, die Wahrheit einer Aussage in Zweifel zu ziehen, sondern auch die individuellen und gesellschaftlichen Gründe für die Entstehung von Irrtümern zu erkunden. Eine solche Form der Kritik an Vorurteilen, die später *Ideologiekritik* heißen wird, steht mittlerweile auch in der Auseinandersetzung mit postfaktischen Ideologien zur Verfügung.

Ideologiekritik. – Der entsprechende Mechanismus lässt sich mit dem Terminus *confirmation bias* beschreiben, der die „Neigung" (bias) bezeichnet, Informationen so zu ermitteln, auszuwählen und zu interpretieren, dass sie die eigenen Erwartungen bestätigen.[45] Durch den *Bias-Effekt* werden nur solche Wahrnehmungen und Erfahrungen zugelassen, die mit den zuvor intuitiv und unbewusst gefassten Vorurteilen korrespondieren. So nehmen bestimmte Personen, die einem solchen

---

[44] Kocka 1984, S. 395 f. – Ein „Vetorecht" der Quellen reklamiert auch Koselleck 1979, S. 206.

[45] Der Begriff stammt aus der Kognitionspsychologie: Hamilton, D. u. a. 1994, S. 291–321; Werth, Mayer 2008, S. 419–429; Kotzur 2018, S. 12. – Ähnliche Effekte sind zum Beispiel: Beim *Status-quo-Bias* wird Bestehendes gegenüber Neuem bevorzugt. Im *Bumerang-Effekt* verfestigen sich eigene Ansichten, wenn ihnen neue Fakten widersprechen. Der *Barnum-Effekt* verstärkt die Akzeptanz bei unpräzisen Beobachtungen. Beim *Myside-Bias* sind Vorschläge von der anderen Seite schlechter als von der eigenen. Die *Stereotypisierung* führt zum schnelleren und unbewussten Etikettieren, um unterscheiden zu können. In der *Kryptomnesie* werden Erinnerungen mit Einbildungen verwechselt.

Bestätigungsfehler unterliegen, Zusammenhänge wahr, die überhaupt nicht oder nicht im wahrgenommenem Ausmaß existieren. Werden etwa zwei Sachverhalte gemeinsam beobachtet, wird behauptet, dass diese regelhaft miteinander verbunden seien, so dass ein kausaler Zusammenhang zwischen dem Auftreten des ersten und zweiten Ereignisses unterstellt wird. Begeht zum Beispiel ein Migrant eine Straftat, wird daraus in unzulässiger Weise geschlossen, dass „alle Migranten" Kriminelle wären und abgeschoben werden müssten.

Dabei spielt die Verwendung der *Sprache* eine maßgebende Rolle. So fungieren bestimmte Begriffe als vereinfachende Deutungsmuster, mit denen man die Welt in Gut und Böse aufteilt. Trifft etwa eine Regierung staatliche Maßnahmen gegen die Covid-19-Pandemie zum Schutz der Bevölkerung, wird das als „Freiheitsentzug" und „Knechtschaft" bezeichnet. Einschlägig sind auch die Worte „Merkel-Diktatur", „Elite", „Hochfinanz" oder „Weltjudentum", welche in konkreten Situationen am so genannten Stammtisch oder während politischer Versammlungen die entsprechenden Assoziationen und Abwehrreaktionen hervorrufen.[46] Derartige emotionale und verbale Dispositionen sind dann so ausgeprägt, dass sie neue Daten in den Kontext des eigenen Weltbilds einordnen.

In diesen Zusammenhang gehören die so genannten *Verschwörungsmythen*. Diese Erzählungen behaupten, dass eine im Geheimen operierende Gruppe, nämlich die Verschwörer, aus niedrigen Beweggründen und mittels eines heimlichen Plans versucht, eine Institution, ein Land oder gar die ganze Welt zu kontrollieren oder zu zerstören. Auf diese Weise entsteht der unüberbrückbare Gegensatz zwischen der *eigenen Gruppe*, die aus „guten" Verschwörungsgläubigen besteht, und der *fremden Gruppe*, die in Form der „bösen" politischen „Elite" als Bedrohung empfunden wird. In extremer Form wird der Staat sogar verdächtigt, der Bevölkerung bei der Impfung Mikrochips zu implementieren, um sie zu versklaven. Zeigt ein Mitglied der Fremdgruppe negatives Verhalten, dann bestätigt dies die ursprüngliche Zuordnung, so wie gute Taten daran nichts mehr ändern. Umgekehrt ist es ebenso irrelevant, ob sich eine Person der Eigengruppe positiv oder negativ verhält. Entsprechende Werturteile stabilisieren und verdichten sich durch *Interaktion* in den sozialen Medien.[47] Die gruppendynamischen Prozesse tragen schließlich dazu bei, die *Spaltung der Gesellschaft* in Anhänger und Gegner zu verfestigen.

---

[46] Butter 2018, S. 21, vgl. S. 22 f.
[47] Kumkar 2022, S. 27 f., 159 f., 262 f.

Die Erfahrung hat gezeigt, dass rationale und faktengestützte Argumente, die dagegen ins Feld geführt werden, nur in geringem Maße in der Lage sind, derartige Ideologien zu erschüttern. Es reicht bei Weitem nicht aus nachzuweisen, dass die „alternativen Fakten" in Wahrheit aus „falschen" Darstellungen bestünden. Von der europäischen Aufklärung kann man indessen lernen, dass bestimmte Vorurteile eine emotionale und soziale Funktion ausüben. Genau diese Art Ideologiekritik wird in der modernen Sozialpsychologie bestätigt. Als Therapie folgt daraus, die Tiefenstruktur von Vorurteilen zu erkunden und den gesellschaftlichen Ursachen auf den Grund zu gehen. Wenn ständig die „Eliten" einer Gesellschaft angegriffen werden, sollten sich die Angesprochenen überlegen, wie sie ihr Verhalten gegenüber den weniger Privilegierten ändern können. Weil dazu ein habitueller Respekt nicht ausreicht, bedarf es sozialer Reformen, welche die ökonomische und soziale Lage der Armen und Bedürftigen nachhaltig verbessern.

Das Verhältnis zwischen Wissen und Gesellschaft verweist auf den aus meiner Sicht problematischen Begriff der *Wissensgesellschaft*.[48] Ursprünglich wurde dabei auf den expandierenden Sektor der Informationsverarbeitung hingewiesen, die durch die weiter zunehmende Digitalisierung aktueller denn je ist. Wie wir im fünften Kapitel über die gegenwärtigen Katstrophen gesehen haben, kommt hinzu, dass wissenschaftliche Erkenntnisse über den Klimawandel und die Covid-19-Pandemie einen höheren Rang eingenommen haben. Dieses Wissen ist inzwischen so unverzichtbar wie umstritten und muss gegen die heutigen Wahrheitsleugner immer wieder neu durchgesetzt werden. Gleichwohl halte ich es für einseitig, *einen* Aspekt des gesellschaftlichen Lebens zum Ganzen des Gemeinwesens zu erklären und damit zu verabsolutieren. Offenbar traut man sich nicht mehr, diese Formation als bürgerliche Gesellschaft oder als Kapitalismus zu bezeichnen. Dies bedeutet, dass die Anerkennung und Durchsetzung des Wissens von ökonomischen und gesellschaftlichen Interessen abhängt. Dazu bedarf es moralisch gerechtfertigter Ziele sowie politischer Macht, der wir uns nun widmen werden.

---

[48] Beck 1986, S. 15; Wingens 1998, S. 173 f.; kritisch dazu Rohbeck 2000, S. 216 f.; Negt 2001, S. 186 f. – Ausführlicher in Kap. 8.

7

Moral und Politik

Es mag befremden, dass in diesem Buch kein Kapitel zur Theorie des Staates vorgesehen ist. Doch das ist der Eigenart der europäischen Aufklärung in der zweiten Hälfte des 18. Jahrhunderts geschuldet, welche die „großen" Staatstheorien des 17. Jahrhunderts hinter sich gelassen hat. Bekanntlich hat Thomas Hobbes im Jahr 1651 seinen *Leviathan* veröffentlicht, mit dessen Hilfe er den Englischen Bürgerkrieg (Civil War 1642–1649) zu befrieden versuchte. Die Lösung sah er in einem starken Staat, der das zerrissene Gemeinwesen mittels Vertrag allererst schaffen sollte.[1] Weil er den gesellschaftlichen Zusammenhalt vermisste, übertrug er dem Staatsoberhaupt die absolute Vollmacht. Auch John Locke verstand seine *Abhandlung über die Regierung* (1689) als Lösungsversuch der zweiten Regierungskrise in England (Glorius Revolution 1688/89), die friedlich verlief und in eine konstitutionelle Monarchie mündete.[2] Weil er im Unterschied zu Hobbes bereits Ansätze einer bürgerlichen Gesellschaft erkannte, schlug er eine staatliche Verfassung vor, in der das Parlament die Aufgabe hatte, diese neue soziale Formation anzuerkennen und zu beschützen.

Diese liberale Staatsform hat sich bekanntlich in Großbritannien bis heute erhalten. In Frankreich, das bis zur Revolution 1789 unter einem absolutistischen Regime litt, übte sie schon bei vielen Aufklärern des 18. Jahrhunderts eine große Faszination aus. Der junge Voltaire verbrachte gut zwei Jahre (1726–1728) in London, wo ihn das parlamentarische System

---

[1] Hobbes 1966, S. 136–144.
[2] Locke 1967, S. 264 f., 256.

und die relativ große geistige Freiheit begeisterte. Wenig später reiste auch Montesquieu über Deutschland und Holland nach London, wo er im Jahr 1730 sogar zum Mitglied der Royal Society gewählt wurde. Umgekehrt wurde Hume nach Paris, Reims und La Flèche eingeladen, wo er von 1734 bis 1737 lebte und seinen *Traktat über die menschliche Natur* (1739/40) fertigstellte. Es lohnt sich, an diese Kontakte innerhalb der europäischen Aufklärung zu erinnern, um zu begründen, warum im 18. Jahrhundert weder in England noch in Frankreich und im übrigen Europa wesentlich neue Staatstheorien entstanden sind.

Zum einen herrschte der Eindruck, dass man der politischen Philosophie von Locke nichts Neues hinzuzufügen habe. Britische Autoren wie Hume, Ferguson und Millar kritisierten das Modell des Gesellschaftsvertrags als wenig realistisch, weil derartige Übereinkünfte historisch nicht nachweisbar seien. Daher sparten sie das Thema weitgehend aus und konzentrierten sich auf Moral, Recht und Geschichte.[3] Französische Autoren wie Voltaire, Diderot, Helvétius und d'Holbach widmeten sich vorwiegend der Anthropologie, Geschichte, Moral, Erziehung und Religion. Montesquieu beschrieb in seinem *Geist der Gesetze* (1748) eher beiläufig die „Verfassung Englands" als historisches Phänomen, wobei er die Teilung der Gewalten hervorhob.[4] Und Kant ordnete in seinem Spätwerk *Metaphysik der Sitten* (1797) die Theorie des Staates äußerst knapp und wenig originell den Aspekten „Öffentliches Recht" und „Staatsrecht" unter, wobei er die Gewaltenteilung kurz streifte.[5] Obwohl Herder im Gegensatz zu Kant den Nationalstaat favorisierte, hat er die Kultur- und Geschichtsphilosophie vorgezogen. Schließlich hat der schweizer Philosoph Isaac Iselin in *Politischer Versuch über die Beratschlagung* (1761) keine systematische Staatstheorie mehr vorgelegt, sondern lediglich eine pragmatische Anleitung für gute Politik in der Gesetzgebung und Regierung bis zur Ausbildung zum guten Staatsmann.[6]

Zum andern verbarg sich hinter diesem offenkundigen Desinteresse an einer theoretischen Fundierung der staatlichen Ordnung eine bestimmte sozialpolitische Haltung. Weil man in England mit der parlamentarischen Regierungsform zufrieden sein konnte, fehlte das Motiv für einen neuen

---

[3] In Humes *Traktat* gibt es nur einen kleinen Abschnitt über den Staat: Hume 1973, Buch III, S. 283–288; ebenso in den *Prinzipien der Moral*: Hume 1962, S. 45–52; außerdem die *Essays* IV–IX, in: Hume 1963.
[4] Montesquieu 1951, Bd. I, elftes Buch, 6. Kapitel, S. 214–229.
[5] Kant 1965, Bd. VIII, S. 429–437; zur Gewaltenteilung S. 431 f.
[6] Iselin 2014, Bd. I, S. 499–587.

Entwurf des Staatswesens. Und weil man sich auf dem Festland mit dem französischen und deutschen Absolutismus arrangiert hatte, sparte man dieses Thema lieber aus. Außerdem war es viel zu riskant, dagegen aufzubegehren: Voltaire verbrachte elf Monate in der Bastille und wurde nur unter der Auflage freigelassen, dass er nach England floh. Diderot war in der Festung Vincennes inhaftiert, wo ihn Rousseau mehrmals besuchte. Hinzu kam die strenge Zensur, die auch von der katholischen Kirche betrieben wurde. Wie bemerkt, konnte die Kritik am klerikalen Absolutismus in Italien und Spanien das Leben kosten.

Die einzige Ausnahme bildete Rousseau, dessen radikale Sozialkritik schon im Kontext der Religionsphilosophie zur Sprache gekommen ist. In seinem *Diskurs über die Ungleichheit* (1755) hat er die bürgerliche Gesellschaft einer vernichtenden Kritik unterzogen, die seiner Auffassung nach keinerlei Reform mehr zuließ. Die Konsequenz sah er in einer Neugründung von Gesellschaft und Staat. In seinem Werk *Vom Gesellschaftsvertrag* (1762) entwarf er dazu einen Staat, der die soziale und politische Gleichheit aller Bürger garantieren sollte.[7] Darin forderte er zwar die direkte Demokratie, möglichst in kleinen Ländern wie in den Kantonen der Schweiz. Aber weil er keine Interessengruppen, sondern nur einen homogenen „Gemeinwillen" des „Volkes" zuließ, der von einem „Herrscher" zu vertreten sei, trägt diese Staatstheorie – wie schon die entsprechende „Zivilreligion" – letztlich totalitäre Züge. So bleibt dieser Entwurf hinter dem liberalen Konzept eines Locke zurück, da die Gesellschaft nicht mehr als eigenständige Sphäre gewürdigt wird.

Rousseaus Vorschlag fand in der aufklärerischen Öffentlichkeit weder in Frankreich noch in anderen europäischen Ländern Zustimmung. Das Motiv dafür war weniger die Gefahr eines autokratischen Herrschers als die Angst vor einem zu mächtigen Volkswillen. Die amerikanischen Verfassungsväter trafen sogar Vorkehrungen, um die Macht des Volkes einzuschränken, indem nicht die wahlberechtigten Bürger direkt, sondern so genannte Wahlmänner den Präsidenten bestimmen. Nicht einmal während der Französischen Revolution wurde die Basisdemokratie verwirklicht.[8] Allein in

---

[7] Rousseau 1978, S. 59–208, insbes. S. 72–75; ders. 1977, S. 72–75; ders. 1972, S. 342 f., 349.
[8] Bereits zu Beginn der Revolution hat der Mathematiker und Philosoph Condorcet, der ein Anhänger der gemäßigten Girondisten war, auf ein Problem der Mehrheitswahl hingewiesen, die bei mehreren Parteien und Alternativen zu irrationalen Präferenzen führe, weil letztlich die Reihenfolge der Abstimmungen entscheide. Condorcet: *Essai sur l'applicacion de l'analyse à la probabilité des voix* (1785). – Zu diesem Paradox und neueren Untersuchungen der *collective choice* ausführlich Nida-Rümelin 2020, S. 84 f., 87–105.

der Schweiz, an deren Verfassungen sich Rousseau ja ursprünglich orientiert hat, ist diese Staatsform bis heute präsent. Aus diesen Gründen werde ich Rousseaus politische Philosophie nicht weiter verfolgen, während uns seine kritische Sozialphilosophie im folgenden Kapitel noch beschäftigen wird.

Dahinter steht die allgemeine Beobachtung, dass sich das theoretische Interesse vom Staat auf die Gesellschaft verlagert hat. Dabei ist zu beachten, dass zu dieser Zeit für den neuen Gegenstand „Gesellschaft" noch kein eigener Terminus zur Verfügung stand. So besaßen die Ausdrücke *Bürgerliche Gesellschaft* oder *Civil Society* eine sowohl politische als auch soziale Bedeutung.[9] Gleichwohl hat sich die Gesellschaft der Sache nach als eigenständige Sphäre ziemlich genau um die Jahrhundertmitte herausgebildet. Gemeint sind damit die Anfänge der Industrialisierung, die in der neuen Wissenschaft der Politischen Ökonomie reflektiert wurden. Dort wurde die Eigendynamik wirtschaftlicher Prozesse erkannt und durchaus kontrovers beurteilt, so dass man aus heutiger Sicht bereits von der *Kontingenz* sozialer Systeme sprechen kann.

Im Folgenden möchte ich den nicht einfachen Versuch starten nachzuweisen, dass es in der europäischen Aufklärung *sozialwissenschaftliche* Reflexionen gegeben hat. Analog zur liberalen Wirtschaft wird zum ersten Mal erkannt, dass sich auch in der Sphäre der sozialen Interaktion und Kommunikation Ergebnisse einstellen, die von keinem Individuum direkt beabsichtigt werden und eher naturwüchsig zustande kommen. Auch in diesem Fall sind *kontingente Prozesse* maßgebend, welche die rationalistische Vorstellung eines autonomen Subjekts empfindlich beschneiden. Nicht erst Freud hat das Unbewusste entdeckt, sondern bereits die aufklärerische und damit zugleich moderne Sozialphilosophie. Damit wiederhole ich meine Generalthese, dass sich innerhalb der Aufklärung eine durch die Kontingenzerfahrung geprägte Moderne herausgebildet hat.

Als die *erste* derartige Disziplin betrachte ich die *Moralphilosophie*, welche seit 1750 die alte Staatstheorie ablöste und das Zentrum der praktischen Philosophie bildete. Das basierte auf der aufklärerischen Anthropologie, in der moralische Urteile, ja sogar Erkenntnisse in den Emotionen der Menschen verwurzelt wurden, so dass ich die Entdeckung einer *emotionalen Intelligenz* diagnostiziert habe. In diesem Zusammenhang trat die soziale Dimension der Moralbegründung in den Vordergrund, der zufolge moralische Gefühle nicht nur zur „Natur" des Menschen gehören und

---

[9] Bekanntlich hat erst Hegel den Begriff „bürgerliche Gesellschaft" als eine eigenständige Sphäre jenseits des Staates geprägt: Hegel 1969, Bd. 7, S. 307.

gewissermaßen „angeboren" sind, sondern sich innerhalb eines Gemeinwesens herausbilden, verbreiten und stabilisieren. In diesem Fall ist die Moral das Resultat kommunikativer Prozesse, so dass ich jetzt von einer spezifisch *sozialen Intelligenz* sprechen werde. Von außen betrachtet, können solche sozialen Prozesse als „Sitten und Gebräuche", d. h. Lebensgewohnheiten, der Völker beschrieben werden. Wiederum gehört Hume zu den in dieser Hinsicht bahnbrechenden Autoren der Aufklärung.

Die *zweite* Erscheinungsform des Gesellschaftlichen ist mit dem Namen Montesquieu verknüpft, der zu den Begründern der sich gerade herausbildenden *Soziologie* gezählt wird.[10] Im genannten Hauptwerk setzte er die Regierungsformen, sozialen Strukturen und Wertvorstellungen der Völker mit den natürlichen Umständen wie Klima und Bodenbeschaffenheit in Beziehung. Dadurch wollte er erklären, unter welchen naturgegebenen, gesellschaftlichen und kulturellen Bedingungen bestimmte Staatsformen möglich sind oder welche Faktoren die Herausbildung und Stabilität bestimmter staatlicher Verfassungen beeinflussen. Auf diese Weise kehrte Montesquieu das Verhältnis von Staat und Gesellschaft um. Dementsprechend erzeugt der Staat nicht mehr das Gemeinwesen, sondern hängt von den gegebenen Verhältnissen ab. Er wird nicht in einem spontanen Akt hergestellt, sondern bildet sich in einem kontingenten Geschehen heraus.

Transformiert man diese Ergebnisse in die heutige Gegenwart, ergibt sich eine höchst ambivalente Situation. *Einerseits* verdanken wir der Aufklärung die Anfänge der modernen Sozialwissenschaften. Damit lassen sich nicht nur moralische und politische Normen formulieren, sondern auch die faktischen Zustände in Gesellschaft und Politik beschreiben und erklären. *Andererseits* ist einzuräumen, dass die Vertreter der Aufklärung im heutigen Sinn keine überzeugten Demokraten waren. Zwar lobten sie die englische Verfassung, die zur damaligen Zeit progressiv war. Aber zu einer repräsentativen Demokratie, wie sie heute Standard ist, konnten sie sich nicht durchringen. Erst im Zuge der Französischen Revolution kamen demokratische Ideen einschließlich des oben angesprochenen Wahlrechts für Frauen auf.

Gleichwohl halte ich es für möglich, bestimmte Theoreme der europäischen Aufklärung aus der zweiten Hälfte des 18. Jahrhunderts auf die Problemlage gegenwärtiger Demokratien anzuwenden. Dazu gehört

---

[10] So bereits Émile Durkheim in: *Montesquieu et Rousseau, précurseurs de la sociologie* (1892). – Obwohl Niklas Luhmann sein Projekt *Soziologische Aufklärung* nennt, kommt Montesquieu darin gar nicht vor. Luhmann behauptet sogar eine grundlegende „Differenz" zwischen der Aufklärung des 18. Jahrhunderts und der modernen Soziologie, ja sogar einen „Traditionsbruch mit der Aufklärung". Luhmann 1970, S. 66 f.

zunächst das Prinzip der *Gewaltenteilung*, das Montesquieu mit dem innovativen Zusatz Judikative in der bis heute gültigen Form konzipiert hat. Angesichts des um sich greifenden Populismus halte ich dieses Prinzip für besonders aktuell. Sodann enthält die *Moralphilosophie* aktualisierbare Potenziale, weil sich der Zusammenhalt der Gesellschaft als ein kommunikativer Prozess darstellt, der für die Herausbildung und den Erhalt von Recht und Politik fundamental ist. Nicht zuletzt spielt dabei die Interaktion von Emotionen eine wichtige Rolle. Darauf kann die neuere politische Philosophie zurückkommen, die *Konsens* und *Kooperation* in der Gesellschaft zur wesentlichen Voraussetzung moderner Demokratien erklärt.

Postdemokratische Wende?

Zu Beginn des 21. Jahrhunderts ist die Demokratie in eine *Krise* geraten. Nach dem Zweiten Weltkrieg war man noch bestrebt, den Faschismus zu überwinden, und verband mit der Demokratie den Wiederaufbau und wirtschaftlichen Aufschwung. Besonders nach dem Zusammenbruch des Ostblocks befand sich die Demokratie auf dem Höhepunkt ihrer Entwicklung. Seit dem Fall der Berliner Mauer bis zur Jahrtausendwende stieg die Zahl der Länder, in denen einigermaßen freie Wahlen stattfanden, weltweit auf fast zweihundert, von denen mindestens die Hälfte als funktionierende demokratische Staaten gelten konnten. Doch in den letzten Jahren ist die Zahl demokratisch verfasster Nationen in fast allen Regionen der Welt rückläufig.[11] Hinzu kommt die geringe Wahlbeteiligung in einigen Ländern wie Frankreich und Spanien. Vor allem die sozial schwachen Bürgerinnen und Bürger fühlen sich durch die Parlamente nicht mehr vertreten.

Zugleich sind viele autoritäre Staaten, angeführt von China und Russland, aggressiver geworden. Einige Länder, die in den neunziger Jahren den Eindruck erfolgreicher liberaler Demokratien erweckt hatten wie Ungarn, Polen, Thailand, die Türkei und Italien, gleiten wieder in Richtung Autoritarismus oder gar offener Diktatur ab. Noch überraschender und vielleicht auch bedeutsamer war der Wahlsieg, den der Populismus 2016 in einer der ältesten liberalen Demokratien der Welt errungen hat: in den

---

[11] Nach den Kriterien von Freedom House qualifizieren sich heute nur 77 von rund 200 Staaten als Demokratien. – Crouch 2008, S. 7–20; vgl. Blühdorn 2013, S. 10; Nida-Rümelin 2020, S. 7–28; Heidenreich 2022, S. 23.

USA, wo Donald Trump Präsident wurde. Auch wenn diese Ära erst einmal zu Ende ist, sind die Gefahren noch lange nicht gebannt. Dafür hat Putin inzwischen seine Diktatur verschärft.

Aber auch in Westeuropa macht sich ein neuer rechter *Populismus* breit. Dieser propagiert nicht nur Fremdenfeindlichkeit und Rassismus, greift die freie Presse an und stellt die Rechtsprechung und das Gewaltmonopol des Staates in Frage, sondern zieht die demokratische Verfassung insgesamt in Zweifel. In Frankreich erstarkt kontinuierlich der rechtsextreme *Front National*, heute unter dem Namen *Rassemblement National*, deren Präsidentschaft bei der letzten Wahl nur knapp verhindert werden konnte. Auch in anderen europäischen Ländern haben sich rechtsradikale Parteien etabliert wie die postfaschistische Partei *Fratelli d'Italia* und die völkische *Alternative für Deutschland*. Auf diese Weise ist der Siegeszug der Demokratie erst einmal ins Stocken geraten.

Diese schleichende Erosion hat Colin Crouch als *postdemokratische Wende* bezeichnet.[12] Wie die übrigen Postismen, die wir schon kennengelernt haben, bedeutet auch der Begriff *Postdemokratie* das vermeintliche „Ende der Demokratie". Nachdem die Demokratie ihr progressives Versprechen auf Freiheit und Gerechtigkeit angeblich nicht einzulösen vermochte, habe sie sich sozusagen überlebt. Sie gehe an dem Paradox zugrunde, dass überzogene Erwartungen herrschen und dass gleichzeitig diese Hoffnungen enttäuscht werden. Beklagt wird der Verfall der Handlungsfähigkeit von Politikern und die wachsende Unzufriedenheit der Bevölkerung mit der Politik. Der Vorwurf lautet, die reale Politik finde hinter verschlossenen Türen statt. Damit steht die Zukunftsfähigkeit der Demokratie in Frage. So kommt zu den zahlreichen „Nachgeschichten" eine weitere endzeitliche Erzählung hinzu.

Welche Ursachen werden für den Niedergang der Demokratie angeführt?

Einen *ersten* Grund sieht der Soziologe Andreas Reckwitz in einer *Krise der Spätmoderne*, die durch einen postindustriellen Kapitalismus und wachsenden Dienstleistungssektor geprägt sei. Angesichts dieser gesellschaftlichen Umwälzungen sei ein Kulturkampf zwischen Modernisierungsgewinnern und -verlierern entbrannt. Auf der einen Seite sei eine neue urbane, akademisch gebildete Mittelschicht aufgestiegen, während auf der anderen Seite die alte Klasse der Arbeiterschaft vom Abstieg bedroht sei.[13]

---

[12] Crouch 2008, S. 10; vgl. Blühdorn 2013, S. 9, 114, 116; Bogner 2021, S. 39.
[13] Reckwitz in: Reckwitz, Rosa 2021, S. 108–122; ders. 2019, S. 135–201; vgl. Beck 1986, S. 14 f.; Crouch 2008, S. 71–76; Blühdorn 2013, S. 120; Negt 2010, S. 163–171; Grau 2022, S. 103, 107.

Damit gehe eine neue Form der Partikularisierung und Individualisierung einher, durch die traditionelle Bindungen an Gewerkschaften und Parteien verloren gegangen seien. Ebenso zerfalle die allgemeine Öffentlichkeit in diverse Gemeinschaften und vielfältige kollektive Identitäten. Auf diese Weise büße der Staat insgesamt seine Fähigkeit ein, das Gemeinwesen demokratisch und sozialverträglich zu steuern.

Einen *zweiten* Grund sieht Arnim Nassehi in der „Überforderung der Gesellschaft", die ein „Unbehagen" an der Demokratie auslöse.[14] Indem er von einer „Überforderung der Gesellschaft mit sich selbst" oder „Selbstüberforderung" spricht, sucht er die Ursache *innerhalb der modernen Gesellschaft*. Infolge ihrer Pluralität, Komplexität, Differenzierung und Dezentralisierung sei sie nicht in der Lage, übergreifende Aufgaben zu bewältigen. Ihre Stärke bestehe darin, isolierte und spezielle Probleme zu lösen, doch sie versage bei der Lösung kollektiver Herausforderungen. Es gelinge nicht, alle sozialen und politischen Kräfte auf die Realisierung eines gemeinsamen Ziels zu bündeln. Nassehi fasst diese Beobachtung in einem Paradox zusammen: „Diese Gesellschaft hat fast alles Wissen, fast alle Ressourcen, die meisten Mittel und auch die Gelegenheit, die großen Probleme der Welt zu lösen […] Und doch sieht es so aus, als sei genau das nicht möglich, obwohl es doch offenkundig möglich ist."

Zu den schon länger bekannten Beispielen gehören die Bewältigung des Klimawandels, ferner die soziale Verelendung vieler Menschen und die schreiende Ungerechtigkeit in der Welt. Neuerdings ist die Coronakrise hinzugekommen, welche den Mangel an Koordination der notwendigen Maßnahmen besonders drastisch vor Augen geführt hat. Häufig sei es nicht gelungen, so Nassehi, medizinische Evidenz in politisches Handeln umzusetzen. Zum einen liege das an den konkurrierenden Programmen, die nicht mehrheitsfähig seien, zum andern an institutionellen Barrieren wie Gewaltenteilung und Föderalismus. In der Demokratie lassen sich Entscheidungen nicht mit der nötigen Macht durchsetzen. Auf diese Weise scheitere die moderne Gesellschaft an sich selbst. Da kann Nassehi der Versuchung nicht widerstehen, auf den Vorteil autoritärer Systeme wie in China bei der Krisenbewältigung hinzuweisen.

In unserem Zusammenhang ist interessant, dass Nassehi die *Aufklärung* für ein untaugliches Mittel hält, um die genannten Krisen der Gesellschaft zu überwinden. Nach eigener Interpretation ist seine Theorie „ein frontaler Angriff auf das aufklärerische, akademisch-professionelle Selbstverständnis

---

[14] Nassehi 2021, S. 16; zum Folgenden S. 63, 169, 19, 309–316.

derer, die meinen, man müsse den Menschen nur angemessen erklären, wie sie sich zu verhalten haben".[15] Der Fehlschluss der Aufklärung bestehe also darin, dass die theoretische Einsicht schon die praktische Entscheidung enthalte. Folglich sei mit dem Paradigma der Aufklärung zu brechen. Dagegen ist einzuwenden, dass rationales Erklären sehr wohl notwendig ist, um überhaupt gesellschaftliche Veränderungen einzuleiten. Ferner behauptet wirklich niemand, dass vernünftige Argumente allein schon ausreichen, um bestimmte Ziele politisch zu realisieren. Schließlich trifft diese verkürzte Auffassung nicht einmal für die Epoche der Aufklärung zu. Wieder einmal wird die Aufklärung mit einem idealisierten Rationalismus gleichgesetzt und übersehen, dass gerade im 18. Jahrhundert die praktische Seite der menschlichen Vernunft betont worden ist.

Einen *dritten* Grund für die postdemokratische Wende sieht Ingolfur Blühdorn darin, dass die gegenwärtige Politik bloß noch „simuliert" werde. So wie Jean Baudrillard das Zeitalter der *Simulation* ausgerufen hat, behauptet Blühdorn die Existenz einer „simulativen Demokratie".[16] Darin bestehe der bloße Anschein einer Souveränität des Volkes oder nur das vage Gefühl von Freiheit und Partizipation. Zwar finden noch freie Wahlen statt, so der Verdacht, aber die werden von professionalen PR-Experten als mediales Spektakel manipuliert. Symbolische Zeichen werden zum Ersatz für praktische Politik. Das politische Handeln verkommt zur ästhetischen Performanz und theatralen Inszenierung. Handlungsräume für Individuen und Kollektive verkehren sich in Selbsttäuschungen. Die Bürger ziehen sich ins Private zurück, während die Politiker geschönte Fassaden aufbauen. So hinterlässt die Postdemokratie nur Langeweile, Frustration und Desillusion.

Einen *vierten* Grund für die gegenwärtige Krise der Demokratie erkennt Julian Nida-Rümelin im Prozess der *Globalisierung*.[17] Demnach schränkt die globale Ordnung die Handlungsmöglichkeiten nationalstaatlich organisierter Demokratien ein. Wie wir im zweiten Kapitel gesehen haben, stellt sich dieses Problem bereits in Europa, wo die weitere Entwicklung der Europäischen Union aus nationaler Perspektive beargwöhnt wird. Einige Kritiker werfen der EU einen Mangel an Demokratie vor, weil weder die Bürger die Exekutive in Brüssel wählen noch das gewählte Parlament in Straßburg Gesetze beschließen darf. Die populistischen Gegner der EU

---

[15] Ebd., S. 328 f.; vgl. S. 332, 337. Diese Polemik richtet sich namentlich gegen die Bücher von Göpel (2020) und Schneidewind (2018).
[16] Blühdorn 2013, S. 12, 116, 177 f.; vgl. Crouch 2008, S. 42.
[17] Nida-Rümelin 2020, S. 13 f., 22; vgl. Streeck 2021, S. 115, 122; siehe Höffe 1999, S. 13 f.

wollen gar zu den alten Nationalstaaten zurückkehren, um die Souveränität ihrer Regierungen zu retten, wobei der demokratische Aspekt in den Hintergrund tritt. Sie dulden allenfalls eine Kooperation zwischen starken nationalen Exekutiven.

Hinter der Kritik, die Demokratie leide unter der Globalisierung, verbirgt sich der *fünfte* und meiner Meinung nach wichtigste Grund, dass dieser Prozess wesentlich in der Herausbildung und Etablierung des Weltmarktes besteht.[18] Folgt man Wolfgang Streeck, ist es der *globale Kapitalismus* mit seinen inter- und transnationalen Konzernen, welche die Handlungsspielräume der Nationalstaaten massiv einschränken und damit zur Aushöhlung der Demokratie mit sozialen Folgen beitragen. Nach dem Zweiten Weltkrieg schien noch ein „demokratischer Kapitalismus" möglich zu sein, weil eine expandierende Wirtschaft bescheidende soziale Leistungen zu garantieren vermochte. Doch als in den 1980er Jahren das Wirtschaftswachstum stagnierte und der Neoliberalismus in den westlichen Ländern Einzug hielt, sei der demokratisch legitimierte Sozialstaat abgewrackt worden. Zum ökonomischen Kontrollverlust der Nationalstaaten sei eine neue Spannung zwischen kapitalistischer Ökonomie und demokratischer Politik getreten.[19] Umgekehrt gefährde sinkender Wohlstand die Akzeptanz demokratischer Institutionen. Dieser Widerspruch spitzt sich in denjenigen Staaten zu, die in erster Linie vom Export fossiler Energien abhängen. Traditionell ist das in den Arabischen Emiraten der Fall, aber auch in Russland, wo ein autoritäres Regime herrscht. Länder wie Russland haben es versäumt, die Industrialisierung voranzutreiben, und die Ausfuhr von Öl und Gas bevorzugt. Der Zusammenhang von Energieexport und Diktatur ist evident, weil es sich um wenige, staatlich dominierte Firmen handelt, die in der Hand von Oligarchen sind. Zuletzt hat sich dieser Konnex negativ bestätigt, indem die demokratischen Staaten versuchen, das russische Imperium durch Importverbot zu schwächen. Diese Sanktionen führen wiederum zu Engpässen in der Energieversorgung, mit deren Bewältigung die Regierungen überfordert sind.

Doch zu all diesen Diagnosen gehört die theoretische und praktische Pointe, dass sich keiner der genannten Autoren mit diesem deprimierenden

---

[18] Streeck 2021, S. 21, 261–274; vgl. Crouch 2008, S. 42; Blühdorn 2013, S. 9; Schneidewind 2018, S. 85; Nida-Rümelin 2020, S. 31, 195; Fraser, Jaeggi 2020, S. 227.

[19] Aus dieser Diagnose zieht Streeck den höchst problematischen Schluss, die traditionellen Nationen zu rehabilitieren und damit auf die Ebene einzelstaatlicher Politik zurückzukehren. Streeck 2021, S. 13 f., 27–29, 39 f., 56–59. – Siehe bereits Streecks scharfe Kritik an der Politik der Europäischen Union in Kap. 2.

Zustand abzufinden bereit ist. Schon der Begriff der Postdemokratie ist eher als Weckruf dafür zu verstehen, der Demokratie trotzdem noch eine Zukunftsperspektive zu eröffnen. Auch die Ansicht von der überforderten Gesellschaft mündet in vorsichtige Vorschläge, wie diese Krise zumindest abgemildert werden könne. Selbst mit der Rede von der simulativen Demokratie wird versucht, den darin steckenden Aspekt der kreativen Performanz ins Positive zu wenden. Vor allem die Kritik an der kapitalistischen Globalisierung ist ein Plädoyer dafür, die politische Kontrolle über die verselbständigte Wirtschaft wiederzugewinnen. Bevor ich zu diesen Vorschlägen gelange, werde ich zuerst die von der Aufklärung bereit gestellten sozialwissenschaftlichen Mittel rekonstruieren.

Emotionale und soziale Intelligenz

Um die Mitte des 18. Jahrhunderts rückt die *Moralphilosophie* ins Zentrum der praktischen Philosophie. Besonders in dieser Disziplin sind die nationalen und regionalen Unterschiede signifikant. Bei der Gefühlsmoral von Hutcheson und Hume handelt es sich vor allem um eine Denkrichtung der *schottischen Aufklärung*. In *Frankreich* wurde das neue Prinzip des moralischen Gefühls weitgehend übernommen und in die verschiedenen Schriften zur Anthropologie, Sozialphilosophie und Geschichtsphilosophie integriert. In *Italien* gab es eine Rechts- und Sozialphilosophie, in der das individuelle und gesellschaftliche Glück zum vorherrschenden Ziel erklärt wurde. Demgegenüber wirkte in *Deutschland* die rationalistische Ethik nach, so dass dort keine Gefühlsmoral entstanden ist. Ganz programmatisch hat dann Kant die sensualistische Moralphilosophie verworfen und seine Ethik auf Vernunft gebaut.[20] Obwohl es auch in diesem Fall nicht *die* Ethik der europäischen Aufklärung gab, darf das moralische Gefühl als neues Paradigma gelten.

Die theoretischen Voraussetzungen haben wir bereits in den vorausgegangenen Kapiteln kennengelernt. *Erstens* wird die *Moral jenseits von Religion* begründet. Das bedeutet nicht, wie gezeigt, dass dem christlichen

---

[20] In der *Grundlegung zur Metaphysik der Sitten* (1785) schließt Kant von vornherein die „Naturanlagen" des Menschen zur Begründung der Moral aus: sowohl das individuelle „Glücksstreben" als auch die „Sympathie". Kant 1965, Bd. VII, S. 18, 20, 23 f. – Erst in der *Kritik der Urteilskraft* (1790) beschwört er „das allgemeine Teilnehmungsgefühl". Ebd., Bd. X, S. 464. – Und in der *Anthropologie* (1798) erwähnt er die „Vereinigung des Wohllebens mit der Tugend" und damit eine „gesittete Glückseligkeit", ohne jedoch die Möglichkeit eines moralischen Gefühls auch nur in Erwägung zu ziehen. Ebd., Bd. XII, S. 616.

Glauben keinerlei soziale Funktion mehr zugebilligt würde. Aber die neuen moralischen Regeln gelten jetzt nicht mehr als von Gott verfügte Gebote. *Zweitens* gründen die Aufklärer ihre Moralphilosophie auf die neu entwickelte *Anthropologie*. Ihr zufolge sind die Menschen von Natur aus in Gesellschaften lebende und damit auch gesellige Wesen. In der biologischen Natur sind außerdem die Bedürfnisse und Emotionen der Menschen verankert. Das gilt nun insbesondere für das „moralische Gefühl", dessen Existenz neben dem Egoismus in der Menschennatur nachzuweisen ist. *Drittens* ist dieser Nachweis allein mit Hilfe der *empirischen Methode* zu leisten. Das betrifft sowohl die äußere Wahrnehmung von Handlungen anderer Menschen als auch die innere Empfindung eigener Emotionen, für die der neue Begriff *moral sense* steht.

Gefühl und Verstand. – Hume hat vor Kant die innovativste und wirkungsmächtigste *Moralphilosophie* der Aufklärung vorgelegt. Sie hat sowohl eine *emotionale* Basis, die anthropologisch gestützt wird, als auch eine *soziale* Dimension, die soziologische Ansätze enthält. Diese Ethik möchte ich nun exemplarisch etwas ausführlicher analysieren: zuerst anhand der *Untersuchung über die Prinzipien der Moral* (1751) und dann im früheren Entwurf *Traktat über die menschliche Natur* (1739/40).

Zum einen wendet sich Hume gegen die rationalistische Ethik des 17. Jahrhunderts, die sich an einem angeblich gottgegebenen Naturrecht orientiert.[21] Im Anschluss an Hutcheson fundiert er die Moral der Menschen ausschließlich im „Gefühl" (sense, sentiment), das in der menschlichen Natur angelegt sei und von den Menschen in ihrem Innern unmittelbar wahrgenommen werden könne: „Der Begriff der Moral schließt ein allen Menschen gemeinsames Gefühl ein."[22] Dabei unterscheidet er zwischen einer „Selbstliebe" (self-love), die er durchaus anerkennt, und einem „moralischen Gefühl" (moral sense), das mit dem „Wohlwollen" (benevolence) für andere Menschen verwandt ist.[23] Dazu gehört auch

---

[21] Namentlich gegen Samuel Clarkes *A demonstration of the being and attributes of God* (1705/06); Clarke 1998. – Dagegen hat sich bereits Lord Shaftesbury mit seiner *Inquiry concerning Virtue, or Merit* (1711) gewandt und den Begriff des *moral sense* eingeführt. Shaftesbury 2012. – Vor diesem Hintergrund erwähnt Hume zu Beginn seiner *Untersuchung* eine „Kontroverse" und greift für Shaftesbury Partei. Hume 1962, S. 4 f.

[22] Hume 1962, S. 120; vgl. ebd., S. 5, 7, 9, 135–146; vgl. Hume 1973, Buch III, S. 198, 212. – Zum ersten Mal ausgearbeitet wurde die Theorie des *moral sense* im Jahr 1725 von Francis Hutcheson, den Hume sehr geschätzt hat. Hutcheson 1986, S. 87.

[23] Hume richtet sich damit gegen Bernard Mandeville, der in seiner *Bienenfabel* (1705) die These aufgestellt hat, dass es nicht die „Tugend", sondern das „Laster" sei, das die bürgerliche Gesellschaft voranbringe. Mandeville 1968, S. 80 f., 87; Hume 1962, S. 3.

die „Sympathie" (sympathy), die in der Fähigkeit besteht, sich in die Lage anderer Menschen zu versetzen, um deren Gefühle nachzuempfinden oder sie an den eigenen Gefühlen teilhaben zu lassen.[24]

Allerdings muss Hume einräumen, dass Gefühle auch irren können. Ein drastisches Beispiel für ein fehlgeleitetes Wohlwollen ist das spontane Mitleid mit einem Bettler, weil das daraus folgende Almosen die Faulheit fördere und der Industrie schade.[25] Demgegenüber fordert Hume, den „öffentlichen Nutzen" (public utility), die „Interessen der Menschen" oder das „Glück" der Gemeinschaft nicht aus den Augen zu verlieren, worunter er den wirtschaftliche Wohlstand und das rechtlich gesicherte Privateigentum versteht. An dieser Stelle lässt er die zuvor ausgeschlossene *Vernunft* wieder durch die Hintertür herein, indem er ihr die Aufgabe zuweist, die gesellschaftliche Lage zu analysieren und dadurch das moralische Gefühl zu korrigieren. So beantwortet er die anfängliche „Frage, ob die Moral aus der Vernunft oder aus dem Gefühl herzuleiten sei", mit einem abschließenden Kompromiss, der das „Zusammenwirken von Vernunft und Gefühl" postuliert.[26]

Mit diesem Ergebnis möchte ich mich jedoch nicht zufrieden geben, so wie ich schon im letzten Kapitel zu zeigen versucht habe, wie die schottischen Aufklärer die traditionelle Trennung zwischen Sinneswahrnehmung und Denkvermögen überwunden haben. Denn auch hier sehe ich Anzeichen dafür, dass Hume dem *Gefühl selbst rationale Kompetenzen* zuschreibt. So spricht er von einem „Gerechtigkeitsgefühl", das entweder rational oder eben auch emotional bestimmt werden könne. Im letzten Fall folge, „dass man das Eigentum, das Objekt der Gerechtigkeit, gleichsam durch einen einfachen, ursprünglichen Instinkt erkennt, nicht aber durch Argumentation oder Reflexion ermittelt".[27] Auch wenn Hume diese Aussage wieder relativiert, folgen doch zahlreiche Formulierungen, die in diese Richtung weisen. Immer wieder spricht er davon, dass dem Menschen ein „gewisser Hang zum Wohl der Menschheit" innewohne und dass die Nützlichkeit einer „natürlichen Neigung" entspreche, indem der „Austausch der Gefühle […] einen allgemeinen, unveränderlichen Maßstab" schaffe.[28] Letztlich wird das menschliche Glück auf rein emotionale Weise

---

[24] Hume 1962, S. 11–18; ders. 1973, S. 96, 99, 103 f.; vgl. Rohbeck 1978, S. 117–131.

[25] Hume 1962, S. 16; zum Folgenden S. 14 f. – Mit diesem Urteil geht Hume wieder mit Mandeville konform. Mandeville 1968, S. 286–353.

[26] Hume 1962, S. 4, 7; vgl. 135, 145 f.

[27] Ebd., S. 40 f.; zum Folgenden S. 53, 56, 61, 70, 72.

[28] Ebd., S. 56, 68–70, 72; das nächste Zitat S. 144.

bestimmt: „Es erscheint einleuchtend, dass die letzten Zwecke der menschlichen Handlungen sich nie und nimmer durch die Vernunft erklären lassen, sondern dass für sie ausschließlich die Gefühle und Neigungen der Menschen, ganz unabhängig von den intellektuellen Fähigkeiten, maßgebend sind." Hatte noch Aristoteles das Glück argumentativ als Selbstzweck entwickelt, verweist Hume auf die emotionale Basis des Glücksempfindens. Diese Fähigkeit des moralischen Gefühls bezeichne ich wiederum als *emotionale Intelligenz*.

Zum andern versucht Hume, das moralische Gefühl *sozialphilosophisch* zu begründen. Während Hutcheson den *moral sense* als eine dem Menschen lediglich angeborene Fähigkeit charakterisiert hat, transformiert Hume diese natürliche Anlage in einen sozialen Prozess. Bereits der Begriff *Sympathie* bedeutet ja das Fühlen der Menschen *mit* anderen Menschen, so wie man mit der Sympathie eines Menschen Sympathie empfinden kann. Auf diese Weise wird die Sympathie autoreflexiv.

Im *Traktat* heißt es: „Die Menschen verhalten sich in ihrem Innern zueinander wie Spiegel. Und dies nicht nur in dem Sinne, dass sie ihre Gefühlsregungen wechselseitig spiegeln; sondern es werden auch die Strahlungen der Affekte, Gefühle, Meinungen wiederholt hin- und zurückgeworfen." Berühmt ist auch das Bild von zwei Saiten, deren eine die andere simultan in Schwingungen versetzt: „Sind zwei Saiten gleichgespannt, so teilt sich die Bewegung der einen der anderen mit; in gleicher Weise gehen die Gemütsbewegungen leicht von einer Person auf die andere über und erzeugen korrespondierende Bewegungen in allen menschlichen Wesen."[29]

In der *Untersuchung* geht es um die reziproke Übertragung sozialer Gefühle wie „Freundschaft und Dankbarkeit" oder „Zuneigung und Gemeinsinn": „Diese Eigenschaften scheinen, wo immer sie auftreten, auf jeden Beschauer gleichsam überzuströmen und für sich die gleichen Gefühle des Wohlwollens und der Zuneigung zu wecken, die sie bei allen ringsum auslösen."[30] Schließlich erlangen sie durch Gewohnheit eine „stillschweigende Geltung". Ausgehend von der Familie als natürlichem Hort der Moral weitet sich das moralische Gefühl auf die Gesellschaft aus und richtet sich schließlich auf die ganze Menschheit. Am Ende nehmen die Individuen einen „allgemeinen Standpunkt" ein, welcher der Perspektive eines realen oder fiktiven unparteiischen „Zuschauers" entspricht und

---

[29] Hume 1973, Buch II, S. 98 f., 329.
[30] Hume 1962, S. 13; zum Folgenden ebd., S. 68, 117, 124, 137.

schließlich verinnerlicht wird.[31] Wiederum ist entscheidend, dass Hume diese Aufgabe der objektivierenden Verallgemeinerung nicht etwa einer einsamen Vernunft aufbürdet. Vielmehr lässt er das allgemeingültige Urteil aus dem sozialen Prozess der wechselseitigen Übernahme moralischer Urteile hervorgehen. Die *affektive Kommunikation* korrespondiert mit der *reziproken Anerkennung*. Mit diesem Schneeballsystem der Emotionen und Urteile konzipiert Hume eine *Sozialphilosophie der Moral*.

Interaktion der Interessen. – Besonders interessant ist nun, dass Hume die gegenseitige Interaktion der Menschen auch *ohne* das moralische Gefühl der Sympathie konstruiert. An die Stelle des Altruismus setzt er den *aufgeklärten Egoismus*. Dabei ist er sich wie seine Vorgänger Hobbes und Locke sehr wohl darüber im Klaren, dass in der bürgerlichen Gesellschaft große Unsicherheit herrscht, die sich verschärft, wenn sich der Staat als Beschützer des Privateigentums zurückhalten soll. Diese Gefahr kann nach Hume nur gebannt werden, wenn jeder Eigentümer einsieht, dass es in seinem eigenen Interesse liegt, das Privateigentum anderer Bürger anzuerkennen: „Es gibt also keinen Affekt, der fähig ist, die eigennützige Neigung im Zaum zu halten, außer dieser Neigung selbst, wenn man ihr nämlich eine andere Richtung gibt."[32] Erkennen alle Bürger, dass sie ihre Interessen langfristig nur realisieren können, wenn sie auf ihre augenblicklichen Vorteile verzichten, rufen sie entsprechende Verhaltensweisen anderer Individuen hervor.

Doch wie kann sich ein solches System der Anerkennung etablieren, zumal „am Anfang" niemand weiß, ob die anderen dieselbe Einsicht haben? Humes Antwort lautet, dass die Menschen zuerst handeln und aus den entsprechenden Handlungen die gemeinsame Absicht erschließen:

„Ich sehe, es liegt in meinem Interesse, einen anderen im Besitz seiner Güter zu lassen, *vorausgesetzt*, dass er in gleicher Weise gegen mich verfährt. Er seinerseits ist sich eines gleichen Interesses bei der Regelung seines Verhaltens bewusst. […] Und dies kann füglich eine Übereinkunft oder ein wechselseitiges Einverständnis genannt werden. Das Zwischenglied eines Versprechens ist dazu nicht erforderlich. Die Handlungen eines jeden von uns beiden sind bedingt durch die Handlungen des anderen."[33]

---

[31] Hume 1962, S. 72, 121, 124, 141; vgl. 1973, Buch III, S. 335. – Dieses Denkmotiv des unbeteiligten Beobachters findet sich verstärkt in der *Theorie der moralischen Gefühle* (1759) von Adam Smith 1977, S. 169 f.; dazu Honneth 2018, S. 92–95; 104–111.
[32] Hume 1973, Buch III, S. 227–245, hier S. 236.
[33] Ebd., S. 233, die folgenden Zitate S. 270; vgl. ders. 1962, S. 159.

Diese bürgerliche Ordnung stellt sich also durch Beobachtung und Nachahmung im praktischen Vollzug her. Mittels mimetischer Übertragung entsteht ein gemeinsames Handlungssystem, ohne dass dies, wie Hume ausdrücklich betont, „von seinen Urhebern beabsichtigt wurde". Das soziale System stabilisiert sich durch „Gewöhnung", so dass die Menschen eine „künstlich" gebildete Gesellschaft schließlich als „natürlich" empfinden. Ähnlich wie in der wirtschaftlichen Sphäre sollen sich die Emotionen von selbst regulieren. Mit diesem System naturwüchsiger Anerkennung entwickelt Hume auch jenseits der Gefühlsmoral eine Sozialphilosophie, in der die *Kontingenz* kollektiven Handelns aufscheint. Er demonstriert damit, wie die Schottische Aufklärung zu den Anfängen der modernen *Soziologie* zählt.

In der *französischen Aufklärung* gibt es keine gesonderten Schriften zur Moralphilosophie, wohl aber Passagen zur Moral in den anthropologischen und geschichtsphilosophischen Werken. Dabei spielt das „Gefühl" eine dominierende Rolle, gehört es doch zur natürlichen Ausstattung des Menschen. In *Vom Menschen* (1772) vermeidet Helvétius jedoch die Postulierung eines speziell moralischen Gefühls und konzentriert sich auf die „Selbstliebe" (amour de soi), die in der Vermeidung von Schmerz und der Suche nach Vergnügen besteht.[34] Das gilt auch für d'Holbachs *System der Natur* (1770), in der ebenfalls Vergnügen und Schmerz die wesentlichen Antriebe des Menschen sind.[35] Bedürfnisse und Interessen gelten dann auch als Ursachen für alle Formen der Geselligkeit, von der Arbeitsteilung bis zur Staatenbildung. Besonders bei ihm entsteht der Eindruck, dass er nur eigennützige Motive als naturgegeben anerkennt, während ihm das „moralische Gefühl", das ja das rein egoistische Interesse transzendiert, wohl zu idealistisch erscheint. Beide Autoren sehen im individuellen und gesellschaftlichen „Glück" (bonheur) und im entsprechenden „Nutzen" den höchsten und letzten Maßstab der Moral. Mehr noch als Hume erweisen sie sich damit als Vorläufer des Utilitarismus.

Soziale Genese des Egoismus. – Demgegenüber setzt Rousseau in seinem *Diskurs über die Ungleichheit* ein ursprüngliches „Mitleid" voraus, das er sogar auf das ganze „Menschengeschlecht" ausweitet. Doch verbindet er damit die erwähnte Kritik an der bürgerlichen Gesellschaft, in der seiner Meinung nach genau dieses moralische Gefühl verloren gegangen sei. Im Zuge von Handel und Industrie seien nur noch die privaten Interessen übrig geblieben und sogar noch verstärkt worden. Die Originalität von Rousseau

---

[34] Helvétius 1976, S. 179 f.; ders. 1973, S. 299.
[35] D'Holbach 1960, S. 229 f.

besteht also in der provozierenden Behauptung, die moderne Wirtschaftsform habe die eigennützigen Verhaltensweisen überhaupt erst geschaffen. Dazu unterscheidet er zwischen einer naturgegebenen „Eigenliebe" (amour de soi) und einer gesellschaftlich erzeugten „Selbstsucht" (amour propre).[36] Hier mutiert sogar der blanke Egoismus zu einer soziologischen Kategorie.

Bei Rousseau fehlt indessen eine Theorie wechselseitiger Interaktion, wie wir sie bei den Schotten kennengelernt haben. Darin sehe ich jedoch kein schlichtes Versäumnis, sondern vermute dahinter das Motiv, die Selbstsucht *negativ* zu konnotieren. Auf dem Feld der Ökonomie besteht sie im egoistischen Privatinteresse, das die soziale Ungleichheit verursacht. Sozialpsychologisch soll *amour propre* aber auch bedeuten, dass sich eine Person von der Wertschätzung anderer Menschen abhängig macht. Eine solche Geltungssucht führt nach Rousseau dazu, dass diese Person besser zu scheinen bestrebt ist, als sie in Wirklichkeit ist, mithin ethische und intellektuelle Vorzüge lediglich vorzutäuschen versucht. Er schreibt: „Die Selbstsucht (amour propre) ist nur ein relatives, künstliches, in der Gesellschaft entsprungenes Gefühl. Sie verleitet jedes Individuum dazu, von sich mehr Aufhebens als von jedem anderen zu machen. Sie gibt den Menschen all die Übel ein, die sie sich gegenseitig antun."[37] Die weitere Folge ist dann wiederum, dass sich das Individuum am Ende über sein eigenes Wesen täuscht. Das Bedürfnis nach sozialer Anerkennung mündet also nicht etwa in die Stabilisierung eines Gemeinwesens, sondern im Selbstverlust des Menschen und in der Zerstörung der Gesellschaft. Krasser könnte der Unterschied zwischen Hume und Rousseau nicht ausfallen. Doch in beiden Fällen handelt es sich um spezifisch soziologische Erkenntnisse.

Von diesen Positionen lässt sich eine Brücke zu den Vertretern der *italienischen Aufklärung* schlagen, die sich eher an Hume orientieren. Wie wir im zweiten Kapitel sahen, lassen sich auch umgekehrte Einflüsse der italienischen Autoren auf das übrige Europa nachweisen. Nicht nur der spätere Kant, sondern eben auch Helvétius und d'Holbach haben die anthropologischen Konstanten Vergnügen und Schmerz von Verri übernommen, der damit das „Gefühl der Eigenliebe" begründet.[38] Noch

---

[36] Rousseau 1978, S. 169–171. – Der späte Kant kommt zu einem ähnlichen Ergebnis, wenn er kritisch feststellt, dass erst der Umgang mit Geld die „Habsucht hervorgebracht" habe. Kant 1965, Bd. XII, S. 611.

[37] Rousseau 1978, S. 169, Anm. o. – Dieses Geflecht von Täuschung und Selbsttäuschung verweist wiederum auf Mandeville 1968, S. 95. – Siehe auch Madame de Graffigny 1999, S. 124, 141. – Vgl. Neuhouser 2012, S. 50 f.; Honneth 2018, S. 34–47.

[38] Verri 1972, S. 19 f., 36 f., 40; ders. 1996, S. 4 f.; vgl. Rother 2005, S. 119–146; ders. in: Rohbeck, Rother 2011, S. 285–288.

interessanter ist, wie Verri das Gefühl des „Mitleids" definiert: So ist Mitleid der Schmerz, der dazu führt, die Unglücklichen von ihrem Elend zu befreien. Wie Hume hält Verri moralische Empfindungen nicht für angeboren, sondern für das Resultat eines Zivilisationsprozesses. Mit ihm ist er sich darin einig, dass im individuellen und gesellschaftlichen „Glück" das höchste Gut aller Moral besteht.

Schließlich ist bei Beccaria zu beobachten, wie sich die Moralphilosophie mit der *Rechts- und Staatstheorie* verbindet. Sein Ziel besteht in der Vereinigung von Moral und Politik, so dass sich die Politik moralisiert und die Moral politisiert. Ein konkretes Beispiel dafür ist die erwähnte Schrift *Verbrechen und Strafen* (1764), in der er Folter und Todesstrafe ablehnt und für ein „mildes" Strafmaß plädiert.[39] Hier ist erkennbar, wie eine humane moralische Einstellung zur Reform des Rechtswesen beitragen kann. Und die Begründung, an die Stelle von Sühne das Prinzip der Prävention zu setzen, zeugt von einem pragmatischen Standpunkt, der den *Nutzen* einer staatlichen Maßnahme für Gesellschaft und Staat zum wesentlichen Maßstab erklärt. Wiederum steht das *Glück* der Gemeinschaft im Zentrum einer moralisch inspirierten politischen Philosophie.

Bedingungen politischer Herrschaft

Nachdem ich die sozialphilosophischen Implikationen der Moralphilosophie untersucht habe, gelange ich nun zur politischen Philosophie und der darin neu entwickelten *Soziologie* von Montesquieu. Wie Hume verabschiedet er die Konstruktion des Gesellschaftsvertrags. Folglich erscheint die Staatsgründung nicht mehr als ein einmaliger und freier Willensakt, sondern als das historische Resultat sozialer *Kontingenz*. Damit entfällt auch die normativ aufgeladene Idee des Naturrechts, weil jetzt das faktisch entstandene Recht Geltung beansprucht, d. h. das *positive Recht* bestimmter Nationalstaaten. Es taucht kein idealer Staat mehr auf, sondern es präsentieren sich mehrere *Staatsformen im Plural*, an denen die unterschiedlichen Funktionsweisen interessieren. An die Stelle der Postulierung eines Ideals tritt die sozialwissenschaftliche Beschreibung nach dem Vorbild der empirischen Naturwissenschaften.

Innere und äußere Faktoren. – In seinem umfangreichen Werk *Vom Geist der Gesetze* versteht Montesquieu unter „Gesetzen" (lois) die faktischen

---

[39] Beccaria 1966, S. 107, 110.

„Beziehungen" zwischen den mannigfaltigen Faktoren, welche die Entstehung und Erhaltung staatliche Gebilde bestimmen. So lautet das Programm:

Die Regierungsformen müssen „der *Natur* des Landes entsprechen, seinem kalten, heißen oder gemäßigtem Klima, der Beschaffenheit des Bodens, seiner Lage und Größe, der Lebensweise der Völker, ob Ackerbauer, Jäger oder Hirten: sie müssen dem Grad von Freiheit entsprechen, der sich mit der Verfassung verträgt; der Religion der Bewohner, ihren Neigungen, ihrem Reichtum, ihrer Zahl, ihrem Handel, ihren Sitten und Gebräuchen."[40]

Dabei unterscheidet Montesquieu zwischen drei Regierungsformen, die er zunächst mit *inneren Faktoren* verknüpft, die in den genannten „Neigungen" und „Sitten" der Völker bestehen. Thema ist das Verhältnis von sozialer Mentalität und politischem System.

Der *Republik* oder *Demokratie* ordnet Montesquieu die „Tugend" zu, die dafür sorgen soll, die Habgier zu zügeln und das Gemeinwesen nicht zur privaten Beute zu machen.[41] Das korrespondiert mit Humes Moralphilosophie, nach der ein liberales Gemeinwesen nur Bestand hat, wenn die Bürger ihre Egoismen im Zaum halten und ihre Interessen gegenseitig respektieren. Doch ein spezielles moralisches Gefühl hält Montesquieu nicht für erforderlich; allenfalls sieht er in der protestantischen Religion eine günstige Voraussetzung für Republiken. Wichtig ist hier, dass sich dieser Konsens von selbst bildet und keiner Machtausübung von außen bedarf. In diesem Fall ist die demokratisch verfasste Gesellschaft relativ autonom und selbstregulativ.

Die *Monarchie* oder *Aristokratie* verbindet Montesquieu weniger mit der Tugend als mit der Triebkraft der „Ehre".[42] Das hängt mit dem Umstand zusammen, dass in dieser Staatsform der Adel die Macht hat, der in seiner hierarchischen Ordnung nach Beförderung und Auszeichnung strebt. Hier sieht Montesquieu eine Parallele von Monarchie und katholischer Kirche. Immerhin legt er der Aristokratie nahe, das Volk aus seiner Bedeutungslosigkeit herauszuführen und sich der Demokratie anzunähern. Vorbild ist hier die konstitutionelle Monarchie in England.

---

[40] Montesquieu 1951, Bd. I, S. 16.
[41] Ebd., S. 19–24, 34–37; zum Protestantismus S. 165.
[42] Ebd., S. 25–31, 37–42; zum Katholizismus S. 165.

Demgegenüber legt Montesquieu *despotischen Staaten*, in denen eine einzige Person nach ihrer eigenen Willkür herrscht, die „Furcht" zu Grunde.[43] Das korrespondiert wiederum mit der Staatstheorie von Hobbes, der in der Furcht das maßgebliche Motiv für den Gesellschaftsvertrag gesehen hatte. Auch in diesem Fall ist die Beziehung wechselseitig: Wie der Despot Furcht und Schrecken verbreitet, so kann die Furcht des Volkes, das sich nicht selbst zu helfen weiß, eine Ursache von Despotie sein.

Zu den *äußeren Faktoren* zählt Montesquieu in erster Linie die *klimatischen* Bedingungen. So beschreibt er, wie „der Charakter des Geistes und die Leidenschaften des Herzens in den verschiedenen Klimaten verschieden sind" und wie daraus entsprechende Staatsformen und Gesetze hervorgehen.[44] Während die Menschen in kalten Klimaten, so der Autor, mehr Kraft, Gleichgewicht und Mut besitzen, sind die Bewohner warmer Länder angeblich kraftlos und passiv. Abgesehen von den problematischen Charakterisierungen fremder Völker, die uns noch beschäftigen werden, ist hier erst einmal grundsätzlich festzuhalten, dass Montesquieu die menschliche Zivilisation in Abhängigkeit von den natürlichen Lebensbedingungen betrachtet. Die Hervorhebung des Klimas, insbesondere großer Hitze in den armen Ländern, hat aus heutiger Sicht eine ökologische Dimension.

Dabei sollte man dieser Klimatheorie keinen Determinismus vorwerfen, denn Montesquieu erkennt sehr wohl, dass unter gleichen klimatischen Bedingungen durchaus unterschiedliche gesellschaftliche und staatliche Verhältnisse anzutreffen sind, wie umgekehrt unter unterschiedlichen Klimaten auch ähnliche Gesellschafts- und Staatsformen entstehen können. Dieser Theorietypus zielt auf die Bedingungen der Möglichkeit kultureller Entwicklung.

Für diese Lesart spricht außerdem, dass Montesquieu noch andere Faktoren zur Erklärung bestimmter Gesellschafts- und Staatsformen heranzieht. Wenn er neben dem Klima auch die *Bodenbeschaffenheit* zu einer wesentlichen Naturbedingung erklärt, gelangt er direkt zum „Ackerbau".[45] Von dessen Niveau macht er die „Zahl der Einwohner" abhängig: Während Weideländer schwach bevölkert seien, weil dort nur wenige Menschen ernährt werden können, finden in Ländern mit Getreideanbau mehr Menschen Beschäftigung.[46] Im dabei erzeugten „Überfluss",

---

[43] Ebd., S. 31 f., 43 f.; siehe Hobbes 1966, S. 98.
[44] Montesquieu 1951, Bd. I, S. 310 f.
[45] Ebd., S. 317 f.
[46] Ebd., Bd. II, S. 132–134; zum Folgenden S. 5 f.

der über den „Eigenbedarf" der Landwirte hinausgeht, sieht Montesquieu die Voraussetzung für das maschinell betriebene „Handwerk", mithin für die beginnende Industrialisierung. Von dieser bahnbrechenden Entdeckung, die auf die spätere Politische Ökonomie hinweist, zieht er eine Entwicklungslinie zum „Handel", dem er ebenfalls einen großen Einfluss auf die politischen Verhältnisse zuschreibt: „Der Handel steht in Beziehung zur Staatsverfassung." Während der Luxus die Monarchie und Despotie begünstige, entspreche den Republiken die einfache Bedarfsdeckung, wie auch Handelsunternehmen die republikanische Staatsform vorzögen. Insgesamt zeigt sich hier ein sehr komplexes Beziehungsgeflecht, um die natürlichen und gesellschaftlichen Faktoren für die Entstehung und Erhaltung politischer Formationen zu erklären.

Aufteilung der Macht. – Bekannt geworden ist Montesquieu indessen für seine Theorie der *Gewaltenteilung* in einem Staat.[47] Im Anschluss an Locke definiert er „drei Arten von Gewalten" als „gesetzgebende", „vollziehende" und „richterliche" Gewalt. Identisch geblieben ist die gesetzgebende (legislative) Gewalt des Parlaments, bei der die politischen „Repräsentanten" zum Einsatz kommen. Lockes „exekutive" und „föderative" Gewalt vereinigt Montesquieu zur „vollziehenden Gewalt" (Exekutive), die jetzt sowohl für die Innen- als auch die Außenpolitik zuständig ist. Darüber hinaus fügt er noch eine weitere Gewalt hinzu, nämlich die „richterliche" (judikative) Gewalt. Im Kampf um die Verteilung von Macht im Staat wollte er, der in Bordeaux lebte, die Selbständigkeit der Gerichte in den französischen Provinzen stärken, um der Zentralgewalt in Paris Grenzen zu setzen.

Mit seiner Theorie der Gewaltenteilung ist Montesquieu in die Geschichtsbücher eingegangen, gerade auch mit seiner Neuerung der Judikative, welche die Kontrolle über die anderen staatlichen Institutionen ausüben soll. Dieses Verdienst bleibt unbestritten und gehört zum unverzichtbaren und wertvollen Erbe der europäischen Aufklärung.

Freilich ist Montesquieus Stellung zu den genannten Staatsformen nicht so eindeutig transformierbar. Zwar geißelt er den Despotismus und damit indirekt die absolute Monarchie in Frankreich, aber gegenüber einer gemäßigten Aristokratie zeigt er sich nicht abgeneigt. Und wenn er dann sogar für die Republik und Demokratie gewisse Sympathien hegt, fürchtet er doch das einfache „Volk", dessen Macht er in Schranken halten

---

[47] Ebd., Bd. I, S. 214–229; vgl. Locke 1967, S. 298 f.

möchte, weil er es für zu wenig aufgeklärt hält.[48] Letztlich läuft es auf die konstitutionelle Monarchie nach dem englischen Vorbild hinaus. Darin stimmen die meisten Philosophen des 18. Jahrhunderts überein. Was jedoch bei Montesquieu, wie schon bei Hume, bemerkenswert bleibt, ist die tiefer gehende Einsicht, dass eine solche Präferenz kein spontaner Entschluss ist, sondern von bestimmten gesellschaftlichen und kulturellen Voraussetzungen abhängt. Im Grunde entscheidet der *soziale Konsens*, ob und wie ein Gemeinwesen gelingen kann.

Demokratie im Wandel

Wenn wir uns die anfangs referierten Diagnosen einer *Krise gegenwärtiger Demokratien* vor Augen halten, stellt sich die Frage, welche Theoreme der Aufklärung in der zweiten Hälfte des 18. Jahrhunderts in die Anfänge des 21. Jahrhundert transformiert werden können.

Gewaltenteilung. – Ein wesentliches Prinzip besteht in der *Gewaltenteilung*, so wie sie Montesquieu mit dem Akzent auf der Judikative konzipiert hat. In der heutigen Gegenwart ist genau diese Komponente von höchster Bedeutung. Insbesondere die richterliche Gewalt dient der Verteidigung der repräsentativen Demokratie gegen den rechten Populismus. Denn auch Rechtsradikale pochen auf der „Macht des Volkes", das seinen „Führer" direkt wählen soll. Das Ergebnis zeigt sich in Russland, Polen oder in der Türkei, wo gewählte Autokraten den Rechtsstaat in Gefahr bringen. Um diesem Missverständnis entgegenzutreten, ist es geboten, an der Autonomie der Justiz als Korrektiv festzuhalten. Die Judikative hat die Aufgabe, sowohl die Gesetzgebung des Parlaments als auch die Umsetzung durch die Regierung zu kontrollieren. In dieser Hinsicht halte ich Montesquieus Beitrag zur politischen Theorie für äußerst aktuell.

Ein weiteres Thema, das sich mit Montesquieus Opposition gegen den Absolutismus verbindet, ist das Problem von *Zentrum und Peripherie*. Auch heute erhebt sich die Forderung nach einer Dezentrierung der Politik. Das betrifft nicht nur die dringend notwendige Stärkung föderativer Strukturen in Frankreich und die Bewahrung des amerikanischen und deutschen

---

[48] Montesquieu 1951, Bd. I, S. 21–24; vgl. Turgot 1990, S. 180 f. – Widersprüchliche Einschätzungen finden sich in der neueren Literatur: Während Lilti die Aufklärer für „politisch konservativ" hält, betont Israel die Ursprünge der modernen Demokratie. Israel 2009, S. VII f.; Lilti 2019, S. 22; vgl. Pečar, Tricore 2015, S. 110.

Föderalismus. Zu einer dezentralen Demokratie gehören auch neue Formen politischer Willensbildung und öffentlicher Manifestation.[49]

Direkte Demokratie. – So ist darüber nachzudenken, ob nicht die Einführung bestimmter Elemente einer *direkten Demokratie* à la Rousseau zur Vitalisierung moderner Demokratien beitragen könnten. Das entsprechende Mittel ist der so genannte Volksentscheid oder das Volksbegehren, durch welche die Bürger in die Lage versetzt werden, über die Gesetzgebung unmittelbar mitzubestimmen. In der Tat ist diese Institution nicht nur in der Schweiz, sondern auch in Österreich und in einigen deutschen Bundesländern ausdrücklich vorgesehen. Angesichts der Krisensymptome vermehren sich die Stimmen, die fordern, die direkte Teilnahme der Bürger zu verstärken.[50] Darauf zielen nicht nur einzelne Sachentscheidungen, sondern auch der generelle Wunsch, die Masse der Bevölkerung am politischen Leben teilnehmen zu lassen und damit der diagnostizierten Demokratiemüdigkeit entgegenzutreten.

Um das abschreckende Exempel des Brexit zu vermeiden, kommt es darauf an, das zur Abstimmung gestellte Referendum auf solche Gesetzesentwürfe zu begrenzen, die von unmittelbar betroffenen Bürgern lokal, konkret und lebensnah beurteilt werden können. Beispiele dafür sind der Bau einer Umgehungsstraße, die Eröffnung eines stillgelegten Bahnhofs oder die Linderung der Wohnungsnot in einer bestimmten Stadt. Aber auch hier ist Vorsicht geboten, wenn etwa wütende Bürger in ihrer Umgebung die Errichtung von Windrädern verhindern wollen.

Im fünften Kapitel zur Pandemie und zum Klimawandel hat sich gezeigt, wie wissenschaftliche Forschungen immer mehr Einfluss gewinnen und die politischen Entscheidungen zu überlagern drohen. Doch nach meinen Ausführungen im sechsten Kapitel ist es umgekehrt zu begrüßen, dass nicht Verschwörungsmythen, sondern empirisch geprüfte Fakten die öffentliche Debatte und politische Meinungsbildung bestimmen. Ohne die Verständigung über Realität ist keine Demokratie möglich. Um die Effektivität politischen Handelns zu stärken, sind hier auch hybride Formen von Expertentum und Politik denkbar. Hinzu kommen soziale Bewegungen wie Gewerkschaften, Bürgerinitiativen, Protestaktionen, Organisationen für

---

[49] Crouch 2008, S. 20–24; Schneidewind 2018, S. 304–313; Redecker 2020, S. 15 f.; Fraser, Jaeggi 2020, S. 238, 247, 252; Bogner 2021, S. 111.
[50] Befürworter mit unterschiedlichen Akzenten sind: Cheneval 2003, S. 11; Crouch 2008, S. 20; Negt 2010, S. 210; Nida-Rümelin 2020, S. 93; Reckwitz in: Reckwitz, Rosa 2021, S. 124; Streeck 2021, S. 56–59; Böhme 2021, S. 128.

Menschenrechte, Feminismus und Ökologie. Um beispielsweise im Klimaschutz etwas zu bewegen, sind sie sogar unverzichtbar.

Demokratie und Konsens. – Die wichtigste Lehre aus Humes praktischer Philosophie, die sich in die heutige Zeit übertragen lässt, ist die soziologische Erkenntnis, dass sich der Staat auf eine bereits bestehende Gesellschaft stützt. Denn die gegenwärtige Demokratie beruht nicht allein auf politischen Abstimmungsregeln, sondern wird im Kern durch einen *sozialen Konsens* gestiftet.[51] Dabei handelt es sich um einen Konsens höherer Ordnung, der den normativen Rahmen für einen vernünftigen Umgang mit dem unvermeidbaren und unverzichtbaren sachbezogenen Dissens bildet. Weil ein solcher Konsens in der Übereinstimmung freier und gleicher Bürger besteht, hat er eine friedensstiftende und legitimierende Funktion. Der demokratische Staat bedarf also eines zivilgesellschaftlichen Fundaments. Demokratie erschöpft sich nicht in formalen Verfahren, sondern ist eine eigenständige Lebensform.

Ein derartiger Konsens ist außerdem das Resultat von *Kooperation*, die als eigenständiger Handlungstyp zu fassen ist.[52] Wiederum gilt, dass die demokratische Ordnung die Kooperation nicht durch staatlichen Zwang generiert, sondern wesentlich voraussetzt und dann allenfalls verstärkt. Die Kooperation besteht in der wechselseitigen Interaktion zwischen Menschen, die ihre privaten Interessen vertreten, zugleich klug genug sind einzusehen, dass es in ihrem eigenen Interesse liegt, die Interessen anderer Menschen anzuerkennen. Das Gelingen hängt davon ab, ob die daran Beteiligten erwarten, dass die anderen Teilnehmer ebenfalls zur Kooperation bereit sind. Ähnlich wie Hume die „Gewohnheit" zu Grunde gelegt hat, spricht man in der modernen Soziologie von *Latenz*,[53] womit ein Prozess gemeint ist, an den sich die Mitwirkenden im Laufe der Zeit gewöhnen und der ihnen erst nachträglich bewusst wird.

Diesem Befund entspricht das Prinzip der *Anerkennung*, das ja ebenfalls in der schottischen Moralphilosophie eine zentrale Rolle gespielt hat.[54]

---

[51] Nida-Rümelin 2020, S. 16 f., 132–140; vgl. Höffe 1999, S. 40; Negt 2010, S. 207; Gabriel, M. 2020, S. 16; Reckwitz in: Reckwitz, Rosa 2021, S. 119; Heidenreich 2022, S. 97; im Anschluss an die Aufklärung mit kommunitaristischer Wendung Frick 2020, S. 77, 80.

[52] Nida-Rümelin 2020, S. 220–223; vgl. Höffe 1999, S. 40; Honneth 2000, S. 282; Gabriel, M. 2020, S. 16.

[53] In *Soziologische Aufklärung* von Luhmann 1970, S. 68 f.; neuerdings Nassehi 2021, S. 228–337; vgl. Redecker 2020, S. 147.

[54] Aus meiner Sicht interessant ist der Umstand, dass Axel Honneth die Theorie der Anerkennung von Hegel durch die schottische Moralphilosophie für ergänzungsbedürftig hält. Honneth 2018, S. 182–235, insb. S. 202–210; ders. 2000, S. 171–179.

Während Rousseau von einem Individuum ausgegangen ist, das gesellschaftliche Akzeptanz sucht und daran scheitert, geht Hume von einem wechselseitigen Zusammenspiel mehrerer oder gar aller Menschen innerhalb eines Gemeinwesens aus und bewertet das Resultat der emotional basierten Interaktion positiv. In dieser letzten Tradition kann Anerkennung heute bedeuten, dass die Bürger eines Landes ihre Zustimmung zu einer Demokratie aus einem gesellschaftlichen Kommunikationsprozess schöpfen, in dem sie über deren Angemessenheit und richtige Anwendung stets mitentscheiden und darüber befinden, ob die gemeinsam praktizierten Normen gutgeheißen werden können. Soziale Auszeichnung und Würdigung des eigenen Wohlverhaltens kann dann im Zuge ihrer steten Wiederholung verinnerlicht werden und zur Kontrolle des eigenen Tuns dienen, wodurch eine moralische Selbstbindung entsteht. Hier ist eine Graduierung möglich, indem sich die Anerkennung über das eigene Bundesland, bis zur Nation und Europa oder auf die ganze Weltgesellschaft erweitert.

Dieser Prozess gründet sich nicht zuletzt auch auf *Emotionen*. In der heutigen Philosophie unterscheidet man zwischen elementaren Gefühlen, die in Empfindungen wie Müdigkeit oder Schmerz bestehen, und emotionalen Gefühlen, die sich auf etwas in der Welt richten. Gefühle wie Furcht, Ärger, Empörung, Neid, Trauer, Bewunderung, Scham oder Stolz sind daher intentionale Zustände, die bestimmte Sachverhalte repräsentieren.[55] In unserem Fall kann aus der sozialen Kooperation das Gefühl der Zugehörigkeit hervorgehen, das sich auf bestimmte Mitmenschen, auf eine regionale Gruppe oder auf das nationale Gemeinwesen bezieht.

Gerade die gegenwärtigen Erfahrungen mit Wut, Hass und Gewalt machen deutlich, wie wichtig der humane Umgang mit Emotionen ist. Dabei kommt auch die *Moral* zum Zuge. Denn in den populistischen Hasstiraden werden nicht selten die moralischen Überzeugungen der demokratisch gesinnten Bürger angegriffen, ja sogar die Moral in toto als „Hypermoral" verunglimpft. Dagegen hat sich der genannte Grundkonsens zu behaupten, bei dem es sich letztlich um eine Wertegemeinschaft handelt, die normative Überzeugungen wie Freiheit und Gleichheit aller Menschen teilt.[56] Auch in diesem aktuellen Fall könnte man von einer moralphilosophischen oder ethischen Grundlegung der Politik sprechen.

---

[55] Christoph Demmerling: *Gefühle und Moral*. Bonn 2004, S. 14; Sabine Döring: *Philosophie der Gefühle*. Berlin 2009, S. 9.
[56] Nida-Rümelin 2020. S. 139, 226; Gabriel, M. 2020, S. 12, 33–38.

Das soziale System mit der härtesten Kontingenz ist zweifellos der *Kapitalismus*. Mit dem Verhältnis von Ökonomie und Politik steht und fällt die spätmoderne Demokratie. Nach der neoliberalen Phase sind die dadurch entstandenen Probleme sozialer Ungleichheit und ökologischer Zerstörung wieder mehr ins Bewusstsein getreten, so dass entsprechende politische Maßnahmen zur Debatte stehen.[57] Das setzt jedoch voraus, dass demokratische Staaten ihren Einfluss auf die so genannten freien Märkte wiedergewinnen. Nach einer viel zu langen Phase des Neoliberalismus tut die verstärkte *Regulierung* eines aus den Fugen geratenen Kapitalismus not. Im Augenblick bedeutet daher eine Wiederbelebung der Demokratie vor allem, demokratische Institutionen aufzubauen, welche den Schutz der Umwelt, die Humanisierung der Arbeitswelt und die soziale Versorgung der Masse der Bevölkerung durchzusetzen imstande sind. Dabei können soziale Bewegungen und Organisationen hilfreich sein, wenn es ihnen gelingt, Einfluss auf Regierungen auszuüben. Gefordert ist eine Demokratisierung der Wirtschaft oder eine Wirtschaftsdemokratie.

---

[57] Crouch 2008, S. 133; Negt 2010, S. 509; Streeck 2013, S. 90; ders. 2021, S. 23, 44; Rapic 2020, S. 10.

8

Krise des Kapitalismus

In jüngster Zeit ist wieder vom *Kapitalismus* die Rede. Es häufen sich Bücher, die den Begriff bereits im Titel führen.[1] Sogar im liberalen und konservativen Feuilleton scheut man sich nicht, vom Kapitalismus zu reden – selbst dann, wenn dieses Wirtschaftssystem gegen seine Kritiker verteidigt werden soll. Das war lange Zeit nicht der Fall. Dafür gab es mehrere Gründe.

Erstens war der Begriff des Kapitalismus während des *Kalten Krieges* verpönt. Man traute sich nicht, dieses Wort in den Mund zu nehmen. Wer es trotzdem tat, wurde verdächtigt, mit dem Kommunismus zu sympathisieren. Mit dem Fall der Berliner Mauer hat sich das Blatt schlagartig gewendet. Nachdem der Sozialismus erledigt ist, kann man es sich leisten, die Terminologie des ideologischen Gegners zu übernehmen. Ähnlich verhält es sich mit dem Marxismus, der schon seit einigen Jahren eine Renaissance erlebt.[2] Im Geschäftsleben heißt so etwas feindliche Übernahme.

Zweitens hatten sich die wissenschaftlichen Diskurse von den Problemen des Kapitalismus entfernt. In der Tradition der *Kritischen Theorie* war es vor allem Jürgen Habermas, der die soziale Kommunikation ins Zentrum rückte und die ökonomische Theorie in den Hintergrund drängte. Im Poststrukturalismus interessierte man sich mehr für die symbolischen Formen

---

[1] Streeck 2013; Zuboff 2018; Fraser, Jaeggi 2020; Rapic 2020. – Im laufenden Text bei: Schneidewind 2018, S. 69 f.; Precht 2020, S. 41; Redecker 2020, S. 9, 14 f.; Göpel 2020, S. 67; Streeck 2021, S. 24–28; Nassehi 2021, S. 62 f.; Reckwitz in: Reckwitz, Rosa 2021, S. 102, 104.

[2] Johannes Rohbeck: *Marx*. Leipzig 2006, S. 10; Fraser, Jaeggi 2020, S. 13 f., 162. – Dabei ist der Begriff Kapitalismus im deutschen Sprachraum besonders umstritten.

der Gesellschaft oder sprach gar vom „symbolischen Kapital".[3] In diesem Zusammenhang verweise ich auf die im sechsten Kapitel beschriebene Beobachtung, dass überhaupt die harten Fakten ihre Bedeutung verloren. Mit dem neuen Realismus ist auch diese Tendenz wieder zurückgenommen worden.

Drittens hat sich die *reale Situation* des Kapitalismus drastisch verändert. Wie mehrfach angedeutet, ist der Kapitalismus in eine *Krise* geraten. Bis in die 1970er Jahre konnte man noch von einer „sozialen Marktwirtschaft" sprechen, die der gesamten Bevölkerung einen gewissen Wohlstand erlaubte. Doch als das ökonomische Wachstum stillstand und mit neoliberalen Maßnahmen belebt werden sollte, nahm die gesellschaftliche Akzeptanz spürbar ab. Vor allem im Zuge der Finanzkrisen 2008 wurden kritische Stimmen laut, die insbesondere eine Ablösung des Finanzkapitalismus und damit eine generelle Mutation des Kapitalismus forderten.

Doch wer heute den Kapitalismus wieder zum Thema machen will, sollte das nicht auf traditionelle Weise tun. Es kommt hingegen darauf an, die Wandlungen dieses Systems mit in Betracht zu ziehen. Und damit modifiziert sich auch das Themenspektrum. Zwar haben Fragen der Verteilung des gesellschaftlichen Reichtums – etwa in Tarifverhandlungen – nach wie vor eine wichtige Funktion, zumal die Reallöhne in letzter Zeit gesunken sind. Aber es kommen eben neue Probleme hinzu: die Zerstörung der natürlichen Umwelt, die Verschwendung naturgegebener Ressourcen, die jüngsten Schwierigkeiten bei der Energieversorgung, der Strukturwandel industrieller Produktion, die Globalisierung mit ihren Migrationsströmen und die soziale Ungleichheit der Geschlechter. Gefordert ist also ein komplexer Begriff von Kapitalismus und damit eine *Kapitalismuskritik*, welche die physischen, politischen und kulturellen Dimensionen mit einbezieht.

In unserem Kontext stellt sich nun die besondere Frage, wie sich eine solche Kritik auf die *Epoche der Aufklärung* beziehen kann. Schon einige Male habe ich darauf hingewiesen, dass ziemlich genau um die Mitte des 18. Jahrhunderts im Zuge der beginnenden Industrialisierung die völlig neue Wissenschaft der *Politischen Ökonomie* entstanden ist. Damit erweitere ich meine These, dass sich innerhalb der Aufklärung in nuce eine Moderne herausgebildet hat, die zum ersten Mal die *Kontingenz* ökonomischer Systeme entdeckte. Wenn ich bereits im vorausgegangenen

---

[3] Jürgen Habermas: *Theorie des kommunikativen Handelns.* 2 Bde., Frankfurt a. M. 1981; Pierre Bourdieu: *Zur Soziologie der symbolischen Formen.* Frankfurt a. M. 1974.

Kapitel die Kontingenzerfahrung in der sozialen Interaktion thematisiert habe, so ergänze ich jetzt, dass die Ökonomie den Kernbereich dieser Einsicht bildete, die dann auf die moralische, rechtliche und politische Sphäre übertragen wurde. Aus heutiger Sicht resultiert daraus eine recht konträre Stellungnahme.

Auf der *einen* Seite haben die aufklärerischen Ökonomen die Eigendynamik wirtschaftlicher Prozesse nicht nur aufgespürt. Als liberale Denker waren sie sogar davon überzeugt, dass die Politik wohl beraten sei, die Kreisläufe von Ware, Geld und Kapital „frei" gewähren zu lassen. Das scheint der gegenwärtigen Kritik am Neoliberalismus zu widersprechen.

Auf der *anderen* Seite ist es völlig unhistorisch, die Politische Ökonomie des 18. Jahrhunderts als Vorläufer der gegenwärtigen Laissez-faire-Ideologie in Anspruch zu nehmen. Trotz aller Bekenntnisse hielt man an der Macht des Staates fest. So haben nicht nur Philosophen, sondern eben auch Ökonomen massive politische Eingriffe befürwortet. Hinzu kommt der zentrale Begriff der *Reproduktion*, der sowohl ökologische als auch sozialpolitische Potenziale enthält. Denn die Aufklärer hegten die Hoffnung, dass der durch landwirtschaftliche und handwerkliche Arbeit geschaffene Reichtum im Einklang mit der Natur stehe und möglichst allen Bewohnern des Landes zugutekommen möge.

Im Folgenden werde ich detailliert nachweisen, in welchem Maße die Wirtschaftstheoretiker vor allem die Landwirtschaft als einen sowohl ökologisch als auch sozial nachhaltigen Prozess charakterisierten. Eine ausdrückliche Rechtfertigung ungleicher Vermögen findet sich einzig bei Turgot, dem späteren Finanzminister Ludwig XVI., der durch seine Freigabe der Kornpreise die Französische Revolution mit veranlasst hat. Doch andere Aufklärer setzten sich für einen deutlich spürbaren Ausgleich der Einkommen ein. Außerdem gab es eine erstaunlich weitsichtige Prognose über die negativen Auswirkungen der Fabrikarbeit und die Verelendung der Arbeiterklasse. Am anderen Ende der Skala befindet sich Rousseau, dessen radikale Sozialkritik nun näher ausgeführt werden soll. Auf diese Weise eröffnet sich eine ganze Bandbreite von Positionen, an die sich heutzutage anknüpfen lässt.

Neoliberalismus am Ende

Wenn heute das Für und Wider des Neoliberalismus diskutiert wird, möchte ich darauf hinweisen, dass der Wirtschaftsliberalismus schon per se eine widersprüchliche Konstruktion ist.

Zwar verspricht er, sich aus der Ökonomie herauszuhalten und ihr freien Lauf zu lassen. Das betrifft den Markt von Waren und Dienstleistungen, deren Preise sich durch Angebot und Nachfrage wie von selbst regeln sollen. Ebenso bezieht sich das auf den Arbeitsmarkt, wo die Löhne und Einstellungsbedingungen idealiter autonom ausgehandelt werden. Die Form des Kapitalismus ist wiederum dadurch gekennzeichnet, dass dem Einsatz und der Akkumulation von Kapital prinzipiell keine Grenzen zu ziehen sind. In der Kapitalakkumulation besteht gleichsam der Motor dieser ökonomischen Formation.[4] Wo sie gefährdet ist, gerät das System ins Wanken.

Aber bei diesem Idealbild wird gerne übersehen, dass sich der „freie Markt" von Ware, Geld, Kapital und Arbeit keineswegs naturwüchsig herausgebildet hat, sondern immer schon das Resultat von Politik gewesen ist. Das gilt bereits für das 18. Jahrhundert, in dem der internationale „Freihandel" von Nationalstaaten gegen den Widerstand des Merkantilismus durchgesetzt werden musste.[5] Beim Sprung ins 20. Jahrhundert zeigt sich, dass die liberalistische Doktrin in den 70er Jahre von Politikern wie Margarete Thatcher in England und Ronald Reagan in den USA ganz gezielt propagiert worden ist. Und wenn Autoren des beginnenden 21. Jahrhunderts darüber klagen, dass die modernen Demokratien vom entfesselten Kapitalismus überrollt worden seien, ist hier daran zu erinnern, dass genau dieses Szenario wenige Jahrzehnte früher politisch gewollt und mit demokratischen Mitteln durchgesetzt worden ist. Aus diesen Gründen täuscht der übliche Gegensatz Ökonomie versus Demokratie darüber hinweg, dass dieses Verhältnis auch so umkehrbar ist, dass demokratisch legitimierte Regierungen ihre eigene Beschränkung oder gar Gefährdung inszeniert haben.

Wenn neuerdings das *Ende des Neoliberalismus* gefordert wird, ist also ins Gedächtnis zu rufen, dass dahinter staatliche Entscheidungen und Praktiken gestanden haben. Man kann das als einen Fingerzeig dafür halten, dass sich dieses System nicht anders als mit Hilfe politischen Handelns rückgängig machen lässt. Während die Fragezeichen in allen übrigen Teilüberschriften dieses Buches signalisieren sollten, dass ich die darin genannten „postistischen" Begriffe wie zuletzt die „Postdemokratie" theoretisch zu überwinden trachte, hat der oben stehende Titel „Neoliberalismus am Ende"

---

[4] Diese zunächst „orthodoxe" Charakterisierung orientiert sich am Hauptwerk *Das Kapital* von Karl Marx. In: Marx Engels Werke (MEW), Bde. 23–25; siehe Rohbeck: *Marx*, S. 22–31; neuerdings Fraser, Jaeggi 2020, S. 32.

[5] Auf diese zweite Seite des Wirtschaftsliberalismus verweist Karl Polanyi 1978, S. 19 f., 192, 195, 330; vgl. Fraser, Jaeggi 2020, S. 61, 113 f.

die umgekehrte Bedeutung. Er drückt eine Bejahung und Forderung aus. Es wird nach Mitteln und Wegen gesucht, das gegenwärtig herrschende liberalistische System in eine sozial und ökologisch verträgliche Volkswirtschaft zu transformieren.

Das ist auch dringend geboten. Denn der sich selbst überlassene *Kapitalismus* hat sich in den letzten beiden Jahrzehnten nicht so entwickelt, wie es die Neoliberalen prophezeit hatten. Schon in der traditionellen Sphäre der industriellen Produktion stagnierte die Wirtschaftsleistung. Die kapitalistische Produktionsweise neigt dazu, ständig mehr Waren zu produzieren, als auf den Märkten abgesetzt werden können. Dadurch entsteht ein Überschuss an akkumuliertem Kapital, der nur durch vermehrtes Wachstum kompensiert werden kann.[6] Stößt dieser Expansionsdruck an seine Grenzen, macht sich die Krise des Kapitalismus bemerkbar. Ein Ausweg besteht darin, die nationalen Grenzen zu überschreiten und im globalen Raum neue Absatzmärkte und billige Arbeitskräfte zu rekrutieren.

Die wirklich neue Sphäre, die sich dem Neoliberalismus verdankt, ist das *Finanzkapital*, das sich gegenüber der Industrie verselbständigt hat. Heutige Ökonomen sprechen von einer Entkoppelung der Finanzwirtschaft von der Realökonomie.[7] Da Renditeerwartungen am Geldwert gemessen werden, sind sie sozusagen blind gegenüber den konkreten wirtschaftlichen Aktivitäten. Das hat seit der Jahrtausendwende zu einer zunehmenden Virtualisierung von Wertschöpfung geführt. Es entstand ein globaler Finanzsektor, ohne dass sich die Realwirtschaft in gleichem Maße entwickelte. Weil die Banken zu viele Kredite vergeben hatten, die teilweise nicht gedeckt waren, platzte die so entstandene Blase in der Finanzkrise 2008. Die negativen Folge für die Regierungen, die dann doch eingreifen mussten, war die chronische Verschuldung der Staatsfinanzen.

Die offensichtliche Dysfunktion des Kapitalismus zeigt sich besonders drastisch in der sich verschärfenden *sozialen Ungleichheit*.[8] Seit den 1990er Jahren profitierte die Arbeitnehmerschaft nicht mehr vom Wirtschaftswachstum in den USA und Europa. Die Reallöhne in Deutschland sind vor allem im letzten Jahrzehnt deutlich gesunken. Hinzu kommen die weit verbreiteten prekären Arbeitsverhältnisse in Form befristeter Verträge, Teilzeit- und Leiharbeit. Dabei gibt es immer noch deutliche Unterschiede

---

[6] Wallerstein 2013, S. 21; Streeck 2013, S. 31 f.; ders. 2021, S. 62–68; Schneidewind 2018, S. 411 f.; Rapic 2020. S. 11. – Zur Globalisierung siehe Kap. 9.
[7] Schneidewind 2018, S. 412; vgl. Streeck 2013, S. 9, 23, 29 f.; ders. 2021, S. 70–81.
[8] Piketty 2014, S. 237; Nida-Rümelin 2020, S. 53; Rapic 2020, S. 12; Böhme 2021, S. 103–114.

zwischen den Gehältern von Männern und Frauen; im Jahr 2020 betrug diese Differenz achtzehn Prozent. Wenn neuerdings mehr Frauen eingestellt werden, steckt dahinter häufig die Absicht, die Löhne insgesamt zu senken.[9] Der so genannte Klassismus führt zu einer mehrfachen Diskriminierung von Geschlecht, Herkunft und Kultur. In Deutschland verfügen zehn Prozent der Reichsten über 67 % des Nettogesamtvermögens. Global besitzt ein Prozent der Weltbevölkerung die Hälfte des Weltvermögens.

Nun ist der Kapitalismus im Kern ein Wirtschaftssystem, hat jedoch nicht allein ökonomische Auswirkungen. Denn dieses System greift auf die gesamte Gesellschaft über. Es zeitigt *kulturelle Effekte*, welche die gesamte Lebenswelt der Menschen betreffen. In diesem Sinn kann man von einer kapitalistisch geprägten Kultur oder sogar vom Kapitalismus als übergreifender „Lebensform" sprechen.[10] Diese Landnahme besteht darin, dass immer mehr Bereiche des menschlichen Alltags vom Kapitalismus kolonialisiert werden. Davon hatten bereits einige Aufklärer eine Ahnung, als etwa Rousseau die „Selbstsucht" (amour propre) zu einer Folge der bürgerlichen Gesellschaft deklariert hat.[11] In der spätkapitalistischen Lebenswelt hat die ökonomische Rationalisierung Folgen für den Umgang der Menschen miteinander und für die Psyche der Individuen. Der steigende Leistungsdruck führt zur Beschleunigung von Arbeit und Freizeit und zur Disziplinierung in Familie und Beruf. Dazu entwickeln die Betroffenen unterschiedliche Bewältigungsstrategien, die das Wohlergehen der Menschen beeinträchtigen.

Zur Zeit ist ein *Woker Kapitalismus* im Gespräch, der in unserem Zusammenhang besonders interessant ist, weil er das Verhältnis von Ökonomie und Gesellschaft umkehrt.[12] Während soeben beklagt wurde, dass der Kapitalismus die gesamte Gesellschaft kommerzialisiert, geht es jetzt darum, dass sich die kapitalistische Kultur bestimmte gesellschaftliche und kulturelle Phänomene aneignet. Das zeigt sich in der aktuellen Unternehmenskultur, die sich diverser und weniger hierarchisch gibt und dadurch

---

[9] Siehe die feministische Kritik an der Anpassung der Frauen an den „progressiven Neoliberalismus" in Kap. 4.

[10] Fraser, Jaeggi 2020, S. 10, 15; siehe bereits Polanyi 1978, S. 19; vgl. Schneidewind 2018, S. 82; Göpel 2020, S. 68; Reckwitz in: Reckwitz, Rosa 2021, S. 80, 109; Böhme 2021, S. 19, 40 f.

[11] Rousseau 1978, S. 169–171; siehe Kap. 7. – Auch Karl Marx hat den kulturellen Effekt des Kapitalismus erkannt, indem er sich darüber beklagt, die Bourgeoisie habe „kein Band zwischen Mensch und Mensch übriggelassen, als das nackte Interesse, als die gefühllose ›bare Zahlung'". MEW, Bd. 4, S. 464 f.

[12] Der Begriff „woke capitalism" stammt 2015 von Ross Douthat in der *New York Times*; nach Schneidewind 2018, S. 378. – Von einer „ästhetischen Ökonomie" spricht Böhme 2021, S. 40 f.

Elemente der antiautoritären und identitären Bewegung adoptiert. Ebenso wird diese Tendenz in der Werbung sichtbar, wo Luxusmarken für Kleidung mit Regenbogenfahnen auftreten und schwere Automobile von weiblichen *people of color* gefahren werden. Es versteht sich von selbst, dass derartige Verhaltensweisen und Präsentationen in erster Linie dem Image dienen und den Profit steigern sollen, indem sie sich an die neuen Lebensgewohnheiten und Anschauungen der mittelständischen Schichten anpassen.

Wie soll man damit umgehen? Sicherlich würde man es sich zu einfach machen, diese Phänomene als pure Heuchelei abzutun und moralisch zu verwerfen. Doch gleichzeitig sollte man sich davor hüten, dem „woken" Kapitalismus irgendeine Wendung nach „links" zu bescheinigen. Ebenso wenig sollte man diesen Trend als Anzeichen dafür interpretieren, dass die konservativen Kapitalisten die neuen „Anti-Kapitalisten" seien.[13] Denn die grundsätzliche Kapitalismuskritik bezieht sich immer noch auf das keineswegs bewältigte Problem der sozialen Gerechtigkeit.

Um die negativen Folgen des Neoliberalismus zu analysieren, ist schließlich neben der gesellschaftlichen noch die *ökologische Landnahme* des Kapitalismus in den Blick zu nehmen.[14] In diesem Fall ist zu beachten, dass das kapitalistische Wirtschaftssystem von Voraussetzungen lebt, die es nicht selbst geschaffen hat. Dazu gehört ganz fundamental die äußere Natur. Diese Bedingung war so lange kein Thema, wie sie einfach als gegeben und unerschöpflich erschienen ist. Doch seit in den letzten vier Jahrzehnten die Ressourcen knapp werden und die natürliche Umwelt beschädigt wird, ist diese ökologische Dimension auf einmal ins öffentliche Bewusstsein getreten. Zu der im fünften Kapitel behandelten Klimakatastrophe gehört zunächst die Zunahme der mittleren Temperatur auf der Erde. Bei einem Temperaturanstieg von zwei Grad im Verhältnis zum Jahr 1990 ist ein Umkehrpunkt erreicht, nach dem die weiteren Verläufe nicht mehr kalkulierbar und die Folgen irreversibel wären. Die gegenwärtige Entwicklung steuert gar auf drei bis vier Grad zu. Eine der wichtigsten Ursachen ist der Kohlendioxyd, der durch die Verbrennung von Kohle, Erdöl und Gas erzeugt wird und in die Atmosphäre gelangt. An dieser Stelle untergräbt der fossile Kapitalismus seine eigenen Grundlagen.

Vor dem Hintergrund des offensichtlichen Scheiterns des Neoliberalismus wird seit einigen Jahren überlegt, wie der Staat wieder mehr in die

---

[13] So Grau 2022, S. 14, 41.
[14] Birnbacher 2016, S. 19–24; Schneidewind 2018, S. 144–149; vgl. Fraser, Jaeggi 2020, S. 58. – Zur Ökologie siehe den letzten Abschnitt in Kap. 8, ebenso Kap. 10.

Wirtschaft eingreifen könne und solle. Jahrzehnte lang wurden die Wirtschaftswissenschaften von der erbitterten Auseinandersetzung zwischen den Liberalen und Keynesianern geprägt, wobei die Neoliberalen schließlich die Oberhand gewannen und die als „links" verstandene „keynesianische" Minderheitsfraktion exkommunizierten. Inzwischen haben die Keynesianer wieder Konjunktur.[15] Das Instrument der Wirtschaftssteuerung besteht in einer staatlichen Ausgabenpolitik, mit der eine positive Neubewertung der öffentlichen Verschuldung einhergeht. Während in den angloamerikanischen Ländern die Rückwärtsbewegung der Ökonomie zu einer schuldenfinanzierten expansiven Fiskalpolitik ohne große Debatte vonstattengeht, steht dem in Deutschland die 2009 in das Grundgesetz aufgenommenen „Schuldenbremse" und die „schwarze Null" als Vorgabe für den Bundeshaushalt im Wege. Allerdings ist auch hier schon länger, wenn nicht ein Umdenken, so doch ein Nachdenken im Gang. Wirtschaftswissenschaftler und Politiker liefern inzwischen pragmatische Beiträge für eine nachhaltige Wirtschaftspolitik zu Themen wie der Staatsverschuldung und zu einem effizienten Kampf gegen den Klimawandel. Aktueller Anlass ist das Wirtschaftsembargo gegen Russlands und die daraus resultierende Energiekrise sowie die neue militärische Aufrüstung.

Grundlagen der Politischen Ökonomie

Sofern der Neoliberalismus heute in der Kritik steht, werden die historischen Ursprünge nicht selten der Aufklärung angekreidet. Vor allem der Schotte Adam Smith gilt als Stammvater der modernen Volkswirtschaftslehre und damit als Urheber des Wirtschaftsliberalismus. Die Polarisierung „freie Marktwirtschaft oder Planwirtschaft" scheint mit der personellen Alternative „Smith oder Marx" zu korrespondieren.[16] Unabhängig davon, ob diese Zuschreibung auf Marx zutrifft, ist in unserem Zusammenhang zu bestreiten, dass Smith zu den frühen Ideologen des Laissez-faire-Kapitalismus gehört habe. Zwar hat er wie auch andere Ökonomen seiner Zeit erkannt, dass ökonomische Verläufe ihre eigenen Gesetze haben, aber er hat daraus keineswegs den Schluss gezogen, dass der Staat

---

[15] Siehe den Untertitel: „Ökonomie im ausgehenden Neoliberalismus" von Streeck 2021, S. 81–84; vgl. Nida-Rümelin 2020, S. 46 f.; Gabriel, M. 2020, S. 247, 295, 305.
[16] Gabriel, M. 2020, S. 295 f., 304 f.; siehe auch Nida-Rümelin 2020, S. 58; Precht 2020, S. 42 f.; Redecker 2020, S. 75, 147.

überhaupt keine Befugnisse habe, die Wirtschaft zum Wohl der gesellschaftlichen Allgemeinheit zu lenken.

Eine ähnliche Konstellation ergibt sich beim Vorwurf, die Aufklärung habe mit ihrer Ökonomie des produktiven Kapitals die Anfänge des *Anthropozäns* theoretisch initiiert und gerechtfertigt. Das liefe darauf hinaus, der Aufklärung die Anfänge des Raubbaus an den naturgegebenen Ressourcen und der Zerstörung der natürlichen Umwelt anzulasten. Aber auch in diesem Fall ist es erwiesen, dass die frühe Wirtschaftstheorie in Frankreich mit der Schule der Physiokraten die Erhaltung der Natur zum Ursprung und Ziel gewählt hat. Der Name *Physiokratie*, der ja „Herrschaft der Natur" heißt, bezieht sich auf die Produktion von Lebensmitteln in der Landwirtschaft, die sich an die natürlichen Bedingungen wie Boden und Klima anzupassen hat.

Physiokratie. – In seinem *Ökonomischen Tableau* (1758) erläutert François Quesnay mit Hilfe eines Schemas, welches die Form eines Zickzacks hat, den Kreislauf einer Volkswirtschaft.[17] Zu dessen Grundlage erklärt er die *landwirtschaftliche Produktion*, die ihm als einzige Quelle ökonomischer Werte gilt. Den Grund sieht er darin, dass in der Agrikultur diejenigen Lebensmittel hergestellt werden, die den Unterhalt (subsistance) aller Menschen sicherstellen. Das setzt voraus, dass die Erträge der landwirtschaftlichen Arbeit mehr Menschen ernähren, als in der Landwirtschaft tätig sind. Denn der Boden produziert mehr, als zum Ersatz der Produktionsmittel nötig ist, die durch Arbeit verbraucht werden. Daraus folgt, dass der landwirtschaftlich erzeugte Reichtum in der übrigen Gesellschaft nicht weiter vermehrt, sondern nur umverteilt werde.

Die Träger des *ökonomischen Kreislaufs* sind keine Individuen, sondern soziale Klassen, die durch ihre Aufgabe im Produktionsprozess definiert werden. So unterscheidet Quesnay zwischen „drei Klassen" in einer Gesellschaft.[18] – Die „produktive Klasse" (classe productive) ist diejenige, welche den Boden bebaut und die notwenigen Nahrungsmittel einer Gesellschaft hervorbringt. Dazu zählen die Pächter großer Landgüter und die von ihnen bezahlten Lohnarbeiter. – Zur „Klasse der Eigentümer" (propriétaires)

---

[17] Quesnay 1976, Bd. I, S. 90; vgl. Francine Markovitz und Johannes Rohbeck in: Rohbeck, Holzhey 2008, S. 799 f., 808–812.

[18] Quesnay 1976, Bd. I, S. 79 f., 88. – Siehe auch Quesnays Artikel in der *Enzyklopädie*: „Pächter" (fermiers), Enzyklopädie 1972, S. 564–571; „Korn" (grains), S. 646–650; „Steuer" (impôt), S. 690–694. – Ebenso physiokratisch fällt der Artikel „Mensch (Politik)" von Diderot aus: „Es gibt keinen wahren Reichtum außer dem Menschen und der Erde. Der Mensch ist wertlos ohne die Erde und die Erde wertlos ohne den Menschen." Ebd., S. 676.

gehören die Besitzer der Ländereien, die von den Pächtern alimentiert werden. Weil diese Revenuen die Reproduktion der Produzenten voraussetzt, können die Grundbesitzer nur denjenigen „Überschuss" (surplus) erhalten, der aus der Differenz von Ausgaben und Erträgen resultiert. Die entsprechende Kategorie „Nettoprodukt" (produit net) erlaubt es, das Mehrprodukt oder den Zuwachs einer Volkswirtschaft zu bestimmen. – Als „sterile Klasse" (classe stérile) bezeichnet Quesnay alle übrigen Bürger, die als Handwerker, Fabrikarbeiter, Manufakturbesitzer oder Kaufleute tätig sind. Mit dem Begriff „steril" bestätigt sich die Behauptung, dass nur die Pächter und Landarbeiter wirtschaftliche Werte hervorbringen, von denen Handel und Industrie profitieren.

Der bereits genannte Schlüsselbegriff *Reproduktion* hat in diesem Zusammenhang eine doppelte Bedeutung. Zum *einen* drückt er den Umgang mit den natürlichen Lebensbedingungen aus. Physiokratie heißt ja Herrschaft *der* Natur, *nicht über* die Natur. Und mit der zentralen Kategorie „produktiv" wird ausdrücklich betont, dass nicht nur Lebensmittel produziert werden, sondern dass dies eben *re*produktiv – heute nennt man das nachhaltig – zu geschehen hat. Wenn Quesnay ausführlich die Bodenerträge, Getreidepreise und die daraus resultierenden Profite auflistet, legt er besonderen Wert auf die Mahnung, dass die Böden nicht über-beansprucht werden dürfen.[19] In dieser Hinsicht hat die Politische Ökonomie der französischen Aufklärung eine ökologische Dimension. Nicht zuletzt beginnt das Anthropozän mit einer theoretischen Reflexion über das Verhältnis des homo oeconomicus zur bearbeiteten Natur.

Zum *andern* bedeutet *Reproduktion* den Erhalt derjenigen Menschen, die in der Landwirtschaft tätig sind. So betont Quesnay immer wieder, dass diese nur dann produktiv sein können, wenn sie ihre eigene Arbeitskraft und ihre Produktionsmittel zu *re*produzieren imstande sind. Gewünscht wird sogar eine wachsende Bevölkerung, was einen gewissen Lebensstandard voraussetzt, der durch staatliche Maßnahmen gefördert werden soll.[20] Dieses Plädoyer richtet sich ausdrücklich gegen die Grundbesitzer, denen Quesnay aufträgt, nur so viel Rente zu fordern, wie die Reproduktion der Pächter und Landarbeiter zulässt. Obwohl die Pächter bereits als kapitalistische Unternehmer auftreten, fasst er sie mit den Landarbeitern in eine gemeinsame

---

[19] Quesnay 1976, Bd. I, S. 80, 222 f.; ebenso Rousseau 1978, S. 85, Anm. d.; vgl. Robertson 1841, S. 82; siehe Kap. 5.

[20] Quesnay 1976, Bd. I, S. 79 f., 87. – Erinnert sei an den Einfluss der Physiokraten auf die Debatte über die Rolle der Frau, der beim Bevölkerungsproblem eine spezielle Aufgabe zugewiesen wird. Siehe den entsprechenden Abschnitt in Kap. 4.

„Klasse", wodurch letztere aufgewertet werden. Der Konflikt findet also zwischen „faulenzenden Rentiers" und fleißigen Landwirten statt. Vom späteren Klassenkampf zwischen Lohnarbeit und Kapital ist noch nicht die Rede. Darin sehe ich die sozialpolitische Seite der Physiokratie.

Freilich bleibt diese physiokratische Wirtschaftstheorie begrenzt, weil allein die landwirtschaftliche Produktion als Ursprung ökonomischen Wohlstands gilt, während die handwerkliche und industrielle Arbeit abgewertet wird. Diese Auffassung wurde jedoch sehr bald revidiert – und nicht erst von Adam Smith, sondern bereits von Anne Robert Jacques Turgot, der üblicherweise noch zu den Physiokraten gezählt wird.

In Turgots *Betrachtungen über die Bildung und Verteilung der Reichtümer* (1766) finden sich viele Aussagen, welche die Nähe zur physiokratischen Theorie, insbesondere zu Quesnay, bezeugen: Der Boden fungiert als einzige Quelle der Reichtümer und die Pächter und Landarbeiter als einzige Gesellschaftsmitglieder, welche die übrigen Klassen mit ernähren.[21] Doch Turgot löst sich dann von seiner Vorlage und entwickelt eine eigene Theorie über die Bildung und Verteilung von Kapitalien. Nachdem er die verschiedenen Anbaumethoden in der Landwirtschaft zusammengefasst und das kapitalistische Pachtsystem als die vorteilhafteste Methode hervorgehoben hat, gelangt er zu einem allgemeinen Begriff des Kapitals. Demzufolge gibt es profitbildendes Kapital nicht allein in der Landwirtschaft, vielmehr kann Kapital auch in anderen Bereichen Werte erzeugen und Profite erwirtschaften.

Nun ist Turgot einer der wenigen Ökonomen der Aufklärung, der die negativen Auswirkungen der bürgerlichen Gesellschaft ausdrücklich rechtfertigt. Zwar sieht er sehr wohl, dass die Entwicklung von Wissenschaft, Technik und Wirtschaft die „Ungleichheit" der Menschen vergrößert und die Masse der Bevölkerung vom Fortschritt ausschließt. Aber er hält eine solche Spaltung auch in Zukunft für erforderlich, um das persönliche Interesse nach Verbesserung der eigenen Lebenslage zu garantieren. Er betrachtet die soziale Ungleichheit nicht als moralisches Übel, sondern sogar als Vorteil für die gesellschaftliche Entwicklung. In einem Brief an Françoise de Graffigny weist er deren Gesellschaftskritik zurück: „Die Ungleichheit schafft und vermehrt den Reichtum bei den tugendhaften und tüchtigen Völkern. Sie ist nichts Schlechtes; sie ist ein Glück für die Menschen."[22] So lautet die klassische liberale Position.

---

[21] Turgot 1981, S. 99–103; zum Folgenden S. 134 f.; ders. 1990, S. 175.
[22] *Lettre à Madame de Graffigny*, in: Turgot 1919, Bd. I, S. 243. – Das bezieht sich auf den Roman *Briefe einer Peruanerin* (1747), in dem Graffigny die „gemeinsame Landarbeit" bei den Inkas preist.

Nationalökonomie. – Wie schon Turgot rechtfertigt auch Adam Smith die Ungleichheit der Vermögen in einer Volkswirtschaft. Doch hält er dafür eine spezielle Legitimierung für nötig. Sein Hauptwerk über den *Reichtum der Nationen* (1776) beginnt mit einem historischen Vergleich zwischen den Anfängen und dem gegenwärtigen Stadium der Zivilisation. Sein Argument lautet, dass „ein Arbeitsmann, selbst aus der niedrigsten und ärmsten Klasse, wenn er nur mäßig und fleißig ist, an Lebensbedarf- und Genussgütern einen größeren Teil verbrauchen kann, als irgend ein Wilder sich zu verschaffen imstande ist".[23] Kurz: Einem einfachen Arbeiter geht es heute besser als früher so manchem Fürsten. Dahinter steht die Überzeugung, dass der Zuwachs einer „allgemeinen Wohlhabenheit" letztlich *allen* Gesellschaftsmitgliedern bis zum ärmsten Tagelöhner zugutekommt. Dieser Argumentation zufolge ist soziale Ungleichheit in dem Maße gerechtfertigt, wie auch der schwächer Gestellte davon profitiert.

Insgesamt ist Smith der Auffassung, dass letztlich der Staat durch geeignete Rahmenbedingungen für das Wohlergehen der Menschen eines Landes zu sorgen hat. Zum Beispiel befürwortet er das Importverbot von bedrucktem Kattun, um die heimische Baumwollindustrie zu schützen; ebenso das damalige Armenrechtsgesetz, damit die Reserve an Arbeitskräften menschenwürdig leben konnte.

Ebenso wie Turgot wendet sich Smith von der physiokratischen Lehre ab, dass der gesellschaftliche Reichtum allein in der Landwirtschaft erzeugt werde. Doch im Unterschied vertritt er sehr viel entschiedener und systematischer den Grundsatz, dass jede Form menschlicher Arbeit, also die Arbeit überhaupt, produktiv ist: „Die jährliche Arbeit eines Volkes ist der Fonds, der es ursprünglich mit allen Lebensbedarf- und Genussgütern versorgt, die es jährlich konsumiert."[24] Dahinter steht die neue Überzeugung, dass es vor allem die Arbeit in Handwerk und Industrie ist, der die Menschen eines Landes ihren Wohlstand verdanken. Daher plädiert Smith dafür, vor allem *diesen* produktiven Wirtschaftsbereich mit Hilfe staatlicher Gesetze zu fördern. Dabei übersieht er nicht, dass die von ihm favorisierte industrielle Produktion wiederum von der steigenden Produktivität der

---

Graffigny 1999, S. 86 f.; vgl. Steinbrügge 2020, S. 237. – Siehe Kap. 2; zum kolonialgeschichtlichen Aspekt Kap. 9.

[23] Smith 1923, Bd. I, S. 2; vgl. S. 14. – Das Argument entspricht der *Theorie der Gerechtigkeit* von John Rawls 1975, S. 28 f.

[24] Smith 1923, Bd. I, S. 1.

Landwirtschaft abhängt, damit die Handwerker und Fabrikarbeiter ausreichend ernährt werden können.[25]

Den entscheidenden Faktor sieht Smith in der *Produktivität der Arbeit*, die vor allem durch *Arbeitsteilung* gesteigert werde. Hier ist ein Unterschied zu beachten, der bei ihm nicht so recht expliziert wird. Im ersten Kapitel seines Werkes ist es die *Arbeitsteilung innerhalb einer Manufaktur*, aus der eine „Vervollkommnung der Produktivkräfte" resultiert, wie er am Beispiel einer Stecknadelfabrik veranschaulicht.[26] Dabei warnt er vor den negativen Folgen einer eintönigen Fabrikarbeit auf Körper und Psyche der Arbeiter. Im zweiten Kapitel thematisiert Smith die *Arbeitsteilung in der Gesellschaft*, die ursprünglich durch den Tausch verschiedener Waren und dann durch Geld vermittelt ist. Wichtig ist hier die Überzeugung, dass der Preis einer Ware durch die äußere Zirkulation, der Wert durch die darin verausgabte Arbeit bestimmt werde.[27] Die menschliche Arbeit vergegenständlicht sich schließlich im Kapital, aus dem Arbeitslohn, Profit und Grundrente hervorgehen.

Um zu demonstrieren, dass es auch in *Italien* eine elaborierte Politische Ökonomie gab, möchte ich noch zwei Autoren streifen, die wir bereits im Kontext der Anthropologie, Moralphilosophie und politischen Philosophie kennengelernt haben. Pietro Verri kritisiert in seinen *Meditationen über die Politischen Ökonomie* (1771) die französischen Physiokraten und legt die menschliche Arbeit sowohl in Landwirtschaft als auch im Handwerk zu Grunde.[28] – Noch deutlicher entwirft Cesare Beccaria in seinen posthum erschienenen *Elementen der Politischen Ökonomie* eine Theorie der produktiven Arbeit und eine entsprechende Werttheorie. Damit gilt er als Adam Smith Italiens.[29] Hier bestätigt sich einmal mehr der hohe Grad der Vernetzung in der europäischen Aufklärung.

Sozialpolitik. – Im Unterschied zu Quesnay und Smith überwiegt in der Aufklärung die sozialpolitische Position mehr oder weniger tiefgreifender Reformen, welche die schon damals sichtbaren Härten der kapitalistischen Produktionsweise zumindest mildern sollten. So kritisiert Helvétius die ungleiche Verteilung des gesellschaftlichen Reichtums und plädiert dafür,

---

[25] Ebd., Bd. I, S. 220 f.; Bd. II, S, 1 f. – Ebenso Turgot 1990, S. 175; Montesquieu 1951, Bd. II, S. 132 f.
[26] Smith 1923, Bd. I, S. 5–16; zu den negativen Folgen S. 15.
[27] Ebd., S. 17–22, 35–38, 129, 192. – Darin folgt ihm Karl Marx: MEW, Bd. 23, S. 52 f.
[28] Verri 1966, S. 52 f.; Rother 2005, S. 71; ders. in: Rohbeck, Rother 2011, S. 281, 290 f.
[29] Beccaria 1990, Bd. III, S. 99–102; Rother in: Rohbeck, Rother 2011, S. 303, 310 f.

die Zahl der Eigentümer mit Hilfe staatlicher Maßnahmen zu vergrößern.[30] Vor allem fordert er, dass alle Bewohner einer Nation, insbesondere die Reichen, zur Arbeit verpflichtet werden. Denn die menschliche Arbeit sei keineswegs ein Übel, sondern trage zum Glück der Menschen bei. Eine andere Variante findet sich bei Montesquieu, der den Einsatz von Maschinen in den Fabriken beklagt, weil sie die Arbeit vereinfachen und die Zahl der Arbeiter verringern.[31] Auf diese Weise nehmen beide Autoren die soziale Frage des 19. Jahrhunderts vorweg.

Ähnlich weitsichtig ist auch Condorcet, der die mathematisch gestützte Prognose aufstellt, dass die Möglichkeit einer Vermehrung der Einwohner durch die zur Verfügung stehenden Lebensmittel limitiert sei. Diese Grenze führt ihn zur Erkenntnis einer „dauernden Ursache periodisch sich einstellenden Elends".[32] Damit antizipiert er das so genannte Bevölkerungsgesetz des späteren Ökonomen Thomas Robert Malthus, das besagt: Wenn die Löhne sinken, haben die Arbeiter weniger Nachkommen; der dadurch entstandene Mangel an Arbeitskräften lässt die Löhne steigen, wodurch ein Überangebot entsteht, das die Löhne wieder fallen lässt. Während Malthus darin ein unabänderliches „Gesetz" sieht, fühlt sich Condorcet von einer derart inhumanen Aussicht alarmiert. Daher fordert er, dass sich der gesellschaftliche Reichtum auf alle Bevölkerungsschichten gerecht verteilt, damit sich die soziale Ungleichheit verringert und die Volksbildung weiter ausbreitet. Dazu konzipiert er ein eigenes Erziehungsprogramm,[33] wodurch die Prognose in politische Aktion mündet. Hier zeigt sich schlagend der Unterschied zwischen der sozial engagierten Aufklärung im 18. Jahrhundert und der zynischen Apologie des Kapitalismus im 19. Jahrhundert.

Die radikalste Sozialkritik stammt von Rousseau. Immerhin ist er der Verfasser des schon 1755 erschienenen Artikels „Ökonomie" (economie) in der französischen Enzyklopädie.[34] Doch in Wahrheit behandelt er darin gar nicht die Wirtschaftstheorie, sondern die traditionelle Staatswissenschaft. Das mag dem frühen Entstehungsdatum geschuldet sein, ist aber wohl auch beabsichtigt, weil er ja die bürgerliche Gesellschaft durch einen mächtigen

---

[30] Helvétius 1976, S. 296–308, 364; ebenso d'Holbach 1960, S. 572.
[31] Montesquieu 1951, Bd. II, S. 134. – Diderot preist hingegen die Vorzüge der maschinellen Produktion am Beispiel einer Strumpfwirkmaschine: Artikel „Strumpf" (bas), Enzyklopädie 1972, S. 127–132
[32] Condorcet 1976, S. 208, vgl. S. 199. – Thomas Robert Malthus: *An Essay on the Principle of Population* (1820).
[33] *Sur l'instruction publique*, in: Condorcet 1968, Bd. VII, S. 167–448.
[34] Enzyklopädie 1972, S. 224–384.

Staat ersetzen will. Die Kritik an den neuen kapitalistischen Verhältnissen findet sich indessen in seiner gleichzeitig publizierten *Diskurs über den Ursprung der Ungleichheit unter den Menschen*.

Genau betrachtet, weist Rousseau auf zwei Ursprünge sozialer Ungleichheit hin. Den ersten Entstehungsgrund verlegt er in die Anfänge menschlicher Gemeinschaften, in denen körperliche und geistige Unterschiede zwischen den Individuen wahrgenommen wurden. Die zweite Ursache sieht er in der Entstehung des Privateigentums und in der Teilung der Arbeit zwischen Stadt und Land, mithin in der beginnenden Industrialisierung.[35] Dieser Einschnitt ist für Rousseau viel gravierender, weil er die kapitalistische Form des Eigentums und in Form der Lohnarbeit die Aneignung fremder Arbeit begründet. Als Ausweg schlägt er eine agrarische Gesellschaft vor, in der jedes Mitglied nur über so viel Land verfügt, wie es mit seinen eigenen Händen zu bearbeiten vermag.

Noch einen entscheidenden Schritt weiter gehen zwei weniger bekannte Franzosen. Étienne-Gabriel Morelly fordert in seinem *Gesetzbuch der natürlichen Gesellschaft* (1755) die generelle Abschaffung des Privateigentums: „Jeder Bürger wird sein Grundstück so sehr beisammen und wohlabgemessen als möglich haben, nicht zum Eigentum, sondern allein hinreichend für den Unterhalt seiner Bewohner."[36] Die genaue Unterscheidung zwischen Besitz und Eigentum soll dazu dienen, nur noch Gemeineigentum zuzulassen, von denen die Menschen individuellen Gebrauch machen. – Einen ähnlichen Entwurf hat Gabriel Bonnot Mably gegen Ende des Jahrhunderts vorgelegt. Darin fordert er die soziale Gleichheit, die allein das Glück der Menschen zu garantieren vermag.[37]

Mit dieser Übersicht hat sich eine Vielfalt von Themen und Positionen ergeben. Thematisch betrifft das zunächst die Beziehung des arbeitenden Menschen zur Natur und damit die ökologische Seite. Sodann folgen Überlegungen über die sozialen Folgen des beginnenden Kapitalismus. Diese reichen von einer liberalen Rechtfertigung der sozialen Ungleichheit über verschiedene Reformvorschläge bis zur radikalen Sozialkritik, die sich noch einmal in kleinbürgerliche und agrarkommunistische Positionen differenziert. All diese Facetten werden uns am Ende dieses Kapitels noch einmal beschäftigen, wenn es um die Krise des gegenwärtigen Kapitalismus geht. Doch zuvor ist noch ein neuralgischer Punkt zu thematisieren:

---

[35] Rousseau 1978, S. 205, 213, 223; dazu Rohbeck, Steinbrügge 2015, S. 12 f.
[36] Morelly 1964, S. 184; dieser Entwurf richtet sich ausdrücklich gegen Montesquieu, S. 121 f., 181.
[37] Mably 1975, S. 213–218; vgl. Israel 2009, S. 92; Reinalter 2016, S. 12.

die eigentümliche Logik ökonomischer Prozesse und die damit verbundene Kontingenzerfahrung.

Kontingenz sozialer Systeme

Die Grundlage der Politischen Ökonomie in der zweiten Hälfte des 18. Jahrhunderts hat zunächst einen anthropologischen Charakter. Es sind die Menschen, die von ihren Bedürfnissen angetrieben werden, durch ihre Arbeit diese Bedürfnisse befriedigen und dadurch den gesellschaftlichen Reichtum schaffen. Doch dann schleicht sich ein völlig anderes Denkmotiv in den wirtschaftstheoretischen Diskurs ein: Gegenständen wie Ware, Geld und Kapital wird eine eigene Dynamik zugeschrieben, die gerade nicht von den handelnden Menschen beabsichtigt ist. Auf einmal heißt es, die beteiligten Akteure sollen sich an die gerade erst entdeckten ökomischen Gesetzmäßigkeiten anpassen. Heute bezeichnet man dieses Phänomen als *Kontingenz*. Dabei gilt es, zwischen Zufall und Kontingenz zu unterscheiden. Während der Zufall einzelne Ereignisse betrifft, bezieht sich die Kontingenz auf die Strukturen sozialer Systeme.[38]

Metaphorik. – In dieser Hinsicht mutiert der Name *Physiokratie* zur Metapher für die Naturwüchsigkeit der Ökonomie. In seinem *Tableau* verwendet Quesnay das biologische Modell des Blutkreislaufs. War er doch ein praktizierender Arzt, der die umstrittene Praxis des Aderlasses und damit die Zirkulation des Blutes untersucht hat. Das Kreislaufmodell überträgt er vom natürlichen Körper auf den „Körper" einer Nationalökonomie. Während in tierischen und menschlichen Organismen das Blut zirkuliert, drehen sich in einer Volkswirtschaft Ware, Geld und Kapital im Kreis.[39]

Die legitimatorische Absicht dieser Analogie besteht darin, das ökonomische System als eine Sphäre darzustellen, die keiner äußeren Eingriffe bedürfe. Quesnay behauptet sogar, dass staatliche Interventionen die Wirtschaft in ihren Funktionen beeinträchtigten. Er will die Regierung davon überzeugen, dass sie die „natürliche Ordnung" anzuerkennen habe. Damit vertritt er die *Handels- und Wirtschaftsfreiheit* von Privatpersonen. Ebenso plädiert er für den freien Handel von Getreide mit dem Ausland, um die Landwirtschaft in Frankreich wieder zu beleben. Das hindert ihn jedoch

---

[38] Arnd Hoffmann: *Zufall und Kontingenz in der Geschichtstheorie*. Frankfurt a. M. 2005, S. 48–56; vgl. Rohbeck 2020, S. 184–188.

[39] Quesnay 1976, Bd. I, S. 83 f.; zum Folgenden S. 294 f.

nicht an seinem Engagement für die Pächter und Landarbeiter, deren wirtschaftliches Wohl er mittels politischer Maßnahmen gefördert wissen will.

Während Quesnay ein biologisches Modell zu Grunde legt, bemüht Hume in seinem Essay „Vom Handel" (1741) die mechanistische Physik von Newton mit dem Gesetz der Gravitation, indem er von einer „sozialen Anziehungskraft" (moral attraction) spricht.[40] Verstand er sich in seinem *Traktat* als „Newton der Anthropologie", nimmt er diesen nicht unbescheidenen Titel auch in seinen ökonomischen Schriften in Anspruch. Dabei kritisiert er die merkantilistische Wirtschaftspolitik und plädiert für den „Freihandel" mit anderen Ländern, während er im Innern die staatliche Förderung von Manufakturen befürwortet. Zugleich reklamiert er damit den wissenschaftlichen Anspruch der neuen Disziplin der Politischen Ökonomie.

In seinem *Reichtum der Nationen* spricht auch Adam Smith vom „natürlichen Lauf der Dinge", der in drei Regelkreisen bestehe: in der Regulierung der Warenpreise, des Arbeitslohns und des Kapitals. Ebenso spielt er auf Newtons Gravitationstheorie an, wenn er den Preis einer Ware von Angebot und Nachfrage abhängen lässt: „Demnach ist der natürliche Preis sozusagen der Zentralpreis, gegen den die Preise aller Waren gravitieren."[41] In diesem Zusammenhang sind diejenigen Ausführungen besonders aufschlussreich, in denen Smith zu erklären versucht, dank welcher menschlicher *Motive* es überhaupt zu Arbeitsteilung und Warentausch gekommen ist:

> „Diese Arbeitsteilung, aus welcher so viele Vorteile sich ergeben, ist nicht ursprünglich das Werk menschlicher Weisheit, welche die allgemeine Wohlhabenheit, zu der es führt, vorgesehen und bezweckt hätte. Sie ist die notwendige, wiewohl sehr langsame und allmähliche Folge eines gewissen Hanges der menschlichen Natur, der keinen solch ausgiebigen Nutzen erstrebt, des Hanges [propensity] zu tauschen, zu handeln und eine Sache gegen eine andere auszuwechseln."[42]

Smith expliziert hier die hinter seiner ökonomischen Analyse stehende Überzeugung, dass die grundlegende Struktur des Wirtschaftssystems von den beteiligten Individuen gerade *nicht intendiert* worden ist. Aber zugleich

---

[40] Hume 1963, S. 321. – Beim Thema „Handelsbilanz" bemüht er das hydrodynamische Modell der kommunizierenden Röhren. Ebd., S. 319.

[41] Smith 1923, Buch I, S. 69, f., 74, 80–82; Buch III, S. 146, 192.

[42] Ebd., Buch I, S. 17.

verlegt er die Ursache für diese Art Kontingenz nicht ins Ökonomische, sondern in die Natur des Menschen, dem er ein natürliches Tauschbedürfnis unterstellt. Der Übergang von der Anthropologie zur Ökonomie gelingt also nur halbherzig, weil die Triebkraft der ökonomischen Entwicklung dann doch wieder anthropologisiert wird.

Ebenso umstritten ist die berühmte Metapher „unsichtbare Hand" (invisible hand), die Smith im *Reichtum der Nationen* nur an einer einzigen Stelle verwendet. Indem ein einzelner Kapitalist die eigene Produktion forciert, fördert er zugleich das Allgemeinwohl. Denn er „verfolgt lediglich seinen eigenen Gewinn und wird in diesen wie in vielen anderen Fällen von einer unsichtbaren Hand geleitet, einen Zweck zu fördern, den er in keiner Weise beabsichtigt hatte".[43] Die Halbherzigkeit besteht in diesem Fall darin, dass die nicht beabsichtigte Wirkung ökonomischer Tätigkeit mit einem pseudo-religiösen oder teleologischen Bild veranschaulicht wird.

Eine ähnliche Inkonsequenz findet sich bei Kant. Zunächst bezeichnet er die bürgerliche Gesellschaft als „ungesellige Geselligkeit", womit die widersprüchliche Vermittlung der modernen Gesellschaft über den Markt sehr gut zum Ausdruck kommt.[44] Aber dann bedient er die beiden Topoi von Smith, indem er den Ursprung der Vergesellschaftung in einen entsprechenden „Hang" der Menschen verlegt. Darüber hinaus bemüht er zur Begründung der weiteren Entwicklung eine höhere „Absicht der Natur". Wiederum ist zu beobachten, wie die Einsicht in die Kontingenz ökonomischer Systeme auf anthropologische und metaphysische Weise wieder gebrochen wird.

Fazit. – Bei dem Versuch, die Ergebnisse der Politischen Ökonomie der Aufklärung zusammenzufassen, gelange ich zu *ambivalenten Konsequenzen*.

Zunächst ist anzuerkennen, dass die Autoren seit der Jahrhundertmitte die *Kontingenz* sozialer Systeme überhaupt entdeckt haben. Während in der politischen Philosophie des 17. Jahrhunderts der Staat aus einem bewussten Akt hervorgehen sollte, tritt jetzt die bürgerliche Gesellschaft ins Zentrum, die sich sowohl wirtschaftlich als auch moralisch wie von selbst herausbildet. An die Stelle der planenden Vernunft ist die Naturwüchsigkeit ökonomischer und sozialer Prozesse getreten. Der alte Rationalismus ist also nicht nur durch die neue Anthropologie, sondern eben auch infolge von Sozialphilosophie und Wirtschaftstheorie ins Wanken geraten. Dazu gehört die Einsicht in die naturgegeben und gesellschaftlichen Voraussetzung, die es

---

[43] Ebd., Buch IV, S. 235.
[44] *Idee zu einer allgemeinen Geschichte*: Kant 1965, Bd. XI, S. 37, 39.

mittels Reproduktion zu erhalten gilt. Darin sehe ich, wie gesagt, die spezifische Modernität der europäischen Aufklärung.

Sodann hat dieser Paradigmenwechsel nicht zu unterschätzende Auswirkungen auf das *Menschenbild* der Aufklärung. Ursprünglich hatten deren Vertreter ja, wie im vierten Kapitel gesehen, das Zeitalter der Anthropologie ausgerufen und die menschliche Natur zum Ausgangspunkt aller Überlegungen gewählt. Aber im Kontext der Politischen Ökonomie tritt die Autonomie des Individuums in den Hintergrund. Wenn erwiesen ist, dass die Menschen ihre Gesellschaft nicht mehr so steuern können, wie es noch im Reich der Politik möglich war, wird die Handlungskompetenz der Menschen empfindlich beschnitten. So ist eine paradoxe Situation entstanden: Während die Anthropologie nach wie vor als Leitwissenschaft gilt, erleidet das Bild vom Menschen gewisse Einbußen. Mit Freud möchte ich hier von einer *ökonomischen Kränkung* des Menschen sprechen. Wie in der Psyche gibt es auch in der Gesellschaft etwas Unbewusstes, das sich der Verfügungsgewalt zu entziehen scheint.

Schließlich stellt sich aus heutiger Sicht die Frage, wie man mit dieser Art Kontingenz praktisch umgehen soll. Selbst Ökonomen wie Quesnay und Smith haben trotz plakativem Credo für die „Freiheit" des Marktes staatliche Eingriffe in die Volkswirtschaft zum Wohle der gesamten Bevölkerung gefordert. Das unterscheidet sie von späteren liberalistischen Ideologien, auch wenn die damals vorgeschlagenen Maßnahmen aus heutiger Sicht unzureichend waren. Diese Problemlage ist im 21. Jahrhunderts umso dringlicher, als es den Neoliberalismus der letzten Jahre zu überwinden und die Politik wiederzugewinnen gilt. Wie wir sahen, wurde in fast allen Zeitdiagnosen der Verlust einer politischen Kontrolle über den spätmodernen Kapitalismus beklagt. Die Aufgabe besteht also darin, in der Nachfolge der Politischen Ökonomie der Aufklärung das erste Element des Politischen ausdrücklich hervorzuheben und zu stärken.

Soziale und ökologische Umbrüche

Nach dem aktuellen Scheitern des Neoliberalismus halte ich es für sinnvoll, sich im 21. Jahrhundert auf die genannten Theorien der Aufklärung zu berufen. Denn es hat sich ja gezeigt, dass es schon im 18. Jahrhundert sehr unterschiedliche Stellungnahmen zum Kapitalismus gab. Das Spektrum reichte von der Rechtfertigung sozialer Ungleichheit über einen gemäßigt liberalen Reformkurs bis zur Abschaffung in den Varianten kleinbürgerliche Gesellschaft und Agrarkommunismus. Zwar haben die Autoren die

Kräfte ökonomischer Prozesse erkannt, aber keine reine Marktwirtschaft propagiert. Dabei waren sie sich darüber im Klaren, dass die neue Gesellschaftsformation auch kulturelle Nebenwirkungen erzeugt. Wichtig ist der frühe Grundgedanke, dass die kapitalistische Produktion zur Reproduktion ihrer gesellschaftlichen und natürlichen Bedingungen genötigt ist.

Transformationen. – Zwischen Aufklärung und heutiger Gegenwart liegt jedoch das Scheitern des Sozialismus im 20. Jahrhundert, so dass die Alternative zum Kapitalismus schwieriger geworden ist. Wenn keine Planwirtschaft, dann verbleibt nur ein mehr oder weniger radikaler Umbau des kapitalistischen Systems. Die entsprechenden Vorschläge beinhalten, wie schon im 18. Jahrhundert, moderate Reformen, tiefgreifende Transformationen oder gar Forderungen nach Überwindung des Kapitalismus. Im Endeffekt, wie ich nachzuweisen versuche, kommen sich die konkreten Handlungsanweisungen erstaunlich nahe. Am Schluss erlaube ich mir die ketzerische Frage, ob die Ausrufung des „postindustriellen" Kapitalismus und die Verabschiedung der menschlichen Arbeit vielleicht etwas voreilig gewesen ist.

Markus Gabriel teilt die allgemeine Auffassung, dass der Neoliberalismus die an ihn gestellten Erwartungen nicht erfüllt habe. Er distanziert sich von einem entfesselten Kapitalismus, der zu erheblichen ökonomischen Ungleichheiten führe. Daraus folgert er die „Grenzen des Ökonomismus" und die Notwendigkeit einer „Neuordnung der sozialen Marktwirtschaft".[45] Als Lösung betrachtet er eine „Verhaltensökonomie", durch die wirtschaftliches und moralisches Handeln in Einklang gebracht werden sollen.[46] Letztlich deutet Gabriel die Krise des kapitalistischen Systems in eine moralische Orientierungskrise um und meint, mit „moralischem Fortschritt" das System kurieren zu können.

Mit dem Titel *Die Große Transformation* kündigt Uwe Schneidewind sehr viel entschiedener einen Systemwechsel an. Doch in der Durchführung geht es auch ihm um die „Weiterentwicklung eines modernen Kapitalismus".[47] So plädiert er für ein institutionell organisiertes Reformprogramm in „kleinen Schritten der Veränderung". Interessant ist die differenzierte

---

[45] Gabriel, M. 2020, S. 245–249. – Markus Gabriel wehrt sich gegen die Kapitalismuskritik „linker Identitätspolitik", die sich pauschal gegen „Reiche" und „Eliten" auflehne. Diese Kritik halte ich für polemisch, weil sie die übrige „linke" Kapitalismuskritik unterschlägt. Ebd., S. 248 f., 294.

[46] Ebd., S. 297, 299 f., 303; siehe auch Nida-Rümelin 2020, S. 58; Precht 2020, S. 42 f.; Redecker 2020, S. 75, 147; Göpel 2020, S. 67, 165–167.

[47] Schneidewind 2018, S. 9, 21, 93.

Beschreibung der am gesellschaftlichen Wandel beteiligten Akteure.[48] An erster Stelle nennt Schneidewind die „Zivilgesellschaft", die er zum „Taktgeber der Großen Transformation" erklärt. Dazu zählt er Umweltverbände, die Kirchen, Gewerkschaften und soziale Bewegungen. Die zweite Akteursgruppe sind die Politiker, welche die Inhalte vorgeben und daraus politische Prozesse entwickeln. Daraus sollen neue Formen der Regulierung von Volkswissenschaften bis hin zur Investitionssteuerung hervorgehen. Drittens setzt Schneidewind große Hoffnungen auf ein „nachhaltiges Unternehmertum", dem er zutraut, zur „Selbsttransformation des Wirtschaftssystems" beizutragen.

Der Begriff Transformation bezieht sich auf Karl Polanyi, der bereits 1944 sein viel beachtetes Buch *The Great Transformation* veröffentlich hat. Doch dieser vertritt die ganz andere Auffassung, dass das Marktsystem die „natürliche Substanz der Gesellschaft" vernichtet habe.[49] In früheren Epochen, so Polanyi, sei die wirtschaftliche Tätigkeit des Menschen in seine Sozialbeziehungen „eingebettet" gewesen, wie die Nationalökonomie von Adam Smith bezeuge. In dieser Tradition schlägt er eine Wieder-Einbettung des Ökonomischen in die Gesellschaft vor.

Im Anschluss daran konzipiert Wolfgang Streeck das Modell „Keynes-Polanyi-Staat".[50] Er folgt darin der neuen Wende vom Neoliberalismus zum Keynesianismus, indem er für das Primat der Politik über die Wirtschaft plädiert. Zugleich macht er sich Polanyis Programm zu eigen, der Anpassung der Gesellschaft an den Kapitalismus die Anpassung des Kapitalismus an die Gesellschaft entgegenzusetzen, die zur menschenfreundlichen „Wissensgesellschaft" mutieren soll.

Eine radikale Kritik des Kapitalismus stammt von Immanuel Wallerstein, der den *Zusammenbruch des kapitalistischen Systems* vorhersagt und wohl auch herbeiwünscht.[51] In drei oder vier Dekaden werde es wegen Überfüllung der globalen Märkte scheitern. Längst habe der Kampf um ein wirtschaftliches System begonnen, das den Kapitalismus zu ersetzen in der Lage sei.

---

[48] Zur Politik: ebd., S. 328–360; zum Unternehmertum: S. 361–428; sehr viel kürzer zur Wissenschaft: S. 429–451.
[49] Polanyi 1978, S. 20, 74, 89; zum Folgenden S. 157 f., 173, 180; dazu Schneidewind 2018, S. 10, 13, 65, 70; vgl. Fraser, Jaeggi 2020, S. 205 f.; Streeck 2021, S. 437–439.
[50] Streeck 2021, S. 437–443; vgl. 202–2012; zur Wissensgesellschaft S. 439 f.; ders. 2013, S. 151–164. – Wie ausgeführt, hält Streeck dieses Modell nur in kleinen Nationalstaaten für realisierbar.
[51] Wallerstein 2013, S. 9 f., 32; ders. 2019, S. 23; vgl. Rapic 2020, S. 9 f.

In diese Kerbe schlägt auch Slavoj Žižek, der die Corona-Krise zum Anlass nimmt, über eine neue Gesellschaft nachzudenken.[52] An die Stelle des Kapitalismus setzt er ausdrücklich den *Kommunismus*. Doch damit meint er weder den „Kommunismus alten Typs" noch ein „obskures Traumbild", stattdessen will er den „Kommunismus neu erfinden". Die Wirtschaft soll so umgestaltet werden, dass sie nicht länger vom Marktmechanismus abhängig ist.

Die Ironie dieser Parade extremer Positionen von der Apologie des Kapitalismus bis zur Wiederbelebung des Kommunismus besteht darin, dass die konkreten Reformvorschläge keine großen Differenzen aufweisen.

Einigkeit besteht über Maßnahmen, welche die *soziale Ungleichheit* in den eigenen Ländern und im globalen Maßstab überwinden oder wenigstens mildern sollen. Es beginnt mit der Forderung nach einer veränderten *Steuerpolitik*. Im Innern wird die progressive Besteuerung von sehr Reichen gefordert, nach außen sind die Steueroasen zu schließen und eine globale Kapitalsteuer einzuführen.[53] Zum Programm soziale Gerechtigkeit gehört auch, dass der Staat in die *Lohnpolitik* eingreift, indem er Mindestlöhne festlegt und für eine allgemeine Erhöhung der Reallöhne sorgt, nicht zuletzt auch für eine Angleichung der Löhne von Frauen und Männern.[54] Im Zuge der Corona-Krise ist auch das kollabierende Gesundheitssystem in den Fokus geraten, dessen Kommerzialisierung in einigen Ländern wieder rückgängig gemacht werden soll.[55]

Einen großen Raum nimmt die *ökologische Krise* ein, welche die Grenzen des Wirtschaftssystems zum Vorschein bringe.[56] Generell gilt das Ideal eines „nachhaltigen Kapitalismus", der sein bisheriges Wirtschaftswachstum zu bremsen oder gar einzustellen habe. Zunächst ist der Raubbau an den natürlichen Ressourcen zu beenden, insbesondere der fossilen Energiequellen, deren Verbrennung die schädlichen Treibhausgase erzeugt. Um das Zwei-Grad-Ziel zu erreichen, ist der CO_2-Ausstoß von derzeit neun Tonnen pro Kopf in Deutschland auf maximal zwei Tonnen zu reduzieren. Diese und andere Forderungen laufen darauf hinaus, dass nicht nur die Produktion

---

[52] Žižek 2020, S. 39.
[53] Gabriel, M. 2020, S. 248; Göpel 2020, S. 174, 177; Streeck 2013, S. 237; ders. 2021, S. 325; Žižek 2020, S. 44 f.; vgl. Piketty 2014, S. 493, 505, 4015.
[54] Polanyi 1978, S. 332; Schneidewind 2018, S. 380 f.; Streeck 2013, S. 237; Gabriel, M. 2020, S. 256; Žižek 2020, S. 45.
[55] Schneidewind 2018, S. 243; Gabriel, M. 2020, S. 282, 294; Streeck 2021, S. 316–322; Žižek 2020, S. 41.
[56] Vor allem Schneidewind 2018, S. 23–166, insbes. S. 161; ebenso Gabriel, M. 2020, S. 146, 294; Göpel 2020, S. 71, 150; Žižek 2020, S. 65; Streeck 2021, S. 320; vgl. Birnbacher 2016, S. 10.

gedrosselt wird, sondern dass auch die Bürger ihren Konsum verändern. Die Rede ist von neuen Wohlstandsmodellen, die weniger verbrauchen und die gleiche Lebensqualität ermöglichen. Diese Tendenz hat mit den Energiemangel, der durch die Sanktionen gegen Russland entstanden ist, noch einmal Fahrt aufgenommen.

Postindustrieller Kapitalismus? – Eine weitere Gemeinsamkeit, die nun auf das Wesen des Kapitalismus zielt, besteht zwischen den genannten Autoren darin, dass sie die Digitalisierung zum Anlass nehmen, einen „postindustriellen" oder „digitalen Kapitalismus" zu verkünden.[57]

Bekanntlich hat diese Umbenennung eine längere Geschichte. Schon in den 1960er Jahren hat Daniel Bell von einer „nachindustriellen Gesellschaft" gesprochen, womit er die Verlagerung von der industriellen Produktion in die Sektoren Dienstleistung und Wissenserzeugung meinte. Philosophisch begleitet wurde diese Diagnose von Jürgen Habermas, der ein „Veralten des Produktionsparadigma" behauptete.[58] Offenbar war damit beabsichtigt, die alte Moderne und damit eine bestimmte Aufklärung hinter sich lassen, zu der wesentlich die beginnende Industrialisierung gehörte.

Heute entsteht der Eindruck, als wolle man mit der neuen Terminologie die aktuellen Probleme des industriellen Kapitalismus verdrängen. Es hat sogar den Anschein, als sei man bestrebt, mit der Industrie alles Materielle zu transzendieren und in den geistigen Programmierhimmel symbolischer Zeichen aufzusteigen. Doch ich gebe zu bedenken, ob diese pauschale Verabschiedung der materiellen Produktion nicht doch etwas zu einseitig gewesen ist. Diese Überzeugung möchte ich am Schluss näher erläutern.

Zunächst sind die Beobachtungen zur postindustriellen Moderne *geographisch und sozial begrenzt*, denn sie beschränken sich auf die traditionellen und reichen Industrieländer. Tatsächlich halbierte sich der Anteil der im produzierenden Gewerbe Arbeitenden in Deutschland zwischen 1970 und 2000; seitdem ist er mit etwa einem Viertel aller Erwerbstätigen ziemlich gleich geblieben. In den USA sind es seit dem Beginn des 21. Jahrhunderts ebenfalls konstant knapp zwanzig Prozent. Doch darf man angesichts dieser Zahlen nicht übersehen, dass ein großer Teil der Produktion ins jeweilige Ausland abgewandert ist. So ist beispielsweise in Asien die Industrialisierung

---

[57] Reckwitz in: Reckwitz, Rosa 2021, S. 108 f.; Schneidewind 2018, S. 101; Precht 2020, S. 65; ähnlich Rapic 2020, S. 10; Gabriel, M. 2020, S. 18; Redecker 2020, S. 76; Streeck 2021, S. 85; Žižek 2020, S. 44; Nassehi 2021, S. 162.

[58] Daniel Bell: *Die nachindustrielle Gesellschaft.* Frankfurt a. M. 1985, S. 130, 181; Jean Baudrillard: *Der symbolische Tausch und der Tod.* München 1982, S. 18; Habermas 1985, S. 95–103; Beck 1986, S. 15. – Ausführlich zu diesem Komplex Rohbeck 2000, S. 213–237.

noch in vollem Gang, wo mehr als zehn Mal mehr Stahlprodukte, Textilien und Computer hergestellt werden als in ganz Europa, während dieser Prozess in Afrika gerade erst begonnen hat. Es ist daher höchste Zeit, den borniertenen nationalen Standpunkt zu verlassen und das Problem Industriegesellschaft im globalen Maßstab zu betrachten.

Außerdem halte ich es für zu *oberflächlich*, nur auf die Statistik der Erwerbstätigen zu schauen und daraus auf die grundsätzliche Bedeutung der industriellen Produktion für eine Gesellschaft zu schließen. Wenn es zutrifft, dass moderne Gesellschaften wesentlich von technischen Fortschritten angetrieben werden, verdankt sich der heutige Übergang zum Spätkapitalismus der industriellen Entwicklung. Konzentriert man sich auf die Digitalisierung, ist darauf aufmerksam zu machen, dass Computer industriell gefertigt werden müssen. Gerade in Zeiten, in denen Engpässe bei der Herstellung von Chips auftreten, wird die Abhängigkeit von der Produktion schmerzlich erfahren.

Entgegen so mancher Vorstellung, die künstliche Intelligenz bewege sich nur noch im virtuellen Raum, ist der häufig unterschätzte Umstand ebenso wichtig, dass dies ohne *gegenständliche Sachsysteme* gar nicht möglich wäre. Es lässt sich konkret nachweisen, wie Entwicklungssprünge in der Software jeweils von technischen Innovationen der Hardware initiiert worden sind. Auf diese Weise verlagert sich das menschliche Denken zunehmend auf symbolverarbeitende Maschinen. Dabei handelt es sich um Industrieprodukte, die zu materiellen Trägern geistiger Kompetenzen und Operationen avancieren. Nicht die Produktion wird durch Wissen ersetzt, vielmehr wird die Produktion von Wissen industrialisiert. Wir stehen an der Schwelle zur Industrialisierung des Denkens. Darin sehe ich die radikalste Fortsetzung der gegenwärtigen dritten industriellen Revolution.

Schließlich offenbart sich die Relevanz der Industrie in der *ökologischen Krise*. Durch die globale Gefährdung taucht das in der vermeintlichen Wissensgesellschaft Verdrängte wieder auf. Denn die Belastung der natürlichen Umwelt mahnt unerbittlich, dass die benutzten Geräte aus verarbeiteten Naturstoffen bestehen, elektrischen Strom verbrauchen und entsorgt werden müssen. Nicht vergessen werden sollte, dass auch die übrige Industrie nach wie vor natürliche Ressourcen verbraucht und die Umwelt schädigt. Die Kehrseite ist, dass selbst der ökologische Umbruch nur mit der industriellen Produktion von Windrädern, Solarzellen und Elektroautos möglich ist. Und wenn das alles viel zu langsam vonstattengeht, bedarf es der beschleunigten Forcierung einer derartigen Industrie. Deswegen halte ich die Rede vom „Ende der Industriegesellschaft" sogar für fahrlässig. Denn sie suggeriert, als ob wir deren negative Nebenwirkungen längst bewältigt hätten und uns um die Industrie gar nicht mehr zu kümmern bräuchten.

Ende der Arbeitsgesellschaft? – Eine ähnliche Problematik ergibt sich aus der „Arbeitsgesellschaft", der ebenfalls ein „Ende" nachgesagt worden ist. „Was uns bevorsteht," schrieb Hannah Arendt schon 1958, „ist die Aussicht auf eine Arbeitsgesellschaft, der die Arbeit ausgegangen ist." Jürgen Habermas ergänzt dieses Paradox mit der Diagnose, dass die Arbeit ihre „utopischen Energien verbraucht" habe.[59] Abgesehen vom Marxismus ist damit wohl auch die Aufklärung gemeint, die sich von der menschlichen Arbeit eine Emanzipation von feudalen Zwängen und einen allgemeinen gesellschaftlichen Wohlstand versprochen hat. Auch wenn ich Habermas darin zustimme, dass die Utopie des Arbeitsethos inzwischen verblasst ist, rechtfertigt eine solche Ernüchterung keineswegs den Schluss, Arbeit habe im gesellschaftlichen Leben der Spätmoderne nur noch eine marginale Bedeutung.

Im Fall des Arbeitsbegriffs ist die Situation sogar noch klarer, weil zur Erwerbsarbeit auch alle Dienstleistungen gehören. In der aktuellen Gegenwart kommt noch hinzu, dass nach Phasen der Arbeitslosigkeit sogar ein Mangel an Arbeitskräften herrscht, was die Arbeit wieder aufwertet. Außerdem verlangen (nicht nur) Feministinnen, dass auch die Hausarbeit, Pflege von Angehörigen und Erziehung von Kindern als Arbeit anerkannt und vergütet werden soll, wodurch sich der Umfang bezahlter Arbeit noch einmal erweitern würde. Nicht zuletzt während der Pandemie haben die Menschen die Anwesenheit an ihrem Arbeitsplatz vermisst und nachträglich schätzen gelernt.

Es ist die Erwerbsarbeit, die den Menschen die Teilhabe am *öffentlich-gesellschaftlichen Leben* ermöglicht.[60] Durch ökonomisch zweckmäßige Arbeit können sich Menschen von persönlichen Abhängigkeiten befreien. In ihr werden Qualifikationen erworben, erfüllende Leistungen vollbracht und soziale Anerkennung erworben. Wo sonst gewinnen Menschen so viele Informationen und haben Gelegenheit zu inzwischen weltweiter Kommunikation. Nur durch Erwerbsarbeit können die meisten Menschen einen mehr oder weniger bescheidenen Lebensstandard erreichen. Diese allgemeine Arbeit, die einen entsprechend allgemeinen Nutzen hat, verleiht dem Individuum eine gesellschaftliche Existenz. Umgekehrt bedeutet

---

[59] Hannah Arendt: *Vita activa oder Vom tätigen Leben*. München 1967, S. 12.; Jürgen Habermas: *Die neue Unübersichtlichkeit*. Frankfurt 1985, S. 145; vgl. Böhme 2021, S. 35–40; Harari 2018, S. 49–78.
[60] Negt 2001, S. 425; Herzog 2019, S. 9 f.; Redecker 2020, S. 69 f., 217–219; Nassehi 2021, S. 156.

Arbeitslosigkeit den Ausschluss vom sozialen Leben. In der Regel heißt das Armut, Einsamkeit, Selbstzweifel und das Gefühl von Sinnlosigkeit. Keine Privatsphäre kann die Schlüsselfunktion der öffentlichen Arbeit ersetzen.

Aus diesen Gründen halte ich die Rede vom „Ende" der Industrie- und Arbeitsgesellschaft für wenig überzeugend. Anstelle einer vorschnellen Beendigung bedarf es einer sozialen und ökologischen *Transformation der Industriegesellschaft.* Und dieser industrielle Umbau bezieht sich jetzt ausdrücklich auf die Weltgesellschaft, die zum Teil schon industrialisiert ist und zu einem anderen nicht unerheblichen Teil noch mitten im Prozess der Industrialisierung steckt oder damit eben erst begonnen hat. Gerade im letzten Fall besteht die Chance, früher gemachte Fehler zu vermeiden und von Anfang an eine andere Form der Industrialisierung in Angriff zu nehmen. Im Folgenden werde ich diese historische Dimension der Globalisierung thematisieren.

9

Weltgeschichte und Globalisierung

Um die Mitte des 18. Jahrhunderts wurde noch eine weitere wissenschaftliche Disziplin entwickelt: die Philosophie der Geschichte. Mit dem neuen Begriff „philosophie de l'histoire", der von Voltaire stammte,[1] verband sich das Ziel, die Geschichte systematisch zu erforschen und darzustellen. Während die philosophischen Reflexionen bisher in historiographischen Werken verstreut waren, wurden erstmals auch Texte mit einem Überblick über die Geschichte im Ganzen oder zu allgemeinen Themen publiziert. Hatte noch Friedrich Meinecke in *Die Entstehung des Historismus* behauptet, die Epoche der Aufklärung ermangle eines „historische Sinns", ist spätestens seit Wilhelm Dilthey und Ernst Cassirer das Geschichtsbewusstsein der Aufklärung anerkannt.[2]

In ihrer klassischen Ausprägung erhebt die Geschichtsphilosophie der Aufklärung den Anspruch einer *Universalgeschichte* oder *Weltgeschichte*. Das kommt in zahlreichen Titeln zum Ausdruck, die bereits den universalen Zuschnitt ausdrücken: von Turgots *Abhandlungen über die Universalgeschichte* (1751), Iselins *Geschichte der Menschheit* (1764) bis zu Schlözers

---

[1] Zuerst unter einem Pseudonym publiziert: *La Philosophie de l'histoire, par feu l'abbé Bazin*, [Amsterdam] 1765; später als Einleitung zum *Essai sur les mœurs*: Voltaire 1963, Bd. I.

[2] Meinecke: München, Berlin 1932, S. 10; Wilhelm Dilthey: *Das achtzehnte Jahrhundert und die geschichtliche Welt*. In: ders., Gesammelte Schriften, Bd. 3, Leipzig 1927, S. 235; Cassirer 1932, S. 244–265; vgl. Koselleck 1979, S. 39; Kittsteiner 1998, S. 12.

Vorstellung seiner Universal-Historie (1771).³ Universalität beansprucht sie sowohl in räumlicher als auch in zeitlicher Dimension.

Zunächst umfasst das Konzept der Universalgeschichte alle *Räume* des gesamten Erdballs. Im Zuge kolonialer Entdeckungen und Eroberungen gerieten auch außereuropäische Länder und Kontinente wie Persien, China, Indien und Amerika in den Blick. Trotz der Kritik am eurozentrischen Standpunkt, die ja teilweise berechtigt ist, darf nicht übersehen werden, dass sich einige Aufklärer zum ersten Mal darum bemühten, die Vielheit der Kulturen anzuerkennen, die nun konkret untersucht, miteinander verglichen und gewürdigt wurden. Außerdem sind bereits während der Aufklärung kritische Stimmen gegen Kolonialisierung und Versklavung nachweisbar. Da gegen Ende des 18. Jahrhunderts die Erkundungen der Welt zu einem geographisch bedingten Abschluss gekommen sind, war es dieser Prozess von *Entgrenzung* und *Begrenzung* zugleich, der die Geschichtsphilosophie ermöglicht hat.

Sodann beinhaltet die Universalgeschichte alle *Zeiten* von den Anfängen der Menschheit bis zur damaligen Gegenwart. Durch das Interesse an frühen Hochkulturen, wie z. B. Ägypten und Babylonien, wurde der Beginn der Menschheitsgeschichte so weit vorverlegt, bis er sich im Ungewissen verlief. War Bossuet noch der biblischen Zeitrechnung gefolgt, stellte sich im 18. Jahrhundert die Aufgabe, die Chronologien des Alten Testaments mit den historischen Quellen der ägyptischen, griechischen und römischen Antike und sogar mit denen des Orients und Chinas abzustimmen. Durch die profane Ordnung verlor die Geschichte Anfang und Ende; sie wurde ein nach beiden Seiten offener Prozess und damit „entfristet".⁴ Dabei löste sich das Geschichtsdenken generell vom chronologischen Schema ab und entwickelte die neuartige Vorstellung einer eigenen *historischen Zeit*,⁵ die sich an den von den Menschen geschaffenen kulturellen Errungenschaften orientierte.

Die zeitliche und räumliche Dimension der Universalgeschichte hat eine nicht zu unterschätzende theoretische Konsequenz. Aus dem Vergleich zwischen Völkern, die in unterschiedlichen Regionen und Epochen leben,

---

³Turgot 1990, S. 168–220; Iselin 2014, Bd. IV; Schlözer 1990. – Außerdem Gatterer: *Handbuch der Universalhistorie* (1765); Kant 1965, Bd. XI, S. 33–50: *Idee zu einer allgemeinen Geschichte in weltbürgerlicher Absicht* (1784); Herder 1984, Bd. III: *Ideen zur Philosophie der Geschichte der Menschheit* (1784); Schiller 1970: *Was heißt und zu welchem Ende studiert man Universalgeschichte?* (1789); Forster 1991: *Leitfaden zu einer künftigen Geschichte der Menschheit* (1789); Carus 1809: *Ideen zur Geschichte der Menschheit* (posthum).

⁴Odo Marquard: *Schwierigkeiten mit der Geschichtsphilosophie*. Frankfurt a. M. 1973, S. 364 f.

⁵Koselleck 1979, S. 130–143.

resultiert die Erkenntnis, dass verschiedene Stadien der Zivilisation nicht nur an einem Ort zeitlich aufeinander folgen, sondern auch gleichzeitig an verschiedenen Orten anzutreffen sind.[6] Darin besteht die wichtige Einsicht in die *Gleichzeitigkeit des Ungleichzeitigen* in der Geschichte.

In unserem Kontext spielt die Entdeckung der *Kontingenz* eine besondere Rolle, die bisher vor allem im achten Kapitel zur Politischen Ökonomie behandelt worden ist. In der aufklärerischen Geschichtsphilosophie gipfelte die Kontingenzerfahrung in der Paradoxie, dass die Menschen mit ihren Handlungen zwar die Geschichte machen, sie aber zugleich auch nicht machen. Die Selbstermächtigung des Menschen erfuhr bereits in den Anfängen der Moderne eine eigentümliche Brechung. Für Bossuet war Gott der Lenker der Geschichte. Im Laufe der Aufklärung setzte sich der Mensch an die Stelle Gottes. Zugleich musste er jedoch erfahren, dass er die gesamte Geschichte gerade nicht zu steuern vermag.[7] Die Geschichte wurde als kontingentes Geschehen begriffen, das für die Menschen im Ganzen unverfügbar ist.

Der nun folgende Versuch einer Aktualisierung der Geschichtsphilosophie bereitet jedoch gewisse Schwierigkeiten. Seit dem *Historismus* verlagerte sich das Interesse immer mehr von den Inhalten auf die Methoden der Geschichtswissenschaften. Im Zuge der *analytischen Philosophie der Geschichte* kulminierte es in der Sprach- und Diskursanalyse, der Semantik temporaler Begriffe und der Analyse narrativer Strukturen. Komplementär dazu entstanden Untersuchungen über kollektives Gedächtnis und Erinnerungskultur. Auf diese Weise wurden inhaltliche Themen des Historischen beiseitegeschoben.

Man traut sich offenbar nicht mehr zu, die „großen" Fragen nach der Geschichte zu stellen. Solche Spekulationen gelten als unseriös, weil sie durch empirische Forschungen nicht überprüft werden können. Aus diesen Gründen hat sich die Geschichtsphilosophie aus der Analyse historischer Inhalte zurückgezogen und auf die Reflexion historiographischer Methoden konzentriert. Es entsteht der problematische Eindruck, dass alle philosophischen Versuche, die „reale" Geschichte ins Auge zu fassen, unter methodologischen Vorwänden abgewehrt werden sollen. Diese Entwicklung hat zu einer Krise geführt, die bis in die heutige Gegenwart andauert und diese Disziplin an den Rand des philosophischen Kanons drängt.

Demgegenüber bin ich der Überzeugung, dass diese Einschränkung der Geschichtsphilosophie keineswegs so zwingend ist, wie es die dominierende

---

[6] Turgot 1990, S. 198; vgl. Koselleck 1979, S. 132; ders. 2010, S. 79 f.
[7] Koselleck 1979, S. 158; Kittsteiner 1998, S. 12.

Literatur nahelegt.[8] Schon allein die *Trennung* zwischen einer gegenstandsbezogenen Geschichtsphilosophie und einer auf Methodologie reduzierten Philosophie der Geschichte vermag nicht zu überzeugen. Im Einzelnen lässt sich nachweisen, dass Methode und Inhalt gar nicht zu trennen sind, sondern wechselseitig aufeinander verweisen.[9] Es geht mir daher um die Synthese *einer methodisch reflektierten* und zugleich *gegenstandsbezogenen Geschichtsphilosophie*. Dabei begnüge ich mich nicht mit der üblichen Zielsetzung, eine allgemeine Orientierung oder Sinngebung zu erlangen. Darüber hinaus möchte ich zeigen, dass die Geschichtsphilosophie zur Lösung der drängenden Probleme der Gegenwart etwas beizutragen vermag.

Im folgenden Abschnitt wende ich mich gegen die Strömung des *Posthistoire*, demzufolge die Geschichte angeblich an ihr „Ende" gelangt sei. Dabei kommt mir der jüngste Trend entgegen, die Geschichte wieder zu rehabilitieren und sogar die „große Erzählung" zu wagen. An die Stelle eines vermeintlichen Endes ist inzwischen die Erfahrung von Katastrophen getreten, die keinen Stillstand mehr erlauben, sondern in naher und ferner Zukunft zu bewältigen sind. Ferner setze ich mich mit der aktuellen Kritik des *Postkolonialismus* auseinander, indem ich pauschale Vorwürfe zurückweise und ein möglichst differenziertes Bild zu zeichnen versuche.

Im dritten Abschnitt beabsichtige ich, die *Theorie der Globalisierung* mit einer materialen Philosophie der Geschichte zu verbinden. Das Phänomen der Globalisierung aus historischer Perspektive zu betrachten, liegt schon deshalb nahe, weil die Geschichtsphilosophie der Aufklärung als *Weltgeschichte* die erste elaborierte Theorie der Globalisierung darstellte. Damit wurde keine abstrakte Totalität vorausgesetzt, sondern die konkrete Tendenz zu weltweiter Kooperation und Kommunikation beschrieben und kritisch bewertet. In dem Maße, in dem der entfesselte Kapitalismus der Gegenwart

---

[8] Exemplarisch Patrick Gardiner: *The Nature of Historical Explanation*. Oxford 1952; William Herbert Dray: *Laws and Explanation in History*. Oxford 1957; Edward Carr: *Was ist Geschichte?* Stuttgart 1963; Carl G. Hempel: *Aspects of Scientific Explanation*. London, New York 1965; Arthur C. Danto: *Analytische Philosophie der Geschichte*. Frankfurt a.M 1974; Karl Acham: *Analytische Geschichtsphilosophie*. Freiburg, München 1974; Frank Ankersmit: *Narrative Logic*. Groningen 1981; Paul Ricœur: *Zeit und Erzählung*. München 1988; Hayden White: *Metahistory*. Frankfurt a. M. 1991; Chris Lorenz: *Konstruktion der Vergangenheit*. Köln 1997; Jörn Rüsen: *Historik*. Köln 2013. – Siehe auch Hans Michael Baumgartner: „Philosophie der Geschichte nach dem Ende der Geschichtsphilosophie". In: Herta Nagl Docekal (Hg.): *Der Sinn des Historischen*. Frankfurt a. M. 1966, S. 151–164.

[9] Dabei kann ich mich auf Ernst Troeltsch berufen, der erstmals zwischen einer *formalen Geschichtslogik*, die sich auf die historische Methode bezieht, und einer *materialen Geschichtsphilosophie*, welche die Inhalte der Geschichte zum Thema macht, unterschieden hat: *Der Historismus und seine Probleme*. In: Gesammelte Schriften, Bd. 3. Tübingen 1922, Nachdruck Aalen 1977, S. 67 f.; siehe zuletzt Rohbeck 2020, S. XI f., S. 2–6.

die soziale Ungleichheit verschärft, wird die *globale Gerechtigkeit* zur immer drängenderen Aufgabe.

Auf die Aufklärung kann sich auch eine *Ethik der Zukunft* berufen, die das Thema des vierten Abschnitts sein wird. Denn die Geschichtsphilosophie des 18. Jahrhunderts war von vornherein in die Zukunft gerichtet mit dem Ziel, aus der Vergangenheit Lehren zu ziehen, um die Lebensverhältnisse der Menschen zu verbessern. Heute bedeutet eine solche *Verantwortung für künftige Generationen* zunächst einmal, bestimmte Katastrophen abzuwenden wie Klimawandel, Ressourcenknappheit, globale Armut und zunehmender Krieg. Ein möglicher „Fortschritt" könnte bereits in der Vermeidung von Verschlechterungen oder gar in deren Abmilderung bestehen. Hinzu kommt die Frage, ob man weniger entwickelten Völkern das Recht auf eine nachholende Entwicklung zubilligen soll, die zugleich Alternativen ermöglicht.

Posthistoire und Postkolonialismus

Die Kritik an der Geschichtsphilosophie ist so alt ist wie diese selbst. Bereits Rousseau hat in seinem *Zweiten Diskurs* erkannt, dass die wissenschaftlichen und technischen Fortschritte negative Folgen wie soziale Ungleichheit, politische Gewaltherrschaft und moralischen Niedergang erzeugen. Wenig später wehrte sich Herder in *Auch eine Philosophie der Geschichte* (1774) gegen die Vorstellung, dass alle Völker und Epochen nach einem einheitlichen Maßstab beurteilt werden, statt den Eigenwert einer jeden Kultur anzuerkennen.[10] In *Vom Nutzen und Nachteil der Historie* kritisierte Nietzsche wiederum den Historismus, dessen historische Bildung keine Orientierung mehr zu geben vermag; Geschichte wird zur Ideologie, Historie zum „Karneval der Masken". Im Anschluss daran erklärte auch Foucault Geschichte zum „Possenspiel". Angesichts von Hiroshima und Auschwitz haben Horkheimer und Adorno in *Dialektik der Aufklärung* eine „Kritik der Geschichtsphilosophie" formuliert, in der sie den Fortschritt als Verfallsprozess umdeuteten.[11]

---

[10] Rousseau 1978, S. 191–265; Herder 1984, Bd. 1, S. 617 f.
[11] Friedrich Nietzsche: Sämtliche Werke. Hg. von Giorgio Colli und Mazzino Montinari. München, Berlin. 1988, Bd. 5, S. 157; Michel Foucault: *Von der Subversion des Wissens*. Hg. und übers. von Walter Seitter. Frankfurt a. M. 1974, S. 104; Horkheimer, Adorno 1987, Bd. 5, S. 253–256. – In utopischer Perspektive entwirft Adorno später einen alternativen Fortschrittsbegriff, der sich vom Bann der Naturbeherrschung befreien soll. Ebd., Bd. 10.2, S. 17.

Posthistoire. – Im Zuge alltäglicher Erfahrungen mit der modernen Zivilisation konstatierten andere Philosophen wie Arnold Gehlen ein *Ende der Geschichte*, das bedeuten soll, dass der technische Fortschritt für die Menschen im Grunde sinnlos geworden sei.[12] In der Industriegesellschaft diagnostiziert er eine stabile Situation, die „eintritt, wenn die darin angelegten Möglichkeiten in ihren grundsätzlichen Beständen alle entwickelt sind". Damit wird jedoch nicht behauptet, es seien keine historischen Ereignisse mehr zu erwarten. Das Gegenteil ist der Fall. „Ich bitte, mich richtig zu verstehen:", versichert Gehlen im Hinblick auf die von ihm angenommene Stabilisierung, „hier liegen alle Chancen des Fortschritts, der in erster Linie ein wissenschaftlich-technischer sein muß und auch nur sein kann." Nicht die Entwicklung der Moderne steht in Frage, eher stellt sich das Problem, wie angesichts der Dynamik von Wissenschaft und Technik der Eindruck einer Stagnation entstehen kann.

Diese Einschätzung findet sich auch bei Jean-François Lyotard, der bekanntlich das *Ende der großen Erzählung* verkündet hat.[13] Vordergründig geht er von einem Legitimationsschwund aus, der die aufklärerisch-modernen Ideen wie Freiheit, Emanzipation und Wahrheit diskreditiert. Aber die Ursachen für diesen Verlust sieht er in der Technisierung und Ökonomisierung, deren rasantes Fortschreiten er nicht leugnet: „Man kann in diesem Niedergang der Erzählungen eine Wirkung des Aufschwungs der Techniken und Technologien seit dem zweiten Weltkrieg sehen, der das Schwergewicht eher auf die Mittel der Handlung als auf ihre Zwecke verlegt hat." Das deutet auf Max Horkheimers *Kritik der instrumentellen Vernunft* hin, der zufolge sich die technischen Mittel von den ursprünglichen Zwecksetzungen der Menschen entfernen, so dass die Vernunft zielblind wird und ihre frühere Legitimation einbüßt.[14] Hinter Lyotards diskurstheoretischer Kritik steht in Wahrheit eine Technik- und Ökonomiekritik.

Vor mehr als dreißig Jahren verfasste Jean Baudrillard eine kleine Schrift mit dem verblüffenden Titel *Das Jahr 2000 findet nicht statt*. Wie Gehlen begründet er diese Behauptung mit der „Erstarrung" der Moderne in Indifferenz und Betäubung. In Abgrenzung von Marx vertritt er die These, dass der Kapitalismus zur „reinen Zirkulation" verkommen sei. Was bei Horkheimer und Lyotard „Verkehrung" von Zweck und Mittel hieß,

---

[12] *Ende der Geschichte? Zur Lage der Menschen im Posthistoire*. In: Oskar Schwatz (Hg.): *Was wird aus dem Menschen?* Graz, Wien, Köln 1974, S. 61; das folgende Zitat S. 64. – Den Begriff post-histoire übernahm er 1953 von Paul de Man, bzw. von dessen Onkel Hendrik de Man.
[13] Lyotard 1986, S. 54; das nächste Zitat S. 112.
[14] Horkheimer, Adorno 1987, Bd. 6, S. 136.

bezeichnet Baudrillard als „Mutation" des Wertgesetzes.[15] Während die menschliche Arbeit in der Neuzeit noch „von einer Zweckbestimmung durchzogen war" und den Referenten für den Warentausch bildete, habe sich das Tauschsystem inzwischen durch die reale Dynamik des Kapitals verselbständigt. Dadurch seien alle referentiellen Bindungen an Arbeits- oder Gebrauchswerte aufgelöst. Dieser Zustand bedeutet also „Ende der Arbeit" und „Produktion", das „Ende der Moderne" und damit auch ein „Ende der Geschichte".

In derartigen Theorien wird ein *doppelter Verlust von Sinn* suggeriert. Zunächst einmal geht der lebensweltlich verwurzelte Sinn früherer Kulturen verloren. Die sich beschleunigt ausbreitende Zivilisation der Moderne überlagert und verdrängt kulturelle Traditionen. Aber wichtiger und weitreichender ist die implizit gebliebene Schlussfolgerung, dass die technische Zivilisation selbst nicht in der Lage sei, einen eigenen Lebenssinn hervorzubringen. Der Übergang in einen spezifisch modernen Sinn, der als kulturelle Folge der neuen Techniken zu fassen wäre, wird ausgeschlossen. Wie bei der Trennung in *Zwei Kulturen* entsteht eine Kluft zwischen einer an religiösen und nationalen Überlieferungen orientierten geschichtlichen Kultur einerseits und einer geschichtslosen und Geschichtsverluste erzeugenden technischen Zivilisation andererseits. Das *Posthistoire* spitzt sich in der Behauptung zu, diese Entwicklung sei ohne Kultur und folglich ohne Geschichte.

Dieser Topos findet sich in spektakulärer und zugleich populärer Weise bei Francis Fukuyama, der während des Falls der Berliner Mauer ein ebensolches „Ende der Geschichte" prophezeit hat. Nachdem der staatliche Sozialismus zusammengebrochen war und der westliche Kapitalismus scheinbar „gewonnen" hatte, könne nichts wirklich Neues mehr auf der Welt passieren: „Das Ende der Geschichte wird eine sehr traurige Zeit sein",[16] weil nur noch die technischen Lösungen zur Befriedigung von Konsumwünschen übrig geblieben seien. Mit einer ungerechtfertigten Berufung auf Hegel charakterisierte Fukuyama die technische Zivilisation als im Grunde ereignislos und damit für kultur-irrelevant.

Nach dem Mauerfall konnte tatsächlich der Eindruck entstehen, als ob die Geschichte zum Stillstand gekommen sei. Aus westlicher Perspektive

---

[15] Berlin 1990; ders.: *Der symbolische Tausch und der Tod*. München 1982, S. 18, 25. – Ebenso Vilém Flusser: *Nachgeschichte*. Hg. von Stefan Bollmann und Edith Flusser, Frankfurt a. M. 1997; Paul Virilio: *Rasender Stillstand*, Frankfurt a. M. 1997; vgl. Grau 2022, S. 66, 68, 70.

[16] *The End of History?* In: The National Interest 16, 1989, S. 3, 18; ders.: *Das Ende der Geschichte*. München 1989.

sah es so aus, als habe der Kapitalismus gesiegt und würde keine Überraschungen mehr bereithalten. Denn es ist daran zu erinnern, dass die angeblich posthistorische Periode im Grunde als sehr erfolgreich galt. Die ewige Gegenwart der Globalisierung erschien zwar als eintönig, aber eben doch als resistent und komfortabel. Nach dem Ende des Kalten Kriegs glaubte man, dass globale Demokratie und Weltfrieden ein Stück näher gerückt seien. Es war der Erfolg, der zum Problem wurde. Doch aus östlicher Perspektive war von Anfang an klar, dass heftige Turbulenzen und soziale Deformationen zu erwarten waren.

In der Zwischenzeit hat sich dieser Zustand völlig verändert. Spätestens mit dem Terroranschlag vom 9. November 2001 gab es in der Geschichte wieder ein einschneidendes Ereignis. Hinzu kamen der Irakkrieg und die jüngsten kriegerischen Auseinandersetzungen, die Krise der Demokratien, Hungersnöte, Flüchtlingsströme sowie die Knappheit natürlicher Ressourcen und die Umweltkrise. An die Stelle des *Posthistoire* treten jetzt die drohenden *Katastrophen*. In den Fällen Pandemie und Ukrainekrieg ist die katastrophale Lage bereits eingetroffen.

Damit drängt sich die Frage auf: Was kommt nach dem *post*, worin besteht das *post-postum*? Die banale Antwort lautet: Auf die „Nachgeschichte", wenn sie denn jemals existiert haben sollte, kann nur wieder die Geschichte folgen. In der Tat ist sie im Zuge der globalen Erfahrungen und Bedrohungen längst wiedergekehrt. Sie hat sogar wieder Fahrt aufgenommen, weil die Bewältigung der ökologischen, militärischen und sozialen Krisen kein Verharren im Bestehenden duldet. Nicht so trivial ist daher die Forderung nach einer radikalen *Wende* innerhalb der Geschichte.

Dieses neue Geschichtsbewusstsein kommt in jüngsten Versuchen zum Ausdruck, wieder eine „große" Geschichtserzählung zu wagen.[17] Insbesondere die für die Aufklärung so wesentliche Zukunftserwartung bedarf einer Aktualisierung – allerdings nicht mehr als Hoffnung auf eine stetige Verbesserung, sondern als Vermeidung katastrophaler Verschlechterungen. Jetzt kommt es darauf an, die gegenwärtigen und später erwartbaren Katastrophen zu meistern und dafür alternative Entwicklungswege einzuschlagen. Die Geschichte ist wieder gefragt, nun als Chance für grundlegende Transformationen.

Postkolonialismus. – Während sich die Position des *Posthistoire* mittlerweile überlebt hat, liegt mit dem *Postkolonialismus* eine aktuelle Kritik an

---

[17] Yuval Noah Harari: *Eine kurze Geschichte der Menschheit*. München 2013; systematisch dazu Harari 2018, S. 37.

der Geschichtsphilosophie vor. Mit ihm wird kein „Ende der Geschichte" behauptet, sondern im Gegenteil der produktive Umgang mit der kolonialen Vergangenheit in zukünftiger Perspektive gefordert. Letztlich geht es um die moralische Anerkennung und materielle Kompensation vergangenen Unrechts in Gegenwart und Zukunft.

Insbesondere Autorinnen und Autoren, die aus Ländern außerhalb Europas stammen, werfen der europäischen Geschichtsschreibung und Kulturwissenschaft vor, den Prozess der *Kolonialisierung*, gewaltsamen Unterdrückung und Versklavung gerechtfertigt zu haben. Sie kritisieren die Zentrierung auf die Geschichte Europas, deren Kultur als universeller Maßstab betrachtet werde, um die außereuropäischen Kulturen zu diskriminieren.[18] So gehe man wie selbstverständlich von der angeblichen Überlegenheit der westlichen Zivilisation aus, um die Unterwerfung anderer Völker zu legitimieren. Vor allem der Begriff der *Rasse* sei ein Konstrukt, um die Dominanz weißer Europäer und Nordamerikaner plausibel zu machen. Letztlich diene diese Art Eurozentrismus als Instrument für Kolonialismus und Imperialismus.

In unserem Zusammenhang stellt sich jedoch das Problem, dass in der postkolonialen Kritik die *Epoche der Aufklärung* nur selten vorkommt. Und wenn die Aufklärung dann doch thematisiert wird, folgt die Wiederholung alt bekannter Klischees. In der Regel wird sie mit einem abstrakten Rationalismus und einem egoistischen Individualismus identifiziert. Ihre Anthropologie gilt als eurozentristisch und rassistisch. Der Konzeption der Universalgeschichte wird unterstellt, dazu zu dienen, die Herrschaft Europas über die Welt zu rechtfertigen. Nur selten wird zugestanden, dass sich bereits einige Aufklärer kritisch zur Kolonialisierung und Versklavung geäußert haben.[19]

Angesichts solcher Pauschalurteile ist es geboten, ein möglichst differenziertes Bild von der Stellung der europäischen Aufklärung zur Kolonialgeschichte zu zeichnen. Dabei kommen mehrere Ambivalenzen ins Spiel. *Auf der einen Seite* gibt es einige Aufklärer, welche fremde Völker *abwerten*, indem sie ihnen die Entwicklung einer eigenen Kultur

---

[18] Das Gründungsdokument für die Etablierung der *Postkolonialen Studien* ist das Buch von Edward Said: *Orientalism*. New York 1978. Es hat u. a. die Studie *Postcolonial Thought* von Dipesh Chakrabarty (2000) beeinflusst. Eine radikale Kritik daran findet sich bei Jean-François Bayart: *Les Études postcoloniales. Un carneval académic*. Paris 2010. – Vgl. Dhawan 2014, S. 9; Pečar, Tricore 2015, S. 91; Lilti 2019, S. 42 f.; Roselli, Schlieper 2022, S. 12 f.

[19] Eine pauschale Kritik an der Aufklärung übt Sala-Molins 2008; zu einem differenzierten Bild gelangen Carey 2009 und Muthu 2009; vgl. d'Aprile 2016, S. 160; Lilti 2019, S. 45, 49; siehe Kap. 1.

absprechen. Dabei ist noch einmal der Unterschied zu beachten, ob sich eine solche Diskriminierung auf die äußeren Faktoren von Klima und Boden oder auf die noch problematischere Logik der Vererbung zu berufen versucht. *Auf der anderen Seite* stehen nicht wenige Aufklärer, die sich um eine *Aufwertung* fremder Kulturen bemühen. Mit diesem Versuch geht häufig eine Verurteilung gewaltsamer Unterdrückungen einher. Doch diese durchaus aufklärungstypische Kritik darf nicht darüber hinwegtäuschen, dass die Sklaverei keineswegs total abgelehnt wird. Erst dieses Ensemble von Positionen macht die ganze Zwiespältigkeit des Verhältnisses von Aufklärung und Kolonialismus aus. Das gilt es nun im Einzelnen zu analysieren.

Für die *Abwertung* außereuropäischer Kulturen steht zunächst Montesquieu, dessen Klimatheorie sich hier als doppeldeutig erweist. Während er in *Geist der Gesetze* ein gemäßigtes Klima für Erdteile wie Europa und Asien als günstig bewertet, macht er die Kehrseite warmer Regionen für die mangelnde Kulturentwicklung im Orient und in Afrika verantwortlich. „Die Wärme des Klimas kann so außerordentlich sein, daß der Körper vollständig kraftlos ist. Dann teilt sich die Ermattung auch dem Geist mit, es gibt keinen Wissensdrang, keine edle Handlung, keine hochherzige Empfindung; die Neigungen bleiben passiv, Nichtstun ist das Glück."[20]

An Montesquieus Klimatheorie orientieren sich auch Raynal und Diderot in ihrer *Geschichte der beiden Indien*. In einem globalen Kulturvergleich unterscheiden sie zwischen der Lebensfreude der Inder, der Sanftmut der Einwohner Südamerikas und der Friedfertigkeit der Karibikbewohner. Doch die Afrikaner charakterisieren sie als „geistig träge und ohne eigene Tugend".[21]

Dieses Ressentiment findet sich auch in Großbritannien, wo Hume in seinem Essay *Of national characters* „die natürliche Unterlegenheit der Neger gegenüber den Weißen" behauptet und den schwarzen Menschen jede „Spur eines höheren Geistes" abspricht.[22] In seiner *Geschichte der bürgerlichen Gesellschaft* relativiert Ferguson dieses Pauschalurteil, indem er den Vorzug eines gemäßigten Klimas hervorhebt, aber dessen kontingente Wirkweise berücksichtigt, um bei den betroffenen Menschen zwischen einem „Mangel an Kunstfertigkeit" oder „Mangel an Befähigung" zu unterscheiden.[23] Auf

---

[20] Montesquieu 1951, Bd. I, S. 314, vgl. 311, 316; siehe Kap. 7.
[21] Raynal, Diderot 1988, S. 203–206.
[22] Hume 1963, S. 213.
[23] Ferguson 1986, S. 204, vgl. 241.

diese Weise schwächt er den bloß äußeren Faktor Klima ab und erklärt die Natur des Menschen überall für entwicklungsfähig.

Besondere Aufmerksamkeit hat Kant mit seinen Schriften *Von den verschiedenen Rassen der Menschen* (1775) und *Bestimmung des Begriffs der Menschenrasse* (1785) erregt, was zur provozierenden Frage führt, ob er ein „Rassist" gewesen sei.[24] Zunächst folgt Kant dem Mainstream der europäischen Aufklärung, indem er das Klima für die mangelnde Entwicklung der schwarzen Menschen verantwortlich macht, indem er feststellt „dass schwerlich ein anderer Grund angegeben werden kann, warum diese Rasse, zu schwach für schwere Arbeit, zu gleichgültig für emsige und unfähig zu aller Kultur, wozu sich doch in der Naheit Beispiel und Aufmunterung genug findet, noch tief unter dem Neger selbst steht, welcher doch die niedrigste unter allen übrigen Stufen einnimmt, die wir Rassenverschiedenheiten genannt haben".[25]

Aber Kant geht deutlich über die Klimatheorie hinaus, indem er den Begriff der Rasse einführt und die Charakterisierung der Menschen in die Nähe einer höchst fragwürdigen Vererbungslehre rückt. Dabei kann man ihm zugutehalten, dass er die von ihm hypostasierten „Rassen" auf unterschiedliche Hautfarben beschränkt und an der Idee einer gemeinsamen Menschengattung festhält. Nur so lässt sich der Widerspruch zwischen seiner heute unhaltbare Rassentheorie und seiner übrigen Philosophie des universalistischen Humanismus aushalten. Im Übrigen ist man mit einer rassistischen Äußerung noch kein Rassist. In der Rezeption rächt sich hier die völlig verengte Fixierung auf Kant, weil damit der europäische Kontext ausgeblendet wird, der noch viel mehr und vor allem auch positivere Facetten enthält, die nun zur Sprache kommen sollen.

Wie gezeigt, erlaubt die Theorie von Klimazonen ebenso die *positive Deutung*, dass nicht nur Europa, sondern auch andere ferne Länder von gemäßigten Bedingungen profitieren können. Paradigmatisch dafür ist *China*, dessen hoch entwickelte Zivilisation bereits von Montesquieu gewürdigt wird.[26] Vor allem Voltaire preist ausführlich die Kultur der Chinesen, der er in seinem *Entwurf über den Geist und die Sitten der Völker*

---

[24] Kant 1965, Bd. XI, S. 11–30, 65–82. – Siehe dazu die interdisziplinäre Diskussionsreihe der berlin-brandenburgischen Akademie der Wissenschaften zum Thema: *Kant – Ein Rassist?* https://www.bbaw.de/mediathek/archiv-2020/kant-ein-rassist-interdisziplinaere-diskussionsreihe.
[25] *Über den Gebrauch teleologischer Prinzipien in der Philosophie*, in: Kant 1968, Bd. VIII, S. 176.
[26] Montesquieu 1951, Bd. I, S. 318 f.

(1756) die ersten beiden Kapitel widmet.[27] Ihn interessiert zunächst die chinesische Geschichtsschreibung, die ihre Zeitepochen an astronomische Beobachtungen knüpfe und ohne Priesterschaft, Wunder und Halbgötter auskomme. Er bewundert die riesigen Städte wie Peking mit einer perfekten Versorgung ihrer Bewohner. Neben der Landwirtschaft beschreibt er die Erfindung und Herstellung von Seide, Papier, Porzellan und Glas. Selbst der Buchdruck sei schon vor Gutenberg bekannt. Insgesamt entsteht das Bild einer Hochkultur, die bereits vor der Zivilisation in Europa entwickelt war.

Ein originelles Beispiel ist die Kultur der *Inkas in Peru*, die durch neue Reiseberichte großes Interesse hervorgerufen hat. Wegweisend waren die *Briefe einer Peruanerin* (1747), die Françoise de Graffigny publiziert hat. Während Turgot ihr nahelegt, die Inkas als „Wilde" zu bezeichnen, beharrt sie darauf, dass es sich um ein eigenständiges Kulturvolk handle.[28] Sie konzediert, dass es sich in einem früheren Stadium der Menschheitsgeschichte befinde, hebt jedoch die harmonische Ordnung hervor: „Das Volk stand in dieser Hinsicht noch am Anfang einer Entwicklung, doch befand es sich schon in der Blüte seines Glücks."[29] So hätten die Inkas über Schrift, Kunsthandwerk, Musik und Dichtung verfügt. Im Stil von Rousseau hebt sie die gemeinsame Landarbeit und die hohe Moral hervor. Die Protagonistin des Romans, eine Inkaprinzessin, wird als intelligent und empfindsam dargestellt, welche die Knotenschrift beherrscht und dann die Buchstabenschrift erlernt. Auch wenn Graffigny das „Schreiben" mit Knoten übertreibt, als ob damit lange Liebesbriefe verfasst werden könnten, ist doch der Versuch verzeihlich, die Kultur der Inkas so weit wie möglich zu würdigen.

Bemerkenswert ist in diesem Zusammenhang, dass selbst in *Spanien*, das doch maßgeblich die Kolonialisierung Perus betrieben hatte, während des 18. Jahrhunderts eine Reiseliteratur entstanden ist, in der die Kultur der Inkas nachträglich anerkannt wird. So vergleicht José Gumilla in seiner *Historia natural, civil, y geográphica* (1741) diese Kultur mit der Zeit der antiken Völker der Meder, Perser, Ägypter, Griechen und Römer, womit für

---

[27] Voltaire 1963, Bd. I, erster Teil, 1. und 2. Kapitel; dazu das Kapitel XVIII über China in der *Philosophie der Geschichte*, die später dem Hauptwerk als Einleitung vorgestellt wurde. – Eine Eloge auf die politische Ordnung in China findet sich auch beim Ökonomen François Quesnay: *Despotisme de la Chine*, Paris 1767.

[28] Graffigny 1999, S. 15; *Lettre à Madame de Graffigny*, in: Turgot 1919, Bd. I, S. 241–255; vgl. Steinbrügge 2020, S. 232–236. – Siehe Kap. 5, wo gezeigt wird, wie Kant das Erdbeben in Lissabon mit einem lobenden Vergleich zu Peru kommentiert.

[29] Graffigny 1999, S. 17. – Siehe wiederum François Quesnay: *Analyse du gouvernement des Incas du Pérou*, Paris 1767.

den Kulturvergleich zumindest ein gemeinsamer Maßstab gefunden ist.[30] Während im Spanien dieser Zeit immer noch darüber debattiert wurde, ob die Indigenen überhaupt vollwertige Menschen seien, setzt sich allmählich die überfällige Einsicht durch, dass es sich bei ihnen nicht nur um menschliche, sondern eben auch um kultivierte Wesen gehandelt habe.

Gerade die besonders brutale Rolle Spaniens bildete den Anlass für eine während der Aufklärung weit verbreitete Kritik an Kolonialisierung und Versklavung. Bereits Montesquieu erhebt in *Geist der Gesetze* grundsätzliche Einwände: „Die Sklaverei widerstreitet im übrigen dem bürgerlichen Recht genau so wie dem Naturrecht."[31] In seinem *Essai* geißelt Voltaire die Sklaverei in Santo Domingo: „Sklaven verkürzen ihr Leben, um unseren Appetit zu stillen." Und im *Candide* weist er die Europäer zurecht, die Zucker konsumieren, bei deren Ernte die Sklaven geschunden werden: „Tränen beim Angesicht der Neger".[32] Raynal und Diderot schildern in ihrer *Geschichte beider Indien* besonders ausführlich die „Seeräubereien" der Portugiesen in Asien, die „Ungerechtigkeiten und Schandtaten" der Spanier in Mittel- und Südamerika und die Knechtung der Einwohner Afrikas durch Portugiesen, Spanier und Holländer. Im Nachwort heißt es: „Aus diesem unersättlichen Durst nach Gold ist das ehrloseste, das grausamste aller Gewerbe, der Sklavenhandel entstanden."[33] Schließlich hat Condorcet eine eigene Schrift *Réflexions sur l'esclavage des Nègres* (1781) verfasst, in der er die Sklaverei als „schändliches Verbrechen" verurteilt und fordert, sie in Etappen aufzuheben.[34]

Sogar Kant, der in den 1795er Jahren seine Position geändert hat, verabschiedet die von ihm früher vertretene Rassenhierarchie und distanziert sich in *Zum ewigen Frieden* (1795) von der „Gewalttätigkeit" und „Unterdrückung der Eingeborenen" wie auch von der „allergrausamsten und ausgedachtesten Sklaverei". Zur Begründung zieht er seine „Idee des Weltbürgerrechts" heran als eine „notwenige Ergänzung" des Staats- und Völkerrechts zum öffentlichen Menschenrecht.[35]

---

[30] Helmut C. Jacobs in: Rohbeck, Rother 2016, S. 286 f.
[31] Montesquieu 1951, Bd. I, S. 332. – Das gesamte 15. Buch ist dem Thema Sklaverei gewidmet, S. 329–351; vgl. Turgot 1981, S. 109 f.
[32] Zit. nach Lilti 2019, S. 25; Voltaire 1948, Bd. I, S. 223; vgl. Helvétius 1973, S. 25.
[33] Raynal, Diderot 1988, S. 302; vgl. S. 41, 160, 167, 186, 220, 230; ebenso Volney 1977, S. 127.
[34] Condorcet 1968, Bd. VII, S. 63, 95; ders. 1976, S. 195 f.
[35] Kant 1965, Bd. XI, S. 214–216; vgl. Pauline Kleingeld: *Kant's Second Thoughts on Race*, in: The Philosophical Quarterly 57, S. 573–592.

Dieser Topos der Kritik an der Sklaverei ändert jedoch nichts an der paradoxen Tatsache, dass sich einige Aufklärer eine Hintertür offen lassen, um Kolonialisierung und Versklavung doch noch zu rechtfertigen, wenn sie nicht ganz so grausam ausgeübt und durch Grundsätze geregelt werde. Zunächst berufen sich Raynal und Diderot auf die Eigentumstheorie von John Locke, der zufolge ein unbebauter Boden durch menschliche Arbeit angeeignet werden dürfe: „Wenn das Land zum Teil öde, zum Teil besetzt ist, so ist der öde Teil mein. Ich kann durch meinen Fleiß Besitz davon nehmen."[36] Sodann distanziert sich Montesquieu von „Missbräuchen" der Sklaverei und formuliert neue „Vorschriften" zum Verhältnis zwischen Herrn und Sklaven. Dazu gehöre, dem Sklaven ausreichende Nahrung und Kleidung zu gewähren, ihn bei Krankheit und im Alter zu versorgen sowie ihn unter bestimmten Bedingungen auch freizulassen.[37] John Millar führt dabei das ökonomische Kalkül ein, dass gut behandelte Sklaven wie auch freie Lohnarbeiter letztlich mehr Nutzen bringen.[38] Das illusorische Ziel besteht daher in einer „humanen" Sklavenhaltung und „sanften" Kolonialisierung, die lediglich in der Ausbreitung des Welthandels bestehen soll.

Aus philosophischer Sicht ergeben sich hier zwei Probleme und Lösungsmöglichkeiten.

Erstens ist es kaum verständlich, wie bestimmte Vertreter der europäischen Aufklärung, die sich eigentlich der Idee der Menschenrechte verschrieben haben, bestimmte Menschen anderer Kontinente davon ausgeschlossen haben. Obwohl die Klimatheorie relativ harmlos erscheint, besteht das wirklich Fatale darin, dass sie teilweise in eine negative Anthropologie pervertiert wurde, in der äußere Umstände in angeblich natürliche Eigenschaften umschlagen. Die aktuelle Transformation besteht darin, sich an denjenigen Autoren und Autorinnen zu orientieren, welche die Sklaverei verurteilt und fremde Kulturen geschätzt haben.

Das zweite Problem einer angeblich sozial verträglichen Kolonialisierung lässt sich heute so lösen, dass die kolonialen Abhängigkeiten in einen möglichst fairen Welthandel zu transformieren sind. Mit einigem Wohlwollen kann man schon den Aufklärern die Absicht zubilligen, die Idee eines friedlichen „Handelsgeistes" fördern zu wollen. In der heutigen Gegenwart besteht das Gebot darin, die früheren Schäden zu kompensieren und am

---

[36] Raynal, Diderot 1988, S. 162; vgl. Turgot 1981, S. 109.
[37] Montesquieu 1951, Bd. I, S. 340, 346, 348.
[38] Millar 1985, S. 268 f.; vgl. Condorcet 1976, S. 197.

wirtschaftlichen Aufbau der armen Länder mitzuwirken. Das verweist auf die Themen globale Gerechtigkeit und Zukunftsverantwortung. Um diese Transformation zu leisten, knüpfe ich zunächst an die Geschichtsphilosophie der Aufklärung an.

Historische Kontingenz

Fragt man nach dem Subjekt der Geschichte, lautet die Antwort: Die Menschen „machen" ihre Geschichte. Wer sonst könnte das tun? Jedenfalls sind keine anderen Akteure in Sicht. So herrscht Konsens darüber, dass der Unterschied zwischen Natur und Kultur darin besteht, dass die Natur irgendwie gegeben ist und dass die Kultur und damit auch die Geschichte von den Menschen hervorgebracht werden. Dabei verschiebt sich die Grenze inzwischen derart, dass sich der Bereich des bereits Gemachten und noch technisch Machbaren im Guten wie im Schlechten immer mehr erweitert.

Geschichtsphilosophie. – Dass die Menschen ihre Geschichte gestalten, gehört zu den grundlegenden Überzeugungen der europäischen Aufklärung. Insbesondere Voltaire versteht seinen *Entwurf über die Sitten und den Geist der Völker* als Gegenprogramm zur früheren Heilsgeschichte von Bossuet und behandelt ausschließlich die profane Geschichte, in welcher der Mensch „Werkmeister seines Schicksals" ist.[39] Dieser weltliche Zugriff führt auch zu neuen Inhalten. An die Stelle der göttlichen Reiche treten Epochen im Prozess der Zivilisation auf den Gebieten Wissenschaft, Technik und Ökonomie. Letztlich bemüht man sich, die bisher geleisteten Erfolge auf Moral und Politik zu übertragen. Das Studium der Geschichte soll dazu dienen, bestimmte Lehren aus der Vergangenheit für das Handeln in der Gegenwart zu ziehen, mithin die Menschen in die Lage zu versetzen, Geschichte besser zu machen.

Einen säkularen Charakter trägt auch der fast gleichzeitig entstandene *Grundriss für zwei Abhandlungen über die Universalgeschichte* von Turgot.[40] Obwohl er sich nicht mehr gegen Bossuet wendet, kommt Gott als expliziter Herrscher über die Geschichte nicht mehr vor. Stattdessen ist allein von den

---

[39] Jacques Bénigne Bossuet: *Discours sur l'histoire universelle*, in: Œuvres, textes établis et annotés par l'abbé Velat et Yvonne Champaillier (Paris 1961) Paris 2001, S. 665–1027, hier: S. 666–668. – Voltaire 1963, Bd. I, S. 5, 42–44, 67; Bd. II, S. 800 f. Der Begriff „Werkmeister" stammt von Volney 1977, S. 43; vgl. Rohbeck 2010, S. 59–62, 71–75.

[40] Turgot 1990, S. 140–163, 168–220; zu den folgenden Begriffen der Gattung und Erbschaft S. 140, 168.

Menschen die Rede, welche nun zu den Akteuren der Geschichte erklärt werden. Und weil die Universalgeschichte tendenziell alle Menschen meint, erklärt Turgot die ganze Menschheit bzw. die „menschliche Gattung" zum Träger sukzessiver „Fortschritte". Doch darunter versteht er kein imaginäres Handlungssubjekt, sondern die Folge von Generationen, die ihre kulturellen Errungenschaften wie eine „Erbschaft" weitergeben.

Stadientheorie. – Im Unterschied zu Voltaire entwirft Turgot eine Theorie fortschreitender Gesellschaftsformen. Bereits Montesquieu hatte zwischen Jägern, Hirten, Ackerbauern und industrietreibenden Völkern unterschieden, aber erst Turgot bringt diese Subsistenzweisen in einen Entwicklungszusammenhang.

> „Familien oder kleine Völker, die weit voneinander entfernt leben, weil sie einen riesigen Raum zu ihrer Ernährung benötigen: das zeichnet das Stadium der Jäger aus. […] Überall, wo (bestimmte) Tiere vorkamen, dauerte es nicht lange, bis sich das Hirtenleben einstellte. […] Das Hüten der Herden ist eine Last, welche die Jäger nicht haben, und die Herden ernähren mehr Menschen, als man zu ihrer Betreuung braucht. […] Die Hirtenvölker, die sich in fruchtbaren Ländern aufgehalten haben, sind wahrscheinlich als erste zum Stadium der Ackerbauern übergegangen. […] Außerdem ernährt der Boden bei ihnen mehr Menschen, als zur Kultivierung nötig sind. Folglich gibt es Müßiggänger, Städte, Handel, all die nützlichen und angenehmen Künste; daher gibt es Fortschritte auf allen Gebieten."[41]

Achtet man genau auf die Art und Weise, in der Turgot die Übergänge von einer Phase in die andere erklärt, ist es der jeweils erwirtschaftete *Überschuss* an Nahrungsmitteln, der das nächste Niveau ermöglicht, weil er Menschen für die jeweils höher entwickelte Tätigkeit freisetzt. Ohne die ökonomische Theorie der Physiokraten, die im achten Kapitel vorgestellt wurde, hätte das Kriterium für eine solche Begründung nicht zur Verfügung gestanden. Denn erst die Analyse von Wirtschaftszyklen erlaubt es, einen quantitativen Wertzuwachs analytisch zu fassen und damit ein „surplus" zu identifizieren, das als Bedingung weiterer Fortschritte interpretiert werden kann. Deshalb setzt sich der Fortschritt aus zwei Bewegungen zusammen: aus dem Zyklus der Reproduktion und aus dem gleichzeitigen Zuwachs des Reichtums.

---

[41] Ebd., S. 171–175; vgl. 143; Montesquieu 1951, Bd. I, S. 310–328. – Zur Stadientheorie siehe auch Condorcet 1976, S. 45–66; Smith 1923, Buch I, S. 220 f.; Ferguson 1986, S. 337–366; Smith 1928, S. 10–16; Iselin 2014, Bd. IV, S. 304 f.; Kant 1965, Bd. XI, S. 96 f.; kritisch dazu bereits Herder 1984, Bd. I, S. 613, 619.

So bildet die erweiterte Reproduktion das grundlegende Modell dieser Geschichtstheorie.

Teleologie. – In diesem Erklärungsmodell haben die ursprünglichen *Ziele der beteiligten Individuen* eine untergeordnete Bedeutung. Turgot legt bestimmte Motive zu Grunde wie Bedürfnisse, Affekte und Interessen. Doch im Hinblick auf die „Fortschritte des menschlichen Geistes" sind diese anthropologischen Konstanten keine vorausschauende oder planende Absichten, als ob etwa die Ackerbauern die folgende Industrialisierung bewusst angestrebt hätten. Er versucht erst gar nicht, den historischen Prozess mit dem Hinweis auf Handlungszwecke zu erklären. In der Stadientheorie werden Gründe angegeben, die ausdrücklich *nicht intentional* sind.

„Mir scheint, als sähe ich eine riesige Armee," schreibt Turgot, „deren Bewegungen von einem Genie gelenkt werden. Beim Anblick militärischer Signale, beim tobenden Lärm der Trommeln und Trompeten geraten ganze Schwadrone in Bewegung, selbst die Pferde werden von einem unerklärlichen Feuer erfüllt; jeder Teil geht seinen Weg über alle Hindernisse hinweg, ohne zu wissen, wie es endet; allein der Feldherr sieht die Wirkung so vieler vereinter Märsche. Auf ähnliche Weise sind es die Leidenschaften, welche die Ideen vermehrt, die Kenntnisse erweitert und die Geister perfektioniert haben – in Ermangelung der Vernunft."[42]

In seiner etwas später erschienenen *Geschichte der bürgerlichen Gesellschaft* gelangt Adam Ferguson zu einer ähnlichen Schlussfolgerung:

„Jeder Schritt und jede Bewegung der Menge wird sogar in denjenigen Zeitaltern, die man die aufgeklärten nennt, mit gleicher Blindheit für die Zukunft gemacht. Die Nationen stoßen gleichsam im Dunkeln auf Einrichtungen, die zwar durchaus das Ergebnis menschlichen Handelns sind, nicht jedoch die Durchführung irgendeines menschlichen Plans. Wenn Cromwell äußerte, ein Mensch steige niemals höher als dann, wenn er nicht wisse, wohin er gehe, so lässt sich dies mit noch größerem Recht von ganzen Gesellschaften behaupten. Denn die erleiden die größtem Umwälzungen zu den Zeiten, in denen an keine Veränderung gedacht wird und wo selbst die gewiegtesten Politiker nicht immer wissen, wohin sie den Staat mit ihren Projekten führen."[43]

---

[42] Turgot 1990, S. 176.
[43] Ferguson 1986, S. 258 f.

In derartigen Formulierungen kommt die *Kontingenz in der Geschichte* zum Ausdruck. Wiederum ist die Kontingenz vom Zufall zu unterscheiden, weil sie sich auf die Entwicklung gesellschaftlicher Strukturen bezieht. So können die Menschen bestimmte Güter herstellen und dadurch ihre Lebensbedingungen verbessern, den weiteren historischen Verlauf vermögen sie nicht zu steuern. Sie mögen zwar ihre einzelnen Zwecke verfolgen, aber den Endzweck der Geschichte können sie niemals vorausschauen. Unmissverständlich werden die Individuen als vernünftig planende Geschichtssubjekte ausgeschlossen. Das kommt vor allem bei Ferguson zum Ausdruck, der von einer „Blindheit" der Menschen und ausdrücklich von einem fehlenden „Plan" spricht.

Doch im Unterschied zu Ferguson beruft sich Turgot auf einen imaginären „Feldherrn" oder gar auf ein „Genie", das der Geschichte eine bestimmte Richtung und einen progressiven Verlauf sichern soll. Und was Turgot zunächst in militärischen Metaphern formuliert, taucht später bei Kant als „Naturabsicht" und schließlich bei Hegel als „List der Vernunft" auf.[44] Diese problematische Reaktion wird üblicherweise als *Teleologie der Geschichte* interpretiert.

Freilich gilt es genau zu unterscheiden. Keineswegs handelt es sich hier um den naiven Glauben an eine angeblich höhere Instanz, von der die Geschichte dirigiert würde. Weder die Vertreter der französischen Aufklärung noch die des deutschen Idealismus konzipieren ein reales Subjekt, das den historischen Prozess irgendwie bestimmen oder auch nur beeinflussen könnte. Die „Naturabsicht" ist, wie Kant im Titel ankündigt, nur eine „Idee", die er in der *Kritik der Urteilskraft* als eine „regulative Idee" bezeichnet. Sie dient als heuristisches Prinzip, um in der unübersichtlichen Geschichte eine Ordnung aufzuspüren. Deshalb ist die Absicht der Natur eine bloße *Metapher* und die Geschichtsteleologie lediglich eine *hypothetische Konstruktion*. Die Menschen stellen sich die Geschichte so vor, *als ob* sie auf ein Ziel hin geleitet würde.

Gegen die verbreitete Tendenz, Geschichtsphilosophie mit Teleologie zu identifizieren, ist es mir wichtig festzustellen, dass diese Denkfigur in der europäischen Aufklärung eher die Ausnahme bildet. So sind bedeutende Vertreter wie Voltaire, Raynal, Ferguson, Millar, Schlözer und Herder gar

---

[44] Kant 1965, Bd. XI, S. 34, 36, 39, 45, 47; Hegel 1969, Bd. 12, S. 49. – Meistens dient der Verweis auf Hegels Teleologie zur Kritik an der Geschichtsphilosophie schlechthin, ohne die anderen Varianten der europäischen Aufklärung in Erwägung zu ziehen.

keine Teleologen. Iselin appelliert am Schluss seiner *Geschichte der Menschheit* an die politisch Verantwortlichen, für künftige Fortschritte zu sorgen.[45]

Prognostik. – Das gilt besonders für Condorcet, obwohl er mit seinem *Entwurf einer historischen Darstellung der Fortschritte des menschlichen Geistes* zu den größten Anhängern der Fortschrittsidee zählt. Er begründet seine Zukunftserwartungen gerade nicht auf teleologische Weise, sondern mit Hilfe der rationalen *Prognostik*.[46] Sie besteht in einer „sozialen Mathematik", mit deren Hilfe das mathematische Kalkül auf die „politischen Wissenschaften" angewendet wird, um zum Beispiel Geburts- und Sterberaten zu berechnen. Mit Hilfe dieser Methode versucht er, aus beobachtbaren „Tatsachen" möglichst „allgemeine Gesetze" abzuleiten, die es erlauben, „anhand der Erfahrung der Vergangenheit die Ereignisse der Zukunft mit großer Wahrscheinlichkeit vorherzusagen". Erinnert sei an seine Prognose über die periodische Zu- und Abnahme der arbeitenden Bevölkerung.

Eine Anspielung auf die Ende des 18. Jahrhunderts entdeckte Statistik bzw. Wahrscheinlichkeitstheorie findet sich auch bei Kant. Am Anfang seiner *Idee* schreibt er: „So scheinen die Ehen, die daher kommenden Geburten, und das Sterben, da der freie Wille der Menschen auf sie so großen Einfluss hat, keiner Regel unterworfen zu sein, nach welcher man die Zahl derselben durch Rechnung bestimmen könne; und doch beweisen die jährlichen Tafeln derselben in großen Ländern, dass sie ebenso wohl nach beständigen Naturgesetzen geschehen."[47] Aus dieser Beobachtung leitet Kant im Gegensatz zu Condorcet die erwähnte Idee einer „Naturabsicht" ab, der die einzelnen Menschen, die ihre eigenen Absichten verfolgen, angeblich unterworfen seien.

Umgang mit Kontingenz. – Geschichte und Kontingenz gehören zusammen. Aus dem alltäglichen Leben wissen wir, dass Absicht und Durchführung selten übereinstimmen. Diese Erfahrung gilt umso mehr für die Geschichte, in der immer viele Menschen gleichzeitig und über einen langen Zeitraum handeln. Geschichte zeichnet sich dadurch aus, dass die menschliche Voraussicht und das wirkliche Ereignis im Ablauf der Zeit auseinander treten. Daher gehört es zum Topos der Geschichtsschreibung wie auch der Theorie und Philosophie der Geschichte, dass Geschichte ein wesentlich kontingentes Geschehen ist. Durch die Eigendynamik sozialer Prozesse

---

[45] Iselin 2014, Bd. IV, S. 359 f.
[46] Condorcet 1976, S. 216; zum Folgenden S. 193, 208; zum sog. Bevölkerungsgesetz siehe Kap. 8.
[47] Kant 1965, Bd. XI, S. 33.

erhält die Kontingenzerfahrung noch einmal eine Steigerung und soziale Formierung. Dabei offenbart dieses Phänomen eine eigenartige Ambivalenz.

Zum *einen* kann man die Kontingenz als *Unverfügbarkeit der Geschichte* verstehen. Demnach gilt die Teleologie als untauglicher Versuch, die Kontingenz in der Geschichte zu bewältigen.[48] Die Menschen erzeugen mit ihren Handlungen bestimmte Wirkungen, sind aber keineswegs die Herren ihrer Geschichte im Ganzen. So gipfelt dieser Theorietyp in der Einsicht, dass die Menschen ihre Geschichte nicht gezielt zu machen vermögen. Der Philosophie der Geschichte bleibt dann nur übrig, die Ohnmacht der Menschen zu besiegeln.

Mit Freud könnte man diese Erfahrung als *geschichtsphilosophische Kränkung* der Menschheit bezeichnen. In Analogie zur Psychoanalyse erzeugt die Kontingenz eine traumatische Angst, die in der Teleologie der Geschichte kollektiv verdrängt wird. Geschichte erscheint als Geschick oder Widerfahrnis. Wie das unbewusste Ich in der Psychoanalyse scheint es auch in der Geschichte ein *Unbewusstes* zu geben.[49] Die Angst führt zu einer verborgenen Verdrängung, die in der Geschichtsphilosophie ihren pathologischen Ausdruck findet. Darin besteht die angebliche Psychopathologie der Moderne. Doch die Rede von der Unverfügbarkeit halte ich für fahrlässig, weil damit der Eindruck erweckt wird, als sei die Geschichte ein naturwüchsiger Prozess, dem sich die Menschen tatenlos unterwerfen müssten.

Zum *andern* kann man die Kontingenz positiv als eine *Möglichkeit* für praktische Freiheit und verändernden Eingriff aufwerten.[50] Mit dem gewonnenen Spielraum menschlichen Handelns stellt sich die Frage nach der ethischen Verantwortung. Wir sind mitverantwortlich für die zurechenbaren gegenwärtigen und nachfolgenden Handlungen. Denn die Gestaltbarkeit der Geschichte ist keine historische Tatsache, sondern ein moralisches Gebot. Es geht nicht um den empirischen Nachweis, ob die Geschichte machbar oder unverfügbar sei, sondern um eine handlungsorientierende Norm. Mit Kant gesprochen, handelt es sich um eine *regulative Idee*, die dazu dient, die Hoffnung auf eine mögliche Besserung der Welt wach

---

[48] Koselleck 1979, S. 260; Kittsteiner 1998, S. 162; Rohbeck 2020, S. 177–191, speziell zu Koselleck S. 159–169. – Ganz allgemein zur „Unverfügbarkeit": Rosa 2021, S. 48–70; ders. in: Reckwitz, Rosa 2021, S. 247; vgl. Grau 2022, S. 87.

[49] So bereits Ernst Troeltsch, *Der Historismus und seine Probleme*. Aalen 1977, S. 46 f.; vgl. Kittsteiner 1998, S. 162.

[50] Siehe Paul Ricœur: *Gedächtnis – Vergessen – Geschichte*. In: Klaus E. Müller und Jörn Rüsen (Hg.): *Historische Sinnbildung. Problemstellungen, Zeitkonzepte, Wahrnehmungshorizonte, Darstellungsstrategien.* Reinbek bei Hamburg 1977, S. 446 f.

zu halten, damit sich die Menschen wenigstens bemühen, ihre Lebensbedingungen zu verbessern oder zumindest nicht zu verschlechtern.

In diesem Kontext erscheint das Phänomen der historischen Kontingenz in einem neuen Licht. Der unbestreitbare Umstand, dass die Geschichte nicht determiniert ist, sondern aus kontingenten Prozessen besteht, darf nicht zur Rechtfertigung dafür dienen, auf gestaltende Interventionen zu verzichten. Im Gegenteil, die Kontingenz sollte als Aufgabe verstanden werden, die vorhandenen Möglichkeiten wahrzunehmen. Es versteht sich von selbst, dass sich ein solches Gestalten nicht auf *die* Geschichte, sondern nur auf bestimmte Handlungen *in* der Geschichte beziehen kann. Das Ziel besteht darin, innerhalb der gegebenen Grenzen das jeweils Machbare zu tun. Derartige Spielräume menschlichen Handelns lassen sich nur konkret bestimmen, wie im Folgenden gezeigt werden soll.

Globale Gerechtigkeit

In den gegenwärtigen Theorien der Globalisierung wird die *Geschichte* nur selten thematisiert. Noch weniger ist von der Geschichtsphilosophie die Rede, zumal sie ohnehin in Misskredit geraten ist. Doch prüft man die entsprechenden Darstellungen genauer, ist nicht zu übersehen, dass fast alle einschlägigen Diskurse mehr oder weniger explizit mit geschichtsphilosophischen Deutungsmustern operieren. Da werden Vermutungen darüber ausgesprochen, welche allgemeinen Tendenzen der Globalisierung erkennbar seien, ob mit ihr ein *Fortschritt* oder ein *Niedergang* der menschlichen Zivilisation einhergehe. Darin zeigt sich, dass die Globalisierung – wie schon der Begriff ausdrückt – wesentlich als ein historischer Prozess verstanden wird. Allein die Fragen, seit welcher Epoche überhaupt von Globalisierung gesprochen werden könne, was *neu* am heutigen Zustand der bereits erreichten Globalität und was davon in Zukunft zu erwarten sei, sind ohne ein Nachdenken über die Geschichte gar nicht zu beantworten.

Globalisierung. – Schaut man nämlich zurück in die *Geschichte der Globalisierung*, ist festzustellen, dass globale Interdependenzen in den Bereichen Ökonomie, Militär, Umwelt, Gesellschaft und Kultur schon früher vorhanden waren. Das gilt bereits für das *Anthropozän*, das während des 18. Jahrhunderts mit dem tiefen Eingriff des Menschen in das Erdsystem als Epochenschwelle charakterisiert wird. Im Zuge von Entdeckungsreisen und Kolonialisierungen des 16. bis 18. Jahrhunderts verbreitete sich die Idee einer Menschheit im Ganzen.[51] Indem grenzüberschreitende Beziehungen entstanden, stellte sich die Aufgabe, diese Beziehungen rechtsförmig zu gestalten und eine globale Rechtsordnung zu entwerfen. Auf ökonomischem Feld vollzog sich die Globalisierung vor allem seit der Mitte des 19. Jahrhunderts bis zum Ersten Weltkrieg. Gleichzeitig setzte die Globalisierung der Kommunikation mit der Erfindung des Telegraphen und Telefons ein, was im Jahr 1858 durch die Verlegung eines Telegraphenkabels von Europa nach Amerika sinnfällig wurde.

Betont man die *innovativen Potenziale der Globalisierung*, ist einzuräumen, dass dieser Prozess erst im 20. Jahrhundert eingesetzt hat. Während in der Zeit zwischen den beiden Weltkriegen und kurz danach der ökonomische Prozess der Globalisierung sogar stagnierte, weil sich die Nationalstaaten aus den globalen Vernetzungen zurückzogen und im Zuge des Keynesianismus auf die Regulierung nationaler Ökonomien setzten, folgte auf die wirtschaftliche Krise Anfang der 1970er Jahre durch die Freigabe der Wechselkurse und den Zollabbau eine spürbare Ausweitung des globalen Handels.[52] Neu war außerdem die Herausbildung eines globalen Finanzmarktes, der sich relativ unabhängig von der Warenzirkulation entwickelt und zu entsprechenden Krisen geführt hat. In jüngster Zeit ist die globale Produktion hinzugekommen,[53] die insofern über die internationale Teilung der Arbeit hinausgeht, als an weit entfernten Orten gemeinsame Produkte hergestellt werden. Die aktuelle Störung von Lieferketten demonstriert die weltweite Verflochtenheit der Fertigungsprozesse.

Beflügelt wurde die kapitalistische Dynamik durch ein gleichzeitig entstandenes *globales Netzwerk*, das die direkte Kooperation auf multikontinentale Distanzen ohne Barrieren und Kontrollen ermöglicht.[54] Dadurch verdichtet und beschleunigt sich nicht nur die Kommunikation, sie wird auch intensiver und tiefer. Das trifft nicht allein für die Nachrichten zu, sondern auch für die Dichte, Geschwindigkeit und Intensität, mit der Institutionen miteinander interagieren. So kooperieren transnationale und supraterritoriale Organisationen, die über ein Geflecht internationaler

---

[51] Höffe 1999, S. 58; Figueroa 2004, S. 12; Keohane, Nye 2005, S. 75; Antweiler 2011, S. 122; Osterhammel 2017, S. 24.
[52] Beck 1997, S. 61 f.; Reder 2009, S. 26 f.; siehe Kap. 8.
[53] Hardt, Negri 2003, S. 300 f.; Scholte 2005, S. 159 ff. – Die Produktion wird also nicht von der Zirkulation abgelöst und vernichtet, sondern selbst noch einmal revolutioniert; siehe oben die Kritik von Baudrillard.
[54] Negt 2001, S. 36, 87; Lübbe 2005, S. 122; Keohane, Nye 2005, S. 78; Giddens 2005, S. 60–62; Cheneval 2005, S. 187.

Beziehungen hinaus ein politisches Weltsystem bilden. An dieser Stelle ist jedoch der häufig zu beobachtende Fehler zu vermeiden, einzelne Aspekte oder Ereignisse wie das Internet herauszugreifen und zu verabsolutieren. Demgegenüber ist es sinnvoll, Globalisierung als eine neuartige komplexe historische Epoche zu begreifen.

Deglobalisierung? – In der aktuellen Situation scheint die Globalisierung ins Stocken zu geraten. Das schlagende Beispiel ist die *Pandemie*, die den gesamten Erdball in Angst und Schrecken versetzt und zu eindämmenden Maßnahmen zwingt. Insbesondere der internationale Reiseverkehr erleidet schwere Einbußen. Wie im siebten Kapitel bemerkt, sind Nationalismen im Vormarsch, welche die Erweiterung und Vertiefung der Europäischen Union behindern. Hinzu kommen negative Auswirkungen der Globalisierung wie Völkerwanderungen mit dem Übel des globalen Terrorismus. Der Krieg in der Ukraine, die folgenden Wirtschaftssanktionen gegen Russland und die entsprechend reduzierten Gaslieferungen haben Teile des Welthandels eingeschränkt. Hinzu kommt die Blockade von Getreideausfuhren, durch die eine weltweite Hungersnot droht. Wie in den genannten Phasen des 20. Jahrhunderts könnte man sogar von einer neuen Periode der *Deglobalisierung* sprechen.

Diese Behauptung enthält jedoch nur die halbe Wahrheit. Zwar ist es richtig, dass die betroffenen Länder Europas auf nationale Ressourcen zurückgreifen. In Deutschland reaktiviert man sogar die heimischen Kohle- und Atomkraftwerke, statt den Ausbau erneuerbarer Energien massiv zu beschleunigen. Aber diese Maßnahmen bedeuten kein „Ende" der Globalisierung, vielmehr verlagern sich die globalen Märkte. Denn zur gleichen Zeit sucht die deutsche Regierung wie auch die USA nach Auswegen auf dem Weltmarkt. Trotz unakzeptabler politischer und rechtlicher Verhältnisse werden neue Geschäfte mit arabischen Staaten geschlossen. Auf der Gegenseite baut Russland seine Handelsbeziehungen mit China aus. In diesen Fällen zeigt sich, dass die Globalisierung kein linear fortschreitender Prozess ist, sondern immer auch von Rückschlägen, Stagnationen und Verschiebungen geprägt wird.

Um Kontinuität und Diskontinuität der Globalisierung fassen zu können, dient die *Theorie der historischen Transformation*.[55] Sofern der Prozess der Globalisierung als Transformation begriffen wird, ist es möglich, die Übergänge von früheren Phasen zur gegenwärtigen Situation als eine Folge von

---

[55] Sassen 2008, S. 17; zum Folgenden S. 30, 42; vgl. Roldán, Brauer, Rohbeck 2018, S. III; Rohbeck 2020, S. 192–215.

Umbrüchen zu charakterisieren, in denen das Vergangene in das Gegenwärtige übergeht. Die Kategorien, die eine solche Beschreibung erlauben, sind der Begriff des *Potenzials* und des *Umschlags*. Das Neue entsteht nicht einfach durch Vernichtung der vorherigen Ordnung; vielmehr sind die alten Potenziale wie etwa die traditionellen Nationalstaaten für die Erzeugung neuer Ordnungen wegweisend. Sogenannte Umschlagpunkte liegen beispielsweise vor, wenn eine Epoche, die vom Nationalstaat dominiert ist, in eine Periode mündet, in der sich die politischen Ordnungen vermehren und differenzieren. Die Kategorien Potenzial und Umschlag bedeuten dann auch, dass alte und neue Formen gleichzeitig existieren und *hybride Formen* oder *Assemblagen* bilden. In Termini der Geschichtsphilosophie liegen hier Ungleichzeitigkeiten vor.

Ethik. – Nicht zuletzt bedarf auch die *Ethik der Globalisierung* einer geschichtsphilosophischen Reflexion. Denn es steht fest, dass die Klimakatastrophe und globale Armut, die teilweise miteinander zusammenhängen, von den Menschen im Laufe ihrer Geschichte verschuldet worden sind. Daraus ist die ethische Konsequenz zu ziehen, dass die verursachten Schäden durch kompensatorische Maßnahmen wieder gutgemacht werden müssen. Die aktuelle Debatte über solche Versuche zeigt, welch eine zentrale Relevanz dabei der Umgang mit der Geschichte hat. Diejenigen, die eine moralische Pflicht der Industrieländer gegenüber den armen Ländern generell verweigern, halten den historischen Zusammenhang ohnehin für irrelevant. Aber auch diejenigen, welche die reichen Länder zur Hilfe verpflichtet sehen, begründen diese Hilfspflichten unabhängig von der Geschichte. Eine Verantwortung, die eine Kompensation der Folgen schädigenden Verhaltens einschließt, lässt sich dagegen nur mit Bezug auf den bisherigen Geschichtsverlauf begründen.

Sieht man von extrem liberalistischen und nationalistischen Positionen ab, besteht Konsens darüber, dass Menschen, die in reichen Ländern leben, dazu verpflichtet sind, die Not der Bedürftigen in armen Ländern zu lindern. Ausdrücklich gilt das auch für Staaten im globalen Maßstab. Zwar kann man zwischen bestimmten Graden solcher Hilfspflichten unterscheiden, indem man den Angehörigen einer Familie oder den Mitgliedern der eigenen Nation besondere Pflichten einräumt, woraus sich ein gestuftes Gerechtigkeitskonzept ergibt.[56] Aber daraus folgt nicht, dass eine weiter gehende Pflicht gegenüber Menschen, die in fernen Regionen leben, keine

---

[56] Walzer 1999, S. 38; Zurbuchen 2005, S. 139; Joób 2008, S. 35 f.; Hahn 2009, S. 32; Reder 2009, S. 42; Tillmann 2012, S. 55.

Berechtigung hat. Dabei stellt sich die tiefer gehende Frage, aus welchen Gründen Menschen zur Hilfe für andere Menschen verpflichtet sind. An dieser Stelle scheiden sich die Geister.

Auf der einen Seite steht die Position der so genannten *Hilfspflicht* von Peter Singer, die sich auf das Argument stützt, dass Menschen als Menschen überhaupt die Pflicht haben, anderen Menschen zu helfen, sofern sie dazu imstande sind. Dabei sollen frühere Kooperationen oder gar geschichtliche Verbindungen zwischen diesen Menschen ausdrücklich keine Rolle spielen. Doch das abstrakte Gebot, humanitäre Hilfe zu leisten, vermag das Problem der entsprechenden Verantwortung nicht zu lösen.

Denn schaut man sich Singers Argumentation etwas genauer an, findet man eine paradoxe Stellung zur Geschichte. Eine völlig unhistorische Begründung besteht darin, dass Leid und Tod von Menschen grundsätzlich etwas Schlechtes sei, das in jedem Fall zu überwinden wäre, ohne zwischen Helfenden und Hilfesuchenden eine praktisch-historische Beziehung herzustellen.[57] Die zur Hilfe Verpflichteten fungieren nur als hilfsfähige Zeugen, welche die Notleidenden aus der Ferne betrachten. Weil es letztlich um ein anthropologisches Prinzip und damit um die Einheit der menschlichen Gattung geht, die zur Hilfe verpflichtet, handelt es sich hier um einen abstrakten Kosmopolitismus.

Eine weitere Begründung lautet, dass Menschen verpflichtet sind, das wie auch immer entstandene Leid zu verhindern oder zu mildern, sofern es in ihrer *Macht* steht. In diesem Diskurs kommt die verdrängte *Geschichte* wieder zum Vorschein. Denn die Fähigkeit, auch entfernt lebenden Menschen zu helfen, hängt ganz wesentlich von den gewachsenen technischen Mitteln der Kommunikation und des Transports ab. Darin bestehen die realen Bedingungen der Möglichkeit für die globale Hilfspflicht. Und weil sich diese Bedingungen im Laufe der Geschichte wandeln, erhält die Position der Hilfspflicht eine unerwartet historische Dimension. Gegenüber der traditionellen Ethik, die auf den engen Kreis der Familie, der Region oder des Nationalstaates begrenzt blieb, entsteht nun eine neue Ethik der globalen Hilfspflicht.

Kehrt man diese Argumentation um, könnte man auch formulieren: Weil die Menschen helfen können, *sollen* sie es auch tun. Sofern man unterstellt, dass die Linderung von Leid generell wünschenswert ist, liegt hier kein naturalistischer Fehlschluss vor, wohl aber die Erkenntnis, dass die neuen technischen Instrumente neue moralische Ziele oder historisch bedingte

---

[57] Singer 2007, S. 39 f.; vgl. Schaber 2007, S. 139.

Normen hervorrufen, was auf einen *technisch induzierten Wertewandel* hinausläuft. Das Historische bezieht sich in dieser Position also nicht auf die Vorgeschichte des Schicksals der Notleidenden, sondern auf die geschichtlich aktuell gewachsene Disposition der Helfenden. Dabei fragt es sich, ob die Begründung reiner Hilfspflichten ausreicht und ob nicht weiter gehende Pflichten gerechtfertigt werden können.

In Hinsicht auf die *Helfenden* liegt die Schwierigkeit in den Subjekten, die zur Hilfe verpflichtet sind. Hier entsteht der Eindruck, dass es in erster Linie Individuen sind, die sich ohne gegenseitige Absprache zu einer Hilfeleistung entschließen. Außerdem fehlen eine soziale Differenzierung der Wohlhabenden und eine Zuordnung zu sozialen Systemen. Dagegen ist einzuwenden, dass bei globalen Hilfsaktionen kollektive Akteure eine weitaus größere Bedeutung haben. Selbst bei einem Spendenaufruf, dem Individuen spontan folgen, handelt es sich um koordiniertes Handeln. Das gilt umso mehr für Staaten und transstaatliche Organisationen, die als soziale Institutionen tätig werden.

Hinsichtlich der *Hilfsbedürftigen* führt das zu der Misere, dass die Notleidenden als bloße Opfer in Erscheinung treten. Sie bleiben passive und anonyme Leidtragende, zu denen keine besondere Beziehung besteht. Sie figurieren nur als Objekte einer Zuwendung, die dadurch die Gefahr des Autoritären und Willkürlichen birgt. Vor allem fällt auf, dass den Reichen bestimmte Pflichten zugeschrieben werden, den Armen hingegen keine Rechte. Den Pflichten entsprechen also keine Rechte, die in Form legitimer Forderungen geltend gemacht werden können. Überhaupt fehlt eine vorausgehende Interaktion zwischen den Gebern und Nehmern. Damit entfallen auch alle Kriterien einer ausgleichenden Gerechtigkeit. Besteht man jedoch darauf, dass die Armen *bestimmte Rechte* haben, die über die universellen Menschenrechte hinausgehen, ergeben sich Verpflichtungen, die über die bloßen Hilfspflichten hinausgehen.

Auf der anderen Seite findet sich die Position der *Folgeverantwortung* von Thomas Pogge, der davon ausgeht, dass die Notlage von Individuen armer Länder als „Folge" von Handlungen zu betrachten sind, die von den Einwohnern reicher oder mächtiger Länder ausgeübt worden sind.[58] Hier kommt der historische Aspekt zur Geltung, denn eine solche Folgeverantwortung gründet sich ja auf einen geschichtlichen Prozess, der in der Vergangenheit zu großen Ungerechtigkeiten geführt hat. Daraus folgt, dass die globale Verantwortung für ungerecht behandelte Menschen und

---

[58] Pogge 2003, S. 243 f.

Völker wiederum einer geschichtlichen oder gar geschichtsphilosophischen Reflexion bedarf.

Aus diesen Gründen möchte ich von einer *historischen Verantwortung* sprechen. Denn hinter dieser Argumentation verbirgt sich die Erkenntnis, dass die Weltarmut die Folge eines historischen Prozesses ist, zu dem die Kolonialgeschichte gehört. Die enorme ökonomische Überlegenheit des Westens wurzelt in einer jahrhundertelangen gemeinsamen Geschichte. So ist die große Mehrheit der Eigentumsrechte auf inakzeptable Weise durch Versklavung, Genozid und Ausbeutung zustande gekommen. Daraus leitet sich die Forderung ab, weitergehende Pflichten zur Kompensation des erlittenen Unrechts einzuklagen. Hier gilt das juristische Prinzip der Verschuldungshaftung: Wer eine Notlage durch aktives Tun herbeigeführt hat, ist für die Behebung verantwortlich. Das Herbeiführen eines Übels generiert ein besonders hohes Maß an Verantwortung.

Nicht zuletzt ist der Fehlschluss zurückzuweisen, dass die historische Verantwortung die Hilfspflichten überflüssig machen würden, als ob sich die beiden Pflichttypen einander ausschlössen. Selbstverständlich sind alle reichen Länder zur Hilfe verpflichtet, auch wenn sie sich nicht schuldig fühlen oder die Konzeption der Folgeverantwortung nicht akzeptieren. Dieses Prinzip wurde bei den weltweiten Hilfen für die Ukraine realisiert. Doch das weiter führende Argument lautet, dass diejenigen Staaten, die in der Vergangenheit an Schäden beteiligt waren, in der Gegenwart in besonderer Weise zu Kompensation verpflichtet sind.

Verantwortung für künftige Generationen

Die Geschichtsphilosophie der Aufklärung orientiert sich vor allem an der *Zukunft*. Sie hegt die Erwartung, dass die bisher erfahrenen Fortschritte auf den Gebieten von Wissenschaft, Technik und Wirtschaft weiterhin fortgesetzt werden können und in Gesellschaft und Politik positive Auswirkungen haben mögen. Dabei werden die Erfahrungen mit der Vergangenheit und Gegenwart in die Zukunft projiziert, so wie die Vorstellungen über die Zukunft die Orientierung in der Gegenwart beeinflussen. Diesen wechselseitigen Zusammenhang hat Koselleck mit dem Begriffspaar *Erfahrungsraum* und *Erwartungshorizont* theoretisch auf den Punkt gebracht.[59]

---

[59] Koselleck 1979, S. 349, 356; ders. 2003, S. 249.

Doch auch das *Posthistorie* trifft Aussagen über die Zukunft der Geschichte, auch wenn dabei ein „Ende der Geschichte" herauskommen soll. In radikaler Umkehrung gilt das für die jüngsten Umdeutungen der drohenden ökologischen Katastrophe in einen Vorboten der „Apokalypse".[60] Gegen diese Sichtweise lassen sich die folgenden Einwände erheben: Erstens sehe ich darin eine säkularisierte Form christlicher Eschatologie. Zweitens handelt es sich bei einem solchen Zyklus um ein vormodernes Geschichtsbild. Drittens ist die Behauptung, die Katastrophe könne nicht mehr aufgehalten oder verhindert werden, letztlich verantwortungslos, weil sie dem engagierten Handeln entgegensteht.

Proklamiert man demgegenüber die *moralische Verantwortung für künftige Generationen*, ist es sinnvoll, an die Geschichtsphilosophie anzuknüpfen und sie zur *Zukunftsethik* zu erweitern. Für die Ethik der Zukunft folgt aus diesem Programm, dass sie sich gegenüber geschichtsphilosophischen Überlegungen öffnet und bestimmte Einsichten in die Struktur und Funktion historischen Bewusstseins in ihre eigene Grundlegung einbezieht. Für die Philosophie der Geschichte hat dies zur Konsequenz, dass sie sich mit der Zukunftsperspektive an der Beantwortung aktueller Fragen beteiligt und mit der praktischen Philosophie verbündet. Ich nenne sie daher *praktische Geschichtsphilosophie*.

Fristen der Verantwortung. – Meine Konzeption besteht nun darin, die *Reichweiten* einer solchen Verantwortung zeitlich und räumlich zu gliedern. Aus den verschiedenen Handlungsräumen resultiert eine *zeitliche Staffelung der Zukunft*. So kann die Verantwortung durchaus begrenzt werden, um die vielfach gewünschte Entlastung zu gewähren. Zugleich sind die Zeiträume entschieden zu erweitern, sofern die Folgen technischen Handelns und die darin lauernden Gefahren ein entsprechendes Verhalten erzwingen. Dieser Vorschlag weist sowohl eine universalistische Ausdehnung als auch eine abstrakte Grenzziehung moralischer Verantwortung zurück.[61]

---

[60] Bereits John Leslie verkündet das „Ende der Welt" und die „Auslöschung der Menschheit" (Leslie 1998, S. 12). Eva Horn schlägt vor, sich mit der Katastrophe abzufinden und sich bis dahin im Alltag einzurichten (Horn 2014, S. 149). Tim Morton will festgestellt haben, dass die Katastrophe nicht erst bevorstehe, sondern „schon stattgefunden" habe (Morton 2018, S. 46). Gregory Fuller spricht von der „heiteren Hoffnungslosigkeit im Angesicht der ökologischen Katastrophe" (Fuller 2017, S. 23). Marina Garcés konstatiert eine „postume Kondition", die den Tod der Menschheit bedeutet (Garcés 2019, S. 12, 31, 40 f.). Ebenso behaupten Urs Büttner und Steffen Richter, dass die „Schwelle" bereits überschritten sei, in der die Menschheit ihren Untergang eingeleitet habe (Büttner, Richter 2021, S. 11 f.).

[61] Siehe Jonas 1979, S. 9, 89 ff., 245. – Vgl. Parfit 1981, S. 113; Laslett 1992, S. 24 f.; Veith 2006, S. 127 f.; Birnbacher 2003, S. 82; Leist 2005, S. 4 f.; Sturma 2006, S. 221 f.

Für eine derartige Differenzierung eignet sich der Begriff der *Frist*, den ich dem Essay *Endzeit und Zeitende* von Günter Anders entnehme und zugleich modifiziere.[62] Nach dem Ende des Kalten Krieges gibt es nicht mehr *die* Frist, bis *die* Katastrophe eintritt oder verhindert werden kann, dagegen zeigen sich *mehrere Fristen*. Es ergeben sich zahlreiche Termine oder tödliche Markierungen – *deadlines* im wahrsten Sinne des Wortes, die nicht überschritten werden dürfen. Nachdem die Geschichte während der Epoche der Aufklärung „entfristet" worden ist, gibt es neuerdings zeitliche *Befristungen* innerhalb der Geschichte.

Lange Fristen werden in erster Linie durch technologische und ökologische Praxen induziert. Dabei bezieht sich die „lange Dauer" weniger auf die vorsorgenden Handlungen, die sich in wenigen Dekaden vollziehen, als auf die Folgen dieser Handlungen, die technisch bedingt sehr weit reichen. In diesem Fall sind wir für Wirkungen auch dann verantwortlich, wenn sie in ferner Zukunft liegen. Obwohl wir uns die betroffenen Menschen kaum vorstellen und für sie nur indirekt vorsorgen können, sind wir zu dieser Garantie verpflichtet. Extrem lange Fristen entstehen bei der Entsorgung radioaktiver Abfälle, die für beinahe unermessliche Zeiträume von der Biosphäre fernzuhalten sind.[63] Angesichts dieser Dauer ist die dreihundertste oder gar tausendste Generation relativ real und konkret.

Trotz der enormen zeitlichen Entfernung steht es außer Zweifel, dass die Menschen der Gegenwart für derartige Fernwirkungen verantwortlich sind. Diese Verantwortung gründet sich nicht allein auf eine universalistische Ethik, die allen Menschen aller zukünftigen Zeiten das Interesse an Gesundheit und damit ein entsprechendes Recht zuschreibt, das uns Heutige zu vorsorgenden Handlungen verpflichtet. Aufgrund der langfristigen Gefahr durch die Atomtechnik ist sie unumgänglich. Wenn dieses Risiko durch gegenwärtiges Handeln beseitigt oder gemindert werden kann, besteht eine konkrete Verpflichtung, die über eine Drei-Generationen-Grenze oder mittlere Reichweite hinausgeht. Auf diesem Gebiet wäre eine pauschale Begrenzung der Verantwortung sogar höchst unmoralisch.

Die Zeiten der „kurzen Dauer" beziehen sich in der Geschichtsschreibung auf einzelne Ereignisse, meist im Bereich politischer Entscheidungen. Das gilt gleichermaßen für die *kurzen Fristen* in der Zukunft. Sofern sie soziale Systeme betreffen, geht es meist um Finanzkrisen, angesichts derer

---

[62] Günther Anders: *Die atomare Bedrohung*, München 1986, S. 170, 203; vgl. Rohbeck 2013, S. 78–88; ders. 2020, S. 216–239.

[63] Böhler 2009, S. 44 ff.; Leggewie, Welzer 2009, S. 11. – Im Kontext des *Anthropzäns* spricht man auch von einer „Tiefenzeit" oder von einer „tiefen Zukunft"; Horn, Berthaller 2019, S. 198.

verhältnismäßig schnell gehandelt werden muss: innerhalb weniger Monate, Wochen, Tage oder gar Stunden. Ebenso kurzfristig benötigte die Ukraine militärische und humane Unterstützung, nicht zuletzt auch die Menge der von dort Geflüchteten. Aus dem Embargo gegen Russlands folgten Energieengpässe, die innerhalb eines Jahres zu überwinden waren. In solchen Fällen sind die Handelnden für die eigene und die nächste davon betroffene Generation verantwortlich – das heißt ausdrücklich nicht mehr für die später lebenden Menschen. Die abstrakte Verpflichtung über diese Zeitgrenze hinaus hat hierbei keine praktische Relevanz.

Für *mittlere Fristen* gilt auf ähnliche Weise, dass sie sich nach unterschiedlichen Aktionsfeldern bestimmen, deren Zeithorizonte von den natürlichen und sozialen Systemen abhängen, denen je spezifische historische Zeiten inhärent sind. Um mittelfristige Zeiträume handelt es sich beispielsweise auf dem Gebiet der natürlichen Ressourcen. Nachdem die Ölkrisen der Jahre 1973/74 und 1979/80 eine letzte große Entdeckungs- und Erschließungswelle ausgelöst hatten, wird das weltweite Ölförderungsmaximum (etwa 35 Jahre später) in naher Zukunft erreicht sein. Bei gleich bleibendem Verbrauch werden fossile Energien (vor allem Öl) im Jahr 2050 aufgebraucht oder deren Einsatz zumindest unrentabel sein. Mittelfristig sind auch die Zeiten, die noch zur Verfügung stehen, um die negativen Auswirkungen des Klimawandels zu vermeiden, dessen Folgen bis zu mehreren hundert Jahren reichen.[64] In diesen Bereichen sind Handlungen in den nächsten ein bis zwei Jahrzehnten unumgänglich. Doch die entsprechenden Fristen reichen darüber hinaus, da wir genau für diejenigen Generationen verantwortlich sind, die davon unmittelbar betroffen sein werden. Auf diesem Gebiet ist die moralische Verantwortung also deutlich über die Grenze der drei gegenwärtig lebenden Generationen zu erweitern.

Reversibilität. – Diese Problematik wird besonders virulent, wenn die Fristen nicht nur in die Zukunft weisen, sondern sich zudem auf die *Vergangenheit* beziehen. Hier ist zu beobachten, dass bestimmte Klimaziele eine sowohl *prospektive* als auch *retrospektive* Seite enthalten, indem sie sich an einem früheren Stadium der Industrialisierung orientieren. Wenn sich die Rückkehr zu früheren Zuständen als erforderlich erweist, verbindet sich damit der Wunsch nach *Reversionen*.

So verlangen Klimaforscher, dass der globale Ausstoß von Treibhausgasen bis Mitte des 21. Jahrhunderts auf mindestens die Hälfte des Niveaus

---

[64] Welzer 2008, S. 57; Leggewie, Welzer 2009, S. 12, 27, 68 f., 167; Gesang 2011, S. 15 f.; Birnbacher 2016, S. 8 f., 11 f., 62.

von 1990 sinken soll. Andere Beispiele, die realistischer sind und teilweise schon Erfolge vorweisen, sind die Entsorgung von Müll, die Säuberung verschmutzten Wassers und die Reinigung der Luft, die Rückbildung von sich ausdehnenden Wüstengebieten, die Kompensation von Bodenerosion, die Aufforstung geholzter Wälder und die Wiedergewinnung von Fischbeständen in den Weltmeeren. Ziel ist die Restabilisierung von Natursystemen wie beim Klima oder die Regenerierung von Ökosystemen wie bei Rohstoffen innerhalb bestimmter Zeiträume. Die Norm zur Sanierung wird so definiert, dass ein früherer Zustand wieder hergestellt werden soll.

Dieses Phänomen entspricht dem Prinzip der *Reversibilität*. Wenn das Prinzip Verantwortung darin bestehen soll, die Möglichkeit der Wiedergutmachung auch für die Zukunft zu erhalten, weil sie durch zunehmend irreversible Schäden gefährdet ist, dann folgt daraus: Die Entwicklung der technischen Zivilisation ist so zu gestalten, dass auch in Zukunft reversible Bewegungen möglich bleiben. Damit wird nicht nur gefordert, in der heutigen Gegenwart bestimmte Entwicklungen zu revidieren, um eingetretene Schäden zu beheben. Darüber hinaus bedeutet dieses Prinzip, in Zukunft die Bedingungen der Möglichkeiten für solche Reversionen zu schaffen. Diese Möglichkeitsbedingung soll in den historischen Prozess der Zukunft implantiert werden.

Fristen haben nicht nur eine zeitliche, sondern auch eine *räumliche* Dimension. Daher ist genauer zu bestimmen, für welche Generationen an welchen Orten welche Lebensbedingungen geschaffen werden sollen.[65] Denn es ist nicht zu bestreiten, dass die prognostizierten ökologischen oder finanziellen Krisen ganz unterschiedliche Auswirkungen auf bestimmte Völker haben werden. Das ergibt eine *historische Landkarte der Zukunft*, auf der in bestimmten Gebieten erwünschte, krisenhafte oder bedrohliche Zustände eingezeichnet sind. Bezieht man wiederum die Vergangenheit mit ein, können die markierten Situationen als Folge unterschiedlicher Entwicklungen verstanden werden, wobei die weniger entwickelten Länder besonderer Unterstützung bedürfen.

Nachholende Entwicklung. – An dieser Stelle ist zu überlegen, ob weniger entwickelte Länder das Recht beanspruchen dürfen, eine Entwicklung nachzuholen, die von den alten Industrieländern schon längst vollzogen wurde. Das gilt übrigens auch für die ehemaligen kommunistischen Staaten

---

[65] Abzuweisen ist die These einer „ökologischen Globalisierung", von der angeblich die ganze Menschheit gleichermaßen betroffen werde. Von einem kritikwürdigen „Katastrophen-Egalitarismus" spricht Lienkamp 2009, S. 340.

in Osteuropa, die nach ihrem Zusammenbruch den Weg des westlichen Kapitalismus beschreiten wollen. Damit stehen der umstrittene Begriff der *nachholenden Entwicklung* und das modifizierte Konzept der *nachhaltigen Entwicklung* zur Diskussion.[66] Gesteht man diesen Ländern ein *Recht auf Entwicklung* zu, folgt daraus das Gebot, unterschiedliche Niveaus auszugleichen. Sucht man nach der Fundierung eines solchen Rechts, ist man auf die Philosophie der Geschichte verwiesen. Ich beginne mit einer Erläuterung der temporalen Implikationen und versuche dann eine normative Begründung.

Das Modell der nachholenden Entwicklung hat eine komplexe *Zeitstruktur*. Sie besteht in Ungleichzeitigkeiten, die synchronisiert werden sollen. Die armen Länder erwarten für die Zukunft einen Zustand, der in den reichen Ländern bereits zur Vergangenheit gehört. Man könnte hier von einer *zukünftigen Vergangenheit* sprechen. Im Bereich der Ökologie handelt es sich sogar um Zustände, die in einigen wohlhabenden Ländern als historisch veraltet und revisionsbedürftig angesehen werden. Die aktuellen Konflikte zwischen alten und neuen kapitalistischen Ländern bringen diese Paradoxie schlagend zum Ausdruck. Sie führen zugleich die Notwendigkeit vor Augen, sich in Zukunft auf neuartige Entwicklungen zu verständigen.

Sucht man darüber hinaus nach einer *normativen Fundierung* des postulierten Rechts auf Entwicklung, ist zu fragen: Begnügt sich diese Begründung damit, anerkannte Theorien der Gerechtigkeit, die sich in der Gegenwart bewährt haben, auf die nahe, mittlere und ferne Zukunft anzuwenden? Oder gibt es spezifische *Normen aus der Philosophie der Geschichte*, die hier zur Geltung kommen können? Wenn sich solche Normen aufzeigen lassen, kann der Anspruch eingelöst werden, eine geschichtsphilosophische und zugleich normative Rechtfertigung zu leisten.

Die klassische *Geschichtsphilosophie* zeichnete sich ja dadurch aus, dass sie wesentlich in die Zukunft ausgerichtet und damit handlungsorientiert war. Ihre Aufgabe bestand nicht nur darin, vergangene Ereignisse und Prozesse philosophisch zu reflektieren; sie hatte vor allem die Funktion, Orientierung für eine *zukunftsweisende Praxis* zu liefern. So beschränkte sich der Begriff des *Fortschritts* nicht auf die Beschreibung von Entwicklungen, sondern enthielt auch die positive Bewertung zivilisatorischer Errungenschaften. Damit verband sich die Hoffnung auf fernere Fortschritte wie auch die moralische

---

[66] Zum diesem Begriff exemplarisch: Paehlke 1989, S. 113; Bartelmus 1994, S. 78 ff.; Böhler 2009, S. 16 f.

Aufforderung, an der Verbesserung der zu erwartenden Lebensumstände mitzuwirken.

Wie umstritten die Fortschrittsidee heute auch erscheinen mag, da sie teilweise zu Fehlentwicklungen beigetragen hat, so ist doch das Anliegen durchaus aktuell geblieben, für das Wohl künftiger Generation Sorge zu tragen, d. h. in Zukunft bessere Lebensverhältnisse anzustreben oder zumindest dafür zu sorgen, dass keine Verschlechterungen eintreten bzw. diese in Grenzen gehalten werden. Hier handelt es sich um eine *genuin geschichtsphilosophische Norm*, die auch in der heutigen Gegenwart Geltung beanspruchen kann. Wenn man die Erwartung von Fortschritten auf bestimmte Sektoren begrenzt und raumzeitlich differenziert, lässt es sich vermeiden, den Begriff des Fortschritts zu verabsolutieren und teleologisch zu überhöhen.[67] In einem solchen *Wunsch nach Verbesserungen* im globalen historischen Prozess besteht der Kern einer geschichtsphilosophischen Begründung weltgeschichtlicher Gerechtigkeit.

Dieser Wunsch enthält das historische Bewusstsein dafür, dass sich die *Möglichkeitsbedingungen menschlichen Handelns* in der Geschichte erweitern und somit der modernen Zivilisation neue Horizonte eröffnen. Sofern ein Interesse daran vorausgesetzt werden darf, folgt daraus die praktische Absicht, sich mit absoluten und häufig minimalen Standards nicht zufrieden zu geben, sobald die Voraussetzungen für eine Steigerung des Lebensniveaus gegeben sind.[68] Die Menschen werden, wenn sie eine Verbesserung ihrer Umstände für realistisch halten, dieses Verlangen äußern und entsprechende Forderungen stellen. Als Bewohner weniger entwickelter Länder werden sie dies vor allem dann fordern, wenn sie ihre realen Möglichkeiten beim Blick auf reichere Länder bereits als konkrete Wirklichkeit erkennen. Ein entsprechender Appell ist gerechtfertigt, sofern er sich unter kontingenten Bedingungen realisieren und in ein kohärentes, die Natur schonendes und die soziale Gerechtigkeit respektierendes System einbinden lässt.

Ein derart modifiziertes Fortschrittsmodell hat eine dreifache Bedeutung. Für die *armen Länder* bedeutet Fortschritt zunächst einmal nicht mehr und nicht weniger, als einen Mindeststandard ihrer Lebensverhältnisse zu

---

[67] Dies unterstellt Koselleck 1975, Bd. 2, S. 400; ders. 1979, S. 50, 130; kritisch dazu Rohbeck 2020, S. 164 f.; zum allgemeinen Problem der Begriffsgeschichte siehe das Ende der Einleitung.
[68] Werden historische Vergleiche gezogen, lassen sich die folgenden Positionen unterscheiden: 1. mindestens so groß, möglicherweise auch besser: Pogge 2002, S. 143 ff.; Tremmel 2012, S. 291. – 2. gleichwertig: Heubach 2008, S. 44; Gesang 2011, S. 48 f., 93 ff. – 3. vielleicht aber auch schlechter: Sturma 2006, S. 230. – Zum sog. Suffizientarismus: Meyer 2018, S. 55–72, 115–135.

erreichen, unter denen sie ihre Grundbedürfnisse befriedigen können.[69] Die *Industrieländer* haben zunächst einmal keinen unbegrenzten Anspruch auf Fortschritte, die auf Kosten der sozialen Gerechtigkeit und Umwelt gehen. Sie sind sogar dazu verpflichtet, auf sie so lange zu verzichten, bis in den Entwicklungs- und Schwellenländern die jeweils notwendigen Fortschritte realisiert sind. Schließlich ist das Plädoyer für Fortschritte in den weniger entwickelten Ländern nicht mit einem naiven Optimismus zu verwechseln, weil damit *alternative Entwicklungen* intendiert sind. Gerade für die benachteiligten Länder eröffnet sich die Chance, andere Wege der Modernisierung einzuschlagen.

---

[69] Während der Ansatz der „Grundbedürfnisse" vorwiegend auf materielle Aspekte abzielt, richtet sich das Konzept der „Verwirklichungschancen" auf die Summe der Fähigkeiten, die eigenen Bedürfnisse zu befriedigen und ein selbstbestimmtes Leben zu führen: Sen 2010, S. 231, 271; Nussbaum 2001, S. 87 f.; vgl. Meyer 2018, S. 33–43.

10

Transformationen

Um die Aufklärung als einen epochenübergreifenden Prozess zu beschreiben, verwende ich den Begriff der *Transformation*. Darunter verstehe ich die Übertragung und Umformung bestimmter wissenschaftlicher und philosophischer Theorien der Aufklärung in andere Kontexte. Das Übertragene fungiert als ein *Potenzial*, das sich in neuen Zusammenhängen realisiert und dadurch mehr oder weniger stark verändert. Indem ich die aufklärerische Wissenschaft und Philosophie als einen solchen Horizont von Möglichkeiten fasse, begreife ich die Aufklärung weder als zeitloses Prinzip noch als rein historische Epoche. Wie in der Einleitung erwähnt, unterscheide ich dabei zwischen drei Stufen der Transformation.

Die *erste* Transformation hat *innerhalb der Epoche der Aufklärung* stattgefunden. Auch wenn man die Aufklärung erst einmal als einen längeren Zeitraum fasst, der bereits im 17. Jahrhundert einsetzt, ist in unserem Zusammenhang entscheidend, dass sich um die Mitte des 18. Jahrhundert ein grundlegender Wandel vollzogen hat. Dabei avancierte die Anthropologie zur Leitwissenschaft, in welcher der Mensch als leibliches und damit auch als geschlechtliches Wesen thematisiert wurde. Völlig neu ist die Politische Ökonomie, mit der zum ersten Mal eine selbstständige Gesellschaftstheorie entstanden ist. Aus der Analyse wirtschaftlicher Entwicklungen ist schließlich eine Geschichtsphilosophie hervorgegangen, welche die „Fortschritte" technisch-ökonomischer Stadien zu Grunde legt. Die Entstehung dieser wissenschaftlichen Disziplinen führte zur bahnbrechenden Erkenntnis gesellschaftlicher und historischer *Kontingenzen*, die als *Kränkungen* erfahren werden (zweiter Abschnitt). Damit resümiere ich meine leitende These, dass sich die Aufklärung von der vorausgegangenen Neuzeit dadurch unterscheidet, dass sie den Charakter der *Moderne* annimmt. Dieser Übergang zu einer spezifisch *modernen Aufklärung* bildet den Kern meines Umgangs mit der historischen Epoche der Aufklärung.

Die *zweite* Transformation besteht in der *Übertragung der aufklärerischen Theorien in die heutige Gegenwart* des 21. Jahrhunderts. Zu diesem Projekt gibt es unterschiedliche Stellungnahmen, mit denen ich mich zunächst auseinandersetze (erster Abschnitt). *Konservative* Autoren werfen der Aufklärung vor, bewährte Traditionen wie die Religion verabschiedet zu haben, ohne für einen adäquaten Sinnersatz zu sorgen. Anhänger der *Kritischen Theorie* identifizieren die Aufklärung mit einer Naturbeherrschung, die in soziale und politische Herrschaftsverhältnisse umschlage. Dieser Kritik folgen auch die Vertreter der so genannten *Postmoderne* mit der Zeitdiagnose, dass die utopische Hoffnung auf eine bessere Zukunft für alle Zeiten aufgebraucht sei. Gegen diese Vorwürfe wenden sich aktuelle Versuche, die Ideen der Aufklärung zu aktualisieren. Dieser Tendenz einer Rehabilitierung möchte ich mich anschließen. Wie dabei pauschale Vorwürfe zurückgewiesen werden, so ist umgekehrt eine unkritische Apologie der Aufklärung zu vermeiden. Daher kommt es darauf an, die *Grenzen und Potenziale* so herauszuarbeiten (dritter Abschnitt), dass die *Ambivalenzen* aufklärerischen Denkens zum Vorschein kommen.

Die *dritte* Transformation hat zum Ziel, die wissenschaftlichen und philosophischen Errungenschaften der Aufklärung zur *Lösung aktueller Probleme* in Anspruch zu nehmen (vierter Abschnitt). Vor dem Hintergrund der gegenwärtigen Faktenleugnung ist der erkenntnistheoretische Realismus der Aufklärung wiederzubeleben. Angesichts der ökologischen Krise lässt sich auf die Anthropologie rekurrieren, die den Menschen in den Zusammenhang mit seiner inneren und äußeren Natur gestellt hat. Im Kontext der aktuellen Genderdebatte ist es sinnvoll, an die egalistische Seite des aufklärerischen Menschenbildes anzuknüpfen. Angesichts der postkolonialen Aufarbeitung ist die Kritik an Eroberung und Versklavung fortzuschreiben. Während der Spätkapitalismus ungeheure soziale Verwerfungen erzeugt, ist an die breite Palette der Aufklärung vom liberalen Reformvorschlag bis zur radikalen Sozialkritik zu erinnern. Weil der immer noch herrschende Neoliberalismus zu verheerenden sozialen und ökologischen Schäden geführt hat, stellt sich die dringende Frage nach der Wiedergewinnung des Politischen. Hinsichtlich der gegenwärtigen Kriege erhalten die Friedensutopien der Aufklärung eine ungeahnte Aktualität. Dabei sollte man sich die Zukunftsperspektive der aufklärerischen Geschichtsphilosophie zu eigen machen. Insgesamt gilt es, die Erfahrungen der Aufklärung mit technischen, sozialen, ökonomischen und historischen Kontingenzen in die Bewältigung sozialer und ökologischer Krisen zu transformieren.

Stellungen zur Aufklärung

Um die Transformation der historischen Aufklärung in die heutige Gegenwart vorzubereiten, werde ich nun etwas detaillierter die diversen Stellungnahmen zur Aufklärung darstellen und kommentieren. Die Spannweite reicht von den Gegenaufklärern des 18. Jahrhunderts bis zu den konservativen Kritikern sowie Vertretern der Kritischen Theorie und Postmoderne im 20. und 21. Jahrhundert. Darüber hinaus widme ich mich derzeitigen Versuchen, die Philosophie der Aufklärung zu erneuern. Allerdings weise ich darauf hin, dass nicht wenige dieser Autorinnen und Autoren in der Aufklärungskritik noch so befangen sind, dass sie nur zu einem eingeschränkten Bild dieses Denktypus gelangen. Demgegenüber ist es meine Absicht, das gesamte thematische und kritische Feld der Aufklärung in den Blick zu nehmen.

Aufklärung und Staatsraison. – Hier ist der häufig übersehene Umstand ins Gedächtnis zu rufen, dass die Aufklärung schon seit ihrer Entstehung umstritten war. Die Kritik an der Aufklärung ist so alt wie die Aufklärung selbst. Begonnen hat die Epoche der Aufklärung als Kritik an der ihr vorausgegangenen Tradition, insbesondere an den Dogmen der katholischen Kirche und an der Herrschaft des Absolutismus. Doch seit 1750 bezog sich die Kritik der Aufklärung auf sich selbst.

Zunächst waren es die klerikalen Apologeten, die eine so genannte *Gegenaufklärung* etabliert haben. Dabei verurteilten sie nicht nur die atheistischen Tendenzen, sondern pochten auch auf die Unverzichtbarkeit der Religion für den Bestand einer Gesellschaft. Sie wechselten also von traditionell theologischen Einwänden zu einer sozialphilosophischen Beweisführung. Die Ironie dieses Legitimierungsversuchs besteht darin, dass die Vertreter der Aufklärung selbst die soziale Funktion der Religion in Anspruch genommen haben (3,2).[1] Diese Kritik darf daher nicht pauschal als anti-aufklärerisch abgetan werden, weil sie sich genuin aufklärerischer Argumente bedient. In diesem Sinn gehören sowohl Aufklärung als auch Gegenaufklärung zur übergreifenden Epoche der Aufklärung.

---

[1] Die Ziffern in den folgenden Klammern beziehen sich auf Kapitel und Abschnitt dieses Buches.

Ähnlich verhält es sich mit *Rousseau*, der die moderne Zivilisation radikal kritisiert hat. Die Fortschritte von Wissenschaft, Technik und Wirtschaft deutete er in einen Verfallsprozess um, der zu sozialer Ungleichheit, individuellem Egoismus wie auch zur Korruption in Moral und Politik geführt habe (7,2; 8,2). Dabei verwandte er Argumente aus den zeitgenössischen Wissenschaften: aus der Politischen Ökonomie, Anthropologie, Moralphilosophie und Staatstheorie. Auch wenn er die Kritik anderer Aufklärer wie Voltaire auf sich gezogen hat, so ist doch sein Einfluss auf die Aufklärung anzuerkennen. In diesem Fall besteht sogar kein Zweifel darüber, dass Rousseau ein Vertreter der Aufklärung gewesen ist. Denn als solcher wurde er nicht nur von den katholischen Kritikern wahrgenommen, sondern auch von den Protagonisten der Französischen Revolution gefeiert. In Italien und Spanien hatte er mit seiner Zivilreligion den zweifelhaften Ruf eines ganz „normalen" Aufklärers, den es zu bekämpfen galt.

Von Rousseau beeindruckt war auch *Kant*, da er den Fortschritt weniger als ein empirisches Faktum als eine regulative Idee betrachtete, die zum moralischen Handeln verpflichtet. Sein besonderes Verdienst besteht darin, dass er die Epoche der Aufklärung an ihrem Ende thematisiert und damit zur *Selbstreflexion der Aufklärung* beigetragen hat. Den Anlass bot eine Diskussion in der *Berlinischen Monatszeitschrift*, in der 1784 die Frage gestellt wurde „Was ist Aufklärung?" Im gleichnamigen Artikel gibt Kant seine berühmt gewordene Antwort: „Aufklärung ist der Ausgang des Menschen aus seiner selbst verschuldeten Unmündigkeit."[2] Doch weniger bekannt sind diejenigen Ausführungen, in denen er zwischen einem „öffentlichen" und „privaten" Gebrauch der Vernunft unterscheidet. *Öffentlich* ist dieser Gebrauch, wenn er von Gelehrten innerhalb der „Lesewelt" gepflegt wird, sich also auf die Gemeinschaft von Wissenschaftlern und Schriftstellern beschränkt. *Privat* wird die Vernunft von solchen Personen gebraucht, die in Gesellschaft und Staat ein bürgerliches Amt innehaben und damit eine offizielle Funktion ausüben. Letztlich bedeutet dies, dass Staatsdiener in der bürgerlichen Öffentlichkeit nicht als Repräsentanten der Aufklärung auftreten dürfen und sich in ihren Äußerungen mäßigen sollen.

Am Schluss seines Textes bezieht sich Kant auf den „Herrn Mendelssohn", dessen Artikel zur selben Frage in der genannten Zeitschrift angekündigt war, aber von Kant noch nicht gelesen werden konnte. Dort

---

[2] Kant 1965, Bd. XI, S. 53–61, hier S. 53; zur Rousseau-Rezeption ebd., S. 44. – Vgl. Müller 2002, S. 63; Borgstedt 2004, S. 1. – In der Selbstreflexion der Aufklärung sieht Daniel Fulda eine besondere Stärke der deutschen Aufklärung; Fulda 2022, S. 96.

wurde schon seit einigen Monaten der Konflikt zwischen Glaubensfreiheit und Bürgerpflicht debattiert. Doch was für Kant eine pragmatische Regelung darstellt, wird für Mendelssohn zum Problem. Denn „Menschenaufklärung kann mit Bürgeraufklärung in Streit kommen".[3] Während Kant diese Aufspaltung einer Person für eine politisch notwendige Maßnahme erachtet, hält Mendelssohn diesen inneren Zwiespalt für eine Zumutung. Gleichwohl entscheidet er sich wie Kant dann doch für die Staatsraison. Er rät dem „tugendliebenden Aufklärer" zur „Vorsicht und Behutsamkeit". Er soll auf das Gemeinwesen Rücksicht nehmen, d. h. lieber ein Vorurteil dulden als die nun einmal eingebürgerte Religion und Sittlichkeit beschädigen.

Sowohl Kant als auch Mendelssohn raten zur Verinnerlichung der staatlichen Zensur bzw. zur Selbstzensur des Bürgers. Sie wollen die Aufklärung auf den engen Kreis der Gebildeten eingrenzen und vor allzu radikalen Positionen schützen. Wenn Kant schließlich die Frage stellt, ob die eigene Epoche als „aufgeklärtes Zeitalter" oder als „Zeitalter der Aufklärung" gelten könne, wähnt er sich auf dem Wege zu einer „wahren" Aufklärung,[4] die Mäßigung üben soll. Darin sehe ich ein typisches Merkmal der deutschen Aufklärung.

Mit seinem Buch *Die wahre Aufklärung* knüpft Werner Schneiders direkt an die kantische Philosophie an.[5] Er wendet sich gegen eine „falsche oder schlechte Aufklärung", die er als naiv, einseitig und destruktiv bezeichnet. Unter „wahrer Aufklärung" versteht er die deutsche Philosophie, während er die englische und vor allem die französische Aufklärung als „theoretisches Vorspiel zur Revolution" abwehrt.[6] Damit kritisiert er nicht nur materialistische und atheistische Tendenzen, sondern insgesamt bestimmte Themenfelder und Inhalte wie die bürgerliche Gesellschaft mit ihren technischen, ökonomischen und politischen Entwicklungen. Sie gelten ihm als bloß „äußere Bedingungen", die zum eigentlichen Kern der Aufklärung nicht vorstoßen. Weil nach dieser Lesart inhaltliche Themen ausgeblendet werden, bleiben nur formale und abstrakte Prinzipien übrig

---

[3] *Über die Frage: was heißt aufklären?* In: Mendelssohn 2009, Bd. II, S. 212.
[4] Kant 1965, Bd. XI, S. 59.
[5] Schneiders 1974, S. 10; ders. 1997, S. 130. – Siehe auch Schmidt, J. 1989, S. 10; Mittelstraß 1989, S. 341 f.; Kopper 1996, S. 7 f., 12; Holzhey 1997, S. 24; Reinhalter 1997, S. 12; ders. 2006, S. 18; Porter 2000, S. 9; Müller 2002, S. 63 f.; Schmidt, G. 2009, S. 394 f.; Stockhorst 2013, S. 20; Haag, Wild 2019, S. 110; Frick 2020, S. 25.
[6] Schneiders 1974, S. 11, 189, 209; vgl. Kopper 1996, S. 27; Godel 2007, S. 384; Frick 2020, S. 57, 72 f.; Nassehi 2021, S. 332, 337.

wie Mündigkeit und Emanzipation, Kritik und Selbstkritik sowie Selberdenken.[7] Das läuft auf eine gehaltlose Aufklärung hinaus, welche die religiösen und moralischen Traditionen bewahren soll. Doch das wird weder Kant noch der übrigen europäischen Aufklärung gerecht. Wenn immer nur Kant beschworen wird, bleiben die anderen Innovationen auf der Strecke.

Aufklärung in der Kritik. – Von dort ist es nur ein kleiner Schritt zu einer explizit *konservativen Kritik*, die sich sogar gegen Kant wendet und der Aufklärung vorwirft, mit bewährten Überlieferungen gebrochen zu haben, ohne die angebliche Leerstelle füllen zu können.[8] Die Idee der Emanzipation habe nur zu einem verabsolutierten Individualismus und Subjektivismus geführt. Mit der Rebellion des Bürgertums gegen Kirche und Monarchie habe nur eine andere gesellschaftliche Gruppe die Herrschaft erobert, die sich als ebenso totalitär und ungerecht erwies. Insgesamt werden Rationalisierung und Säkularisierung für Irrwege gehalten, auf denen sich der Mensch überschätzte. Die ursprüngliche Befreiung von Zwängen sei in eine Diktatur der Vernunft ausgeartet. Letztlich habe die Aufklärung nur Surrogate des Christentums geschaffen und dadurch ein weltanschauliches Vakuum hinterlassen, in das im 19. und 20. Jahrhundert verhängnisvolle Ideologien eindringen konnten.

Eine andere Variante der Kritik bietet die *Dialektik der Aufklärung* von Max Horkheimer und Theodor W. Adorno, die behaupten, dass im aufklärerischen Denken der Keim für die Selbstvernichtung der Vernunft angelegt sei. Das habe zur „instrumentellen Vernunft" geführt, die menschliche Zwecke und humane Ziele aus den Augen verliere.[9] Nach den Erfahrungen mit dem Nationalsozialismus, nach zwei Weltkriegen, Hiroshima und Auschwitz glauben sie im identifizierenden Denken und in der daraus resultierenden Naturbeherrschung seit den Anfängen der abendländischen Kultur den tieferen Grund für die Selbstzerstörung der modernen Zivilisation gefunden zu haben. In diesem Sinn machen sie die Aufklärung für die Katastrophen des 20. Jahrhunderts verantwortlich. Wie

---

[7] Schneiders 1974, S. 7, 9, 191, 195, 214; vgl. Schmidt, J. 1989, S. 25; Holzhey 1997, S. 29; Thoma 2018, S. 148; Frick 2020, S. 33, 72 f.

[8] Kondylis 1981, S. 27; Lübbe 1986, S. 207; Bubner 1989, S. 416 f.; Saul 1992, S. 38 f.; Goulemot 2001, S. 76–85; Albertan-Coppola, McKenna 2003, S. 15. – Kritisch dazu d'Aprile, Siebers 2008, S. 211; Rohbeck 2010, S. 32 f.; Lilti 2019, S. 9 f.

[9] Horkheimer, Adorno 1987; Horkheimer 1985. – Im Anschluss daran Habermas 1985, S. 131; Wellmer 1985, S. 48; Strasser 1986, S. 7; Schmid-Noerr 1988, S. 8; Rüsen, Lämmert, Glotz 1988, S. 21 f.; Schnädelbach 2004, S. 66 f.; Schmidt, A. 2006, S. 121; Stiegler 2008, S. 129; Israel 2009, S. 15; Andries 2009, S. 2; Faber, Wehinger 2010, S. 15; Pečar, Tricore 2015, S. 11 f.; Hampe 2018, S. 72; Garcés 2019, S. 11.

in Horkheimers *Eclipse of Reason* wird die Metapher „Aufklärung" in ein Verdunklungsgeschehen umgedeutet.

Problematisch dürfte es sein, die Aufklärung für alle negativen Kehrseiten der gegenwärtigen wissenschaftlich-technischen Zivilisation verantwortlich zu machen. Das ist nicht nur historisch falsch, sondern verkennt auch die Leistungen der Aufklärung. Außerdem ist zu beachten, dass Horkheimer und Adorno einen sehr weiten, zeitlich und inhaltlich „entgrenzten" Begriff von Aufklärung verwenden, der die Entstehung und Entwicklung der bürgerlichen Gesellschaft von der griechischen Antike bis in die Gegenwart umfasst. Die Aufklärung im engeren Sinn taucht erst mit Kant auf. Gleichzeitig ist auf das Paradoxon aufmerksam zu machen, dass die Autoren trotz ihrer Aufklärungskritik das aufklärerische Denken retten wollen,[10] damit die Möglichkeit einer „anderen" Aufklärung offen gehalten werden könne.

Der dritte Kritiktyp stammt aus der so genannten *Postmoderne*, deren Vertreter einige der genannten Vorwürfe fortschreiben und radikalisieren. Während die „Dialektik der Aufklärung" noch die Chance einer Selbstkorrektur barg, spricht die postmoderne Kritik der Aufklärung ein solches Reflexionsvermögen kategorisch ab. Mit dem Zweiten Weltkrieg hätten sich die Ideale der Aufklärung, wie Rationalität, Emanzipation, Humanismus, selbst diskreditiert; die utopische Hoffnung auf eine bessere Zukunft sei endgültig aufgezehrt. Hinzu kommt die Diagnose, dass die moderne Zivilisation mit ihrer Technisierung und Kommerzialisierung zu Kulturverlust und Entfremdung führe. Nach Michel Foucault herrscht in der Aufklärung die Tendenz, die Brüche der Geschichte, das Singuläre und Kontingente einzuebnen.[11] Jean-François Lyotard hält die „großen Erzählungen" des Christentums und der Aufklärung für delegitimiert, weil sie die vielen „kleinen" Geschichten der Lebenswelt unterschlagen und unterdrücken. Die Folge sei eine sinnentleerte Hegemonie der bourgeoisen, eurozentrischen und maskulinen Kultur. Dies alles gipfelt in der Überzeugung, dass die moderne Vernunft am Ende und damit die Aufklärung unwiderruflich tot seien.

Selbstaufklärung. – Gegen die Kritik der Frankfurter Schule und Postmoderne gibt es neuere und neueste Versuche, die Aufklärung zu rehabilitieren und damit zu aktualisieren. Das Vorbild ist die *Philosophie der*

---

[10] Horkheimer, Adorno 1987, Bd. 5, S. 18.
[11] Foucault 1990, S. 35 f.; Lyotard 1986, S. 96 f. – Vgl. Wellmer 1985, S. 49–58; Binder 1985, Bd. 1, S. 7 f.; Rorty 2001, S. 19 f.; Bartlett 2001, S. 3 f.; Žižek 2001, S. 7 f.; Diner 2017, S. 11 f.; Thoma 2018, S. 7 f., 52, 128. – Kritisch zur Postmoderne wie schon zum Posthistoire: Garcés 2019, S. 31; eine nachträgliche Rechtfertigung der Postmoderne bei Zorn 2022, S. 14.

Aufklärung von Ernst Cassirer, der kurz vor Kriegsausbruch die Aufklärung neu entdeckte, weil er sich von ihr eine wirkmächtige Vernunft versprach. Als dann nach dem Krieg eine kulturelle Reformbewegung entstand, setzte bereits in den 1960er und 1970er Jahren eine internationale Renaissance der Aufklärungsforschung ein.[12] Ende der 1980er Jahre ist in Deutschland der Band *Zukunft der Aufklärung* prominent geworden, in dem für eine Wiederaneignung der Aufklärung plädiert wird, um modernisierungskritischen Tendenzen entgegenzutreten.[13] In jüngster Zeit sind affirmative Titel wie *Die zweite Aufklärung, die Dritte Aufklärung, Neue radikale Aufklärung, Ökologische Aufklärung* oder *Aufklärung als offener Prozess* hinzugekommen.[14]

Doch was heißt hier „neue" Aufklärung? Schon bei den früheren Rehabilitierungsversuchen verstand es sich von selbst, dass man nicht die „alte" Aufklärung einfach fortschreiben könne. Um nicht in ein naives Epigonentum zurückzufallen, sollte zum neuen Aufklärungsbegriff auch die *Kritik an der Aufklärung* gehören. Zunächst forderte Jürgen Habermas, der am „Projekt der Moderne" festhalten wollte, dass „die Aufklärung sich über sich selbst" aufzuklären habe. Er gab die Losung „Aufklärung als Aufgabe" heraus und prägte damit das viel zitierte Motto einer „Aufklärung über die Aufklärung" oder „Selbstaufklärung".[15] Wie sympathisch ein solches Programm auch erscheinen mag, so sehe ich darin zwei Probleme.

Erstens wird die Aufklärung wie ein homogener *Block* behandelt, den man zu restaurieren versucht. In hegelianisierender Manier tritt die Aufklärung als ein identisches Wesen auf, dem man nun Selbstreflexion verordnet. Auch wenn man der Aufklärung eine neue Chance geben will, tritt sie als eine Totalität auf, die bloß noch zu sich selbst und zu ihrer „wahren" Essenz zu kommen hätte. Demgegenüber verweise ich auf den Forschungsstand, dass

---

[12] John Stephenson Spink: *French free-thought from Gassendi to Voltaire*, London 1960; Werner Krauss: *Perspektiven und Probleme. Zur französischen und deutschen Aufklärung und andere Aufsätze*. Neuwied, Berlin 1965; Victor Klemperer: *Geschichte der französischen Literatur im 18. Jahrhundert*. Berlin 1966; Peter Gay: *The Enlightenment: An Interpretation*. 2 Bde., New York, London 1967–1969; Roland Mortier: *Clartés et ombres du siècle des Lumières*. Genève 1969; Franco Venturi: *Utopia e riforma nell'Illuminismo*. Torino 1970; Michèle Duchet: *Anthropologie et histoire au siècle des Lumières*. Paris 1971; Sergio Moravia: *Beobachtende Vernunft. Philosophie und Anthropologie in der Aufklärung*. München 1973. – In Spanien wird die eigene Tradition der Aufklärung erst nach der Franco-Diktatur erforscht; exemplarisch Francisco Sánchez-Blanco 2002; José Luis Villacañas in: Rohbeck, Rother 2016, S. 3–26.

[13] Rüsen, Lämmert, Glotz 1988; siehe auch Schnädelbach 1988; Mittelstraß 1989.

[14] Postman 2000; Todorow 2009; Hardtwig 2010; Büscher, Japp 2010; Pagden 2013; Reinalter 2016; Hampe 2018; Pinker 2018; Garcés 2019; Frick 2020; Rohbeck 2021. – Aufklärung als bewahrenswertes „Erbe" bei Lilti 2019; Diderot als undogmatische „Peripherie" der Aufklärung bei Gumbrecht 2020.

[15] Habermas 1981, S. 444–464; vgl. Schnädelbach 1988, S. 15; Mittelstraß 1989, S. 341.

sich die aufklärerische Kultur aus vielfältigen Quellen zusammensetzt und von der Offenheit ihrer Entwicklung lebt. Daher setzte ich an die Stelle des Reflexionsmodells die Analyse konkreter Diskurse. Dieser Perspektive trage ich Rechnung, indem ich nicht nur Kant in Deutschland, sondern möglichst viele zeitgenössische Autorinnen und Autoren auch anderer Länder mit ihren unterschiedlichen Themenfeldern und diversen Positionen zu Wort kommen lasse.

Das *zweite* Problem sehe ich darin, dass die immer wieder postulierte *Selbstaufklärung* darin bestehen soll, bestimmte Wissenschaften mit ihren jeweiligen Gegenständen auszugrenzen. Dazu gehören insbesondere die Bereiche Technik und Ökonomie, die der „instrumentellen Vernunft" zugeordnet werden und per se als selbstzerstörerisch gelten. Wie in einem Reflex auf die Kritische Theorie und postmoderne Kritik soll sich auch die „neue" Aufklärung vom technischen Herstellen fernhalten und auf das kommunikative Handeln konzentrieren.[16] Gegen den Selbstlauf der Mittel wird die subjektive Zwecksetzung aufgeboten, welche die moralische Autonomie der Menschen garantieren soll. Auf diese Weise wird die Aufklärung aufgespalten in einen technisch-ökonomisch-instrumentellen und in einen moralisch-politisch-normativen Teil. Lediglich die zweite Hälfte darf als Aufklärung übrigbleiben.

Dahinter verbirgt sich das Problem eines Dualismus, der die Moderne in *Zwei Kulturen* aufteilt – eines Dualismus, der seine Wurzeln in der Entstehung der Geisteswissenschaften im 19. Jahrhundert hat, bis in die Zivilisationskritik des 20. Jahrhunderts wirksam war und nun ins 18. Jahrhundert zurückprojiziert wird.[17] Wenn in unserer Gegenwart Kulturtheorien konzipiert werden, versucht man hingegen, einen derartigen Zwiespalt zu überwinden. Das bedeutet konkret, gerade auch den Bereichen Wissenschaft und Technik eine spezifisch kulturelle Dimension zuzubilligen. Ich behaupte nun, dass sich die Epoche der Aufklärung, will man den genannten Anachronismus vermeiden, gerade für eine integrierende Betrachtung eignet. Wenn ich also eine Transformation der Aufklärung versuche, beziehe ich ausdrücklich die moderne Zivilisation ein. Dabei spielt die Entdeckung der Kontingenz kognitiver, technischer und sozialer Systeme eine besondere Rolle. Dieser Kontingenzerfahrung werde ich mich nun noch einmal systematisch widmen, um deren emanzipatorische Potenziale herauszuarbeiten.

---

[16] Habermas 1981, S. 446; vgl. Schnädelbach 1988, S. 20; Mittelstraß 1989, S. 345; Reinalter 1997, S. 12, 21; ders. 2006, S. 14 f.; ders. 2016, S. 104; Reitz 2012, S. 101 f.; Berndt, Fulda 2012, S. 241 f.; Garcés 2019, S. 52.
[17] Johannes Rohbeck und Jost Halfmann: *Zwei Kulturen der Wissenschaft – revisited*. Göttingen 2007.

Kontingenz als Kränkung

Auch eine Dialektik der Aufklärung – so könnte die Überschrift dieses Abschnitts zur *ersten Transformation* lauten, weil darin die instrumentelle Vernunft eine nicht unwesentliche Funktion ausübt. Wie dargelegt, möchte ich in *meiner* Version einer Selbstreflexion der Aufklärung die Bereiche Technik und Ökonomie gerade nicht aussparen. Dabei billige ich den Aufklärern zu, dass sie dem Prozess der Zivilisation eine eigene Dynamik zuerkannt und damit die *Kontingenzen* der modernen Gesellschaft zum ersten Mal offengelegt haben. Die „Dialektik" besteht darin, dass das kapitalistische System unbeabsichtigte Folgen hat, die zum Teil zu sozialen und ökologischen Deformationen führen. „Instrumentell" sind derartige Verkehrungen, weil es sich im weiten Sinn um technische Mittel handelt, deren Wirkungen über die ursprünglichen Absichten hinausschießen.

Gleichwohl sehe ich in diesem Tatbestand *keinen Instrumentalismus*, der notwendig in totale Herrschaft und Selbstzerstörung umschlagen müsste. Die Aufklärer des 18. Jahrhunderts hatten sehr wohl die komplementäre Einsicht, dass die von ihnen aufgespürte Kontingenz auch etwas Befreiendes enthalten kann. Die Eigendynamik der bürgerlichen Gesellschaft wurde als Unabhängigkeit vom absolutistischen Staat und als Gewinn persönlicher Freiheit empfunden. Außerdem sah man sehr schnell ein, dass die Selbstregulation wirtschaftlichen und sozialen Handelns keineswegs als Determinismus misszuverstehen ist, sondern dass immer auch partielle staatliche Eingriffe möglich sind. Schließlich interpretierten einige Autoren die überschüssigen Potenziale von Wissenschaft, Technik und Ökonomie als Eröffnung sich erweiternder Handlungshorizonte.

Wenn ich diese Phänomene als *Kränkungen* bezeichne, möchte ich ihnen zusätzlich eine sozialpsychologische Konnotation geben. Bekanntlich hat Sigmund Freud drei Kränkungen der Menschheit konstatiert: die *kosmologische Kränkung*, in der Kopernikus dem Menschen die zentrale Stellung im Kosmos abstritt; die *biologische Kränkung* von Darwin, der den Menschen aus der natürlichen Evolution hervorgehen ließ; und die *psychologische Kränkung*, mit der das Unbewusste im Menschen zum Vorschein kommt.[18] In unserem Kontext ist zu ergänzen, dass die Aufklärung der Menschheit bereits vorher eine ganze Reihe von Kränkungen zugefügt hat. Kaum hat der neuzeitliche Mensch eine bisher ungeahnte Autonomie

---

[18] Sigmund Freud: *Die Widerstände gegen die Psychoanalyse*. In: Gesammelte Werke. Hg. von Anna Freud u. a., London 1947 ff., Bd. 12, S. 1 f. – Vgl. in diesem Zusammenhang Wellmer1985, S. 70 f.

errungen, erleidet seine Selbstermächtigung in der Aufklärung einige empfindliche Dämpfer.

Von einer *geologischen Kränkung* kann man bei der Debatte über das Erdbeben von Lissabon 1755 sprechen. Es war vor allem Voltaire, der diese Naturkatastrophe nicht als „Strafe Gottes", sondern als puren „Zufall" deklariert hat (5,3). Dieses Verdikt richtete sich gegen die religiöse Vorstellung, als habe die göttliche „Vorsehung" die ganze Welt zum Wohle der Menschen eingerichtet. Vom Standpunkt der katholischen Religion musste das Beben tatsächlich als eine Kränkung des Menschen erscheinen, der seine beschützte Sonderstellung einbüßt. Identifiziert man die Aufklärung fälschlicherweise mit einer solchen Theodizee, mag die Zerstörung Lissabons sogar als Erschütterung der Aufklärung erscheinen. Das Gegenteil trifft jedoch zu, weil die Theodizee selbst ihre Plausibilität verloren hatte und mit Rousseau und Kant durch eine säkulare und pragmatische Erörterung zur künftigen Vermeidung solcher Krisen ersetzt worden ist. Aus diesen Gründen ist dieser Diskurs sogar als Ende einer Kränkung und damit als Beginn der Moderne zu betrachten.

Generalisiert man diese Überlegungen, gelangt man zur *religionskritischen Kränkung* der Aufklärung (3,2). Diese Art Kränkung geht über die Zweifel an der Theodizee hinaus, die mit Leibniz ein Unikum aus der Theologie des beginnenden 18. Jahrhunderts darstellt. Sie übertrifft auch die kopernikanische Wende, durch die der Mensch aus dem Mittelpunkt des Weltalls verbannt worden ist. Die Religionskritik der späteren Aufklärung beschränkt sich nicht einmal auf die Skepsis gegenüber der Existenz Gottes als eines möglichen Schöpfers des Menschen. Darüber hinaus übt sie Kritik an den affektiven und sprachlichen Grundlagen der Religion wie auch an der historischen und sozialen Funktion des Christentums. Wirklich originell ist der Vorwurf, die dem göttlichen Wesen zugeschriebenen Eigenschaften seien „anthropomorph", also lediglich Abbilder der eigenen menschlichen Natur.

In diesem Zusammenhang steht auch die *naturgeschichtliche Kränkung*, die zwar mit Darwins Evolutionstheorie verwandt ist, aber bereits im 18. Jahrhundert eingeleitet wurde (4,2). Auch wenn die Aufklärer noch vor der Konsequenz zurückschrecken, dass der Mensch vom Affen abstamme, rücken sie ihn doch in die Nähe des Tierreichs. Mit der Verabschiedung des biblischen Zeitschemas verliert die Geschichte der Menschheit ihre eschatologische Bedeutung und muss sich mit einer Episode im Universum begnügen. Aus heutiger Sicht ist bemerkenswert, dass der Mensch von d'Holbach und Kant als zufälliges Produkt und von Herder als mangelhaftes Wesen charakterisiert wird, was seine herausgehobene Position im Anthropozän auch wieder relativiert. Hinzu kommt Montesquieus Klimatheorie (7,3), der zufolge die Lebensweisen, Moralvorstellungen und Staatsformen der Menschen von kontingenten Naturbedingungen beeinflusst werden.

Daraus folgt die *anthropologische Kränkung*, durch die der Mensch als Naturwesen auftritt, das von leiblichen Bedürfnissen angetrieben wird, die er durch natürliche Lebensmittel zu befriedigen vermag (4,2). Wiederum zögern die Aufklärer, den Menschen auf seinen Körper zu reduzieren und ihm eine davon getrennte Seele abzusprechen. Obwohl nur wenige Autoren wie d'Holbach und La Mettrie einen solchen Materialismus vertreten, weicht der Leib-Seele-Dualismus des 17. Jahrhunderts einer skeptischen Position von Hume und Kant. Damit überlebt sich auch die Hypostasierung des menschlichen Geistes. Vom idealistischen Standpunkt kann dieses Verschwinden des Spirituellen als Kränkung ausgelegt werden.

Im Kontext der Anthropologie steht auch die *emotionale Kränkung* (7,2). Zwar hatten schon Descartes, Hobbes und Spinoza die „Affekte" der Menschen zum Thema gemacht, aber immer mit der Auflage, dass die menschliche Vernunft die Emotionen zu beherrschen habe. Mit Hume kehrt sich dieses Verhältnis so um, dass Gefühle wie die „Sympathie" oder das „Wohlwollen" die Grundlagen der Moral bilden sollen. Das betrifft sowohl das einzelne Individuum als auch die Kommunikation in der Gesellschaft. Rousseau geht sogar so weit, dass er die Vernunft für den Egoismus verantwortlich macht und moralisch verurteilt. Diese Position ist nicht weit von Freuds *psychologischer Kränkung* entfernt, weil die moralischen Gefühle häufig unbewusst sind und sich intuitiv verbreiten.

An dieser Stelle schließt sich die *kognitive Kränkung* an, welche die Relation zwischen Gefühl und Verstand umkehrt (6,2). Über Lockes Empirismus hinaus widmet sich der darauf folgende Sensualismus den internen Beziehungen zwischen den Sinneseindrücken. Die Empfindungen herrschen nicht nur über den Verstand, sondern dringen sozusagen in die kognitive Tätigkeit ein. Das beginnt bereits bei der Wahrnehmung, innerhalb derer Vergleiche und Verknüpfungen zustande kommen, so dass ich von einer *sinnlichen Intelligenz* gesprochen habe. Entsprechend legt Hume, der die Vernunft zur „Sklavin" der Affekte erklärt, eine instinktive Macht der Gewohnheit zu Grunde, um kausale Erklärungen zu begründen, was ich als *emotionale Intelligenz* bezeichnet habe. Darin besteht vielleicht die größte Kränkung eines zuvor verabsolutierten Vernunftglaubens.

Damit verbindet sich die *sprachliche Kränkung*, weil auch sie die Verstandesleistung des Menschen in Instanzen verlegt, die außerhalb der

Vernunft wirksam werden (6,3). Wie wir sahen, gehört die Entstehung der Sprachphilosophie von Condillac, Beccaria, Herder und anderen zu den größten Innovationen der europäischen Aufklärung. Demnach begnügen sich die sprachlichen Zeichen nicht damit, sinnliche Ideen oder fertige Gedanken zum Ausdruck zu bringen; darüber hinaus dienen sie dazu, Ideen miteinander zu verknüpfen und damit überhaupt Gedanken herauszubilden. Dank dieses Eigensinns von Zeichen können sich Sinneseindrücke zu Stufen des Denkens entwickeln. Auf ähnliche Weise rekonstruieren Condillac und Goguet die Geschichte der Mathematik, die mittels Schriftzeichen zu Erkenntnissen gelangt ist, zu denen die vermeintlich reine Vernunft nicht in der Lage gewesen wäre.

Eine Parallele ergibt sich hier zur *technologischen Kränkung*, weil auch auf dem Gebiet der Technik Hilfsmittel eine erweiternde Funktion ausüben.[19] Insbesondere in der Geschichtsphilosophie demonstriert Turgot, wie Werkzeuge und Geräte den Aktionsradius der Menschen vergrößern. Bei ihrem Gebrauch stellen sich neue Handlungsmöglichkeiten heraus, die während ihrer Herstellung noch nicht vorhersehbar waren. Ferguson spitzt diese These so zu, dass die Instrumente sogar zur Entwicklung neuer Bedürfnisse und Ziele beizutragen imstande sind. Weil sich dadurch das traditionelle Verhältnis von Zweck und Mittel umkehrt, wird das menschliche Subjekt in seiner ursprünglichen Zwecksetzungskompetenz gekränkt. Gleichwohl verstehen die Aufklärer diese Inversion auch als kreative Horizonterweiterung.

Eine besondere Stellung nimmt die *ökonomische Kränkung* ein, welche die Grundlagen der bürgerlichen Gesellschaft betrifft (8,2–3). Im Zentrum der Physiokratie von Quesnay und der Volkswirtschaftslehre von Adam Smith steht mit den ökonomischen Kreisläufen die *Kontingenz sozialer Systeme*. Zwar sind es nach wie vor die Menschen, die ihre Bedürfnisse durch bestimmte Arbeiten befriedigen, aber das Netz der gesellschaftlichen Arbeitsteilung entfaltet eine eigene Dynamik, welche die Handlungen der Menschen beeinflusst. Obwohl die Aufklärer die Anthropologie zur Leitwissenschaft erkoren haben, gestehen sie dem Menschen in der Politischen Ökonomie nur eine bedingte Autonomie zu. Zu dieser Paradoxie gehört schließlich auch, dass Smith die Selbstregulation von Ware, Geld und Kapital als „natürliche Ordnung" rechtfertigt, dann aber die entsprechende Kränkung mit Hilfe der pseudoreligiösen Instanz einer „unsichtbaren Hand" wieder zu lindern versucht.

---

[19] Siehe 4,2 und 9,2. – Hierzu passt das Theorem „Heterogonie der Zwecke" von Wilhelm Wundt: *Grundriss der Psychologie*. Leipzig 71.905, S. 405; vgl. Rohbeck 1993, S. 10.

Daran schließt die *geschichtsphilosophische Kränkung* an, die wohl am explizitesten zum Ausdruck kommt (9,2). Das ist nicht verwunderlich, weil die Geschichte schon immer als ein kontingentes Geschehen verstanden worden ist, das sich einer rationalen Behandlung entzieht. Wenn nun Aufklärer wie Voltaire, Turgot und Ferguson eine neue Wissenschaft von der Geschichte begründen, zielen sie auf die Entwicklung von Gesellschaftsformationen, die sie mit wirtschaftstheoretischen Mitteln zu erklären versuchen. Aber gerade dieser Versuch, die Geschichte zu systematisieren, scheitert insofern, als sie den daran beteiligten Menschen die Fähigkeit zur Planung der Geschichte im Ganzen absprechen müssen. Dieses Ergebnis hat zu der Einsicht in die *Unverfügbarkeit* der Geschichte geführt. Doch auch in diesem Fall bieten Autoren wie Turgot und Kant eine Heilung der von ihnen selbst zugefügten Kränkung an, indem sie gegen die Kontingenzerfahrung eine letztlich untaugliche Teleologie aufbieten.

Resümee. – Verallgemeinert man diese Kränkungen auf den Feldern Sprache, Wissenschaft, Technik, Gesellschaft und Geschichte, lässt sich ein gemeinsames Schema erkennen. Es sind die *Entäußerungen* oder *Vergegenständlichungen*, die spezifische Überschüsse enthalten und dadurch auf den Menschen einen bestimmenden Einfluss ausüben. Die jeweils angewandten Mittel beschränken sich nicht auf die herkömmliche Funktion der Realisierung von Zwecken, sondern prägen umgekehrt das menschliche Wollen, Denken und Handeln. An den sprachlichen Zeichen, die als Erkenntnismittel fungierten, lassen sich kognitive Strukturen ablesen, die von der menschlichen Vernunft gerade nicht vorhersehbar waren. Technische Instrumente erlauben neue Anwendungen, die bei ihrer Herstellung noch nicht beabsichtigt wurden. Ökonomische Mittel wie das Geld führen zu Ergebnissen, die von den handelnden Menschen nicht in toto beherrscht werden. In der Geschichte forcieren diese Mittel gesellschaftliche Entwicklungen, die als kontingent erfahren werden und sich der Verfügungsgewalt der Menschen entziehen.

Dabei hat sich das Phänomen der *Kränkung als doppeldeutig* erwiesen. Zunächst kann man die Erfahrung der genannten Kontingenzen als eine Beschädigung des Menschen deuten, der insofern „krank" gemacht wird, als er seine ursprüngliche Autonomie einbüßt. Doch wie in der Psychoanalyse kann man die Kränkung gleichsam als den Beginn einer Therapie verstehen, indem das bisher Unbewusste zum Vorschein gebracht und verarbeitet wird. In unserem Fall erweist sich die Verabsolutierung des menschlichen Geistes als eine Illusion, die nun enttäuscht und zugleich überwunden wird. Dann stellt sich nämlich heraus, dass bestimmte religiöse, rationalistische und subjektphilosophische Vorstellungen der modernen Gesellschaft nicht mehr gerecht werden und ihre alte Plausibilität wie von selbst verlieren. Die genannten Kränkungen führen keineswegs zu einem Verlust menschlicher Macht, vielmehr gehen die beteiligten Protagonisten daraus gestärkt hervor.

Grenzen und Potenziale

Nun gelange ich zur *zweiten Transformation*, die darin besteht, bestimmte wissenschaftliche Theorien und philosophische Gedanken der Aufklärung wie eine „Erbschaft" in die heutige Gegenwart zu übertragen.[20] Wenn das nicht unkritisch geschehen soll, sind die *Grenzen und Potenziale* der Aufklärung zu berücksichtigen. Dabei ist zu beachten, dass die Aufklärer fast jedes Thema auf ambivalente Art und Weise behandelt und in ganz Europa kontrovers diskutiert haben, wie in den vorausgegangenen Kapiteln deutlich geworden sein dürfte. Doch an dieser Stelle besteht mein Ziel in einer abschließenden Beurteilung, bei der ich quer durch die bisherige Gliederung neue Verbindungslinien ziehen werde.

Grenzen. – Das größte Defizit der historischen Aufklärung sehe ich im Fehlen einer eigenständigen Theorie des Staates, überhaupt in einem gewissen Desinteresse an der politischen Philosophie (7,0). Die Autoren bekunden Sympathie für die *Abhandlung über die Regierung* von John Locke, versäumen es jedoch, dieses grundlegende Werk umfassend zu rezipieren und konzeptionell fortzusetzen. Montesquieu thematisiert in seinem *Geist der Gesetze* kurz und eher am Rande das Prinzip der Gewaltenteilung, das er um die Judikative ergänzt und in die heute gültige Form bringt. Ansonsten beschreibt er die naturgegebenen und kulturellen Voraussetzungen unterschiedlicher Regierungsformen. Allein Rousseau legt im *Gesellschaftsvertrag* eine systematische Staatstheorie vor, welche die Vertragstheorie von Hobbes und Locke in den Entwurf einer direkten Demokratie umwandelt, die letztlich totalitäre Züge trägt und bis heute nicht konsensfähig ist.

Die übrigen Aufklärer arrangieren sich mit der konstitutionellen Monarchie in England, dem französischen Absolutismus oder den deutschen Fürstentümern, indem sie ihre Kritik mäßigen und die Illusion eines „aufgeklärten" Herrschers hegen. Eine Beteiligung des Volkes, gar ein Wahlrecht für alle Bürger einschließlich der Frauen wird abgelehnt. In Italien

---

[20] Zali 2006; Lilti 2019. – Damit kompatibel ist der Begriff „kulturelles Kapital" von Pierre Bourdieu: *Die feinen Unterschiede.* Frankfurt a. M. 1997, S. 115 ff., 136 f., 187 f. – Hierzu Rohbeck 2020, S. 149, 151.

und Spanien ist das Aufbegehren gegen die klerikale Despotie ohnehin viel zu riskant. Dieser Mangel an demokratischer Theorie und Einsatzbereitschaft wird auch nicht durch die neuartige Sozialphilosophie aufgewogen, wie innovativ sie auch gewesen sein mag. Obwohl die Philosophie der moralischen Gefühle und bürgerlichen Öffentlichkeit einen kommunikativen und demokratischen Charakter trägt, vermag sie die Politik nicht zu ersetzen.

Das gilt umso mehr für die *Politische Ökonomie*, in der zwar kein radikaler Liberalismus vertreten, aber die Funktion des Staates zur Eindämmung der negativen Folgen der beginnenden Industrialisierung nur sporadisch thematisiert und nicht konsequent genug ausgearbeitet wird (8,2). Natürlich waren die später eingetretenen katastrophalen Auswirkungen des Kapitalismus damals noch nicht vorhersehbar und dürfen daher den Vertretern der Aufklärung heute nicht zur Last zu gelegt werden. Da ist es schon bemerkenswert, wie weitsichtig Condorcet die Pauperisierung der Lohnarbeiter vorhersieht. Vor allem beeindruckt die Radikalität der von Rousseau im *Diskurs über die Ungleichheit* formulierten Sozialkritik, die in ganz Europa bis nach Königsberg nicht ohne Resonanz geblieben ist. Doch Ökonomen wie Quesnay, Turgot und Smith halten dagegen und rechtfertigen soziale Ungerechtigkeiten, auch wenn sie die Reproduktion der arbeitenden Bevölkerung nicht gefährdet wissen wollen oder sogar eine Verbesserung ihrer Lebensverhältnisse erwarten.

Ähnlich zwiespältig sind die Stellungnahmen zum Verhältnis der *Geschlechter* (4,3). Von der Ökonomie hing nicht zuletzt auch das Schicksal der Frau ab, weil in der zweiten Hälfte des 18. Jahrhunderts aus wirtschaftlichen Gründen ein Zuwachs der Bevölkerung gewünscht wurde, die durch die hohe Sterblichkeit von Mutter und Kind gefährdet war. Das führte dazu, die Frau auf die Aufzucht der Kinder und insgesamt auf den familiären Bereich einzuengen und aus der gesellschaftlichen Öffentlichkeit zu verbannen. Als dann noch die zeitgenössische Medizin den weiblichen Körper zu erforschen begann, um die Geburtenrate zu steigern, war es nur noch ein kleiner Schritt, die Frau auf empathische Eigenschaften zu reduzieren und ihr im Gegenzug höhere geistige Fähigkeiten abzusprechen. Trotz der belegbaren egalistischen Tradition halte ich es für zu einseitig, der Aufklärung insgesamt das Attribut „feministisch" zu verleihen.

Zum Ethos der Aufklärung gehört ebenso, die *Gleichheit aller Menschen* zu propagieren, was auch die Bewohner ferner Kontinente einschließt. Auch zu dieser Position gibt es im 18. Jahrhundert vielfältige Ansätze (9,1). Doch gleichzeitig diskriminieren einige Autoren andere Völker, vor allem die Afrikaner, als angeblich minder tatkräftig und begabt. Hier sind noch einmal die Gründe genau zu unterscheiden: ob für dieses Vorurteil, mit Montesquieu, das äußere Klima verantwortlich gemacht, oder ob dafür, wie beim frühen Kant, eine Theorie der „Menschenrasse" in Anspruch genommen wird. Auch die Positionierung zur Kolonialisierung fremder Länder und zur Versklavung indigener Völker ist gespalten. Zum einen finden sich sentimentale Klagen über die grausame Sklaverei. Zum andern werden Landnahme und Ausbeutung auch wieder gerechtfertigt. Das paradoxe Ziel besteht in einer Kolonialisierung, die man in die Nähe eines fairen Welthandels rückt, und einer Sklavenhaltung, die als Übergang in die kapitalistische Lohnarbeit verharmlost wird.

Potenziale. – Für die größte Leistung der Aufklärung in der zweiten Hälfte des 18. Jahrhunderts halte ich die *Anthropologie,* welche die führende Disziplin der Epoche darstellt (4,2). Sie reicht von Humes *Traktat über die menschliche Natur,* Helvétius' *Vom Menschen* bis zur *Anthropologie* des späten Kant. Mit ihr wird nicht nur der Mensch in den Mittelpunkt wissenschaftlicher und philosophischer Diskurse gestellt, sondern darin werden auch alle Themenfelder wie Erkenntnis, Moral, Politik, Ökonomie und Geschichte zusammengefasst. Die Anthropologie integriert alles, was der Mensch denkt, fühlt und tut. Hier liegen die Ursprünge der modernen Humanwissenschaften.

Am Anfang steht die Entdeckung des *Menschen als eines natürlichen Wesens.* Doch diese Innovation darf nicht mit Naturalismus verwechselt werden, denn kein Aufklärer verkürzt den Menschen auf seine biologischen Funktionen. Auch die wenigen Vertreter wie d'Holbach, die eine materialistische Position einnehmen, billigen dem Menschen psychische Reaktionen zu. Und diejenigen, die an einem vom Körper getrennten Geist festhalten, überwinden dennoch den alten Dualismus von Leib und Seele. Gemeinsam ist ihnen die Überzeugung, dass die Menschen erst einmal von leiblichen Bedürfnissen bewegt werden. Zwar lassen einige Aufklärer den Menschen vom Tier abstammen, betonen dann aber seine sich davon abstoßende kulturelle Entwicklung durch Werkzeuggebrauch und sprachlich gestützte Erkenntnis (4,2; 6,3). An dieser Nahtstelle geht die Naturgeschichte in eine Theorie der Kulturgeschichte über.

Zur Entfaltung der menschlichen Natur gehören schließlich die *Emotionen,* denen Hume und andere eine herausragende Bedeutung beimessen (7,2). Die Gefühle der Menschen, vornehmlich die „Sympathie", bilden die Grundlage einer Moralphilosophie, welche die politische Theorie zu verdrängen und durch die Ermittlung spontaner Interaktionen innerhalb eines Gemeinwesens zu erneuern versucht. Erst Kant hat diese Gefühlsmoral durch eine rationalistische Ethik ersetzt, die sich allerdings nicht mehr an einem gottgegebenen Naturrecht, sondern am subjektiven Urteilsvermögen von Individuen orientieren soll. Im Gegensatz zu Kant lässt Hume die Emotionen sogar in die Tätigkeit des Verstandes eingreifen, so dass er zu den Entdeckern einer *emotionalen Intelligenz* zählt. Vor dem Hintergrund, dass heutzutage die Emotionen en vogue sind, ist die empfindsame Anthropologie der europäischen Aufklärung von aktuellem Interesse.

Betrachtet man schließlich das Verhältnis des *Menschen zur äußeren Natur*, kommt die *ökologische* Dimension der Anthropologie ins Spiel. Wie im 18. Jahrhundert die soziale Frage nur in ersten Ansätzen erkannt werden konnte, so gab es auch bei Problemen mit der natürlichen Umwelt nur wenige Äußerungen. Das betrifft die Abhängigkeit von Naturkatastrophen, den Einfluss des Klimas auf die menschliche Kultur und den Schutz natürlicher Ressourcen. Dabei sind unterschiedliche Diskurse der Aufklärung zu beachten.

Das *Erdbeben von Lissabon* gab die *erste* Gelegenheit, sich mit den Reflexionen der Aufklärer über das Verhältnis von Kultur und Natur zu befassen (5,3). Besonders aufschlussreich ist Rousseaus Argument, dass es sich hier weniger um eine *Natur*katastrophe, als um eine Katastrophe der menschlichen *Kultur* handelt. Die Menschen trügen an diesem Unglück eine eigene Schuld, weil sie diese Stadt zu eng und hoch gebaut hätten. Auch Kant schließt sich diesem scharfsinnigen Urteil an, indem er die Bewohner Lissabons für das Desaster verantwortlich macht. Beide Autoren ziehen daraus die bemerkenswerte Konsequenz, dass sich die Menschen in ihrer Bauweise an die Naturgesetze anzupassen hätten. „Der Mensch muss sich in die Natur schicken lernen," resümiert Kant, „aber er will, dass sie sich in ihn schicken soll." Deutlicher kann man die Kritik an einer aus den Fugen geratenen Zivilisation nicht formulieren.

Der *zweite* Diskurs, der sich den Einflüssen der Natur auf die Lebensweisen der Menschen widmet, ist die damals verbreitete *Klimatheorie* von Montesquieu (7,3). Auch wenn er noch andere Faktoren berücksichtigt, um den Wandel von Sitten und Gebräuchen zu erklären, hält er in *Geist der Gesetze* daran fest, dass die klimatischen Bedingungen die Moralvorstellungen und Staatsformen der Völker prägen. Als doppeldeutig erweist sich diese Theorie insofern, als sie für alle Völker und Kulturen derselben Breitengrade die gleichen natürlichen Ausgangsbedingungen zubilligt und dann doch den Vorwand für die erwähnten Diskriminierungen bildet. Gleichwohl ist die Klimatheorie aktuell geblieben, weil mit ihr überhaupt den Umwelteinflüssen eine derart große Bedeutung eingeräumt wird.

Die umgekehrte Komponente besteht darin, dass die Menschen selbst in die Natur verändernd eingreifen. Dieser Aspekt ist Thema im *dritten* Diskurs der Aufklärung über die *Landwirtschaft* in der neu entstandenen physiokratischen Lehre (8,2). Ihre Einsicht hat bis heute Bestand, dass jede Art Produktion immer auch die *Reproduktion* ihrer natürlichen Voraussetzung zu leisten hat. Wenn *physiocratie* „Naturherrschaft" bedeutet, bezieht sich das sowohl auf den Lebenserhalt der arbeitenden Bevölkerung als auch auf die Schonung des zu bewirtschaftenden Bodens. Dieses Problem stellt sich auch für die Wälder, die seit der Jahrhundertmitte durch exzessive Rodung gefährdet waren. Während Diderot lediglich den Holzmangel beklagt, erkennt Rousseau bereits die Schäden für Luft und Boden (5,3). Auf diese Weise schießt Rousseaus *Diskurs* über das ursprüngliche Ziel hinaus. Wollte er zunächst die Ursachen sozialer Ungleichheit und die daraus resultierende Depravierung der menschlichen Natur erforschen, ist dabei unwillkürlich eine Kritik am Umgang mit den natürlichen Lebensbedingungen herausgekommen. Darin sehe ich frühe Ansätze eines ökologischen Bewusstseins, das sich bereits während der Epoche der Aufklärung bemerkbar macht.

Die Gefährdung der natürlichen Umwelt ist ein Problem mit einer besonders langfristigen Perspektive. So nimmt die *Zukunft* in der Geschichtsphilosophie der Aufklärung einen maßgebenden Rang ein. Wie die Vergangenheit daraufhin befragt wird, welche Optionen sie für die Zukunft bereit hält, so zeichnen die Zukunftserwartungen die Darstellung vergangener Ereignisse vor. Ein explizites Beispiel dafür ist Condorcet, der seinem *Entwurf einer historischen Darstellung der Fortschritte des menschlichen Geistes* eine letzte „Zehnte Epoche" hinzufügt, die „den künftigen Fortschritten" gewidmet ist. Trotz eher düsterer Prognosen spricht er von „Hoffnungen auf Fortschritte", die den künftigen Generationen vorbehalten seien, so dass dasjenige, „was uns heute als unbegründete Hoffnung scheinen mag, nach und nach möglich, ja selbst leicht werden muss".[21] Auch wenn der Begriff des Fortschritts mittlerweile in Verruf geraten ist, bleibt uns heute nichts anderes übrig, als im Geiste der Aufklärung an der Hoffnung auf eine lebenswerte Zukunft festzuhalten.

Auch Kants *Idee zu einer allgemeinen Geschichte in weltbürgerlicher Absicht* enthält diese Perspektive in die Zukunft, obschon er auf den Fortschrittsbegriff verzichtet und eher vom „Fortschreiten zum Besseren" spricht. Er möchte „Hoffnungen besserer Zeiten" wecken und macht es den Menschen sogar zur moralischen „Pflicht", sich für bessere Lebensverhältnisse künftiger Generationen einzusetzen.[22] In der späteren Schrift *Zum ewigen Frieden*

---

[21] Condorcet 1976, S. 36; siehe 9,2.

[22] Dazu gehört auch der erste Teil im *Streit der Fakultäten: Erneuerte Frage: ob das menschliche Geschlecht im beständigen Fortschreiten zum Besseren sei*; Kant 1965, Bd. XI, S. 49, 167 f., 357.

schließt sich Kant den Utopien von Saint-Pierre, Rousseau und Voltaire an. Im Unterschied zu diesen Vorbildern beschränkt er sich nicht auf Europa, sondern strebt eine globale Friedensordnung an, die das bestehende Staats- und Völkerrecht ergänzen soll (2,3). Bekanntlich schlägt Kant keinen „Völkerstaat" oder eine „Weltrepublik" vor, sondern einen „Völkerbund" im Sinne einer Föderation autonomer Staaten, die durch einen „Friedensvertrag" zu realisieren sei. Doch lässt sich diese Theorie wieder auf Europa rückbeziehen, wo die Idee einer Föderation autonomer Staaten längst zum politischen Modell für die Europäische Union geworden ist. In der gegenwärtigen Krise gewinnt diese Utopie besondere Aktualität.

Aufklärung heute

Die *dritte Transformation* betrifft schließlich die bereits erfolgten oder noch zu leistenden Umbrüche der gegenwärtigen Zivilisation im 21. Jahrhundert. Die Parallele zur Epoche der Aufklärung besteht darin (siehe Einleitung), dass sich auch in der zweiten Hälfte des 18. Jahrhunderts ein tief greifender sozialer Wandel vollzogen hat. Damals handelte es sich um die Anfänge der Industrialisierung, deren ökonomische, soziale und kulturelle Folgen die daran Beteiligten nur ahnen konnten. Heute befinden wir uns in einer ähnlichen Situation, in der die Auswirkungen auf unsere Lebensbedingungen schwer abzuschätzen sind. Es drohen soziale und ökologische Katastrophen, deren Bewältigung grundlegende Veränderungen in Wirtschaft, Politik und Gesellschaft erfordern. Angesichts dieser Analogie stellt sich die Frage, welchen Beitrag dabei das kulturelle Erbe der Aufklärung zu leisten vermag.

Wenn heute von Transformationen die Rede ist, geht es zunächst ganz allgemein um die Stelle der Gegenwart im historischen Prozess der *Moderne*. Wie ausführlich dargelegt, ist es mir besonders wichtig, die Epoche der Aufklärung von der vorausgegangenen Neuzeit abzugrenzen und ihr spezifische Merkmale der beginnenden Moderne zuzuschreiben. Damit verbinde ich die Absicht, die so verstandene moderne Aufklärung bis in die heutige Zeit fortzuschreiben und damit zugleich die Parole einer angeblichen Postmoderne zurückzuweisen. Doch wie soll man dann die momentane Phase der Moderne bezeichnen? Auch dazu gibt es diverse Vorschläge.

Begriff der Moderne. – Der schon etwas ältere Entwurf stammt von Ulrich Beck, der im Übergang von der „alten" Moderne eine „andere" oder „zweite" Moderne konzipiert hat, die zum ersten Mal „reflexiv" geworden sei, weil sie die rudimentäre Industrie hinter sich gelassen habe.[23] In jüngster Zeit lässt Ingolfur Blühdorn auf die erste und zweite Moderne eine „dritte" Moderne folgen, unter der er eine „postindustrielle" und „digitale" Gesellschaft versteht. Auf ähnliche Weise unterscheidet Andreas Reckwitz zwischen einer „bürgerlichen Moderne" in der zweiten Hälfte des 18. Jahrhunderts, einer „industriellen Moderne" vom 19. bis zum Ende des 20. Jahrhunderts und der „postindustriellen Spätmoderne" des beginnenden 21. Jahrhunderts.[24] Dieser Lesart zufolge hebt sich die Spätmoderne von der kritisierten Postmoderne dadurch ab, dass sie *nicht nach* der Moderne folgt, sondern eine neue Sequenz *innerhalb* der Moderne darstellt.

Doch erinnere ich daran, dass die frühe Moderne keineswegs bloß „bürgerlich" gewesen ist, sondern bereits mit der Industrialisierung begonnen hat, die von vielen Aufklärern genau und teilweise kritisch registriert wurde. Außerdem halte ich die Diagnose einer „postindustriellen" Moderne für geographisch borniert und sachlich oberflächlich (8,4). Nicht zuletzt rührt die ökologische Krise von einer Industrie, die knapp werdende Rohstoffe verbraucht und die Umwelt schädigt. Diese Botschaft geht auch vom Begriff Anthropozän aus, der eher die Kontinuität der Moderne betont. Aus diesen Gründen plädiere ich für eine *Transformation der Industriegesellschaft*. Auch in diesem Resümee, in dem ich noch einmal thematisch zentrierte Querverbindungen zwischen den Disziplinen ausprobiere, lasse ich mich von den genannten Potenzialen der Aufklärung leiten.

Als wesentliches Merkmal der Aufklärung in der zweiten Hälfte des 18. Jahrhunderts hat sich die Erfahrung der *Kontingenz* erwiesen, mit der ich die genannten *Kränkungen* verbinde (10,2). Aus heutiger Sicht stellt sich das Problem, wie man mit solchen Kontingenzerfahrungen praktisch umgehen soll. Wenn neuerdings von „Unverfügbarkeit" die Rede ist, sollte beachtet werden, dass es sich dabei nicht nur um Zufälle des alltäglichen Lebens, sondern um das speziell moderne Phänomen systemischer Kontingenz der bürgerlichen Gesellschaft handelt.[25] Und wenn eine solche Devise nicht als Vorwand für neoliberale Zurückhaltung oder postmodernes Ohnmachtsgefühl dienen soll, kommt es darauf an, insbesondere die ökonomischen Systeme wieder „verfügbar" zu machen – bescheidener ausgedrückt: die Bedingungen der Möglichkeit für politische Eingriffe zu erkunden und zu

---

[23] Beck 1986, S. 14 f., 115 f., 174 f.; vgl. Rohbeck 2000, S. 240 f.
[24] Blühdorn 2013, S. 51; Reckwitz 2019, S. 25; ebenso Reckwitz in: Reckwitz, Rosa 2021, S. 100–108. – Zum Posthistoire 9,1.
[25] Rosa 2021, S. 48–70; ders. in: Reckwitz, Rosa 2021, S. 247; vgl. Grau 2022, S. 87; siehe 8,3.

nutzen. Es geht also um nichts Geringeres als um das begrenzte Wieder-Verfügbar-Machen der Kontingenz. Aufklärung bedeutet heute Kontingenzbewältigung.

Transformationen. – In diesem Fall lässt sich an die sozialkritische Tradition der Aufklärung anknüpfen. Denn nicht wenige Ökonomen und Philosophen dieser Epoche waren keine Verfechter des *laissez-faire*, sondern kritisierten die wirtschaftliche Ungleichheit und setzten sich für gesellschaftliche Reformen ein (8,2). Zu Beginn des 21. Jahrhunderts korrespondiert das mit Forderungen nach einem *Ende des Neoliberalismus*, der mittlerweile als dysfunktional und schädlich eingeschätzt wird. Die passenden Empfehlungen reichen von gemäßigten Reformen, tiefgreifender Transformationen bis zur Überwindung des Kapitalismus (8,4). Doch am Ende sind sich die konkreten Handlungsanweisungen erstaunlich ähnlich. Eine wichtige Domäne des Staates sieht man in der Steuerpolitik, die im Innern zu einer progressiven Besteuerung von sehr Reichen und nach Außen zur Schließung von Steueroasen wie auch zur Einführung einer globalen Kapitalsteuer führen soll. Es wird sogar verlangt, dass der Staat in die Lohnpolitik eingreift, indem er Mindestlöhne und gleiche Löhne für Frauen und Männer durchzusetzen hat. Angesichts der Corona-Krise ist auch die Kommerzialisierung der Gesundheitssysteme wieder rückgängig zu machen. Nicht zuletzt hat der Staat die aus dem Ruder gelaufenen sozialen Netzwerke zu kontrollieren, um menschenverachtende Hassbotschaften einzudämmen.

Das Thema soziale Gerechtigkeit betrifft in besonderer Weise die *Genderfrage*, zu der die Aufklärung etwas beigetragen hat. Die damalige Debatte ist insofern aktuell geblieben, als die Alternative von *Egalität und Differenz* bis heute diskutiert wird (4,3–4). Dabei verschiebt sich der Akzent vom anthropologischen Charakter der Frau auf die gesellschaftliche Dimension der Geschlechterrollen. So wurde nicht zuletzt von der feministischen Bewegung das allgemeine Prinzip der *Gleichheit der Geschlechter* im beruflichen, juristischen, wissenschaftlichen und politischen Bereich erkämpft. Doch die konkrete Stellung der Frau in der Gesellschaft weist darauf hin, dass bestehende Hierarchisierungen, Prestigezuschreibungen und Bewertungen von Arbeit *gerade nicht universell*, sondern männlich-patriarchalisch geprägt sind. Nicht zuletzt während der Covid-19-Pandemie ist die gesellschaftliche Bedeutung von klassisch-weiblicher Care-Arbeit offenbar geworden. Hier wird deutlich, wie dringend die Entwicklung und Neuaushandlung von angemessenen Formen des Zusammenlebens zwischen den Geschlechtern ist.

Überschreitet man die Grenzen der einzelnen Nationalstaaten, stellt sich das Problem der *globalen Gerechtigkeit*. Wiederum ist zuzugeben, dass die

Aufklärer ein gespaltenes Verhältnis zum Kolonialismus hatten, indem sie die militärischen Eroberungen verurteilten, zugleich aber eine „friedliche" Kolonialisierung in Schutz nahmen (9,1). In unserer Zeit folgt daraus die moralische Pflicht, nicht nur arme Länder in ehemaligen Kolonialgebieten zu unterstützten, sondern darüber hinaus die in den früheren Kolonien verursachten Schäden zu kompensieren (9,3). Eine derartige *historische Verantwortung* setzt wiederum voraus, dass die früher verübten Schädigungen wirklich nachweisbar und dass die Beeinträchtigungen der Vergangenheit bis in die heutige Gegenwart wirksam sind. Schließlich ist einzuräumen, dass wesentliche Faktoren für die globale Armut auch innerhalb der heutigen Entwicklungsländer aufzufinden sind. Doch sollte man sich davor hüten, derartige Einwände als Vorwand für unterlassene Hilfeleistungen zu missbrauchen.

Globale Ausmaße hat inzwischen auch die *ökologische Krise* angenommen. Dabei ist zu beachten, dass die Erdbewohner von den Umweltschäden in sehr unterschiedlichen Weisen und Ausmaßen in Mitleidenschaft gezogen werden. Vor allem im Süden hat die Erderwärmung desaströse Folgen wie Hitze und Dürre, die nicht selten zu Hungersnöten führen. Wie gezeigt, gab es bereits während der Aufklärung, in der Zeit des beginnenden *Anthropozäns*, erste Ansätze eines ökologischen Bewusstseins. Seit Ende des vergangenen Jahrhunderts ist sehr viel klarer geworden, dass das kapitalistische Wirtschaftssystem von Voraussetzungen der Natur abhängt, die es zu einem großen Teil schon zerstört hat (5,3; 8,1). Gefordert ist daher ein *nachhaltiger Kapitalismus*, der den Raubbau natürlicher Ressourcen und die Verbrennung fossiler Kraftstoffe in Industrie und Verkehr einschränkt, um die schädlichen Treibhausgase zu reduzieren. Die aktuellen Engpässe sind als Ansporn dafür zu nutzen, den Ausbau erneuerbarer Energien beschleunigt voranzutreiben.

Um die zeitliche Dimension derartiger Maßnahmen zu verdeutlichen, habe ich den Begriff der *Frist* eingeführt, der es erlaubt, die Verantwortung für künftige Generationen zu staffeln (9,4). *Mittlere Fristen* beziehen sich auf den Klimawandel, der bereits in ein paar Jahrzenten einen Kipppunkt erreicht haben wird, nach dem die weiteren Verläufe nicht mehr kalkulierbar und die Folgen irreversibel wären. Mittelfristig ist auch die Förderung von Gas und Öl zu drosseln, das schon bald verbraucht sein wird, und die Ablagerung von Plastikmüll zu stoppen. *Lange Fristen* ergeben sich bei der Entsorgung radioaktiver Abfälle, die für beinahe unermessliche Zeiträume zu konservieren sind. Dieses Phänomen verweist auf das Prinzip der *Reversibilität*, das darin besteht, die technische und ökonomische

Zivilisation so zu gestalten, dass bestimmte Entwicklungen, die sich als schädlich erweisen, wieder rückgängig gemacht werden können.

Damit derartige Ziele erreicht werden können, bedarf es der Beendigung des Neoliberalismus und der Rehabilitierung eines handlungsfähigen *Staates*. Und weil autoritäre Regierungen erfahrungsgemäß an sozialer und ökologischer Gerechtigkeit wenig Interesse haben, ist es notwendig, die bedrohten Demokratien wiederzubeleben und die bestehenden demokratischen Institutionen zu stärken (7,4; 8,4). Auch wenn ich den Aufklärern soeben demokratische Defizite bescheinigt habe, halte ich es für möglich, bestimmte Theoreme zur Bewältigung aktueller Schwierigkeiten heranzuziehen. In erster Linie gehört dazu das Prinzip der *Gewaltenteilung*, das aktueller denn je ist, um die repräsentative Demokratie gegen den Populismus verteidigen zu können (7,3). Wenn sich darüber hinaus die demokratische Praxis nicht in formalen Wahlverfahren erschöpfen soll, ist eine zivilgesellschaftliche Fundierung wünschenswert. Gerade auch für diesen Aspekt bietet die *Moralphilosophie* der Aufklärung konkrete Vorlagen, indem sie den Staat auf eine affektiv und interaktiv vermittelte bürgerliche Öffentlichkeit gründen lässt (7,2). Hier sehe ich ein Modell für eine lebendige Demokratie, die sich auf einen *sozialen Konsens* stützt, der zugleich den normativen Rahmen für den Umgang mit einem reflektierten Dissens bildet (7,4). Man kann diesen Zusammenhang auch als *Kooperation* bezeichnen, in der die Individuen ihre Interessen vertreten und zugleich andere Menschen anerkennen. Der Begriff der *Anerkennung* bedeutet, dass die Bürger eines Landes ihre Zustimmung zu einer Demokratie aus einem gesellschaftlichen Kommunikationsprozess schöpfen, in dem sie über deren Angemessenheit und richtige Anwendung stets mitentscheiden und darüber befinden, ob die gemeinsam praktizierten Normen gutgeheißen werden können.

Doch angesichts der fortschreitenden Globalisierung ist zu prüfen, ob die *Nationalstaaten* ihre alten und neuen Aufgaben überhaupt noch zu erfüllen vermögen (9,3). Eine Reaktion auf diese Situation besteht in einer *kosmopolitischen* Haltung, die sich an Kants Friedensprojekt orientiert (2,3). Dahinter steht die Geschichtsphilosophie der europäischen Aufklärung, welche die erste systematische Theorie der Globalisierung darstellt (9,2). Ehe man vorschnell die Phase der Deglobalisierung ausruft, sollte man an dieser weltgeschichtlichen Perspektive festhalten. Denn die fatale Alternative besteht in Kleinstaaterei und neuen Nationalismen. In unserem Kontext empfiehlt sich die etwas kleinere Lösung der *Europäischen Union*, die auf die durchaus differenzierte Selbstinszenierung der europäischen Aufklärung rekurrieren kann (2,4). Unabhängig von der unbestreitbaren kulturellen

Identität steht heutzutage die Krise Europas im Vordergrund. Intern betrifft das die sich verzögernde Demokratisierung, die fehlende gemeinsame Umweltpolitik wie auch finanzpolitische Einigung. Nach außen kämpft Europa um seinen politischen und militärischen Einfluss in der Welt.

Der jüngste Feldzug Russlands gegen die *Ukraine* hat noch einmal die verhängnisvolle Wiederbelebung eines völlig veralteten Nationalismus vor Augen geführt. Putin führt im 21. Jahrhundert einen Krieg mit den Mitteln des 20. Jahrhunderts für imperiale Ziele des 19. Jahrhunderts. Angesichts dieser absurden Situation gewinnen die *Diskurse über den Frieden* aus dem 18. Jahrhundert eine erstaunliche Aktualität (2,3–4). Denn die Aufklärer setzten sich mit allem Nachdruck für eine friedliche Beilegung internationaler Konflikte ein. Und sie plädierten nicht nur für Frieden in Europa, sondern in der ganzen Welt. Vor allem Kant zeigte, dass der europäische Frieden letztlich eine globale Herausforderung ist. Das hat für den Ukraine-Krieg zwei Konsequenzen. Erstens folgt daraus, dass so schnell wie möglich Verhandlungen beginnen müssen, um einen friedlichen Kompromiss zu finden. Dieser Krieg ist für keine Seite zu gewinnen und mit seinen Grausamkeiten gegen Soldaten und Zivilisten wie auch Schäden an der zivilen und natürlichen Umwelt ethisch nicht zu rechtfertigen. Zweitens ist ein solcher Frieden nur in Kooperation mit den anderen Weltmächten wie den USA, China und der Europäischen Union herbeizuführen.

Mit Europa verbindet sich der Prozess der *Säkularisierung*, der sich in keiner anderen Weltregion derart konsequent vollzogen hat. Die historischen Wurzeln liegen wiederum in der Epoche der Aufklärung, die anstelle theologischer Wahrheitsansprüche die *soziale Funktion der Religion* in den Mittelpunkt gestellt hat. Genau darum geht es auch in den gegenwärtigen Debatten über Religion (3,4). Während die Trennung zwischen Wissen und Glauben wie auch die Toleranz gegenüber religiösen Überzeugungen heute selbstverständlich sein dürfte, fällt die Haltung des Rechtsstaates gegenüber den Religionsgemeinschaften unterschiedlich aus. Die Palette reicht vom laizistischen Staat in Frankreich, der „hinkenden Trennung" in Deutschland bis zum Kooperationsmodell in Italien und Spanien. Die höchst aktuelle Frage lautet, ob sich der französische Laizismus in eine Sackgasse manövriert hat, in der sich die religiösen Institutionen von der Öffentlichkeit abschirmen und radikalisieren, und ob nicht eine Kooperation letztlich besser funktioniert, weil sie zum Beispiel auf die Ausbildung muslimischer Religionslehrer einen professionalisierenden und damit auch mäßigenden Einfluss auszuüben vermag. Wie auch immer die Antwort ausfällt, ist es ein ebenso aktuelles staatliches Gebot, der katholischen Kirche keine rechtsfreien Räume zu gestatten, in denen elementare Menschenrechte von Laien, Frauen und Minderjährigen verletzt werden. Schließlich plädiere ich im Geiste der Aufklärung dafür, nicht nur Kirchenvertretern, sondern ausdrücklich auch Konfessionslosen in der Öffentlichkeit wie zum Beispiel in Rundfunk- und Ethikräten oder vergleichbaren Gremien Sitz und Stimme zu geben.

In modernen Gemeinwesen hängen schließlich *Demokratie und Wissenschaft* eng miteinander zusammen. Ohne die Verständigung über eine durch wissenschaftliche Erkenntnisse gesicherte Realität ist keine Demokratie möglich (6,4; 7,4). Das zeigte sich schon länger beim Klimawandel, der nur auf der Basis wissenschaftlicher Expertise politisch bezwungen werden kann, wie auch neuerdings bei der Covid-19-Pandemie, deren Bezwingung ohne die Unterstützung von Fachberaterinnen und Fachberatern scheitern würde. Dabei gestaltet sich diese Kooperation widersprüchlich: Einerseits bedarf eine demokratisch legitimierte Regierung zunehmend der wissenschaftlichen Autorität, andererseits ist die Wissenschaft als Institution selbst demokratisch verfasst und auf Disput angelegt. Trotzdem darf diese Ambiguität nicht zu einer grundsätzlichen Relativierung führen, wie sie bei Klimaleugnern und Impfgegnern zu beobachten ist. Diese Problematik hat sich durch die postmodern gefärbte Behauptung eines angeblich postfaktischen Zeitalters dramatisch zugespitzt. Dagegen hilft nur *Aufklärung*. Nach den bisherigen Darlegungen gilt das für einen erkenntnistheoretischen Realismus, der sich mit der Funktionsanalyse von Sprache und Emotion verbindet (6,4). Eine derartige Aufklärung kann dazu beitragen, bestimmte Verschwörungsideologien mit Hilfe einer Kritik an Vorurteilen zu begegnen, die häufig auf einseitige Sprachmuster und hasserfüllte Handlungsmotive fußen.

Für eine andere Aufklärung. – Nach dieser letzten *tour d'horizon* bin ich wieder an den Ausgangspunkt der „klassischen" Aufklärung zurückgekehrt, die den Anspruch auf Freiheit, Vernunft und Wahrheit erhebt. Diesem Ideal möchte ich mich nach wie vor anschließen. Doch neuerdings stellt sich das Problem, dass sich auch die so genannten Querdenker zu Unrecht auf das formale Prinzip des Selbstdenkens berufen. Aus diesen Gründen habe ich zu zeigen versucht, dass in der zweiten Hälfte des 18. Jahrhunderts neuartige Inhalte behandelt wurden, die eine gesellschaftlich und ökologisch verträgliche Emanzipation verheißen. Mit den damit verbundenen Kontingenzerfahrungen ist die kränkende Einsicht entstanden, dass menschliches Denken und Handeln zu nicht intendierten Resultaten führen können. Dabei machen wir die schmerzliche Erfahrung, dass diese so genannten unbeabsichtigten Nebenfolgen längst zur Hauptsache geworden sind, weil sie unser Leben und vielleicht sogar Überleben nachhaltig bedrohen. Daraus folgt das Gebot, Schädigungen der natürlichen und kulturellen Umwelt zu vermeiden und die bereits entstandenen Schäden so weit wie möglich rückgängig zu machen. Aufklärung bedeutet demnach ein vernünftiger Umgang mit technischen, gesellschaftlichen und ökonomischen Kontingenzen. Sie repräsentiert *nicht das Andere der Aufklärung,* wohl aber eine *andere, spezifisch moderne Aufklärung,* die hoffentlich zur Lösung aktueller Probleme beizutragen vermag.

Literatur

Die Bibliographie enthält nur Werke, die für die Argumentation dieser Studie relevant sind. Einige weitere Titel, die eher zum Kontext gehören, finden sich mit vollständigen Literaturangaben in den Anmerkungen.

Texte der Aufklärung

Alembert, Jean Le Rond d' (1989): Einleitung zur Enzyklopädie. Hg. von Günther Mensching. Frankfurt a. M.
Bacon, Francis (1971): Neues Organon der Wissenschaften. Hg. von Anton Theobald Brück. Darmstadt.
Bayle, Pierre (1687): Dictionaire historique et critique. Paris.
Beccaria, Cesare (ab 1990): Edizione nazionale delle opere di Cesare Beccaria. Hg. von Luigi Firpo und Gianni Francioni. Mailand.
Beccaria, Cesare (1966): Über Verbrechen und Strafen. Hg. und übers. von Wilhelm Alff. Frankfurt a. M.
Berkeley, George (1964): Eine Abhandlung über die Prinzipien der menschlichen Erkenntnis. Hg. von Alfred Klemmt. Hamburg.
Buffon, Georges Louis Leclerc Comte de (2008): Allgemeine Naturgeschichte. Frankfurt a. M.
Carus, Friedrich August (1809): Ideen zur Geschichte der Menschheit. In: Nachgelassene Werke, Bd. VI. Hg. von Ferdinand Hand. Leipzig.
Clarke, Samuel (1998): A demonstration of the being and attributes of God and other writings. Hg. von Ezio Vailati. Cambridge.
Condillac, Étienne Bonnot (1798): Œuvres complètes. Paris.
Condillac, Étienne Bonnot (1983): Abhandlung über die Empfindungen. Hg. von Lothar Kreimendahl. Hamburg.

Condillac, Étienne Bonnot (2006): Versuch über den Ursprung der menschlichen Erkenntnis. Hg. und übers. von Angelika Oppenheimer. Würzburg.
Condorcet, Marie-Jean-Antoine-Nicolas Caritat de (1968): Œuvres de Condorcet. Hg. von A. Condorcet O'Connor und M. F. Arago, 12 Bde., Paris 1847–1849. Neudruck Stuttgart-Bad Cannstatt.
Condorcet, Marie-Jean-Antoine-Nicolas Caritat de (1976): Entwurf einer historischen Darstellung der Fortschritte des menschlichen Geistes. Hg. von Wilhelm Alff. Frankfurt a. M.
Diderot, Denis/D'Alembert, Jean Le Rond (Hg.) (1751–1780): Encyclopédie ou Dictionnaire raisonné des sciences, des arts et des métiers. Paris.
Diderot, Denis/D'Alembert, Jean Le Rond (1972): Artikel der von Diderot und d'Alembert herausgegeben Enzyklopädie. Hg. von Manfred Naumann und übers. von Theodor Lücke. Frankfurt a. M.
Diderot, Denis (1961): Philosophische Schriften. Hg. und übers. von Theodor Lücke. Berlin.
Feijoo, Benito Martínez (1726–1739): Theatro Crítico Universal, o discursos varios, en todo género de materias, para desengaño de errores comunes. Madrid.
Ferguson, Adam (1986): Versuch über die Geschichte der bürgerlichen Gesellschaft. Hg. von Hans Medick. Frankfurt a. M.
Forster, Georg (1991): Leitfaden zu einer künftigen Geschichte der Menschheit. In: Akademie-Ausgabe. Bearb. von Sigfried Scheibe. Bd. VIII, S. 185–193.
Gatterer, Johann Christoph (1765): Handbuch der Universalhistorie nach ihrem gesamten Umfange von der Erschaffung der Welt bis zum Ursprunge der meisten heutigen Reiche und Staaten. Göttingen.
Goguet, Antoine-Yves (1758): De l'origine des lois, des arts, et des sciences; et de leurs progrès chez les anciens peuples, Bde. I–III. Paris.
Gouges, Olympe de (2018): Die Rechte der Frau. Hg. und übers. von Gisela Bock. München.
Graffigny, Françoise de (1999): Briefe einer Peruanerin. Hg. von Renate Kroll. Königstein im Taunus.
Helvétius, Claude-Adrien (1973): Vom Geist. Hg. von Werner Krauss. Berlin, Weimar.
Helvétius, Claude-Adrien (1976): Vom Menschen. Übers. von Theodor Lücke. Berlin.
Herder, Johann Gottfried (1984): Werke. Hg. von Wolfgang Pross. München, Wien.
Hobbes, Thomas (1966): Leviathan – oder Stoff, Form und Gewalt eines kirchlichen und bürgerlichen Staates. Hg. von Iring Fetscher. Frankfurt a. M.
Holbach, Paul Thiry d' (1960): System der Natur, oder von den Gesetzen der physischen und der moralischen Welt. Eingeleitet von Manfred Naumann. Berlin.

Holbach, Paul Thiry de (o. J.): Das entschleierte Christentum, oder Prüfung der Prinzipien und Wirkungen der christlichen Religion. In: Religionskritische Schriften. Eingeleitet von Manfred Naumann. Berlin.

Home, Henry (Lord Kames) (1968): Sketches of the History of Man. Hildesheim.

Hume, David (1962): Untersuchung über die Prinzipien der Moral. Hg. von Carl Winckler. Hamburg.

Hume, David (1963): Essays: moral, political and literary. Oxford.

Hume, David (1964): Eine Untersuchung über den menschlichen Verstand. Hg. von Raoul Richter. Hamburg.

Hume, David (1968): Dialoge über natürliche Religion. Hg. von Günter Gawlick. Hamburg.

Hume, David (1973): Ein Traktat über die menschliche Natur. Hg. von Reinhard Brandt. Hamburg.

Hume, David (1984): Die Naturgeschichte der Religion. Hg. von Lothar Kreimendahl. Hamburg.

Hutcheson, Francis (1986): Eine Untersuchung über den Ursprung unserer Ideen von Schönheit und Tugend. Über moralisch Gutes und Schlechtes. Hg. von Wolfgang Leidhold. Hamburg.

Iselin, Isaak (2014): Gesammelte Schriften. Hg. von Sundar Henny. Basel.

Jaucourt, Louis de (1755): Artikel „Espagne (Géographie historique)". In: Diderot, d'Alembert (Hg.): Encyclopédie, Bd. 5, S. 953.

Jaucourt, Louis de (1756): Artikel „Europe (Géographie)". In: Diderot, d'Alembert (Hg.): Encyclopédie, Bd. 6, S. 211 f.

Jovellanos, Gaspar Melchor de (1984–2011): Obras completas. Hg. von José Miguel Caso González. Oviedo.

Kant, Immanuel (1968): Akademieausgabe von Immanuel Kants Gesammelten Werken. Berlin.

Kant, Immanuel (1965): Werke in 12 Bänden. Hg. von Wilhelm Weischedel. Frankfurt a. M.

La Mettrie, Julien Offray (2015): L'Homme machine. Der Mensch eine Maschine. Aus dem Französischen übers. von Theodor Lücke. Mit einem Nachwort von Holm Tetens. Stuttgart.

Leibniz, Gottfried Wilhelm (1965): Kleine Schriften. Hg. und übers. von Hans Heinz Holz. Darmstadt.

Locke, John (1962): Über den menschlichen Verstand. 2 Bde, Hamburg.

Locke, John (1967): Zwei Abhandlungen über die Regierung. Hg. von Walter Euchner. Frankfurt a. M.

Mably, Gabriel Bonnot de (1975): Sur la théorie du pouvoir politique. Hg. von Peter Friedmann. Paris.

Mandeville, Bernard (1968): Die Bienenfabel. Hg. von Walter Euchner. Frankfurt a. M.

Mendelssohn, Moses (2009): Ausgewählte Werke. Hg. von Christoph Schulte, Andreas Kennecke und Grażyna Jurewicz. 2 Bde., Darmstadt.

Mercier, Louis Sébastian (1982): Das Jahr 2440, ein Traum aller Träume. Hg. von Herbert Jaumann. Frankfurt a. M.

Millar, John (1985): Vom Ursprung des Unterschieds in den Rangordnungen und Ständen der Gesellschaft. Mit einer Einleitung von William C. Lehmann. Frankfurt a. M.

Montesquieu, Charles-Louis de (1951): Vom Geist der Gesetze. Hg. von Ernst Forsthoff. 2 Bde., Tübingen.

Montesquieu, Charles de (1988): Perserbriefe. Hg. von Jürgen Stackelberg. Frankfurt a. M.

Morelly, Étienne-Gabriel (1964): Gesetzbuch der natürlichen Gesellschaft. Hg. von Werner Krauss. Berlin.

Newton, Isaac (1963): Mathematische Prinzipien der Naturlehre. Hg. von Jakob Philipp Wolfers. Darmstadt.

Pope, Alexander (1997): Vom Menschen. Essay on Man. Hg. von Wolfgang Breidert. Hamburg.

Poulain de la Barre, François (1673): De l'Égalité des deux sexes. Paris.

Quesnay, François (1976): Ökonomische Schriften. Hg. von Marguerite Kuczynski. 2 Bde., Berlin.

Raynal, Guillaume/Diderot, Denis (1988): Die Geschichte beider Indien. Hg. von Hans-Jürgen Lüsebrink. Nördlingen.

Reid, Thomas (1967): Philosophical Works. Hg. von William Hamilton (Edinburgh 1886), eingel. von Harry M. Bracken. Hildesheim.

Reimarus, Hermann Samuel (1985): Die vornehmsten Wahrheiten der natürlichen Religion. Hg. von Günter Gawlik. Göttingen.

Robertson, William (1841): The History of the Discovery and Settlement of America. In: The Works of William Robertson. Hg. von Dugald Stewart. Edinburgh, Bd. II, 1.

Rousseau, Jean-Jacques (1964): Extrait du projet de paix perpétuelle. Jugement sur le projet de paix. In: Œuvres complètes. Bd. III. Paris, S. 563–589; S. 591–600.

Rousseau, Jean-Jacques (1972): Artikel „Ökonomie". In: Diderot, d'Alembert (Hg.): Enzyklopädie. Frankfurt a. M., S. 334–384.

Rousseau, Jean-Jacques (1976): Émile oder Über die Erziehung. Stuttgart.

Rousseau, Jean-Jacques (1977): Vom Gesellschaftsvertrag. In: Politische Schriften. Hg. von Ludwig Schmidts. Paderborn. Bd. 1, S. 59–208.

Rousseau, Jean-Jacques (1978): Schriften zur Kulturkritik. Die zwei Diskurse von 1750 und 1755. Hg. von Kurt Weigand. Hamburg.

Saint-Pierre, Charles Irénée Castel de (1713): Projet pour rendre la paix perpétuelle en Europe. 2 Bde., Utrecht.

Schiller, Friedrich (1970): Was heißt und zu welchem Ende studiert man Universalgeschichte? In: Nationalausgabe. Hg. von Karl Heinz Hahn. Bd. 17, S. 359–376.

Schlözer, Ludwig August (1990): Vorstellung seiner Universal-Historie. Hg. von Horst Walter Blanke. Hagen.

Shaftesbury, Anthony Ashley Cooper (2012): Inquiry Concerning Virtue or Merit. London.
Smith, Adam (1923): Eine Untersuchung über Natur und Wesen des Volkswohlstandes. Hg. von Heinrich Waentig. Jena.
Smith, Adam (1928): Vorlesungen über Rechts-, Polizei, Steuer- und Heereswesen. Hg. von S. Blach. Halberstadt.
Smith, Adam (1977): Theorie der ethischen Gefühle. Hg. von Walter Eckstein. Hamburg.
Sulzer, Johann Georg (2014): Kurzer Begriff aller Wissenschaften. In: Gesammelte Schriften. Hg. von Hans Adler und Elisabeth Décultot. Bd. I, Basel.
Turgot, Anne Robert Jacques (1919–1923): Œuvres de Turgot et documents le concernant. Hg. von Gustave Schelle. Paris.
Turgot, Anne Robert Jacques (1981): Betrachtungen über die Bildung und Verteilung der Reichtümer. Hg. von Marguerite Kuczynski. Berlin.
Turgot, Anne Robert Jacques (1990): Über die Fortschritte des menschlichen Geistes. Hg. von Johannes Rohbeck und Lieselotte Steinbrügge. Frankfurt a. M.
Vattel, Emer de (1758): Les droits des gens. London.
Verri, Pietro (1966): Meditazioni sulla economia politica. Hg. von Gian-Rinaldo Carli. Roma.
Verri, Pietro (1972): Discorso sull'indole del piacere e del dolore. Hg. von Armando Plebe. Mailand.
Verri, Pietro (1996): Discorso sulla felicitá. Hg. von Armando Plebe. Mailand.
Vico, Giovanni Battista (1990): Prinzipien einer neuen Wissenschaft über die gemeinsame Natur der Völker. Übers. von Vittorio Hösle und Christoph Jermann, 2 Bde., Hamburg.
Volney, Constantin François de (1977): Ruinen oder Betrachtungen über die Revolutionen der Reiche. Hg. von Günther Mensching. Frankfurt a. M.
Voltaire (1963): Essai sur les mœurs et l'esprit des nations et sur les principaux faits de l'histoire depuis Charlemagne jusqu'à Louis XIII. Hg. von René Pomeau. Paris.
Voltaire (1994): Dictionaire philosophique. Hg. von Alain Pons. Paris.
Voltaire (1948): Sämtliche Romane und Erzählungen in zwei Bänden. Hg. von Victor Klemperer. Leipzig.
Wollstonecraft, Mary (1989): Eine Verteidigung der Rechte der Frau. Hg. von Joachim Müller und Edith Schotte. Leipzig.

Literatur zum 18. Jahrhundert

Adler, Hans/Godel, Rainer (Hg.) (2010): Formen des Nichtwissens der Aufklärung. München.
Albertan-Coppola, Sylviane/McKenna, Antony (Hg.) (2003): Christianisme et Lumières. Paris.

Alt, Peter-André (1996): Aufklärung. Stuttgart.
Andries, Lise (Hg.) (2009): La construction des savoirs. Lyon.
Andries, Lise/Bernier, Marc André (Hg.) (2019): L'avenir des Lumières. Paris.
Asal, Sonja (2007): Der politische Tod Gottes: von Rousseaus Konzept der Zivilreligion zur Entstehung der politischen Theologie. Dresden.
Bartlett, Robert C. (2001): The idea of Enlightenment: a post-mortem study. London.
Beaurepaire, Pierre-Yves (2019): Les Lumiéres et le monde. Paris.
Berndt, Frauke/Fulda, Daniel (Hg.) (2012): Die Sachen der Aufklärung. Hamburg.
Binder, Klaus (Hg.) (1985): Der Traum der Vernunft. Vom Elend der Aufklärung. Darmstadt.
Blumenberg, Hans (1966): Legitimität der Neuzeit. Frankfurt a. M.
Borgstedt, Angela (2004): Das Zeitalter der Aufklärung, Darmstadt.
Breidert, Wolfgang (Hg.) (1994): Die Erschütterung der vollkommenen Welt. Die Wirkung des Erdbebens von Lissabon im Spiegel europäischer Zeitgenossen. Darmstadt.
Bubner, Rüdiger (1989): Rousseau, Hegel und die Dialektik der Aufklärung. In: Jochen Schmidt (Hg.): Aufklärung und Gegenaufklärung. Darmstadt, S. 404-420.
Butterwick, Richard/Davies, Simon/Sánchez Espinosa, Gabriel (Hg.) (2008): Peripheries of the Enlightenment. Oxford.
Carey, Daniel (Hg.) (2009): Postcolonial Enlightenment. Oxford.
Cassirer, Ernst (1932): Die Philosophie der Aufklärung. Tübingen.
Cheneval, Francis (2002): Philosophie in weltbürgerlicher Bedeutung. Basel.
D'Aprile, Iwan-Michelangelo/Siebers, Winfried (2008): Das 18. Jahrhundert. Zeitalter der Aufklärung. Berlin.
D'Aprile, Iwan-Michelangolo (Hg.) (2016): Aufklärung global – globale Aufklärung. Wolffenbüttel.
Darnton, Robert (1996): George Washingtons falsche Zähne oder noch einmal: Was ist Aufklärung? München.
Delon, Michel (Hg.) (1997): Dictionnaire européen des Lumières. Paris.
Dhawan, Nikita (Hg.) (2014): Decolonizing enlightenment. Toronto.
Diner, Dan (2017): Aufklärungen. Wege in die Moderne. Stuttgart.
Duchet, Michèle (1971): Anthropologie et histoire au siècle des Lumières. Paris.
Faber, Richard/Wehinger, Brunhilde (Hg.) (2010): Aufklärung in Geschichte und Gegenwart. Würzburg.
Faye, Jean Pierre (1992): L'Europe une. Les philosophes e l'Europe. Paris.
Foucault, Michel (1990): Was ist Aufklärung? In: Eva Erdmann u. a. (Hg.): Ethos der Moderne. Foucaults Kritik der Aufklärung, Frankfurt a. M., S. 35–54.
Frick, Marie-Luise (2020): Mutig denken. Aufklärung als offener Prozess. Stuttgart.
Fulda, Daniel (2022): Die Erfindung der Aufklärung. In: Archiv für Begriffsgeschichte, Heft 64/1, S. 9–100.
Garcés, Marina (2019): Neue radikale Aufklärung. Wien, Berlin 2019
Geier, Manfred (2012): Aufklärung. Das europäische Projekt. Reinbek b. Hamburg.

Gerrard, Greame (2006): Counter-Enlightenment. From the Eighteenth Century to the Present. London, New York.

Godel, Rainer (2007): Vorurteil – Anthropologie – Literatur: der Vorurteilsdiskurs als Modus der Selbstaufklärung im 18. Jahrhundert. Tübingen.

Godineau, Dominique (1996): Die Frau der Aufklärung. In: Michel Vovelle (Hg.): Der Mensch der Aufklärung. Frankfurt a. M., S. 321–358.

Goulemot, Jean-Marie (2001): Adieu les philosophes. Que reste-t-il des Lumières? Paris.

Gumbrecht, Hans Ulrich (2020): „Prosa der Welt". Denis Diderot und die Peripherie der Aufklärung. Berlin.

Günther, Horst (2016): Das Erdbeben von Lissabon und die Erschütterungen des aufgeklärten Europa. Frankfurt a. M.

Haag, Johannes/Wild, Markus (2019): Philosophie der Neuzeit. Von Descartes bis Kant. München.

Hampe, Michael (2018): Die dritte Aufklärung. Berlin.

Hardtwig, Wolfgang (Hg.) (2010): Die Aufklärung und ihre Weltwirkung, Göttingen.

Hellwig, Marion (2014): „Alles ist gut". Zur Bedeutung einer Theodizee-Formel bei Pope, Voltaire und Hölderlin. In: Gerhard Lauer und Thorsten Unger (Hg.): Das Erdbeben von Lissabon und der Katastrophendiskus im 18. Jahrhundert. Göttingen, S. 216–229.

Himmelfarb, Gertrud (2004): The Roads to Modernity. The British, French, and American Enlightenments. New York.

Höffe, Otfried (1995): Völkerbund oder Weltrepublik? In: ders. (Hg.): Immanuel Kant. Zum ewigen Frieden. Berlin, S. 109–132.

Holzhey, Helmut (1997): Kant und die Aktualität der Aufklärung. In: Helmut Reinalter (Hg.): Die neue Aufklärung. Wien, S. 25–43.

Honegger, Claudia (1991): Die Ordnung der Geschlechter. Die Wissenschaften vom Menschen und das Weib 1750–1850. Frankfurt a. M.

Horkheimer, Max/Adorno, Theodor W. (1987): Dialektik der Aufklärung. In: Max Horkheimer: Gesammelte Schriften, Bd. 5, Frankfurt a. M.

Im Hof, Ulrich (1993): Das Europa der Aufklärung. München.

Israel, Jonathan (2009): A Revolution of the Mind: Radical Enlightenment and the Intellectual Origins of Modern Democracy. Princeton.

Habermas, Jürgen (1981): Die Moderne – ein unvollendetes Projekt. In: ders.: Kleine Politische Schriften. Frankfurt a. M., S. 444–464.

Jacob, Margaret C. (2006): The Radical Enlightenment. London.

Jüttner, Siegfried/Schlobach, Jochen (Hg.) (1992): Europäische Aufklärung(en): Einheit und nationale Vielfalt. Hamburg.

Jung, Theo (2012): Gegenaufklärung: Ein Begriff zwischen Aufklärung und Gegenwart. In: Dietmar J. Wetzel (Hg.): Perspektiven der Aufklärung. München. S. 87–100.

Karremann, Isabel/Stiening, Gideon (Hg.) (2020): Feministische Aufklärung in Europa. Hamburg.
Kersting, Christa (2010): Ambivalenzen der Aufklärung am Beispiel weiblicher Bildung. In: Richard Faber und Brunhilde Wehinger (Hg.) (2010): Aufklärung in Geschichte und Gegenwart. Würzburg, S. 101–121.
Kittsteiner, Heinz-Dieter (1998): Listen der Vernunft. Motive geschichtsphilosophischen Denkens. Frankfurt a. M.
Kondylis, Panajotis (1981): Die Aufklärung im Rahmen des neuzeitlichen Rationalismus. Stuttgart.
Kopper, Joachim (1996): Einführung in die Philosophie der Aufklärung. Darmstadt.
Koselleck, Reinhart (1967): Richtlinien für das Lexikon politisch-sozialer Begriffe der Neuzeit. In: Archiv für Begriffsgeschichte 11, S. 81–99.
Koselleck, Reinhart (1975): Artikel „Fortschritt" und „Geschichte". In: Otto Brunner, Werner Conze und Reinhart Koselleck (Hg.): Geschichtliche Grundbegriffe. Stuttgart, Bd. 2, S. 351–423 und 593–717.
Lauer, Gerhard/Unger, Thorsten (Hg.) (2014): Das Erdbeben von Lissabon und der Katastrophendiskurs im 18. Jahrhundert. Göttingen.
Lilti, Antoine (2019): L'Heritage des Lumières. Paris.
Marquard, Odo (2014): Die Krise des Optimismus und die Geburt der Geschichtsphilosophie. In: Gerhard Lauer und Thorsten Unger (Hg.): Das Erdbeben von Lissabon und der Katastrophendiskus im 18. Jahrhundert. Göttingen, S. 205–215.
Martus, Steffen (2015): Aufklärung. Das deutsche 18. Jahrhundert. Berlin.
Merker, Nicolao (1982): Die Aufklärung in Deutschland. München.
Mittelstraß, Jürgen (1970): Neuzeit und Aufklärung. Berlin.
Mittelstraß, Jürgen (1989): Kant und die Dialektik der Aufklärung. In: Jochen Schmidt (Hg.): Aufklärung und Gegenaufklärung. Darmstadt, S. 341–360.
Möller, Horst (1986): Vernunft und Kritik. Deutsche Aufklärung im 17. und 18. Jahrhundert. Frankfurt a. M.
Mortier, Roland (1978): Diversité des Lumières européennes. In: Bernhard Fabian und Wilhelm Schmidt-Biggemann (Hg.): Das achtzehnte Jahrhundert als Epoche. Nendeln, S. 39–51.
Müller, Winfried (2002): Die Aufklärung. München.
Mulsow, Martin (2006): Die unanständige Gelehrtenrepublik. Stuttgart.
Muthu, Sankar (2009): Enlightenment against Empire. Princeton.
Neuhouser, Frederick (2012): Pathologien der Selbstliebe. Freiheit und Anerkennung bei Rousseau. Berlin.
Oelmüller, Willi (1969): Die unbefriedigte Aufklärung. Frankfurt a. M.
Opitz, Claudia (2002): Aufklärung der Geschlechter. Münster.
Pagden, Antony (2013): The Enlightenment and Why it Still Matters. London.
Pečar, Andreas/Tricore, Damian (2015): Falsche Freunde. War die Aufklärung wirklich die Geburtsstunde der Moderne? Frankfurt a. M.

Pinker, Steven (2018): Enlightenment Now. New York.
Pomeau, René (1966): L'Europe des Lumières. Paris.
Porter, Roy (1991): Kleine Geschichte der Aufklärung. Berlin.
Porter, Roy (2000): The Creation of the Modern World. New York.
Porter, Roy/Teich, Mikulás (Hg.) (2000): The Enlightenment in National Context. Cambrigde.
Postman, Neil (2000): Die zweite Aufklärung. Frankfurt a. M.
Pütz, Peter (1991): Die deutsche Aufklärung. Darmstadt.
Reed, Terence James (2009): Mehr Licht in Deutschland. Eine kleine Geschichte der Aufklärung. München.
Reinalter, Helmut (Hg.) (1997): Die neue Aufklärung. Wien.
Reinalter, Helmut (Hg.) (2006): Aufklärungsprozesse seit dem 18. Jahrhundert. Würzburg.
Reitz, Tilmann (2012): Aufklärung als Letzthorizont? In: Dietmar J. Wetzel (Hg.): Perspektiven der Aufklärung. München. S. 101–112.
Rheinberger, Hans-Jörg/McLaughlin, Peter (2021): Ordnung und Organisation. Begriffsgeschichtliche Studien zu den Wissenschaften vom Leben im 18. und 19. Jahrhundert. Rangsdorf.
Ricken, Ulrich (1984): Sprache, Anthropologie, Philologie in der französischen Aufklärung. Berlin.
Rohbeck, Johannes (1978): Egoismus und Sympathie. David Humes Gesellschafts- und Erkenntnistheorie. Frankfurt a. M.
Rohbeck, Johannes (1987): Die Fortschrittstheorie der Aufklärung. Frankfurt a. M.
Rohbeck, Johannes (2010): Aufklärung und Geschichte. Berlin.
Rohbeck, Johannes (2021): Zur Aktualität der Aufklärung. In: Zeitschrift für Didaktik der Philosophie und Ethik, Heft 1, S. 4–19.
Rohbeck, Johannes/Holzhey, Helmut (Hg.) (2008): Grundriss der Geschichte der Philosophie. Die Philosophie des 18. Jahrhunderts. Bd. 2.1 und 2.2: Frankreich. Basel.
Rohbeck, Johannes/Rother, Wolfgang (Hg.) (2011/2015): Grundriss der Geschichte der Philosophie. Die Philosophie des 18. Jahrhunderts. Bd. 3: Italien 2011; Band 4: Spanien, Portugal, Lateinamerika 2015. Basel.
Rohbeck, Johannes/Steinbrügge, Lieselotte (Hg.) (2015): Jean-Jacques Rousseau: Die beiden Diskurse zur Zivilisationskritik. Berlin.
Rorty, Richard (2001): The Continuity Between the Enlightenment and ,Postmodernism'. In: Keith Michael Bake und Peter Hanns Reill (Hg.): What's left of Enlightenment? Stanford, S. 19–36.
Roselli, Antonio/Schlieper, Hendrick (2022): Transatlantische Aufklärung. Erfahrungen von Identität und Alterität im 18. Jahrhundert. Paderborn.
Rother, Wolfgang (2005): La maggiore felicità possibile. Untersuchungen zur Philosophie der Aufklärung in Nord- und Mittelitalien. Basel.
Rüsen, Jörn/Lämmert, Eberhard/Glotz, Peter (Hg.) (1988): Die Zukunft der Aufklärung. Frankfurt a. M.

Sala-Molins, Louis (2008): Les Misères des Lumières. Paris.
Sánchez-Blanco, Francisco (2002): El absolutismo y las Luces en el reinado de Carlos III. Madrid.
Saul, John Ralston (1992): Voltaire's Bastards. The Dictatorship of Reason in the West. New York.
Schmidt, Georg (2009): Wandel durch Vernunft. Deutschland 1715–1806. München.
Schmidt, Jochen (Hg.) (1989): Aufklärung und Gegenaufklärung. Darmstadt.
Schmitt-Maaß, Christoph/Stiening, Gideon/Vollhardt, Friedrich (Hg.) (2022): Katholische Aufklärung? Hamburg.
Schnädelbach, Herbert (1988): Was ist Aufklärung? In: Gunzelin Schmid Noerr (Hg.): Metamorphosen der Aufklärung. Tübingen, S. 15–19.
Schneiders, Werner (1974): Die wahre Aufklärung. Zum Selbstverständnis der deutschen Aufklärung. Freiburg.
Schneiders, Werner (1997): Das Zeitalter der Aufklärung. München.
Schröder, Winfried u. a. (1979): Französische Aufklärung. Leipzig.
Schröder, Winfried (1998): Ursprünge der Atheismus. Stuttgart-Bad Cannstatt.
Steinbrügge, Lieselotte (1987): Das moralische Geschlecht. Theorien und literarische Entwürfe über die Natur der Frau in der Aufklärung. Weinheim.
Steinbrügge, Lieselotte (2020): Françoise de Graffigny und Anne Robert Jacques Turgot im Streit um die Weibliche Aufklärung. In: Isabel Karremann und Gideon Stiening (Hg.): Feministische Aufklärung in Europa. Hamburg, S. 225–243.
Steinbrügge, Lieselotte (2020): Weltbilder geraten ins Wanken. Das Erdbeben von Lissabon und seine Konsequenzen für das aufklärerische Denken. In online: Metaphorik.de 31/2020, S. 117–130.
Steinkamp, Volker (2000): Der Europa-Begriff der norditalienischen Aufklärer. In: Helmut C. Jacobs und Gisela Schlüter Jacobs (Hg.): Beiträge zur Begriffsgeschichte der italienischen Aufklärung im europäischen Horizont. Frankfurt a. M., S. 119–131.
Stenger, Gerhard (2013): Diderot. Le combattant de la liberté. Paris.
Stockhorst, Stefanie (Hg.) (2013): Epoche und Projekt. Perspektiven der Aufklärungsforschung. Göttingen.
Stollberg-Rilinger, Barbara (2000): Europa im Jahrhundert der Aufklärung. Stuttgart.
Strasser, Peter (1986): Die verspielte Aufklärung. Frankfurt a. M.
Thoma, Heinz (Hg.) (2015): Handbuch Europäische Aufklärung. Begriffe, Konzepte, Wirkung. Stuttgart.
Thoma, Heinz (2018): Ende einer Epoche? Zur Geschichte und Kritik der Bürgerlichen Formation seit der Aufklärung. Halle.
Todorow, Tzvetan (2009): In Defence of the Enlightenment. London.
Trabant, Jürgen (2006): Europäisches Sprachdenken: von Platon bis Wittgenstein. München.

Vierhaus, Rudolf (1988): Aufklärung als Emanzipationsprozess. In: ders. (Hg.): Aufklärung als Prozess. Hamburg, S. 9–18.
Wagner, Astrid/Asmuth, Christoph/Roldán, Concha (2017): Harmonie, Toleranz, kulturelle Vielfalt. Aufklärerische Impulse von Leibniz bis zur Gegenwart. Würzburg.
Weinrich, Harald (1971): Literaturgeschichte eines Weltereignisses: Das Erdbeben von Lissabon. In: ders., Literatur für Leser. Stuttgart, S. 64–76.
Zali, Anne (Hg.) (2006): Lumières! Un héritage pour demain. Paris.

Literatur zur Gegenwart

Adloff, Frank (2020): Zeit, Angst und (k)ein Ende der Hybris. In: Michael Volkmer/Karin Werner (Hg.): Die Corona-Gesellschaft. Bielefeld, S. 145–153.
Antweiler, Christoph (2011): Mensch und Weltkultur. Bielefeld.
Bartelmus, Peter (1994): Environment, Growth and Development. London.
Beck, Ulrich (1986): Risikogesellschaft. Frankfurt a. M.
Beck, Ulrich (1997): Was ist Globalisierung? Frankfurt a. M.
Birnbacher, Dieter (2003): Verantwortung für zukünftige Generation. In: Handbuch Generationengerechtigkeit. München, S. 81–103.
Birnbacher, Dieter (2016): Klimaethik. Nach uns die Sintflut? Stuttgart.
Boehm, Omri (2022): Radikaler Universalismus. Jenseits von Identität. Berlin.
Block, Kathrina (2020): Die Corona-Pandemie als Phänomen des Unverfügbaren. In: Michael Volkmer und Karin Werner (Hg.): Die Corona-Gesellschaft. Bielefeld, S. 155–163.
Blühdorn, Ingolfur (2013): Simulative Demokratie. Frankfurt a. M.
Bogner, Alexander (2021): Die Epistemisierung des Politischen. Stuttgart.
Böhler, Dietrich (2009): Zukunftsverantwortung in globaler Perspektive. Bad Homburg.
Böhme, Gernot und Rebecca (2021): Über das Unbehagen im Wohlstand. Berlin.
Büscher, Christian/Japp, Klaus-Peter (Hg.) (2010): Ökologische Aufklärung. Wiesbaden.
Butter, Michael (2018): „Nichts ist, wie es scheint". Über Verschwörungstheorien. Frankfurt a. M.
Büttner, Urs/Richter, Steffen (Hg.) (2021): Endzeiten. Apokalypse – Eschatologie – Risiko. Hannover.
Casanova, José (2016): Die Erschließung des Postsäkularen. In: Matthias Lutz-Bachmann (Hg.): Postsäkularismus. Frankfurt a. M., S. 9–40.
Chakrabarty, Dipesh (2010): Europa als Provinz. Frankfurt a. M.
Chakrabarty, Dipesh (2022): Das Klima der Geschichte im planetarischen Zeitalter. Berlin.
Cheneval, Francis (2003): Die Europäische Union und das Problem der demokratischen Repräsentation. Basel.

Cheneval, Francis (2005): Zwischenstaatliche Integration als Vorbild neuer Weltordnung. In: Emil Angehrn und Bernard Baertschi (Hg.): Globale Gerechtigkeit und Weltordnung. Studia philosophica, Vol. 64, S. 179–201.
Cheneval, Francis (Hg.) (2006): Legitimationsgrundlagen der Europäischen Union. Münster.
Crouch, Colin (2008): Postdemokratie. Frankfurt a. M.
Davies, Jeremy (2016): The Birth of the Anthropocene. Oakland.
De Beauvoir, Simone (2000): Das andere Geschlecht. Hamburg.
Elis, Erle C. (2018): The Anthropocene. A very short introduction. Oxford.
Eyal, Gil (2019): The Crisis of Expertise. Cambridge.
Figueroa, Dimas (2004): Philosophie und Globalisierung, Würzburg.
Forst, Rainer (2003): Toleranz im Konflikt. Frankfurt a. M.
Fraser, Nancy (1994): Widerspenstige Praktiken. Macht, Diskurs, Geschlecht. Frankfurt a. M.
Fraser, Nancy/Jaeggi, Rahel (2020): Kapitalismus. Ein Gespräch über kritische Theorie. Berlin.
Freiburghaus, Dieter (2000): Wohin des Wegs? Ein Lesebuch über die Vergangenheit, Gegenwart und Zukunft der europäischen Integration. Bern.
Fricker, Miranda (2007): Epistemic injustice: Power and the ethics of knowing. Oxford.
Fuller, Gregory (2017): Das Ende. Von der heiteren Hoffnungslosigkeit im Angesicht der ökologischen Katastrophe. Hamburg.
Fuller, Steve (2018): Post-Truth. Knowledge as a Power Game. London.
Gabriel, Karl (2016): Langer Abschied von der Säkularisierungsthese – und was kommt danach? In: Matthias Lutz-Bachmann (Hg.): Postsäkularismus. Frankfurt a. M., S. 211–236.
Gabriel, Markus (Hg.) (2014): Der neue Realismus. Frankfurt a. M.
Gabriel, Markus (2018): Der Sinn des Denkens. Berlin.
Gabriel, Markus (2020): Moralischer Fortschritt in dunklen Zeiten. Berlin.
Gesang, Bernward (2011): Klimaethik. Frankfurt a. M.
Giddens, Anthony (2005): The Globalizing of Modernity. In: David Held und Anthony McGrew (Hg.): The Global Transformations Reader. Cambridge, S. 60–66.
Goodman, James (1998): Die Europäische Union. In: Ulrich Beck (Hg.): Politik der Globalisierung. Frankfurt a. M., S. 331–373.
Göpel, Maja (2020): Unsere Welt neu denken. Berlin.
Graf, Friedrich Wilhelm (2004): Die Wiederkehr der Götter. München.
Grau, Alexander (2022): Entfremdet – zwischen Realitätsverlust und Identitätsfall. Springe.
Grießer, Wilfried (2015): Europa als Kategorie. In: ders. (Hg.): Die Philosophie und Europa. Würzburg, S. 7–17.
Habermas, Jürgen (1985): Der philosophische Diskurs der Moderne. Frankfurt a. M.

Habermas, Jürgen (1988): Nachmetaphysisches Denken. Frankfurt a. M.
Habermas, Jürgen (2005): Zwischen Naturalismus und Religion. Frankfurt a. M.
Habermas, Jürgen (2008): Ach, Europa. Frankfurt a. M.
Hahn, Henning (2009): Globale Gerechtigkeit. Frankfurt a. M.
Hamilton, Clive (2017): Defiant Earth. The Fate of Humans in the Anthropocene. Cambridge.
Hamilton, David L. / Stroessner, Steven J. / Driscoll, Denise M. (1994): Social cognition and the study of stereotyping. In: P. G. Devine, D. L. Hamilton, T. M. Ostrom (Hg.): Social cognition and the impact on social psychology. San Diego, S. 291–321.
Harari, Yuval Noah (2018): 21 Lektionen für das 21. Jahrhundert. München.
Hardt, Michael/Negri, Antonio (2003): Empire. Die neue Weltordnung. Frankfurt a. M.
Heidenreich, Felix (2022): Demokratie als Zumutung. Für eine andere Bürgerlichkeit. Stuttgart.
Herzog, Lisa (2019): Die Rettung der Arbeit. Berlin.
Heubach, Andrea (2008): Generationengerechtigkeit – Herausforderung für die zeitgenössische Ethik. Göttingen.
Höffe, Otfried (1999): Demokratie im Zeitalter der Globalisierung. München.
Honneth, Axel (2000): Das Andere der Gerechtigkeit. Frankfurt a. M.
Honneth, Axel (2018): Anerkennung. Frankfurt a. M.
Horkheimer, Max (1985): Kritik der instrumentellen Vernunft. Frankfurt a. M.
Horn, Eva (2014): Zukunft als Katastrophe. Frankfurt a. M.
Horn, Eva/Bergthaller, Hannes (2019): Anthropozän zur Einführung. Hamburg.
Irigaray, Luce (1980): Speculum. Spiegel des anderen Geschlechts. Frankfurt a. M.
Jonas, Hans (1979): Das Prinzip Verantwortung. Frankfurt a. M.
Joób, Mark (2008): Globale Gerechtigkeit im Spiegel zeitgenössischer Theorien der Politischen Philosophie. Ödenburg.
Keil, Geert/Jaster, Romy (2021): Nachdenken über Corona. Stuttgart.
Keohane, Robert O. / Nye Jr., Joseph (2005): Globalization, What's New? What's Not? (And So What?). In: David Heldund und Anthony McGrew (Hg.): The Global Transformations Reader. Cambridge, S. 75–83.
Knoblauch, Hubert/Löw, Martina (2020): Dichotopie. Die Figuration von Räumen in Zeiten der Pandemie. In: Michael Volkmer und Karin Werner (Hg.): Die Corona-Gesellschaft. Bielefeld. S. 89–99.
Kocka, Jürgen (1984): Zurück zur Erzählung? Plädoyer für historische Argumentation. In: Geschichte und Gesellschaft 10, S. 395–408.
Kohler, Georg (2006): Demokratie und Großraum. In: Francis Cheneval (Hg.): Legitimationsgrundlagen der Europäischen Union. Münster, S. 29–46.
Kortmann, Bernd/Schulze, Günther (Hg.) (2020): Jenseits von Corona. Bielefeld.
Koselleck, Reinhart (1979): Vergangene Zukunft. Frankfurt a. M.
Koselleck, Reinhart (2003): Zeitschichten. Frankfurt a. M.

Kotzur, Markus (Hg.) (2018): Wenn Argumente scheitern. Aufklärung in Zeiten des Populismus. Paderborn.
Kreis, Georg (2006): Die EU: legitimiert aus dem Gang der Geschichte? In: Francis Cheneval (Hg.): Legitimationsgrundlagen der Europäischen Union. Münster, S. 61–76.
Kumkar, Nils V. (2022): Alternative Fakten. Berlin 2022.
Laslett, Peter (1992): Is There a Generational Contract? In: Peter Laslett und James S. Fishkin (Hg.): Justice between Age Groups and Generations. New Haven, London, S. 24–47.
Lavenex, Sandra (2006): Neue Ansätze des Regierens in der EU. In: Francis Cheneval (Hg.): Legitimationsgrundlagen der Europäischen Union. Münster, S. 95–114.
Leggewie, Klaus/Welzer, Harald (2009): Das Ende der Welt, wie wir sie kannten. Frankfurt a. M.
Leist, Anton (2005): Ökologische Gerechtigkeit. In: Julian Nida-Rümelin (Hg.): Angewandte Ethik. Stuttgart, S. 426–513.
Leslie, John (1998): The End of the World. London, New York.
Lienkamp, Andreas (2009): Klimawandel und Gerechtigkeit. Paderborn.
Lübbe, Hermann (1986): Religion nach der Aufklärung. Graz.
Lübbe, Hermann (2005): Die Zivilisationsökumene. München.
Luhmann, Niklas (1970): Soziologische Aufklärung 1. Opladen.
Luhmann, Niklas (1977): Funktion der Religion. Frankfurt a. M.
Lutz-Bachmann, Matthias (2016): Die postsäkulare Konstellation. In: ders. (Hg.): Postsäkularismus. Frankfurt a. M., S. 79–96.
Lyotard, Jean-François (1986): Das postmoderne Wissen. Wien.
Mau, Steffen (2021): Sortiermaschinen. Die Neuerfindung der Grenze im 21. Jahrhundert. München.
McIntyre, Lee (2018): Post-Truth. Cambridge.
Meyer, Kirstin (2018): Was schulden wir künftigen Generationen? Stuttgart.
Misselhorn, Catrin (2021): Künstliche Intelligenz und Empathie. Stuttgart.
Morton, Tim (2018): Ökologisch sein. Berlin.
Mukerji, Nikil/Mannino, Adriano (2020): Was in der Krise zählt. Stuttgart.
Münkler, Herfried und Marina (2020): Der Einbruch des Unvorhersehbaren. In: Bernd Kortmann und Günther Schulze (Hg.): Jenseits von Corona. Bielefeld, S. 101–108.
Nassehi, Arnim (2021): Unbehagen. Theorie der überforderten Gesellschaft. München.
Negt, Oskar (2001): Arbeit und menschliche Würde. Göttingen.
Negt, Oskar (2010): Der politische Mensch. Demokratie als Lebensform. Göttingen.
Neiman, Susan (2017): Widerstand der Vernunft. Salzburg.
Nichols, Tom (2017): The Death of Expertise. Oxford.

Nida-Rümelin, Julian (2020): Die gefährdete Rationalität der Demokratie, Hamburg.
Nussbaum, Martha Craven (2001): Women and human development. New York.
Osterhammel, Jürgen (2017): Die Flughöhe der Adler. Historische Essays zur globalen Gegenwart. München.
Osterhammel, Jürgen (2020): (Post-)Corona im Weltmaßstab. In: Bernd Kortmann und Günther Schulze (Hg.): Jenseits von Corona. Bielefeld, S. 255–262.
Ostheimer, Jochen (2020): Einfache und vertrackte Probleme. Strukturelle Unterschiede zwischen der Corona-Pandemie und der Klimakrise. In: Wolfgang Kröll u. a. (Hg.): Die Corona- Pandemie. Baden-Baden. S. 179–198.
Paehlke, Robert C. (1989): Environmentalism and the Future of Progressive Politics. London.
Parfit, Derek (1981): Future Generations: Further Problems. In: Philosophy & Public Affairs 11, 2, S. 113–172.
Piketty, Thomas (2014): Capital in the Twenty-First Century. Cambridge.
Pogge, Thomas W. (2002): World Poverty and Human Rights. Malden.
Pogge, Thomas (2003): ‚Armenhilfe' ins Ausland. In: Analyse & Kritik, 25, S. 220–247.
Polanyi, Karl (1978): The Great Transformation. Berlin.
Pollack, Detlef/Rosta, Gergely (2015): Religion in der Moderne. Frankfurt a. M.
Precht, Richard David (2020): Künstliche Intelligenz und der Sinn des Lebens. München.
Rapic, Smail (Hg.) (2020): Jenseits des Kapitalismus. Freiburg.
Rawls, John (1975): Eine Theorie der Gerechtigkeit. Frankfurt a. M.
Rawls, John (2003): Politischer Liberalismus. Frankfurt a. M.
Reckwitz, Andreas (2019): Das Ende der Illusionen. Berlin.
Reckwitz, Andreas (2020): Risikopolitik. In: Michael Volkmer/Karin Werner (Hg.): Die Corona-Gesellschaft. Bielefeld, S. 241–251.
Reckwitz, Andreas/Rosa, Hartmut (2021): Spätmoderne in der Krise. Berlin.
Redecker, Eva (2020): Revolution für das Leben. Frankfurt a. M.
Reder, Michael (2009): Philosophie und Globalisierung. Darmstadt.
Reinalter, Helmut (2016): Der aufgeklärte Mensch. Würzburg.
Renner, Tobias (2017): Postsäkulare Gesellschaft und Religion. Freiburg.
Rohbeck, Johannes (1993): Technologische Urteilskraft. Frankfurt a. M.
Rohbeck, Johannes (2000): Technik – Kultur – Geschichte. Frankfurt a. M.
Rohbeck, Johannes (2004): Geschichtsphilosophie zur Einführung. Hamburg.
Rohbeck, Johannes (2013): Zukunft der Geschichte. Berlin.
Rohbeck, Johannes (2020): Integrative Geschichtsphilosophie. Berlin.
Rohland, Eleonora (2020): Corona, Klima und weiße Suprematie. In: Michael Volkmer/Karin Werner (Hg.): Die Corona-Gesellschaft. Bielefeld. S. 45–53.
Roldán, Concha/Brauer, Daniel/Rohbeck, Johannes (Hg.) (2018): Philosophy of Globalization. Berlin.
Rorty, Richard/Vattimo, Gianni (2006): Die Zukunft der Religion. Frankfurt a. M.

Rosa, Hartmut (2021): Unverfügbarkeit. Wien.
Sassen, Saskia (2008): Das Paradox des Nationalen. Frankfurt a. M.
Schaber, Peter (2007): Globale Hilfspflichten. In: Barbara Bleich und Peter Schaber (Hg.): Weltarmut und Ethik. Paderborn, S. 139–151.
Scharpf, Fritz (1999): Regieren in Europa. Frankfurt a. M.
Schmid-Noerr, Gunzelin (Hg.) (1988): Metamorphosen der Aufklärung. Tübingen.
Schmidt, Alfred (2006): Übergang zur verwalteten Welt. Max Horkheimer und Theodor W. Adorno: Dialektik der Aufklärung. In: Helmut Reinalter (Hg.): Aufklärungsprozesse seit dem 18. Jahrhundert. Würzburg, S. 121–143.
Schnädelbach, Herbert (2004): Die Zukunft der Aufklärung. In: ders.: Vorträge und Abhandlungen. Frankfurt a. M., Bd. 4, S. 66–89.
Schneidewind, Uwe (2018): Die Große Transformation. Frankfurt a. M.
Scholte, Jan Aart (2005): Globalization. A Critical Introduction. New York.
Sen, Amartya (2010): Die Idee der Gerechtigkeit. München.
Shklar, Judith (1992): Über Ungerechtigkeit. Berlin.
Singer, Peter (2007): Hunger, Wohlstand und Moral. In: Barbara Bleich und Peter Schaber (Hg.): Weltarmut und Ethik. Paderborn, S. 37–51.
Steinbrügge, Lieselotte (2010): Egalität oder Differenz? Das andere Geschlecht im Licht feministischer Theoriebildung. In: Stephanie Bung und Romana Weiershausen (Hg.): Simone de Beauvoir. Göttingen, S. 200–210.
Stichweh, Rudolf (2020): Simplifikation des Sozialen. In: Michael Volkmer und Karin Werner (Hg.): Die Corona-Gesellschaft. Bielefeld, S. 198–208.
Stiegler, Bernard (2008): Die Logik der Sorge. Frankfurt a. M.
Streeck, Wolfgang (2013): Gekaufte Zeit: die vertagte Krise des demokratischen Kapitalismus. Berlin.
Streeck, Wolfgang (2021): Zwischen Globalismus und Demokratie. Berlin.
Striet, Magnus (2020): Nichts gewesen? Ein theologischer Versuch im Zeichen der Pandemie. In: Bernd Kortmann und Günther Schulze (Hg.): Jenseits von Corona. Bielefeld, S. 157–164.
Sturma, Dieter (2006): Die Gegenwart der Langzeitverantwortung. In: Claus Langbehn (Hg.): Recht, Gerechtigkeit und Freiheit. Paderborn, S. 221–238.
Taylor, Charles (2007): A Secular Age. Cambridge.
Tillmann, Jenny (2012): Was heißt historische Verantwortung? Bielefeld.
Tremmel, Jörg (2012): Eine Theorie der Generationengerechtigkeit. Münster.
Utzinger, André (2006): Mythen oder Institutionen? In: Francis Cheneval (Hg.): Legitimationsgrundlagen der Europäischen Union. Münster, S. 235–251.
Veith, Werner (2006): Intergenerationelle Gerechtigkeit. Stuttgart.
Verovšek, Peter (2020): Memory and the Future of Europe. Manchester.
Vielmetter, Georg (2021): Die Post-Corona-Welt. Frankfurt a. M.
Wallerstein, Immanuel (2013): Structural Crisis, or why Capitalism may no longer Capitalism rewarding. In: ders. u. a.: Does Capitlism have a Future? New York, S. 9–35.
Wallerstein, Immanuel (2019): Welt-System-Analyse. Wiesbaden.

Walzer, Michael (1999): Zur Erfahrung von Universalität. In: Karl-Josef Kuschel, Alessandro Pinzani, Martin Zillinger (Hg.): Ein Ethos für eine Welt? Frankfurt a. M., S. 38–47.
Wellmer, Albrecht (1985): Zur Dialektik von Moderne und Postmoderne. Frankfurt a. M.
Welzer, Harald (2008): Klimakriege. Frankfurt a. M.
Werth, Lioba/Mayer, Jennifer (2008): Sozialpsychologie. Berlin.
White, Hayden (1986): Auch Klio dichtet. Stuttgart.
White, Hayden (1990): Die Bedeutung der Form. Frankfurt a. M.
White, Hayden (1991): Metahistory. Frankfurt a. M.
Willke, Helmut (2016): Dezentrierte Demokratie. Berlin.
Wingens, Matthias (1998): Wissensgesellschaft und Industrialisierung der Wissenschaft. Wiesbaden.
Žižek, Slavoj (2001): Die Tücke des Subjekts. Frankfurt a. M.
Žižek, Slavoj (2020): Pandemie! Covid-19 erschüttert die Welt. Wien.
Zorn, Daniel-Pascal (2022): Die Krise des Absoluten – Was die Postmoderne hätte sein können. Stuttgart.
Zuboff, Shoshana (2018): Das Zeitalter des Überwachungskapitalismus. Frankfurt a. M.
Zurbuchen, Simone (2005): Globale Gerechtigkeit und das Problem der kulturellen Differenz. In: Emil Angehrn und Bernard Baertschi (Hgg.), Globale Gerechtigkeit und Weltordnung. Studia philosophica, Vol. 64, S. 121–141.

Personenverzeichnis

A
Adorno, Theodor W. 213, 248
Anders, Günter 237
Arendt, Hannah 207

B
Bacon, Francis 43
Barre, Poulain de la 98, 99, 105
Baudrillard, Jean 165, 214
Bayle, Pierre 71
Beauvoir, Simone de 105
Beccaria, Cesare 35, 40, 76, 90, 97, 147, 174, 195, 255
Beck, Ulrich 262
Bergier, Nicolas-Sylvestre 75
Blühdorn, Ingolfur 165, 263
Blumenberg, Hans 62, 63
Bossuet, Jacques Bénigne 210, 223
Buffon, Georges-Louis Leclerc de 30, 85, 92

C
Cassirer, Ernst 56, 209, 250
Condillac, Étienne Bonnot de 30, 66, 96, 142, 146, 148, 150, 255
Condorcet, Marie Jean Antoine Nicolas Caritat, Marquis de 43, 69, 99, 102, 131, 196, 221, 227, 258, 261
Crouch, Colin 163

D
d'Alembert, Jean-Baptiste le Rond 31, 40, 66, 150
Darwin, Charles 11, 78, 86, 252, 253
Descartes, René 9, 62, 86, 105, 141, 254
d'Holbach, Paul-Henri Thiry 30, 64–67, 72, 73, 75, 76, 86, 90, 93, 95, 111, 150, 158, 172, 173, 253, 259
Diderot, Denis 5, 25, 30, 31, 41, 65, 66, 75, 77, 89, 95, 99, 124, 143, 145, 150, 158, 159, 218, 221, 261
Dilthey, Wilhelm 209

F
Feijoo, Benito Jerónimo 37, 99

Ferguson, Adam 29, 44, 86, 92, 158, 218, 225, 226, 255, 256
Filangieri, Gaetano 35
Foucault, Michel 135, 137, 139, 213, 249
Fraser, Nancy 106, 107
Freud, Sigmund 2, 6, 12, 86, 160, 201, 228, 252, 254
Fukuyama, Francis 215

G

Gabriel, Markus 151, 152, 202
Galilei, Galileo 43, 62, 90, 141
Garcés, Marina 88
Gatterer, Johann Christoph 33
Gehlen, Arnold 57, 97, 214
Genovesi, Antonio 35
Goguet, Antoine-Yves 33, 42, 149, 255
Gouges, Olympe de 102, 108
Graffigny, Françoise de 41, 98, 193, 220

H

Habermas, Jürgen 79, 80, 82, 133, 183, 207, 250
Hamilton, Clive 88
Hegel, Georg Wilhelm Friedrich 11, 226
Helvétius, Claude-Adrien 30, 66, 75, 90, 94, 95, 142, 150, 158, 172, 173, 195, 259
Herder, Johann Gottfried 33, 45, 57, 70, 86, 93, 96, 213, 226, 253, 255
Hobbes, Thomas 11, 157, 254, 257
Holzhey, Helmut V
Home, Henry 92
Horkheimer, Max 213, 214, 248

Hume, David 28, 33, 34, 65, 67, 68, 70, 72, 77, 79, 90, 91, 96, 131, 141, 142, 144, 150, 158, 161, 167–169, 171, 173, 174, 178, 180, 181, 199, 218, 254, 259
Hutcheson, Francis 168, 170

I

Irigaray, Luce 105
Iselin, Isaak 33, 44, 70, 158, 226

J

Jaucourt, Louis de 39, 40, 100
Jovellanos, Gaspar Melchor de 37, 47

K

Kant, Immanuel VIII, 5, 19, 34, 45, 47, 50, 57, 65, 69, 72, 78, 86, 91, 93, 94, 96, 99, 113, 124, 125, 131, 135, 139, 141, 143, 148, 158, 167, 168, 173, 200, 219, 221, 226–228, 246, 249, 251, 253, 256, 259–261, 266, 267
Koselleck, Reinhart 57, 235

L

La Mettrie, Julien Offray de 25, 30, 90, 95, 254
Leibniz, Gottfried Wilhelm 9, 10, 32, 65, 122, 125
Locke, John 10, 66, 141, 146, 158, 159, 171, 177, 222, 254, 257
Lübbe, Hermann 62
Luhmann, Niklas 57
Lyotard, Jean-François 135, 139, 214, 249

M

Mably, Gabriel Bonnot 197
Malthus, Robert 196
Marx, Karl 6, 190
Maupertuis, Pierre Louis Moreau de 25
Meinecke, Friedrich 209
Mendelssohn, Moses 33, 246
Millar, John 103, 108, 158, 222, 226
Montesquieu, Charles-Louis de Secondat 17, 24, 30, 34, 40, 41, 44, 71, 78, 79, 103, 108, 158, 161, 174–176, 196, 218, 219, 221, 222, 254, 257, 259, 260
Morelly, Étienne-Gabriel 197

N

Nassehi, Arnim 137, 164
Newton, Isaac 10, 43, 56, 90, 98, 135, 141, 144, 199
Nida-Rümelin, Julian 165
Nietzsche, Friedrich 6, 213

P

Pogge, Thomas 234
Polanyi, Karl 203
Pope, Alexander 121, 125

Q

Quesnay, François 12, 31, 191–193, 195, 198, 201, 255, 258

R

Rawls, John 57, 80, 82

Raynal, Guillaume-Thomas François 41, 44, 218, 221, 226
Reckwitz, Andreas 163, 263
Reid, Thomas 144
Reimarus, Hermann Samuel 33
Robertson, William 44, 70
Rorty, Richard 136, 139
Rousseau, Jean-Jacques 6, 12, 18, 31, 33, 34, 36, 38, 41, 46, 73, 75–77, 92, 101–103, 107, 113, 122–124, 131, 150, 159, 172, 173, 179, 181, 185, 188, 196, 220, 246, 253, 257, 258, 260, 262

S

Saint-Pierre, Charles Irénée Castel de 46, 47, 262
Schlözer, August Ludwig 33, 209, 226
Schneidewind, Uwe 202
Singer, Peter 233
Smith, Adam 12, 29, 190, 194, 199–201, 203, 255, 258
Spinoza, Baruch de 9, 254
Steinbrügge, Lieselotte VI
Streeck, Wolfgang 166, 203

T

Thomasius, Christian 32
Turgot, Anne Robert Jacques 31, 42–44, 70, 98, 142, 185, 193, 209, 220, 223, 225, 226, 255, 256, 258

V

Verri, Pietro 35, 40, 76, 90, 96, 97, 99, 173, 195
Vico, Giovanni Battista 35
Volney, Constantin François de 43
Voltaire 24, 31, 36, 43, 47, 65, 70, 73, 75, 76, 79, 113, 121–123, 126, 158, 159, 219, 223, 226, 246, 253, 256, 262

W

Wallerstein, Immanuel 203
Weber, Max 56
White, Hayden 136, 139, 153
Wolff, Christian 32, 34
Wollstonecraft, Mary 102, 108

Sachverzeichnis

A

Afrika 40, 41, 44, 59, 116, 206, 218, 221
Amerika 40, 41, 44, 45, 50, 59, 116, 210, 221
Anerkennung 50, 66, 78, 107, 171, 180, 266
Anthropologie 11, 19, 30, 33, 40, 56, 69, 74, 85, 88, 90, 91, 93, 94, 96, 97, 99, 160, 168, 201, 243, 259
  als Leitwissenschaft 89
  negative 97, 222
  weibliche 101, 102
Anthropozän 3, 19, 87, 88, 95, 109, 191, 263, 265
Arbeit 35, 207, 264
Arbeitsgesellschaft 207
Armut 208
  globale 232, 265
Asien 40, 44, 59, 116, 205, 218, 221
Atheismus 8, 14, 30, 63–65, 73, 78, 79
Aufklärung VI, 4, 13, 15, 75, 134, 243, 247, 258
  andere 15
  anthropozentrische 4
  Begriff 5, 38
  deutsche 32, 34
  englische 28–29
  europäische 34–36, 38, 125
  feministische 86, 98, 100, 104, 106
  französische 30, 36, 38
  in der Kritik 5–7, 245–251
  kulturelles Erbe 262
  moderne 3, 15, 16, 24, 184, 201, 262, 269
  neue VIII, 9, 118
  schottische 29
  Selbstreflexion 246, 249–251
  spanische 36
  Vielfalt und Einheit 28
Autonomie 1, 15, 36, 252, 255, 256
  bedingte 15
  des Individuums 201

B

Biologie 11, 56, 96

C

China 40, 43, 44, 47, 49, 50, 162, 210, 219, 231
Computer 87, 109, 206

D

Deglobalisierung 231
Demokratie 3, 18, 25, 27, 51, 128, 134, 159, 161, 175, 177, 182, 266, 268
  direkte 179
  globale 216
  moderne 186
  partizipatorische 51
  simulative 165
  und Konsens 180
Denken, postfaktisches 140
Deutschland 8, 24, 32, 33, 58, 82, 167, 205, 231, 267
Dialektik der Aufklärung 7, 213, 248, 249, 252
Differenzfeminismus 107
Digitalisierung 155
Diskurs 39, 75, 79, 84, 129, 136, 139, 151, 211, 214

E

Egalität 86, 98, 105, 106, 264
Egoismus 96, 168, 171, 172, 254
Emanzipation 7, 104, 207, 214, 248, 249
Empirismus 2, 9, 131, 134, 140, 141, 143, 146, 254
Energie 53, 130
  erneuerbare 130, 231, 265
  fossile 117, 166, 204, 238
Erdbeben von Lissabon 119
Erinnerungskultur 211
Erkenntnistheorie 10, 90, 91, 133, 140, 141, 143, 145, 146
Ethik 84, 168
  der Globalisierung 232
  der Zukunft 213, 236
  rationalistische 167, 259
  universalistische 237
Europa 3, 4, 8, 14, 18, 23, 24, 37, 39–41, 43–46, 48, 50, 59, 217, 218, 262, 267
Europäische Union 23, 26, 27, 48, 51, 138, 262
Eurozentrismus 13, 25, 45, 217
Evolution 56, 78, 88, 92, 135

F

Feminismus 109, 180
  der Differenz 105, 107
  der Egalität 105
Fortschritt 19, 43, 44, 70, 213, 224, 227, 229, 235, 240, 246, 261
  moralischer 202
  technischer 206, 214
Frankreich 8, 24, 29, 31, 38, 42, 58, 75, 267
Frau 6, 86, 98, 100, 103, 161, 188, 204, 258, 264
  Bildung 99
  Diskriminierung 84, 106
  in der Gesellschaft 103
  Stellung im Erwerbsleben 18
Freiheit 3, 27, 165, 181, 214, 228, 268
  ideelle 95
  ökonomische 185–190, 198, 201
  politische 36
  von Religion 84
Frieden 18, 25, 45, 47, 48, 244, 262, 266, 267

G

Gefühl 67, 91, 96, 134, 144, 168, 170, 172, 181, 254, 259
  moralisches 29, 167, 170
  positives 97

Gegenaufklärung 6, 24, 30, 36, 38, 75, 245
Gender 11, 86, 100, 104, 109, 244, 264
Gerechtigkeit 47, 169, 232, 234, 240
  epistemische 129
  globale 130, 213
  soziale 51, 107, 189, 204, 241, 264
  weltgeschichtliche 241
Geschichtsphilosophie 13, 19, 33, 42, 44, 56, 69, 209, 211, 212, 223, 226, 228, 229, 232, 236, 240, 243, 261
Gesellschaft 11, 155, 160, 161, 170, 180
  bürgerliche 29, 71, 73, 98, 102, 150, 155, 159, 171, 188, 193, 196, 200
  kapitalistische 107
  liberale 80
  moderne 114, 200
  pluralistische 129
  postindustrielle 263
Gewaltenteilung 18, 158, 162, 164, 177, 178, 257, 266
Gleichheit 3, 14, 102, 105, 181, 258
  der Geschlechter 98, 264
  formale 106
  politische 159
  soziale 18, 108, 197
  symbolische 108
Globalisierung 18, 23, 24, 114, 212, 229, 266
  als Transformation 231
  der Kommunikation 230
  der Produktion 230
  des Handels 230
Glück 72, 97, 167, 169, 172, 174, 196, 197
  individuelles 35
  irdisches 51, 96
  öffentliches 35
Großbritannien 28, 218

H
Handel 19, 48, 49, 172, 177, 192, 222
Handelsfreiheit 198
Hirnforschung 87, 110
Hochkultur 210, 220
Humanismus 7, 50, 89, 95, 219, 249

I
Identität 63, 107, 108
  kollektive 164
  kulturelle 107, 267
Identitätspolitik 108
Ideologiekritik 74, 123, 151, 153, 155
Indien 41, 43, 44, 103, 210
Individualisierung 164
Individuum 15, 35, 160, 181, 207, 254
Industrie 42, 46, 87, 172, 187, 192, 194, 206, 263
Industriegesellschaft 208
Italien 8, 34, 40, 59, 76, 82, 135, 167, 195, 257, 267

K
Kapitalismus 3, 17, 26, 63, 106, 107, 114, 155, 182, 186, 188, 190, 196, 197, 202, 212, 214, 264
  demokratischer 166
  digitaler 205
  fossiler 189
  industrieller 205
  Krise 183
  Kritik 184
  nachhaltiger 204, 265
  postindustrieller 163, 202, 205
  spätmoderner 201
  westlicher 215, 240
  woker 188
Katastrophe VII, 7, 26, 48, 53, 88, 114, 120, 212, 216, 237, 248, 260
  ökologische 236

Klimakatastrophe 19
Klimatheorie 34, 41, 44, 176, 218, 222, 254, 260
Klimawandel 19, 87, 113, 114, 138, 140, 155, 164, 213, 238, 265, 268
Kolonialisierung 41, 210, 217, 221, 229, 259, 265
Kommunikation 51, 79, 160, 183, 207, 212, 230, 233, 254
  affektive 171
Kommunismus 183, 204
  neuer 118
Konsens 52, 162
  sozialer 178, 266
Kontingenz 2, 4, 15, 118, 131, 160, 172, 174, 182, 184, 198, 200, 201, 211, 226, 227, 256, 263
  als Kränkung 252
  historische 13, 16, 223, 229, 243
  ökonomische 269
  sozialer Systeme 255
  systemische 12, 16
Kooperation 48, 162, 180, 212, 230, 266, 267
  globale 18
  soziale 181
Kränkung 2, 15, 86, 243, 263
  anthropologische 254
  biologische 11, 252
  emotionale 254
  geologische 253
  geschichtsphilosophische 228, 256
  kognitive 254
  kosmologische 252
  naturgeschichtliche 253
  ökonomische 12, 201, 255
  psychologische 252, 254
  religionskritische 253
  sprachliche 254
  technologische 255
Krieg VIII, 3, 19, 25, 28, 46, 48, 49, 88, 116, 138, 244, 267

Krise VII, 113, 129
  der Energieversorgung 49, 53, 166, 190, 206, 238
  der Finanzen 184, 187
  der Gesellschaft 164
  des Kapitalismus 162–167, 183, 202
  gegenwärtiger Demokratien 178
  ökologische VIII, 4, 19, 87, 204, 206, 216, 244, 245, 263, 265
  wirtschaftliche 230
Kritik 1, 6, 14, 68, 75, 76, 87, 101, 159, 248
  am Kapitalismus 183–190
  am Postfaktischen 140
  an der modernen Zivilisation 6, 7, 12, 24, 31, 38, 58, 74, 122–125, 196, 197
  an der patriarchalischen Ehe 99
  an der Religion 14, 28, 30, 33, 55, 64, 74
  an der Sklaverei 222
  an einer Tradition 5
  an sozialer Ungleichheit 38
  an Vorurteilen 150, 153
  rationalistische 71
Kritische Theorie 245
Kultur 25, 41, 45, 188, 210, 215, 219, 251, 260
  aufklärerische 251
  außereuropäische 217
  europäische 62
  kapitalistische 188
Kulturgeschichte 259
Kulturkampf 163
Kulturwissenschaft 217

L

Landwirtschaft 42, 46, 191–193, 261

M

Marxismus 107, 139, 183, 207

Materialismus 8, 14, 30, 87, 89, 95, 96, 107, 109, 254
  neuer 88, 110
Mathematik 148, 255
  soziale 227
Medizin 11, 33, 37, 86, 89, 96, 100, 104, 135
Menschenrechte 3, 4, 12, 18, 25, 36, 43, 102, 222
  universelle 234
Metaphysik 10, 32, 34, 38, 63, 71
Moderne 1, 3, 9, 15, 57, 77, 95, 117, 126, 133, 160, 184, 214, 228, 244, 251, 253
  Begriff 262
  bürgerliche 263
  industrielle 263
  misslungene 16
  postindustrieller 205
Monarchie 175
  absolute 29, 177
  konstitutionelle 18, 178, 257
Moralphilosophie 29, 35, 90, 160, 162, 167, 168, 174, 180, 259, 266

N

Nachhaltigkeit 88, 185, 190, 192
Narration 139
Nationalismus 23, 231, 266
Nationalökonomie 194, 198
Naturgeschichte 30, 34, 85, 89, 92, 100, 146
Neoliberalismus 107, 166, 182, 185, 186, 189, 244, 264
Neuzeit 9, 15, 131, 133, 244, 262

O

Öffentlichkeit 6, 29, 84, 104, 137, 268
  bürgerliche 246, 258
  europäische 51, 52
  liberale 83

Ökologie 19, 89, 93, 110, 124, 125, 131, 176, 180, 182, 197, 206, 237, 240, 260, 262, 265
Ökonomie 17, 27, 29, 173, 184, 186, 191, 192, 196, 252
  kapitalistische 166
  nationale 230
  politische 17, 35, 195, 198–200, 211, 243, 255, 258
Orient 40, 45, 218

P

Pandemie VIII, 20, 26, 113, 118, 127, 140, 154, 207, 216, 231
Persien 41, 44, 47, 50, 210
Peru 41, 220
Philosophie 4, 5, 9, 13, 21, 38, 50, 75, 88, 110, 136
Physik 10, 56, 90, 135, 141, 199
Postdemokratie 129, 163, 165, 167
Posthistoire 7, 19, 118, 212, 214, 215, 236
Posthumanismus 87, 88, 110
Postkolonialismus 7, 212, 216
Postmoderne 7, 15, 16, 57, 118, 135, 137, 138, 244, 245, 249, 262, 263
Postsäkularismus 7, 57, 77, 81
Produktion 103, 200, 204, 261
  globale 230
  industrielle 184, 187, 194, 206
  kapitalistische 187, 202
  landwirtschaftliche 191

Q

Querdenker 2, 128, 134, 139, 153, 268

R

Rasse 117, 217, 219, 221, 259
Rassendiskriminierung 117

Rationalismus 2, 9, 16, 17, 32, 87, 91, 98, 109, 133, 141
  der Neuzeit 131
Realismus 146, 151, 153, 184
  erkenntnistheoretischer 244
  neuer 134, 153
Religion 14, 28, 55, 56, 60, 63, 67, 253
  als Patch-Work 62
  christliche 65, 70
  im gesellschaftlichen Dialog 80
  moderne 63
  natürliche 14, 34, 65, 67, 77
  soziale Funktion 14, 71, 74, 79, 83, 245, 267
  Sprache 56, 66, 79
  und Geschichte 69
  und Staat 81
  Wahrheitsanspruch 77
  zivilisierte 83
Religionskritik 84
Reproduktion 185, 192, 201, 202, 224, 261
Reversibilität 238, 265
Russland 19, 49, 162, 166, 205, 231, 267

S
Säkularisierung 13, 55–57, 60–62, 68, 77–79, 81, 127, 248, 267
  Begriff 61
  europäische 59
Sattelzeit 3
Schmerz 35, 89, 96, 97, 172
Sensualismus 2, 34, 101, 140, 146, 254
Sklaverei 218, 221, 222, 259
Sozialphilosophie 56, 160, 171, 172
Soziologie 13, 71, 74, 161, 172, 174
Spanien 8, 36, 59, 76, 135, 221, 258, 267
Spätkapitalismus 244
Spätmoderne 3, 15, 22, 163, 207

postindustrielle 263
Sprachphilosophie 56, 66, 74, 133, 134, 140, 146, 149, 255
Staat 11, 12, 73, 81, 157, 159–161, 174, 180, 185, 189, 190, 196, 200, 266
Sympathie 91, 169, 170, 254, 259

T
Technik 214, 251, 252, 255
Teleologie 225, 226, 228, 256
Theodizee 32, 65, 121, 122, 126, 253
Toleranz 3, 25, 66, 77, 81, 83, 84, 267
  religiöse 50, 72, 73, 78
  säkulare 78
  staatliche 73
Transformation 16, 22, 140, 202, 216
  der Aufklärung 2–4, 15, 243–245
  der Globalisierung 231, 232
  des Kapitalismus 203, 208, 222, 264

U
Ukrainekrieg 216, 231, 267
Umweltkrise 216
Ungleichheit 109, 193, 246
  soziale 117, 173, 182, 187, 196, 201, 204, 213
  wirtschaftliche 264

V
Verantwortung 239
  Fristen 236
  für künftige Generationen 213, 235
  globale 234
  historische 235, 265
  moralische 130, 236
Vereinigte Staaten von Amerika 59
Vernunft 1, 2, 5, 7, 15, 16, 34, 36, 42, 64–66, 76, 78, 91, 98, 99, 101,

139, 141, 144, 145, 167, 169, 214, 246, 248, 254, 268
menschliche 55, 64, 110, 149
universelle 106
wissenschaftliche 131
Verschwörung 19, 114, 128, 134, 154, 268
Vorurteil 20, 66, 73, 81, 134, 140, 150, 153, 155, 268

W

Wahrheit 1, 50, 74, 134, 136, 140, 145, 151, 214, 268
    Leugnen 135
    objektive 146
    wissenschaftliche 19
Weltgeschichte 13, 18, 42, 209, 212
Wissenschaft 2–4, 9, 13, 20, 53, 56, 60, 77, 127, 136, 139, 152, 214, 251, 268

aufklärerische Anerkennung 131
empirische 91
neue 21
und Politik 127
vom Menschen 11

Z

Zeichen 125, 145
    als Erkenntnismittel 148
    in der Mathematik 149
    sprachliches 133, 147, 149, 255
    symbolisches 165, 205
Zeitalter, postfaktisches 135, 151, 268
Zivilgesellschaft 203
Zukunft 19, 51, 118, 213, 227, 235, 239, 249, 261
    historische Landkarte 239
    zeitliche Staffelung 236

MIX
Papier aus verantwortungsvollen Quellen
Paper from responsible sources
FSC® C105338

If you have any concerns about our products,
you can contact us on
ProductSafety@springernature.com

In case Publisher is established outside the EU,
the EU authorized representative is:
Springer Nature Customer Service Center GmbH
Europaplatz 3, 69115 Heidelberg, Germany

Printed by Libri Plureos GmbH
in Hamburg, Germany